세계수준의 한국기업에 도전한다

World Class Korean Company

박철순·수만트라 고샬 지음

21세기북스
www.book21.com

세계 최고의 한국기업을 꿈꾸며

대다수의 한국기업은 세계 초우량기업과 비교했을 때 경쟁력에서 상당한 격차를 보이고 있다. 그렇다면 한국기업이 이들 선진기업을 제치고 명실상부한 세계 초일류기업이 될 수 있는 방법은 무엇인가? 이들 선진기업 역시 각자의 경쟁력 향상을 위해 끊임없이 노력하는 상황에서 경쟁력을 점진적으로 향상시켜서는 결코 세계 초일류기업이 될 수 없다. 오직 급진적인 경쟁력 향상만이 이를 가능하게 한다. 이 책에서는 한국기업의 급진적인 경쟁력 향상이 가능하다는 사실과 함께 이를 위해 한국기업이 극복해야 할 전략적·조직적·경영자적 과제에 관한 해결책을 제시하고자 한다.

이 책의 주제와 내용에 관한 논의는 오래 전 런던 비즈니스 스쿨(London Business School, LBS)의 연구실에서 시작되었다. 이 책의 공동 저자인 고샬(Sumantra Ghoshal) 교수는 전략 및 국제경영 분야의 대가로서 프랑스 인시아드 대학에서 오랜 교수 생활을 한 후, 그리고 나는 미국 컬럼비아 대학에서 같은 분야의 박사과정을 막 마친 후 1994년 LBS의 교수로 취임하게 되었다. 같은 층에 연구실을 나란히 배정받은 우리는 그 층의 공기를 흐리는 유일한 흡연가로 다른 교수들의 핍박을 함께 견뎌냈을 뿐 아니라 둘 다 비(非) 앵글로색슨 국가인 한국과 인도 출신 교수라는 공통점을 갖고 있었다. 우리 두 사람은 자연히 개인적 생활뿐 아니라 연구에서도 서로 의견을 교환하는 일이 많아졌고 공통 주제인 비앵글로색슨 기업의 경쟁력에 대해 관심을 갖게 되었다.

그 당시의 경제 상황은 앵글로색슨 경영의 대표주자인 미국경제의 지속적 발달, 앵글로색슨 경영방식을 유럽 국가 중 가장 적극적으로 수용한 영국경제의 비약적인 발전, 그리고 비앵글로색슨 경영의 대표라 할 수 있는 일본과 독일경제의 상대적 쇠퇴로 요약할 수 있었다. 이에 전세계 기업, 그 중에서도 특히 비선진국 아시아 기업들은 앵글로색슨 경영이 기업경쟁력 강화의 지름길이라는 인식 아래 적극적으로 앵글로색슨 경영방식을 도입해서 시행하고 있었다.

앵글로색슨 기업의 경쟁력 향상에 가장 적합한 경영기법을 갖고 비앵글로색슨 기업이 앵글로색슨 기업과의 경쟁에서 승리할 수 있을까? 우리는 불가능하다는 결론하에 비앵글로색슨 기업이 세계 초일류기업이 될 수 있는 전략적 · 조직적 · 경영자적 과제에 관한 연구를 시작했다.

우리는 활발한 논의를 통해 연구를 위한 전반적인 이론과 내용을 정리한 후 이를 바탕으로 유럽, 일본, 한국, 인도기업에 대한 본격적인 현장연구를 수행했다. 프로젝트의 열기는 1994년에 내가 LBS를 떠나 서울대학교 경영대학으로 자리를 옮김으로써 다소 냉각되었다. 그후 이와 관련된 활동으로는 고샬 교수는 인도기업에 대해, 나는 한국기업에 대해 그동안 논의되었던 이론을 바탕으로 간헐적으로 신문지상에 컬럼 형식으로 게재하는 정도였다. 한동안 소강 상태이던 연구가 다시 활기를 띠게 된 것은 인도기업들의 후원으로 LBS 내에 본 연구를 지원하기 위한 인디언 센터가 설립된 이후다. 이를 기반으로 고샬 교수가 인도기업에 관한 본격적 연구에 돌입하여 전체 프로젝트 중 인도 프로젝트를 완성했고 이번에 한국 프로젝트가 종결되었다.

한국 프로젝트는 전반적 주제와 흐름은 다른 프로젝트와 같지만 세부 내용과 절차에 있어서는 상당한 차이가 있다. 각 장은 급진적 경쟁력 향상을 위한 대표적인 전략적 이슈를 선정하고 이에 가장 적합한 한국기업을 분석·평가했다. 우리는 주로 2차 자료와 전문가 의견을 바탕으로 대상기업을 선정한 후 전화와 방문을 통해 해당 기업이 각 전략적 이슈에 적합한가를 재확인하는 과정을 거쳐 1차 대상 기업 선정을 완료했다. 이후 최고경영자를 비롯한 경영진, 중간간부, 일반사원, 그리고 필요한 경우 공급업체와 판매 대리점과의 본격적이고 심층적인 면담을 진행했다. 면담 내용에 대한 보다 객관적인 자료 확보를 위한 내·외부 자료의 수집과 분석은 면담과 병행해 실시되었다. 이 과정에서 2차 자료와 전문가 의견과는 달리 대상기업으로 적합하지 않다고 판단된 기업은 최종 대상에서 제외했다.

한국기업이 세계 초일류기업이 되기 위한 급진적 경쟁력 향상은 가능한가? 가능하다면 한국기업이 해야 할 일은 무엇인가? 한국기업에 관한 심층적 현장연구를 진행하면서 우리는 요즘 한국의 경영자들이 얼마나 최첨단의 지식으로 무장해 있고, 그들의 사고방식이 얼마나 서구화되어 있는가를 발견하고 놀라지 않을 수 없었다. 그들은 6시그마, EVA(Economic Value Added), ERP(Enterprise Resource Planning), SCM(Supply Chain Management), CRM(Customer Relation Management)과 같은 최첨단의 각종 경영기법에 대해 해박한 지식을 가지고 있고, 이 기법들을 실제로 적용하고 있다는 사실에 상당한 자부심을 가지고 있다. 그들의 경영에 대한 사고방식은 어떠한가? "우리는 당장 돈 되는 일이 아니면 하지 않습니다" "직원교육은 왜 합니까? 필요한 능력을 가진 인력을 고용해서 쓰면 되지 않습니까" "주주가치의 극대화만이 우리의 유일한 지상과제입니다." 과거에 비윤리적이고 돈만 아는 몰염치한 장사꾼으로 치부되기 쉬웠던 말들을 그들은 이제 떳떳하게 대내외에 과시하고 이를 마치 앞서가는 경영자의 표상인 양 내세우고 있다. 이처럼 한국의 경영자가 최첨단의 전략, 조직, 경영기법, 시스템 그리고 앵글로색슨적 사고방식을 가지고 기업을 운영함에도 불구하고 세계 초일류기업에 비해 경쟁력이 떨어지는 이유는 무엇인가?

그동안의 연구를 통해 우리는 경쟁력을 급진적으로 향상시키기 위해 넘어야 할 장애물을 극복하고 세계 초일류기업으로서의 가능성을 보여주는 한국기업의 특징을 다음과 같이 정리했다.

첫째, 세계 수준의 한국기업들은 앵글로색슨 경영방식을 근본적이고도 명확히 이해한 후 도입하여 시행하고 있다. 어느 사회에나 여러 경영기법에 대한 유행을 창출하고 전파하는 집단이 있다. 대표적인 경영기법 유행창출집단으로는 컨설턴트, 경영학 교수, 그리고 신문·잡지·방송 등과 같은 대중매체를 들 수 있다. 한국의 경우 IMF 관리체제이후 글로벌 스탠더드, 좀더 엄밀히 말해 미국식 경영방식의 채택을 강요하는 여러 사회적·제도적 여건이 조성되었다. 이로 인해 컨설팅 회사, 특히 앵글로색슨계 컨설팅 회사의 영향력이 막강해졌다. 따라서 이들이 상품화하여 전파하는 각종 경영기법은 그것이 단지 앵글로색슨계 컨설팅회사가 권유하는 앵글로색슨식 경영기법이라는 이유만으로도 대내외적으로 합법성을 획득하게 되었다. 한국 경영자의 입장에서 보면 이미 대내외적으로 합법성을 가진 경영방식을 채택하면 반발을 최소화할 수 있을 뿐만 아니라 보다 앞서가는 기업 혹은 최소한 남에게 처지지 않는 기업이라는 인상을 줄 수 있다. 실제로 많은 기업들이 앵글로색슨적 경영방식을 도입할 때 '앵글로색슨계인 ○○○ 컨설팅회사가 자문한 것이다' 라는 사실 하나만으로 반발을 무마시키고 이를 자랑스럽게 대내외에 알리려 하고 있다.

그러나 경영기법이란 경영의 기본 원리를 실천하기 위한 하나의 도구일 뿐이다. 기본 원리에 대한 이해 없이 특정 경영기법을 사용하는 것은 골프를 배우려는 사람이 골프치는 법을 배우는 것이 아니라 타이거 우즈가 어떤 골프채를 사용하는지를 보고 이를 사용하는 것과 같다. 골프를 잘 치기 위해서는 우선 골프의 기본 원리를 충분히 이해하고, 자신의 신체조건에서 이 원리를 가장 잘 적용할 수 있는 골프채를 선택해야 한다. 진정한 의미에서 앵글로색슨 경영방식을 도입한다는 것은 앵글로색슨 경영원리를 도입하는 것이지, 앵글로색슨 경영기법을 도입하는 것이 아니다. 앵글로색슨 경영기법이란 앵글로색슨적 경영원리를 한국기업이 아닌 앵글로색슨 기업이 가장 잘 실현할 수 있도록 하는 도구다. 한국기업이 앵글로색슨 경영원리를 가장 잘 실천할 수 있는 도구가 반드시 앵글로색슨 경영기법일 필요는 없는 것이다.

둘째, 세계 수준의 한국기업이 가진 또 하나의 특징은 앵글로색슨 경영방식보다 우수한 고유의 경영방식을 사용하고 있다는 점이다. 앵글로색슨 기업들은 그들의 경영방식을 오랫동안 사용해오면서 이를 가장 잘 수행할 수 있는 사회적·제도적 환경과 내부 자원과 능력을 구축해왔다. 한국기업이 이 방식을 채택하여 이에 필요한 대내외적 자원과 능력을 구축하는 데에는 상당한 시간이 걸린다. 설혹 오랜 고통을 감내하여 구축한다 할지라도 그동안 경쟁사들도 그들의 자원과 능력을 더욱 강화하기 때문에 앵글로색슨 경영방식을 수행하기 위한 자원과 능력면에서의 격차는 더욱 벌어지게 된다. 즉 끝없는 추격전만 하게 되는 것이다. 이렇게 해서는 결코 세계 초일류기업이 될 수 없다. 이를 극복하려면 현재 한국기업이 가지고 있는 대내외적 자원과 능력을 최대한 활용할 수 있는 경영방식으로 경쟁해야 한다.

셋째, 세계 수준의 한국기업이 가진 마지막이자 가장 중요한 특징은 뛰어난 최고경영자 또는 경영진을 보유하고 있다는 점이다. 국가경쟁력은 곧 기업경쟁력이라는 사실을 부인할 사람은 그리 많지 않을 것이다. 기업경쟁력은 실제로 그 기업이 얼마나 많은 가치를 창출하느냐에 달려 있다. 그리고 기업의 가치는 상당부분 경영자, 그 중에서도 최고경영자에 의해 직·간접적으로 창출된다. 따라서 기업경쟁력은 곧 최고경영자의 경쟁력이라고 할 수 있다. 세계 수준의 한국기업은 기업경쟁력, 나아가 국가경쟁력의 원천인 최고경영자가 전략가와 관리자로서의 역할을 성공적으로 수행하고 있는 기업이다.

모든 책이 그렇듯이 이 책도 주위 많은 분들의 적극적 지원으로 햇빛을 보게 되었다. 우선 우리가 이 책을 쓰는 과정에서 많은 도움을 준 서울대학교 경영대학과 런던 비즈니스 스쿨의 동료 교수님들께 감사의 말씀을 드린다. 특히 서울대학교 경영대학의 동료 교수들은 대상기업 선정과 연구수행 과정에서 자문뿐 아니라 이 책이 보다 객관적 시각을 가질 수 있도록 많은 도움을 주었다. 그리고 이 책의 대상기업으로 선정되어 그들의 모든 것을 보여준 각 기업의 최고경영자와 임직원 여러분께도 무한한 감사의 마음을 전한다. 특히 최고경영자의 경우 바쁜 시간에도 불구하고 많은 시간을 면담에 할애해주시고 본 연구가 성공적으로 수행될 수 있도록 각종 지원을 제공해주셨다. 이 책의 출간에 더욱 힘을 실어주신 분으로 21세기북스의 김영곤 사장과 김중현 이사를 들 수 있다. 책 내용에 대한 간략한 설명만으로도 이 책의 의미와 가치를 높이 평가하고 상업성 여부를 떠나 기꺼이 출판을 결정했다. 그리고 우리가 집필에 전념할 수 있도록 최상의 배려를 아끼지 않았다.

이 책의 발간에 가장 많은 시간과 노력, 정력을 바친 사람은 서울대학교 경영대학의 N-CEO 회원들이다. 미래에 세계 최고의 경영자가 되겠다는 강력한 의지로 뭉친 이 그룹은 이 세상 어떤 젊은이들보다 열심히 준비하는 미래의 경영자들이다. 기초 자료의 수집과 분석의 상당 부분은 이들 젊은이들의 꿈과 땀, 그리고 열정에 의해 이루어졌다.

그리고 이 책의 수정작업 과정에서 무리한 일정에도 불구하고 이를 묵묵히 그리고 성실히 수행해준 박상미, 김성훈, 원정림, 서장원 조교에게도 깊은 감사의 뜻을 전한다. 마지막으로 우리의 가족 모두에게, 특히 나의 사랑스런 딸 혜지에게 고마움을 표한다. 그리고 오늘날의 나를 이 자리에 있게 해주신 부모님께도 무한한 감사의 말씀을 드린다.

저자를 대표하여

박철순

1부 한국기업의 경쟁력 향상을 위한 조건

World Class Korean Company

제**1**장
한국기업의 획기적 경쟁력 향상은 가능한가

1989년 2월 오전에 우리는 짧은 시간 동안 기업의 리더십과 변화관리에 관해 어디에서도 배우기 힘든, 그리고 중요한 것을 이해할 수 있는 기회를 가졌다. 이날 유럽의 거대기업인 셈코(Semco, 가칭) 사는 이틀간의 최고경영진 워크숍을 진행하고 있었다. 이 모임은 최고경영자와 전 이사진을 포함한 50명의 최고경영진이 정보를 교환하고 기업의 전반적 상황을 검토하고 평가하기 위한 것으로 매년 같은 장소에서 이루어졌다. 그 중 하루는 기업의 전략을 검토하는 것으로 일정이 잡혀 있었고, 우리 중 한 사람이 그 시간의 토론을 진행하게 되었다. 토론의 진행을 요청하면서 셈코의 인력담당 이사는 강의보다는 전반적인 기업전략에 대해 스스로 생각할 수 있는 기회를 갖도록 해줄 것을 간곡히 부탁했다.

10개 이상의 사업부와 3,000여 제품을 전세계 100여 개국에 판매하고 있는 기업의 전반적 전략을 짧은 시간에 검토할 수 있는 방법이 있을까? 오랜 고민 끝에 우리는 가장 단순한 방법을 쓰기로 했다. 즉 셈코와 경쟁적인 위치에 있고 비교 대상이 될 만한 GE와 마쓰시타의 성과를 셈코의 지난해 성과와 비교하는 것으로 논의를 시작하기로 한 것이다. 경영성과를 정확히 비교할 수 있는 자료가 없어서 우리는 세 기업의 연차보고서에서 가장 구하기 쉬운 성과지표를 사용했다. 사용된 세 기업의 경영성과는 〈표 1.1〉과 같다.

그날 일정을 시작하자마자 우리는 이 경영성과 비교표를 보여주면서 "우리는 이 표에 대한 논의가 여러분의 기업전략을 점검하는 좋은 출발점이라고 생각합니다. 이 표에 대해 여러분은 무엇을, 어떻게 해야 한다고 생각하십니까?"라는 질문을 던졌다. 이에 대해 참석한 경영자들은 도표상의 '우리' 숫자가 잘못되고 적절치 못하다는 주장을 긴 시간 동안 강력히 제시했다. 그들은 각자의 분야에서 오랜 경험을 가진 전문가들이었다. 따라서 그들의 주장을 논리적으로 반박하기란 쉽지 않다. "알다시피, 작년에 일본 엔화가 급속히 평가 절하된 반면 우리 통화를 포함한 유럽 화폐는 상당히 평가 절상되었다" "잘 발달되고 경쟁력 있는 부품공급자가 존재하는 미국이나 일본과는 달리 유럽은 양질의 부품공급업자가 부족하다. 따라서 최종 제품의 신뢰성과 질을 위해 셈코는 자본집약적이지만 수익률은 낮은 부품업을 동시에 영위할 수밖에 없다. 이런 판이한 사업환경에서 어떻게 셈코의 영업성과를 미국이나 일본기업의 성과와 단순 비교할 수 있는가?" "임금과 노동생산성에서 미국, 일본, 유럽간 상당한 차이가 있다는 사실을 무시하는 것은 너무 단편적이지 않은가? 유럽의 노동자들은 여가생활에 많은 가치를 부여하기 때문에 노동생산성이 낮은 것은 당연한 일이다. 이런 상황에서 우리 경영자가 무엇을 할 수 있단 말인가?" "이것은 유럽 정부의 책임이지 경영자의 책임이 아니다"라는 주장이었다. 셈코 내 주요 사업부의 자금 담당 임원은 회계규범과 기준에 대해 오랫동안 설명한 후 "만약 우리가

경쟁사 대비 셈코의 경영성과

	셈코	GE	마쓰시타
종업원 1인당 매출액	$88,471	$184,534	$215,223
매출액 대비 재고자산	27.4%	12.4%	14.5%
순고정자산 대비 매출액	3.0%	3.4%	6.7%
영업이익률	2.9%	9.5%	7.6%
자본수익률	3.9%	18.9%	7.4%

일본식 회계방법을 사용한다면 우리의 ROE(Return On Equity, 자기자본이익률)는 3.9퍼센트가 아니라 약 4.3퍼센트가 된다"고 주장했다.

그외 다른 주장들도 많이 나왔다. "사업이란 과연 돈만 벌기 위한 것인가? 기업에는 다른 책무도 있지 않은가?" "왜 다른 성과기준은 다 무시하고 가장 단순한 재무적 성과만 고려하는가?" "강박관념에 사로잡힌 일본인들과 우리 유럽인은 다르다" "유럽에서는 인플레이션도, 실업률도, 성장률도 모든 것이 5퍼센트다. 유럽을 좀더 이해한다면 이런 부질없는 숫자에 시간을 낭비할 필요가 없을 것이다" 등등……

이런 반응에 대해 셈코의 경영진이 좀 모자란 사람들이 아닌가 생각하는 사람들이 있을지도 모르겠다. 그러나 뛰어난 명성과 기반을 가진 세계적 기업은 결코 모자란 사람을 경영진에 앉혀 놓지 않는다. 사실 셈코는 세계에서 가장 우수하고 명석한 사람들만 고용했을 뿐 아니라 그 중에서 가장 뛰어난 사람들을 최고경영층에 포진시킨다.

그렇다면 그토록 명석한 사람들이 왜 그들의 성과가 주경쟁사에 비해 월등히 떨어진다는 단순한 현실을 인식하지도, 인정하지도 못하는가? 이런 현실에 관한 명확한 인식도 없이 그들의 성과를 향상시키기 위한 방법에 관해 논의하는 것은 시작조차 어렵다.

저조한 성과에 안주하는 기업

초일류기업의 최고경영진들은 왜 그들 기업의 성과가 저조하다는 사실을 인식하고 있지도 인정하지도 않는 것일까? 우리는 이것이 소위 '저조한 성과에 안주하고자 하는(satisfactory underperformance)' 기업병 때문이라는 사실을 알게 되었다. 이 병은 만성적 질병으로서 전세계 많은 기업들이 앓고 있다. 기업들이 쉽게 걸릴 수 있는 질병이고 이를 피하기란 매우 어렵다.

셈코의 경우를 보자. 〈그림 1.1〉은 1980년대 후반 셈코의 경영실적이다. 우리가 셈코의 경영자와 워크숍을 가진 것은 1989년 초반이다. 그 시점에 이 경영자들은 과연 무엇을 보고 있었는가?

그들이 본 것은 셈코가 연간 4억 달러 이상의 수익을 올리고 있다는 사실이었다. 반면 그들이 보지 못한 것은 그 수익이 자본금 대비 불과 4퍼센트에 지나지 않는다는 사실이었다. 당시 셈코의 자본비용은 11퍼센트를 넘었기 때문에 그들은 돈을 버는 것이 아니라 실제로는 매년 기업가치를 떨어뜨리고 있었다. 그러나 그들은 이 사실을 간과하고 있었다. 그들의 수익률은 전혀 위험이 없는, 그래서 최고 신용등급을 가진 은행의 이자율보다 낮다는 현실을 인식하지 못하고 있었던 것이다. 대신 그들이 본 것은 그 해의 수익이 그 전해보다 높다는 사실이었다. 사실 1989년도 수익은 지난 3년 중 가장 높았지만 그들은 지난 5년 간 기업가치를 현격히 떨어뜨리고 있었다는 사실을 보지 못했다. 셈코의 주식가격이 그 기간에 그토록 저조했던 이유가 바로 여기에 있었다.

우리가 더욱 놀랐던 것은 워크숍에 참석한 50명의 경영자 모두가 그들의 성과가 실제로 형편없었다는 사실을 잘 알고 있었다는 점이다. 그들과 사적으로 따로 얘기해보면 그들은 막강한 기술, 인력, 브랜드, 유

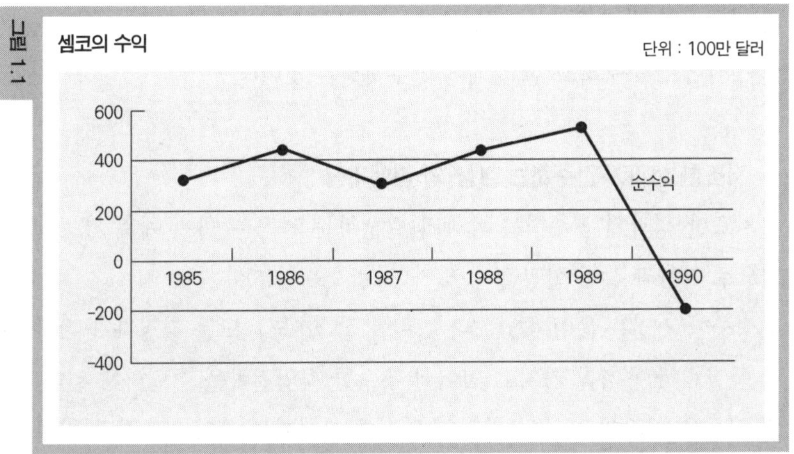

통망 등으로 볼 때 그들의 실적이 부끄러울 정도라는 사실을 솔직히 인정했다. 그러나 공개적인 모임에서는 결코 현실을 인정하려 하지 않았다. 개인적으로는 진실을 알고 있었지만, 공식적인 자리에서는 그 진실을 부인하도록 서로 공모하고 있었던 것이다.

이미 기반을 닦은 기업은 비교적 쉽게 진실을 부인한다. 셈코에서 보듯이, 이런 기업의 경쟁력도 급속히 약화될 수 있다. 그럼에도 그 기업은 안정된 고객기반과 유통망, 강력한 브랜드 등 기존의 여러 자원 덕분에 계속 돈을 벌고 있었던 것이다. 그러나 그 기업이 보유한 이런 자원들은 전 세대 경영자들이 구축해 온 것으로 현재의 경영자들은 이전의 경영자가 창출한 모든 결과물을 향유하는 것에 지나지 않는다. "우리는 과연 어떤 부가가치를 창출하고 있는가?"에 대해서 전혀 고민하지 않았던 것이다. 1989년 말 셈코가 겪었던 것과 마찬가지로 위기는 항상 찾아오게 마련이다. 대부분의 기업들은 실제로 위기를 맞기 전에 오랫동안 나타나는 모든 불길한 징조를 경영자의 통제를 넘어선 외부의 환경 탓으로 돌리면서 저조한 성과에 만족하는 상태를 유지한다. 즉 저조한 성과에 대해 스스로를 합리화하거나 목표치를 낮춤으로써 저조한 성과에도 불구하고 현 상태에 안주하려는 것이다.

'저조한 성과에 안주하는 현상'의 진행과정

저조한 성과에 안주하는 폐해가 발생하는 과정은 쉽게 예측 가능한 것으로 다음과 같이 설명할 수 있다(〈그림 1.2〉 참조).

성공한 기업은 운이 좋았거나 기회를 잘 잡아서, 또는 경영자가 뛰어난 통찰력과 용기를 가지고 있어서 우수한 사업전략을 수립하게 된다. 그 전략은 시장의 요구와 기업의 강점에 부합한 것으로, 그 결과 기업은 높은 성장과 수익을 창출하는 매우 경쟁력 있는 기업으로 발전한다. 그리고 탁월한 성장과 수익을 실현함으로써 대외적으로 높은 인지도와 찬사를 얻는다. 이에 따라 많은 경영 관련 잡지의 표지에는 그 기업 최고경영자가 모델로 등장하고, 세계 굴지의 경영대학들은 앞을 다투어 그 기업의 성공 사례를 출간해 학생과 경영자들에게 알려준다. 이쯤 되

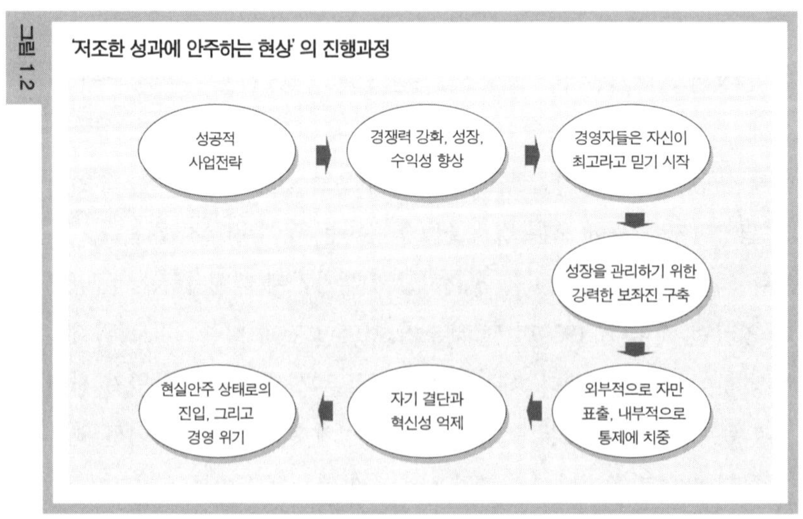

면 최고경영자는 자신이 최고라는 각종 대중매체의 내용을 있는 그대로 믿기 시작한다. 기업의 성공이 자신의 탁월함 때문이라는 믿음으로 그는 각종 모임에 참석하여 많은 어려움을 극복하고 탁월한 성과를 올릴 수 있었던 비결에 대해 강연한다.

기업이 더욱 성장함에 따라 경영자는 기업을 보다 효과적으로 통제할 필요성을 느끼게 된다. 과거의 성공이 최고경영자가 모든 것을 결정함으로써 이루어졌기 때문에, 성공을 지키고 더욱 공고히 하기 위해서는 자신이 계속해서 모든 일을 결정해야 한다고 믿는 것이다. 기업 규모가 커진 상태에서도 최고경영자가 모든 일을 결정하기 위해서는 모든 정보를 수집하고 중요한 의사결정 사항을 경영자에게 알려주는 지원체제가 갖추어져야 한다. 결국 최고경영자는 자신의 탁월함을 확대된 조직에 발휘하기 위해 많은 보좌진을 두게 된다. 그 보좌진들도 각종 대중매체를 통해 그들의 뛰어남을 대내외적으로 과시하고 이런 현상은 갈수록 더욱 강화된다.

자신이 최고라는 자부심에 이제 그들은 내부 직원뿐 아니라 고객과 공급자에 대해서도 지극히 거만해진다. "좀 잘못됐다고 왜 그리 야단인지, 최고인 우리와 거래한다는 것이 얼마나 명예로운 일인지 모른단 말인가?" 즉 '싫으면 말고' 식의 오만과 독선이 경영진에 팽배해진다.

경영진이 외부적으로 오만하고 내부적으로 통제에 치중하다 보면 기업 내 실무진들은 자기의사 결정능력과 의욕을 상실하게 된다. 기업 내 정치력이 뛰어난 사람이 두각을 나타내게 되고, 고객이나 직원의 입장을 대변하거나 이의를 제기하는 사람은 장애물로 인식되어 소외되거나 조직에서 제거된다. 조직 내부의 의욕과 정열은 사라지고 오직 복종과 두려움만 팽배해지는 것이다. 그리하여 그 기업은 저조한 성과에도 만족하는 현실안주 상태에 접어들어 마침내 경영상의 위기를 맞게 된다.

한국기업에 만연한 현실안주 현상

현실에 안주하거나 저조한 실적에 만족하는 현상은 한국기업에도 만연해 있다. 최근 몰락한 한국기업을 보면 한결같이 현실안주 현상이 팽배했던 기업이다. 타의 추종을 불허하는 성장으로 한때 성장기 한국경제의 대명사였던 대우그룹은 IMF 관리체제 전 '세계경영'의 기치하에 적극적 팽창전략으로 많은 국내외 기업의 부러움을 샀다. 이 기치의 주역인 김우중 회장을 비롯해 당시 대우의 최고경영진은 각종 매스컴의 표지를 장식했고 그들의 전략은 많은 기업, 학자, 컨설팅회사의 벤치마킹 대상이 되었다. 또한 '봉고신화'의 주역인 기아자동차 김선홍 회장도 대기업의 최고경영자 중 유일하게 성공한 전문경영인으로서 국내외로부터 많은 존경과 주목을 받았다. 이 과정에서 이들 기업의 최고경영진은 자신이 최고라는 자부심을 갖고 그들의 탁월한 영도력을 더욱 강화하기 위해 강력한 보좌진을 구축했다. 강화된 최고경영진의 오만과 독선 그리고 강력한 내부 통제는 기업 내부의 창의성과 혁신성을 말살하고, 강력한 통제에 따른 두려움과 복종만이 팽배한 기업으로 만들었다. 이런 현실안주 현상은 시간이 갈수록 더욱 강화되었고, 이것이 환경변화에 따른 기업의 변신을 가로막음으로써 마침내 위기상황을 자초하게 되었다.

요즘 한국의 경영자들을 만나보면 누구나 한국의 급격한 경제 및 경쟁환경의 변화에 대응하여 그들 기업도 획기적으로 변신해야 한다고 역설하고 있다. 그러나 그들이 고백하는 정도의 절박함을 마음속 깊이 느끼는 경영자는 실제로는 그리 많지 않다. 만약 최고경영자가 진심으로 절박함을 느끼지 않는다면, 그리고 급격한 변화를 통해 획기적으로 경쟁력을 향상시킬 수 있다는 믿음을 가지고 있지 않다면, 기업 내 어느 누구도 그런 믿음이나 절박감을 갖지 못할 것이다. 사람들은 경영자가 하는 말 자체를 믿는 것이 아니라, 그들의 눈을 보고 그 말 속에 담겨 있는 경영자의 신념과 정열을 믿는다. 경영자 자신이 강한 신념을 가지고 있지 않은데, 어떻게 그들이 조직 내 변화를 주도할 수 있단 말인가?

한국에서 우리는 '변화관리'라는 문제에 대해 매우 흥미로운 사실을 발견할 수 있었다. 요즘 거의 모든 한국기업들은 무엇을 변화시킬 것인가, 그리고 어떻게 변화할 것인가 등에 관한 문제로 고민하고 있다. 이로 인해 컨설팅회사, 특히 앵글로색슨계 컨설팅회사는 변신에 관한 해법을 찾는 기업을 상대로 초호황을 누리고 있다. 기업 변신에 관한 학술 강연회에도 변화관리에 관한 경영학계 거목들의 최신 강연을 듣기 위해 많은 사람들이 모여들고 있다. 한국의 모든 경영자가 급속히 변화하는 사업환경에 어떻게 대응할 것인가에 대한 해법에 목말라하고 있는 것이다.

서점에 가보면 기업 변신에 관한 수많은 책들이 진열되어 있다. 사용한 용어와 사례는 다를지 몰라도 이 책들이 기본적으로 전달하고자 하는 내용은 거의 동일하다. 즉 남보다 먼저 시행하라, 실제 행동을 위한 구체적 사례를 제시하라, 공유할 비전을 제시하라, 임직원들이 변신에 몰입할 수 있도록 하라, 구체적인 행동 계획을 수립하라, 진행과정을 지속적으로 관리하라 등이다. 이 책들은 대부분 전세계 기업들의 실제 경험을 바탕으로 능력 있는 전문가들이 쓴 것들이다. 그 결과 한국의 경영자들은 무엇을 어떻게 변화시킬 것인가에 관해 많은 지식을 갖게 되었다.

그렇다면 대부분의 사람들이 알고 있고 그런 의미에서 쉽다고도 볼 수 있는 기업 변신이 왜 실제로는 어려운 것일까? 기업 변신의 병목현상은 과연 어디에서 발생하는 것일까? 병목이란 보통 병의 위쪽에 있다. 마찬가지로 변화의 핵심적인 장애는 변화에 대한 믿음과 열정이 결여된 최고경영진에 있다. 최고경영진들 모두는 옳은 애기를 하고 이를 연말보고서나 사보에 실어 대내외에 알린다. 그러나 속으로는 그들이 말하는 것에 대한 믿음이 부족하다. 기업들이 변화를 실제로 행하고 관리하는 데 어려움을 겪는 이유가 바로 여기에 있다. 물론 다른 장애도 많지만, 그 어떤 장애도 최고경영자들의 사고방식만큼 치명적이지 않다.

급진적 경쟁력 향상은 가능하다

변화를 실행하고 관리하는 데 최우선이자 가장 핵심적인 전제조건은 최고경영자가 급격한 변화를 통해 획기적인 경쟁력 향상이 가능하다는 믿음을 갖는 것이다. 이 책의 가장 중요한 목적이자 전제 중 하나가 경영자들에게 급속한 경쟁력 향상이 가능하다는 믿음을 갖게 하는 것이다. 급속한 경쟁력 향상은 중소기업뿐만 아니라 이미 확고한 기반을 다진 대기업도 가능하다. 그리고 이런 비연속적인 경쟁력 향상은 한 분기 내에 또는 일 년 내가 아니더라도 비교적 짧은 기간 내에 달성이 가능하다.

경영학에는 소위 '점진주의'라는 거의 신앙에 가까운 믿음이 있다. 이것은 기업에서의 모든 일은 천천히, 그리고 점진적으로 일어나야 한다는 신념이다. 대형 탱크는 천천히 큰 원을 그리면서 돌아야 한다. 갑자기 방향을 선회하는 것은 불가능하다. 기업의 경우, 특히 수천 명의 직원을 가진 대기업의 경우에도 마찬가지다. 너무 빠르거나 너무 급격한 변화는 위험하므로, 인내심을 가지고 실현 가능한 것을 차분히 시도하는 것이 바람직하다. 따라서 대기업에서는 어떤 일도 급속히 진행되지 않고, 그렇게 되어서도 안 된다는 것이다.

그러나 정부규제 완화와 더불어 잔혹한 시장논리에 의해 촉진된 경쟁적인 사업환경에서 급속한 변신에 실패한 기업은 도태될 수밖에 없다. 이는 한때 성공한 기업으로 많은 질시와 부러움을 받던 한국의 다수 기업들이 최근 몰락한 경우를 보면 분명해진다. 반면에 새로운 환경은 변신에 대한 확고한 의지를 가진 경영진이 훨씬 급속하게 기업을 성공적으로 변화시키는 것을 가능하도록 한다.

새로운 환경일수록 급속한 변신을 통한 획기적인 경쟁력 향상의 가능성이 더욱 커진다는 사실은 경쟁적 환경에 있는 다른 외국기업을 보면 더욱 분명해진다. 1985년 모토로라는 엄청난 경쟁력 위기를 경험하게 된다. 수익률은 6.3퍼센트에서 1.3퍼센트로 무려 80퍼센트나 감소했다. 일본기업이 무섭게 부상하자 모토로라는 D램 사업에서 잠정적으로 손을 뗄 수밖에 없었다. 한때 반도체시장에서 2위를 차지했던 모토로라는 5위로 추락했고, 마침내 반도체 부문을 도시바와 합병할 것을 고려하게 되었다. 당시 말이 합병이지 실제로는 반도체사업의 포기를 뜻하는 것이었다. 심지어 무선호출기와 휴대전화사업에서도 일본기업은 뛰어난 기능과 소형화로 세계시장에 공격적으로 진입하여 선도적 위치를 위협하고 있었다.

그러나 상황은 불과 3년이 지난 1988년, 완전히 역전되었다. 수익률은 다시 5.3퍼센트로 향상되었고, 혁신적이고 저렴한 제품을 끊임없이 출시함으로써 무선호출기와 휴대전화시장에서 선두의 위치를 확고히 하게 되었다. 한때 철수했던 D램 사업도 개시하여 전세계에서 가장 까다로운 반도체시장의 주공급자로 재부상했다.

그 3년 동안 모토로라는 획기적으로 운영상의 개선을 단행했다. 우선 신제품 개발기간은 평균 3년에서 1.8년으로 단축되었고, 디자인도 획기적으로 개선하여 제품당 평균 부품수를 3,400개에서 630개로 줄였다. 주문 후 납품까지의 기간도 30일에서 3일로 개선했고, 제품의 질적 향상을 위한 6시그마 프로그램으로 불량률도 100만 개당 3,000개에서 200개로 줄어들었다.

이는 결코 예외적인 경우가 아니다. 지난 20년을 되돌아보면 수많은 기업들이 '점진주의'의 환상을 깨고 획기적인 경쟁력 향상을 달성했다. 이는 일상적 점진주의의 관습에 젖어 있는 대부분의 경영자들이 믿기 어려운, 다음의 진리를 단적으로 보여준다.

1. 뛰어난 기업은 '구조적으로 매력적이지 않은' 산업에도 존재한다

경영자들이 갖고 있는 믿음 중에서 그들을 가장 나약하게 만드는 것은 기업의 성과가 산업에 의해 결정된다는 소위 '산업결정주의'다. "산업 자체가 이 모양인데 내가 잘할 수 있는 게 뭐가 있겠는가?" "전략경영의 대가인 마이클 포터(Michael E. Porter) 교수는 기업성과란 그 기업이 속해 있는 산업이 얼마나 매력적인가에 따라 결정된다고 말했다. 우리 산업은 그 중에서도 가장 매력적이지 못한 산업이다." 산업 자체가 매력적이지 않은 경우 또는 산업이 불황기에 빠졌을 때 우리는 이런 얘기를 수없이 듣게 된다.

간단한 문제를 한번 풀어보자. 백지에 가로축을 긋고 그 밑에 같은 간격으로 반도체, 금융, 자동차, 석유화학, 통신 등 주요 산업 중 몇 개를 나열해보라. 그 다음 각 산업의 지난 5년 간 평균 수익률을 찾아서 세로축에 표시해보라. 산업 평균 수익률 그래프는 지그재그형일 것이다. 예를 들어 통신 · 반도체 등의 산업은 그 기간에 비교적 높은 수익률을 보이고, 의류산업 · 항공운송산업 등은 수익률이 상당히 낮을 것이다. 수익률이 아니라 주가가치 등 다른 경영지표를 사용해도 거의 마찬가지 결과를 얻을 것이다.

이번에는 산업의 평균 수익률 대신 각 산업에서 가장 뛰어난 기업 하나를 들어 그 기업의 수익률을 표시해보라. 산업 평균 수익률 그래프와 동일한 형태의 결과를 예상했다면 틀렸다. 두 번째 그래프는 처음 그래프보다 높낮이의 차이가 훨씬 줄어들 것이다. 즉 각 산업의 평균 수익률은 산업에 따라 차이가 많을지 몰라도, 각 산업에서 가장 뛰어난 기업간의 성과는 산업에 따라 그다지 큰 차이가 없다. 다시 말해 이는 평균적으로 저조한 수익을 보이는 산업에서도 타산업의 뛰어난 기업에 못지않은 성과를 보이는 기업이 있다는 것을 의미한다. 직업에서도 마찬가지다. 의사나 변호사의 평균 수입은 연예인이나 프로 운동선수들의 평균 수입보다 높을지 모른다. 그러나 가장 수입이 높은 의사, 변호사, 연예인, 운동선수 사이에는 그 차이가 크지 않다. 오히려 상위의 연예인이나 운동선수의 수입이 상위의 의사나 변호사 수입보다 높을지 모른다.

경영자들 중에는 산업 평균의 잣대에 따라 살아가는 사람이 있다. 동시에 예외적으로 뛰어난 성과를 보이는 기업에 고무되어 우리도 그런 기업이 될 수 있다는 용기를 가지고 살아가는 경영자도 있다. 획기적인 경쟁력 향상을 위해 필요한 마음가짐은 바로 후자다. 즉 평균적이거나 비슷한 기업이 아니라 가장 뛰어난 기업을 벤치마킹하고 이로부터 얻은 영감과 학습을 통해 자신을 스스로 채찍질하는 마음가짐이 필요한 것이다.

2. 뛰어난 실적은 산업이 쇠퇴하는 경우에도 가능하다

영국의 쉐필드는 전통적으로 세계에서 가장 우수한 식탁용 칼과 포

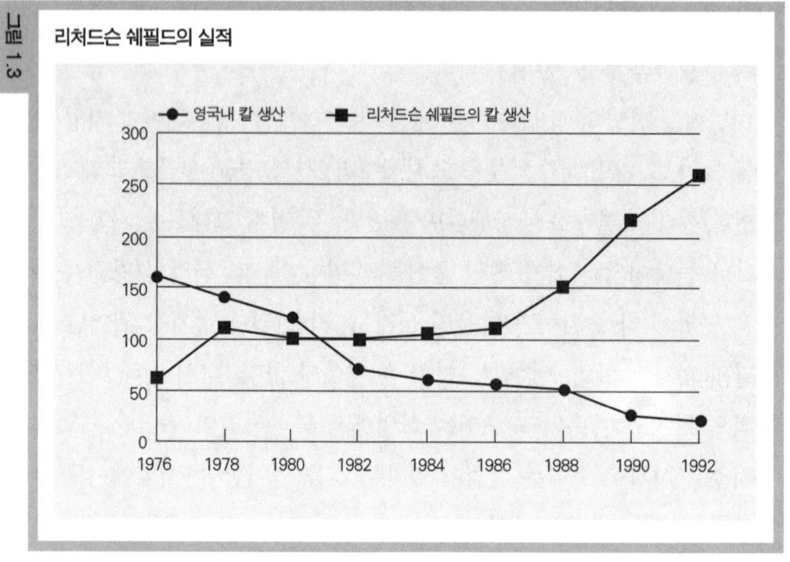

크를 공급하는 지역이다. 오늘날 IT산업을 위한 실리콘밸리와 마찬가지로 이 지역은 숙련된 기능과 품질로 고급시장을 석권하고 있던 많은 칼 제조업체들이 모여 있던 초창기 '산업단지' 의 하나였다.

그러나 20년이 지난 지금 그 산업은 완전히 몰락하고 말았다. 저비용을 무기로 뛰어든 홍콩을 비롯한 아시아 기업과의 경쟁으로 쉐필드의 칼 제조산업은 파멸 상태에 이르렀다. 생산량이 무려 90퍼센트 이상 줄어 1976년에는 지수상 160이었던 생산량이 1992년에는 20으로 줄어들었다(〈그림 1.3〉 참조). 산업이 몰락함에 따라 지역 내 대부분의 기업들이 사업을 포기해버렸다. 그러나 같은 기간 리처드슨 쉐필드라는 기업만은 더욱 강해졌고 무려 500퍼센트 이상의 매출성장을 기록했다.

3. 뛰어난 성과는 강력한 경쟁기업이 존재할 때도 가능하다

1975년 제록스는 전세계 복사기 시장의 93퍼센트 이상을 석권했다.

당시 제록스의 복사기 기술은 무려 500개 이상의 특허로 든든하게 보호받고 있었다. 제록스는 미국 내 본사뿐 아니라 외국의 합작 법인인 유럽의 랭크 제록스와 일본의 후지 제록스에서 활약하는 12,000명의 영업사원과 15,000명에 달하는 서비스 요원 등 강력한 마케팅과 지원 조직을 갖추고 있었다. 전세계에 생산기지를 가지고 있었고, 모든 경쟁자들의 총매출액보다 많은 금액을 R&D에 투자하고 있었다. 브랜드에 대한 인지도도 대단히 높아 복사하는 것을 '제록스한다'고 할 정도로 브랜드가 그들의 사업과 동일시되는 세계의 몇 안 되는 기업 중 하나였다.

사정이 이렇다 보니 1960년대 후반 일본의 작은 카메라 회사에 지나지 않던 캐논이 복사기 사업에 뛰어들 때 대부분의 사람들은 이를 회의적으로 보았다. 규모는 제록스의 10분의 1도 되지 않고 기업시장 공략에 필요한 영업이나 서비스 조직도 갖추고 있지 않았다. 게다가 제록스가 가진 특허를 침해하지 않을 복사기 공정기술도 가지고 있지 않았다. 비슷한 시기에 제록스의 아성에 도전했던 IBM, 코닥, 3M, 나슈아, 스미스 코로나의 진입전략과 캐논의 진입을 함께 검토했던 한 투자분석가는 캐논의 진입에 대한 자신의 견해를 다음과 같이 밝혔다.

"복사기는 대형 카메라가 아니다."

그로부터 30년, 캐논은 복사기를 어떻게 만들고 팔아야 하는가에 대한 산업의 기본 개념을 바꾸었다. 총매출액은 복사기 사업에서 제록스에 이어 세계 2위 자리에 오르고, 판매대수에서는 제록스를 오히려 능가하는 놀라운 실적을 올리게 되었다.

규모는 물론 중요하다. 그러나 규모가 모든 것을 결정하지는 않는다. 일상생활에서는 다윗이 골리앗을 이기는 것이 흔하지 않지만, 기업 세계에서는 그리 드문 일이 아니다. 사우스웨스트 항공사, 스와치, IKEA,

CNN, USA 투데이 등 작은 기업이 대규모 선두기업을 따라잡는 경우는 얼마든지 있다. 기업의 목표는 자신이 가진 자원과 규모를 고려하여 현실에 적합한 것이어야 한다는 전제에 갇혀 획기적인 경쟁력 향상이 불가능하다고 믿는 경영자가 있다면 이들 기업을 생각해보라. 이들 기업은 가능한데 왜 당신의 기업은 불가능한가?

4. 획기적인 경쟁력 향상은 기업의 성과가 좋을 때도 가능하다

가장 널리 퍼져 있는 맹목적인 믿음 중의 하나는 진정으로 획기적인 변신은 기업이 위기상황에 처해 있을 때만 가능하다고 생각하는 것이다. 즉 기업이 실제로 위기를 맞아야 권력구조, 믿음, 의사결정 과정 등을 포함한 기존 질서가 합법성을 잃게 되고, 이를 통해 새로운 질서를 세우는 과정에서 각종 장애물을 제거할 수 있다는 것이다. 이런 믿음을 갖는 사람들은 더 나아가 모든 일이 순조로울 때는 변화의 필요성을 인지하기 어렵기 때문에 '잘 나갈 때 변신해야 한다'는 말은 듣기에 그럴 듯하지만 현실성이 없다고 주장한다.

이런 잘못된 믿음에 대한 반증은 지난 20년 동안 GE가 무엇을 어떻게 했는가를 보면 알 수 있다. GE의 최고경영자였던 잭 웰치(Jack Welch)는 한국을 비롯한 전세계에서 확고한 지도력을 가진 경영자의 상징으로 통한다. 그는 1981년 GE의 최고경영자가 되었고 당시 GE의 시장가치는 110억 달러였다. 현재 GE의 시장가치는 그때의 40배가 넘는 4,500억 달러에 이른다.

이런 괄목할 말한 시장가치의 상승은 GE의 엄청난 변신이 있었기에 가능했다. 재임중에 잭 웰치는 GE의 사업구조, 조직, 문화 그리고 심지어 직원의 행동까지 변화시켰다. 20만 명 이상의 직원을 가진 GE의 변신을 가리켜 '중국의 문화혁명 이후 인간의 행동을 계획에 따라 변화시

킨 가장 대규모적이며 가장 성공한 사례'라는 어느 교수의 주장이 상당
히 일리가 있다.

GE의 변신에 대한 것은 널리 알려져 있어서 이 내용과 결과에 대해
모르는 경영자가 없을 정도다. 그러나 사람들이 간과하고 있는 점은 과
연 GE의 변신이 어떤 상황에서 시작되었느냐는 것이다.

1981년 4월, 잭 웰치가 레지널드 존스(Reginald Jones)에 이어 GE의
최고경영자이자 회장으로 취임할 당시 〈월스트리트 저널〉은 GE가 단
지 주인공을 젊은 사람으로 바꾸었을 뿐이라고 보도했다. 실제로 존스
는 1970년대에 GE의 매출을 두 배로 늘렸고 수익을 세 배 이상 증가시
켰다. 1981년 GE는 이미 미국 10대 기업에 속해 있었고, 미국식 경영
을 대표하는 모범기업으로 꼽히고 있었다. 잭 웰치가 최고경영자의 자
리에 올랐던 1981년 포춘 500대 기업 최고경영자를 대상으로 한 여론
조사에서 GE는 미국에서 가장 경영이 뛰어난 기업으로 선정되었고, 최
고경영자였던 존스는 '1970년대 최고의 CEO' 상을 받았다.

간단히 말해서 잭 웰치는 경영상의 위기상태에 있거나 현실안주에
급급한 기업의 경영권을 맡은 것이 아니다. 전세계에서 경영상태와 경
영성과가 가장 뛰어난 기업의 경영권을 넘겨받아 그 기업의 경쟁력을
획기적으로 향상시킨 것이다.

5. 획기적인 경쟁력 향상은 반드시 카리스마를 필요로 하지는 않는다

마지막으로 짚고 넘어가야 할 것은 카리스마 있는 지도력에 대한 일
반적인 통념, 즉 최고경영자에게 개인적인 카리스마가 있어야 급진적
변화를 의욕적으로 달성할 수 있다는 믿음이다. 물론 경영자의 카리스
마는 도움이 되긴 하지만 반드시 필요한 것은 아니다. 3M의 최고경영
자인 데시몬(DeSimone)은 어느 면에서 봐도 카리스마 있는 지도자가 아

니다. 그는 매우 신중하고 확실한 사람이라 신뢰와 자신감을 주고 인간에 대한 순수한 애정이 있어 사람들로부터 많은 존경을 받고 있지만, 체격이 좋은 것도 아니고 대중 앞에서 뛰어난 연설을 하는 사람도 아니다. 그는 섬광처럼 눈부시게 타오르다가 한줌의 재로 변하는 사람이 아니라, 부드럽고 지속적으로 사람들의 더위를 식혀주고 편하게 해주는 시냇물과 같은 사람이다. 카리스마는 없으나 기업을 급진적으로 변화시켜 뛰어난 경쟁력을 가진 기업으로 만든 경영자는 이외에도 얼마든지 있다.

이제부터는 좀더 흥미로운 질문에 대한 답을 함께 고민해보고자 한다. 획기적인 경쟁력 향상이 가능하다면, 이를 달성할 수 있는 구체적 방법에는 무엇이 있을까?

미래의 관점에서 현재를 보라

우리는 둘 다 미국에서 공부했으나 한 사람은 프랑스와 영국에서, 또한 사람은 영국과 한국에서 교수생활을 해왔다. 여러 프로젝트를 공동으로 수행하는 과정에서 우리는 미국, 유럽, 아시아 기업을 비교적 심층적으로 연구할 수 있는 좋은 기회를 가졌다. 미국, 유럽, 아시아 기업들을 연구하면서 우리는 그들의 운명이 지난 20년 간 엄청나게 뒤바뀌는 것을 목격했다. 몇몇 기업은 상당한 두각을 나타낸 반면에 어떤 기업은 비틀거리고, 디지털 이퀴프먼트사(DEC)나 웨스팅 하우스 같은 기업들은 아예 지구상에서 사라져버렸다. 한국기업도 예외는 아니어서 성공에 성공을 거듭하는 기업이 있는가 하면, 상당한 어려움을 겪거나 아예 사라지는 기업도 상당수 있었다. '어떻게 이들의 운명이 이토록 뒤바뀔 수 있었나'에 관심을 갖고 연구하면서 획기적인 경쟁력 향상은 어떻게 달성할 수 있는가에 대한 우리 나름대로의 편견을 갖게 되었다. 이 책에서 우리는 이 편견들을 보여주고자 한다.

우리는 이 '편견(biases)'이라는 단어를 심사숙고해서 사용하고 있다. 우리는 경영학 분야에 절대적 법과 진리가 존재하는지 아닌지 모른다. 만약 존재한다면 그것은 우리 필자들이 접할 수 없는 것이다. 경영학에서 우리가 사용하는 연구방법론은 진리를 탐구해 찾아내기 위한 것이 아니라 단지 추론과 해석, 즉 개인적 편견만을 가능케 한다. 이 책에서 우리는 연구를 통해 얻은 우리 자신의 추론과 해석, 즉 편견을 가능한 한 간단하면서도 직설적으로 제시하고자 한다. 여기서 우리가 원하는 것은 분명한 해답을 제시하는 것이 아니라 고민하고 토의하고 반추하기 위한 이슈를 제공하는 것이다.

이 책은 각 장을 독립적으로 읽을 수 있도록 구성되었다. 우리는 전반적인 개념구조를 제시하는 것을 의도적으로 자제하고 각 장을 읽으면서 독자 스스로가 통합된 전체를 볼 수 있도록 노력했다. 이 책에 제시된 여러 아이디어를 하나로 묶어주는 것이 있는데, 이는 우리가 공유하고 있는 의식과 감정에서 우러난 것으로 이 책을 통해 우리가 제시하고자 하는 편견도 여기에서 나온 것이다. 그러나 경쟁력 향상에 대한 하나의 개념적 틀이나 이론을 제시하는 것은 가능한 한 자제했다. 각 장은 한 번에 소화할 수 있는 정도의 양으로 우리가 획기적 경쟁력 향상에 도움이 된다고 판단한 하나의 이슈에 대한 하나의 아이디어만 제공한다. 따라서 각 장의 아이디어는 독자적이고, 그 유용성이나 적용가능성은 다른 아이디어와 달리 평가될 수 있다.

우리는 획기적인 경쟁력 향상을 위해 무엇을 해야 하는가? 이 질문에 대한 명확한 답은 없다. 다만 과감하게 주사위를 던질 수 있는 용기가 필요할 뿐 아니라, 미세한 문제를 관리하는 데도 세심한 신경을 써야 할 것이다. 또한 과거에 해왔던 일이나 현재의 정황도 중요하다. 그러므로 모든 기업에 똑같이 적용할 수 있는 보편적인 해법은 없다. 각장의 사례들은 뛰어난 기업 성과를 달성하기 위한 다양하고도 다차원적인 방법을 설명하고 있다.

경쟁력을 급속히 향상시키기 위해서 경영진은 비전, 또는 그 기업이 나아가고자 하는 목적에 대한 감각을 갖추어야 한다. 그렇다면 이런 감각은 어떻게 해야 갖출 수 있을까? 각 사례에 나온 이야기를 읽어보고, 당신 기업을 그렇게 한다면 어떻게 될 것인가를 생각해보라. 다른 사례를 읽을 때마다 당신은 당신 기업의 다른 미래상을 그려보게 될 것이다. 이런 방법으로 모든 사례를 읽고 나서 당신이 속한 기업의 또 다른 미래상을 그려보라. 이 모든 사례의 이야기들을 바탕으로 당신 기업의 미래상을 다시 한번 그려보라. 여러 이야기들 중 하나로부터 또는 여러 이야기를 종합함으로써 당신은 당신이 속한 기업만을 위한 특별한 이야기를 갖게 될 것이다. 그 이야기는 당신이 진정으로 공감하여 나온 것이고 따라서 당신은 그 이야기를 통해 많은 열정과 활력을 갖게 된다는 의미에서 특별하다.

그 이야기를 좀더 정교하게 다듬어보라. 당신만의 이야기에서 나온 당신이 속한 기업의 미래상이 바로 비전이다. 그 미래의 한가운데 서서 오늘의 당신 기업을 바라보라. 어떤 방법으로 오늘의 당신 기업을 미래에 그린 기업으로 끌어올릴 것인가? 각 장에서 소개된 여러 아이디어가 이를 위한 특별한 방법과 과정을 제시해줄지 모른다. 또는 당신 자신의 경험과 통찰에서 그 방법을 찾을 수도 있다. 그리고 용기를 갖고 행동에 옮겨 (필요하다면 잭 웰치가 했듯이 목덜미를 끌어서라도) 기업을 당신 자신이 그리고 있는 미래로 이끌어보라. 현재의 입장에서 미래로 나가고자 한다면 당신은 점진주의의 함정에 빠질 것이다. 그 대신 미래의 관점에서 현재를 끌어들이게 되면, 이것이 급속한 경쟁력 향상을 달성하기 위한 경로이자 과정이 될 것이다.

제**2**장
한국기업의 경쟁력, 무엇이 문제인가[*]

한국은 지난 반세기에 걸쳐 세계에서 가장 비약적으로 성장한 국가들 중 하나다. 이런 한국경제의 획기적 성장에는 기업, 그 중에서도 재벌이 많은 공헌을 했다고 볼 수 있다.[1] 재벌그룹을 견인차로 급성장을 거듭하던 한국경제는 1997년 11월 마침내 IMF 관리체제라는 사상 초유의 위기를 맞게 되었다. 광범위한 은행권의 부실, 수많은 기업의 도산, 국내 자산시장의 붕괴와 함께 한국경제는 급속한 하강국면에 접어들었다. 모든 국민의 고통을 수반한 처절한 구조조정이 전 산업에 걸쳐 단행되었고, 그후로는 이를 극복한 기업들을 중심으로 재도약을 위한 노력을 경주하고 있다.

---

[*] 이 장은 박철순 교수의 〈한국재벌의 경쟁력과 전략적 과제〉(1999 경영논집, 33(4): 277~294. 서울대학교 경영대학 경영연구소)에서 발췌하여 수정한 것이다.

1 Ghoshal. S., & Park, C. 1996. *LG Group: Leaping to the future*. London Business School Case Series.

성공적이었던 한국기업이 그토록 심각한 위기를 맞이한 이유는 무엇인가? 그리고 향후 세계 수준의 기업으로 부상하기 위해 한국기업은 무엇을 어떻게 바꿔야 하는 걸까?

과거 성공적인 한국기업의 특징

과거, 구체적으로 1980년대 중반 이전의 성공적인 한국기업은 어떤 기업인가? 한 기업이 경쟁력을 갖기 위해서는 일반적으로 다음의 두 가지 수준의 경쟁력을 확보해야 한다. 첫째, 그 기업을 구성하는 하나하나의 사업이 경쟁력이 있어야 한다. 이를 '사업부 수준의 경쟁력(business-level competitiveness)'이라고 하자. 하나의 사업부가 경쟁력이 있으려면 우선 그 사업부가 속해 있는 산업이 구조적으로 매력적이어야 하고 동시에 그 사업을 영위하는 데 핵심적으로 요구되는 자원과 능력(R&C: resources and capabilities)을 경쟁사들보다 많이 보유하고 있어

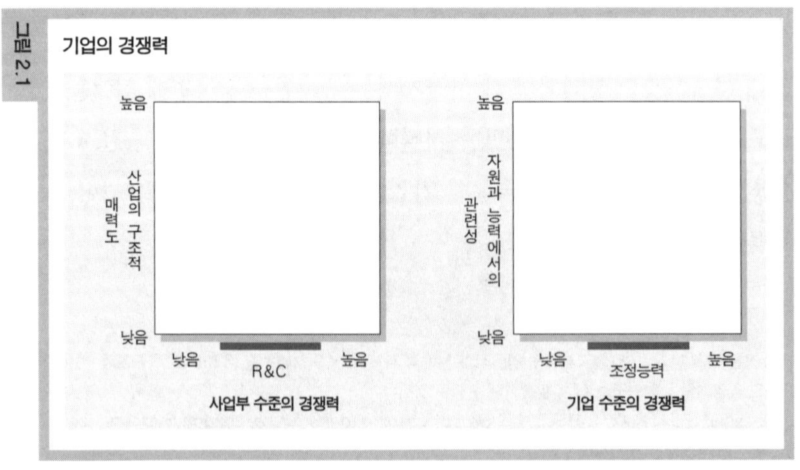

야 한다(〈그림 2.1〉 중 사업부 수준의 경쟁력 참조).

기업 경쟁력에 있어서 또 하나의 요소는 각 사업부간에 실제로 실현된 시너지의 정도, 즉 '기업 수준의 경쟁력(corporate-level competitiveness)'이다. 기업 수준의 경쟁력을 높이기 위해서는 첫째, 각 사업부에서 핵심적으로 요구되는 R&C가 서로 관련이 있거나 유사하여 사업부간에 이들 R&C의 공유와 이전이 가능해야 한다. 둘째, 관련이 있는 R&C를 사업부간에 원활한 공유나 이전이 가능하도록 조정할 수 있어야 한다(〈그림 2.1〉 중 기업 수준의 경쟁력 참조).

지금부터 과거 한국기업의 경쟁력을 사업부 수준의 경쟁력과 기업 수준의 경쟁력 관점에서 분석해보자.

과거 사업부 수준의 경쟁력: 산업 매력도와 핵심 R&C

과거 한국기업의 사업부 수준의 경쟁력은 무엇에 의해 결정되었을까? 우선 과거 한국기업이 영위하고 있던 사업의 산업 매력도에 대해 알아보자. 일제 식민지시대와 한국전쟁을 거치면서 한국경제는 심각한 물자부족 현상을 겪어야만 했다. 전후 심각한 생산시설, 인력, 자금의 부족으로 거의 모든 생필품을 국외로부터의 수입에 의존해야 했다. 지극히 제한된 공급과 대조적으로 수요는 거의 모든 산업에서 폭발적으로 증가하고 있었다. 1970년대 가전사업을 보자. 폭발적으로 증가하는 수요에 비해 공급은 극히 제한되어 있어 많은 사람들이 냉장고 등 특정 가전제품을 구입하려면 주문을 하고 몇 개월씩 기다려야 하는 실정이었다. 비단 가전사업뿐 아니라 의류산업, 제당산업, 정유산업, 비료산업 등 한국내 거의 모든 산업이 수요는 폭발적으로 증가하면서 경쟁사가 거의 없는 무주공산의 매력적인 산업들이었다. 흔히들 성공한 한국기업은 창업자가 전망 좋고 구조적으로 매력적인 산업을 정확히 파악하여 진입함으로써 성공의 발판을 마련했다고 말한다. 그러나 이는 다소 과장된 표현이다. 당시에는 거의 모든 산업이 구조적으로 매력적이었으므로, 구조적으로 매력적인 산업으로의 진출은 창업자의 뛰어난 감각 없이도 얼마든지 가능했던 것이다.

이런 극심한 수요초과의 시장상황에서 한국기업의 과제는 가능한 한 많은 물건을 만들어 폭발적으로 증가하는 수요를 충족시키는 것이었다. 따라서 기업들은 제품의 질과 상관없이 만들어내기만 하면 좋은 가격에 쉽게 판매할 수 있었다. 즉 당시의 경쟁은 얼마나 좋은 물건을 만드느냐 하는 '질(質)의 게임'이 아니라 얼마나 많은 물건을 만들어 폭발적으로 증가하는 수요를 충족시켜 주느냐 하는 '양(量)의 게임'이었다.

당시 거의 모든 산업이 구조적으로 매력적이었으므로 산업의 구조적 매력도는 각 기업간 경쟁력의 우열을 가리는 데 큰 영향을 주지 않았다. 따라서 당시 경쟁력의 우열은 주로 기업들이 각 사업에서 핵심적으로 요구되는 R&C를 얼마나 보유하고 있느냐에 의해 결정되었다.

그렇다면 그때 각 사업에서 핵심적으로 요구되는 R&C는 무엇인가? 자원관점이론에서 핵심적으로 요구되는 R&C가 되기 위한 요건은 여러 가지가 있으나, 일반적으로는 다음의 두 가지로 요약할 수 있다.

첫째, 특정 R&C가 특정 사업을 성공적으로 수행하는 데 얼마나 중요하고 가치 있느냐에 대한 판단이다. 한 분야의 사업에서 성공하기 위해서는 많은 종류의 R&C가 필요하다. 그러나 특정 R&C가 최종제품의 가치에 미치는 영향은 R&C의 종류에 따라 크게 차이가 난다. 예를 들어 최첨단 의류사업에서 성공하기 위해서는 디자인 능력, 브랜드 이미지, 심지어는 직원의 유니폼도 필요하다. 이때 디자인 능력과 브랜드 이미지는 최종제품의 가치에 큰 영향을 미치지만, 직원 유니폼은 제품의 가치에 그다지 큰 영향을 주지 않는다. 따라서 최첨단 의류사업의 경우 디자인 능력과 브랜드 이미지는 가치가 높은 R&C이지만, 직원 유니폼은 가치 높은 R&C라고 보기 어렵다. 이처럼 자원관점이론에서 말하는 R&C란 한 분야의 사업에서 요구되는 모든 R&C을 의미하는 것이 아니라, 최종제품의 가치에 결정적인 영향을 미치는 필수적인 R&C를 의미한다.

R&C에 관한 두 번째 판단기준은 보유하고 있는 특정 R&C를 타경쟁업체가 모방하기 얼마나 어려운가 하는 것이다. R&C 중에는 제품가치에 많은 영향을 미치고 꼭 필요하지만, 타업체도 비교적 쉽게 획득·개발할 수 있는 것이 있다. 예를 들어 PC제조업체가 인텔의 반도체칩을 자사 제품에 사용한다고 할 때 인텔의 반도체칩은 그 제품의 성능에 큰 영향을 미쳐 상당한 가치가 있을지 모르나, 다른 PC업체도 인텔의 칩을 쉽게 구입하여 사용할 수 있다. 즉 인텔의 반도체칩은 제품가치에는 많은 영향을 주지만, 타기업이 쉽게 획득하거나 보유하는 것이 가능하다는 점에서 기업의 지속적인 경쟁우위를 보장하지 못한다. 따라서 인텔의 칩은 핵심적인 자원이 되지 못한다.

그렇다면 과거 한국경제의 각 산업에서 핵심적인, 즉 가치 있고 모방이 어려운 R&C에는 무엇이 있었는가? 마케팅 능력, 브랜드 이미지, 기술 등 몇몇 특정산업에서만 쓰이는 R&C는 1990년대 이전의 한국경제처럼 수요초과의, 그리고 저수준의 경제발전 단계에서는 핵심적 R&C가 아니었다. 예를 들어 마케팅 능력을 보면, 당시 시장상황은 수요가 공급을 초과하여 고객이 한정된 공급의 제품을 사기 위해 대기하고 있는 상태였다. 이때 고객에게 더 많은 제품을 팔기 위한 마케팅은 필요하고 가치 있는 능력이었을까? 양의 게임을 하던 당시 상황으로서는 마케팅 능력이란 별로 가치 없는 것으로 자원관점에서의 핵심적인 자원이 되지 못했다. 기술의 경우도 각 산업에서 중요할 수는 있으나 당시 우리 기업들이 필요로 한 기술은 중저가의 범용기술로 시장에서 라이센스를 통해 쉽게 구입할 수 있었다. 따라서 과거의 환경에서 기술은 어느 기업이나 시장을 통해 쉽게 구입할 수 있는, 즉 모방이 가능한 자원으로 핵심적 자원이 되지 못했다.

따라서 과거 한국의 각 산업에서 핵심적으로 요구되는 R&C는 기술, 마케팅, 브랜드 이미지 같은 산업 특유의 R&C가 아니었다. 오히려 자금력, 관리력, 정부보조와 이런 자원들을 획득하는 능력이 핵심적으로 요구되는 것이었다. 이런 R&C는 몇몇 산업에서만 사용되는 산업 특유의 R&C가 아니라 어느 산업에서나 널리 쓰일 수 있는 일반적이고 유연한 R&C라는 특징이 있다.

우선 자금력의 경우, 어느 사업에서나 반드시 필요한 가치 있는 자원임에는 이론의 여지가 없다. 그러나 자금력이 얼마나 타업체가 모방하기 어려운 자원인가 하는 것은 그 경제 내에 얼마나 많은 자본이 축적되어 있고, 이런 축적된 자원을 효율적으로 분배하는 자금시장이 얼마나 발달되어 있느냐에 달려 있다. 전후 우리 경제는 자본축적의 정도가 지극히 낮았을 뿐만 아니라 이를 효율적으로 분배할 자본시장이 제대로 발달되어 있지 않았다. 은행권이 기업을 위한 유일한 자금시장의 역할을 했는데, 이 또한 정부에 의해 상당히 왜곡되어 있었다. 이런 상황에서 자금은 몇몇 기업만이 가질 수 있는 희소자원으로서 누구나 원하면 쉽게 가질 수 있는 모방 가능한 자원이 아니었다.

관리력도 어느 사업에서나 필수불가결한 가치 있는 자원이다. 그리고 기업이 관리력을 얼마나 쉽게 획득할 수 있느냐, 즉 얼마나 모방이 가능한 자원이냐 하는 것은 자금력과 마찬가지로 다음의 두 가지 조건에 의해 결정된다. 첫째, 관리자원이 경제 내에 얼마나 풍부하게 존재하는가. 둘째, 이런 관리자원을 효율적으로 분배할 노동시장이 얼마나 잘 발달되어 있는가.

일제시대 우리 국민은 기업활동에서 지도적 역할을 수행할 기회를 갖지 못했다. 따라서 해방 후 기업을 운영할 관리자원의 축적은 극히 미미했고, 사농공상(士農工商)이라는 전통적인 유교의식이 지배하고 있어서 기업가의 사회적 위치도 매우 낮았다. 이런 의식은 대학사회에서도 팽배하여 경영대학의 숫자나 규모가 적었을 뿐만 아니라 대학교 내 경영대학의 위상이 지극히 낮아서 사회에서 필요로 하는 경영자 배출이라는 경영대학 본연의 역할에 충실할 수가 없었다. 이런 제도적 요인은 경제 내 관리자원의 부족현상을 초래하게 되었다.

또한 한국에서는 이렇게 희소한 관리자원을 분배하는 노동시장도 거의 발달되어 있지 않았다. 전통적 유교국가인 한국에서는 지조 있는 사람을 상당히 존중했다. 이에 따라 일단 한 조직에 몸을 담으면 그 조직과 운명을 같이해야 하고, 그렇지 않은 사람은 지조와 충성심이 없는 사람으로 사회적 지탄을 받았다. 그래서 다른 기업으로 직장을 옮기는 것은 이전 기업에 대한 배신으로 여겨지고 금기시되었다.

한국기업의 배타적인 속성도 한국에서의 노동시장 발달에 부정적인 영향을 미쳤다. 일본기업과 마찬가지로 한국기업도 외부인사 영입에 상당한 반감을 가지고 있었다. 역사적으로 외부로부터 많은 시련을 겪어왔던 탓에 한국인은 외부인에 대해 심한 반감을 갖고 기득권 고수에 집착하는 경향이 있었다. 특히 외부인사가 타기업으로부터 영입될 경우 이 외부인사는 이기적이고 충성심 없는 사람으로 간주되어 이런 반감의 정도가 더욱 심했다. 이로 인해 한국의 경영자를 위한 노동시장이 제대로 형성되지 못하게 되어 기업은 내부적으로 관리자를 자체 양성해야만 했다. 관리자원의 축적이 미미하고 이를 분배할 노동시장이 형성되지 않았기 때문에 관리자원은 어느 기업이나 가질 수 있는, 즉 모방하기 쉬운 자원이 아니었다. 따라서 과거 한국에서 관리자원은 핵심적으로 요구되는 자원이었다.

정부보조의 경우, 정부보조가 사업에 얼마나 가치 있는 자원이냐 하는 것은 정부가 기업활동에 얼마나 개입하느냐에 달려 있다. 과거 한국정부는 경제개발 5개년계획을 비롯한 각종 정부시책을 추진하기 위해 기업활동에 적극 개입해왔다. 따라서 1990년대 이전의 정부보조는 꼭 필요한 가치 있는 자원이라고 할 수 있다. 동시에 정부보조는 특성상 모든 기업에 부여되는 것이 아니라 몇몇 선택된 기업만을 대상으로 한다. 가치 있는 자원인 동시에, 원하는 모든 기업이 쉽게 얻을 수 없다는 점에서 정부보조는 타기업에 의한 모방이 어려운 핵심적 자원이다.

요약하자면 과거 대부분의 산업이 수요초과 상태로 구조적 매력도가 높아서 산업의 구조적 매력도는 각 기업의 사업부 경쟁력에 그다지 큰 영향을 미치지 않았다. 그 당시 사업부 경쟁력에 결정적인 영향을 미쳤던 것은 정부보조, 자금, 관리력의 보유 정도로, 재벌은 이런 자원과 능력을 확보하는 데 뛰어난 능력을 보여준 기업들이었다.

예를 들어, 정부보조를 얻기 위해 재벌들은 정부의 경제개발 5개년계획에 의해 전략산업으로 지정된 산업에 적극 진출함으로써 정부의 시책에 부응하고 이에 따라 각종 금융이나 세제상 많은 혜택을 향유했다. 재벌이 각종 정부 서비스 기능을 수행한 것도 이런 맥락에서 이해할 수 있다. 즉 삼성물산의 경우에는 국가간 공식수교가 안 된 지역으로 진출함으로써 우호적 외교관계를 증진시키는 계기를 만들었고, 진출한 지역에서 상사맨들이 인적 네트워크를 통해 획득한 다양하면서도 폭넓은 정보를 정부에 제공함으로써 정보력이 취약한 당시 한국정부가 이를 중요한 정책자료로 활용할 수 있도록 했다.

또 다른 핵심자원의 하나인 자금은 많은 경우 이렇게 확보된 정부와의 우호적인 관계정립을 통하여 확보되었다. 당시에는 주식시장이 성숙되지 않았기 때문에 은행권이 기업의 유일한 자금 조달처였다. 이런 상황하에서 정부는 은행에 대한 소유권을 바탕으로 기업의 국내 및 국외차입을 철저히 통제했다. 희소한 자금을 철저히 통제함으로써 정부는 경제개발 5개년계획을 비롯한 각종 정부시책을 적극적으로 추진할 수 있었다. 예를 들어 1971년 시장의 실제이자율은 46.5퍼센트이고 물가상승률은 8.7퍼센트였는 데 반해, 당시 정부의 전략산업이었던 수출집약적 산업에 참여한 기업을 위한 수출자금 이자율은 6퍼센트에 불과했다. 이처럼 정부와의 우호적 관계를 통한 자금조달 외에도 많은 재벌들이 금융권, 특히 제2금융권에 직접 진출함으로써 희소한 자금을 확보했다.

그리고 또 하나의 핵심자원인 관리자원을 확보하기 위해 많은 재벌들은 우수한 인재를 선발한 후 자체 교육을 통해 이들을 경영자로 양성하기 위해 전력을 기울였다. 삼성의 이병철 회장은 "최고경영자의 역할은 능력 있는 인재를 선발하여 이들을 훌륭한 경영자로 키우는 것이다. 나는 내 시간의 80퍼센트 이상을 인재를 뽑고 이들을 교육시키는 데 사용해왔다"고 회고했다. 아무리 일정이 바빠도 이병철 회장은 모든 신입사원 채용면접에 참석한 것으로 유명하다. 이런 노력의 결실로 재벌은 타기업에 비해 당시 핵심적으로 요구되는 R&C인 정부보조, 자금력, 관리력 등을 월등히 많이 보유하게 되었다.

이처럼 한국기업의 사업부 경쟁력이 주로 정부보조, 자금, 관리력의 확보 정도에 따라 결정되었다면, 그들의 기업 수준의 경쟁력은 구체적으로 무엇에 의해 결정되었을까?

과거 기업 수준의 경쟁력: R&C 관련성과 조정능력

각 사업부간 잠재적 시너지를 극대화하기 위해서는 각 사업부에서 요구되는 R&C가 서로 관련이 있어서 사업부간 자원공유와 능력이전의 가능성이 커야 한다. 앞에서 살펴보았듯이 1990년대 이전에는 각 사업에서 핵심적으로 요구되는 R&C가 정부보조, 자금력, 관리력, 그리고 이를 획득하는 능력과 같이 어느 사업에나 쓰일 수 있는 일반적이고 유연한 것이었다. 따라서 어느 사업에서나 핵심적으로 요구되는 R&C가 동일했기 때문에 사업부간 자원이나 능력을 공유하고 이전하여 얻을 수 있는 잠재적 시너지는 상당했다. 다시 말해 1990년대 이전에는 어떤 사업을 영위하더라도 핵심적으로 요구되는 R&C가 일반적이고 유연한 것들이어서 잠재적 시너지가 큰 관련다각화였다. 즉 과거에는 의류사업, 전자사업, 건설업 등 제품과 시장면에서 전혀 관련 없는 사업구조도 핵심적 R&C면에서는 사업간 시너지의 잠재성이 큰 사업구조였던 것이다.

그럼 당시 핵심적 R&C였던 자금, 관리력, 정보보조는 사업간에 어떻게 공유되고 이전되었을까? 이는 중앙집권적 조직체계를 통해 기업 내 내부자금시장과 내부노동시장(특히 관리자에 대한 내부노동시장)을 형성함으로써 이루어졌다. 이를 위해 비서실, 회장실, 기획조정실처럼 강력한 본부 스태프 조직이 형성되었다. 비서실 등과 같은 본부 스태프 조직은 강력한 예산권과 경영자에 대한 인사권을 갖고 필요로 하는 사업부에 이러한 자원을 효율적으로 분배함으로써 당시 핵심이었던 R&C가 사업부간에 공유되고 이전될 수 있도록 했다.

재벌의 스태프 조직은 그 규모와 권한이 막강한 것으로 정평이 나 있었다. 그 중에서도 삼성그룹의 비서실은 강력한 스태프 조직으로 유명했다. 200명이 넘는 중간관리자급 이상의 그룹 내 최정예 인원으로 구성된 이 조직은 그룹 수준의 전략수립 외에도 당시 핵심자원인 자금과 경영인력의 취득, 분배, 조정을 주요 임무로 하고 있었다. 이처럼 재벌그룹은 강력한 중앙 스태프 조직으로 그룹 내 내부자금시장과 노동시장을 형성하여 핵심 R&C의 공유 및 이전을 효율적으로 조정했다.

과거의 경쟁요소는 사라졌다

높은 수요초과와 기업의 경제활동에 대한 강력한 정부통제, 비효율적인 자금과 노동시장을 특징으로 하던 과거 한국의 제도적 상황에서 높은 사업부 수준의 경쟁력과 기업 수준의 경쟁력을 가진 한국기업의 특징은 다음과 같이 요약될 수 있다. 즉 당시 핵심자원과 능력이었던 정부보조, 자금, 관리력을 충분히 확보하고 이를 각 사업부간에 효율적으로 조정할 수 있는 강력한 중앙집권적 조직체계를 갖추었다는 것이다. 이런 한국기업의 경쟁 양상은 1980년대 말부터 본격화된 여러 환경변화에 따라 급속히 바뀌게 되었다.

각 사업의 구조적 매력도와 R&C

그동안 여러 산업에서 기존 기업들이 높은 수요를 충족시키기 위해 자체 공급을 상당히 확대해왔고, 정부규제에 의한 각종 진입장벽이 제거됨으로써 신규 진입자에 의한 공급도 늘어났다. 뿐만 아니라 1980년대 말 정부의 시장개방정책에 따라 국외로부터의 공급도 비약적으로 증가하게 되었다. 이에 따라 1990년대 이후로는 대부분의 산업에서 공급과잉 양상을 띠게 되었다. 공급의 확대와 산업 내 경쟁의 심화로

1990년대 이후 산업의 구조적 매력도는 과거에 비해 현격히 낮아졌다.

수요초과의 시장상황이 공급과잉으로 바뀌자 기업간의 경쟁도 누가 많이 생산하느냐 하는 양(量)의 게임에서 누가 보다 좋은 제품을 저렴한 가격에 제공하느냐 하는 질(質)의 게임으로 변모했다. 이에 따라 수요초과의 시장상황에서는 그다지 중요하지 않았던 마케팅, 기술, 브랜드네임, 애프터서비스 등 산업 특유의 자원과 능력이 핵심적으로 요구되기 시작했다. 또한 한국의 전반적인 경제수준이 후진국에서 중진국을 거쳐 선진국으로의 진입을 앞두게 되면서, 기술력을 비롯한 각종 산업 특유의 R&C의 수준도 과거처럼 라이센스를 통해 쉽게 구입할 수 있는 정도가 아니라 최첨단·고난도 수준으로 올라갔다. 이런 최첨단·고난도의 R&C는 외국 선진기업들이 자사의 경쟁력 원천으로 보고 외부 유출을 극히 꺼렸기 때문에 국내기업이 쉽게 모방할 수 없었다. 그 결과 과거에는 핵심적인 R&C가 아니었던 기술, 마케팅, 브랜드네임 등 산업 특유의 자원과 능력이 1990년대에 들어서면서부터 각 산업의 핵심적인 R&C로 부각되었고, 그 중요성도 계속 높아지고 있다.

반면에 과거 핵심적이었던 정부보조, 자금력, 관리력, 그리고 이를 획득하는 능력 같은 일반적 R&C는 핵심적 R&C로서의 중요성을 점점 잃어가고 있는 추세다. 우선 정부보조의 경우에 한국경제의 규모가 커지고 복잡해짐에 따라 과거처럼 정부가 중앙에서 기업활동을 통제하는 것 자체가 어려워지고 비효율적이 되었다. 그리고 1980년대 말 민주화가 진행되면서 기업활동에 대한 정부의 통제는 더욱 어려워졌다. 정부보조가 핵심적 자원이냐의 여부는 전적으로 정부가 기업활동에 얼마나 관여하느냐에 의해 결정된다. 정부가 기업활동에 크게 개입하지 않으면서 핵심자원으로 정부보조의 중요성도 점점 줄어들었다.

아울러 그동안 국내자본의 축적이 꾸준히 이루어졌고, 1980년대 말 국내 자금시장의 대외개방으로 국외자본이 유입되어 기업이 보다 쉽게 접근할 수 있게 되었다. 국내외 자본의 증가로 자금의 희소성이 상대적으로 줄어들었을 뿐만 아니라 자본시장에 대한 정부의 규제가 상당 부문 철폐되어 자금시장이 보다 효율적으로 발전하고 있다.

핵심자원으로서 관리력의 중요성도 점차 줄어들고 있다. 그동안 기업들은 많은 경영인력을 자체적으로 양성했고, 경영대학의 숫자와 규모도 비약적으로 증가하여 많은 잠재적 경영자를 배출했다. 경영인력의 희소성이 감소하고 동시에 경영자를 위한 노동시장도 아직 취약하긴 하지만 점차 정비되고 있는 상황이다. 경영자를 위한 노동시장은 주로 국내에 진출한 외국기업에 의해 형성되기 시작했다. 외국기업들은 국내기업에 비해 외부인사에 대해 훨씬 개방적이고, 외부인력에 의한 충원이 불가피한 면이 많았기 때문에 외부인사 영입에 적극적이었다. 이렇게 형성되기 시작한 경영자에 대한 노동시장은 IMF 관리체제를 거치면서 앞으로 더욱 확산될 것으로 예상되고 있다.

IMF 관리체제라는 경제위기를 겪는 과정에서 기업들은 많은 경영자를 해고하면서 종신고용의 관례를 포기하게 되고, 이에 따라 평생직장의 개념이 사라지고 있다. 이는 부정적인 측면도 있으나, 경영자 노동시장의 형성에는 매우 긍정적인 영향을 미칠 것이라고 예상된다. 경영자원의 희소성이 감소하고 이의 분배를 담당하는 노동시장이 형성되고 있다는 점에서 경영자의 핵심자원으로서 중요성도 점차 감소하고 있는 추세다.

요약하면 1990년대에 접어들면서 기술, 마케팅 등 산업 특유의 R&C에 대한 중요성은 증가하는 반면에 정보보조, 자금, 관리력 등 일반적 R&C의 중요성은 점점 감소하는 추세다. 그리고 특정 사업부가 핵심 R&C을 얼마나 보유하고 있는가 하는 것은 경쟁사와 비교해 판단해야 한다. 글로벌 경쟁하에서 한국재벌의 경쟁사는 더 이상 국내기업이 아니라 외국 선진기업이다. 한국재벌의 각 사업부가 새롭게 요구하고 있는 핵심R&C인 산업 특유의 R&C를 외국 선진기업과 비교해 얼마나 보유하고 있는가에 대한 답은 자명하다. 또한 기업으로서 존재하기 위한 최소한의 요구조건 수준으로 중요성이 감소한 일반적 자원에서조차 선진기업과 월등한 격차를 보이고 있다.

한국재벌이 참여하는 대부분 사업의 구조적 매력도가 감소하는 동시에 각 사업에 핵심적으로 요구되는 R&C에서는 경쟁사보다 뒤처지면서, 1990년대 들어 한국재벌의 사업부 수준의 경쟁력은 상당히 저하되고 있다고 할 수 있다(〈그림 2.2〉 참조).

R&C의 관련성과 조정능력

각 사업에서 요구하는 핵심적 R&C로서 기술, 마케팅 등 산업 특유의 자원과 능력의 중요성이 커짐으로써 한국재벌이 영위하는 많은 사업이 이런 산업 특유의 자원과 능력 측면에서 관련이 없는 사업으로 변모했

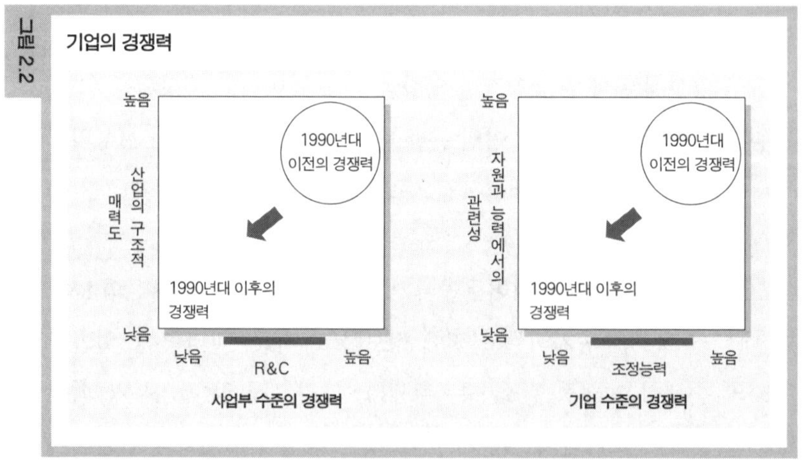

다. 즉 재벌의 사업구조는 과거에 핵심적이었던 자금력, 관리력, 정부 보조 등 일반적 자원과 능력면에서는 관련이 있으나, 새롭게 중요성이 증대하는 산업 특유의 자원과 능력면에서는 관련이 없는 비관련 사업 구조로 전락한 것이다. 따라서 각 사업간 잠재적 시너지가 현격히 줄어 들었다.

그리고 내부자금과 노동시장을 형성하여 과거에 핵심적이었던 자금 과 관리력을 효율적으로 조정하던 중앙집권적 구조는 산업 특유의 R&C를 사업부간 조정하는 기구로는 더 이상 적합하지 않게 되었다.

이처럼 새롭게 요구되는 핵심적 자원과 능력면에서 한국재벌의 사업 들은 관련성이 낮고, 동시에 이런 R&C를 사업부 사이에 원활히 조정할 능력을 상실함으로써 한국재벌의 기업 수준의 경쟁력도 현격히 낮아지 고 있다(〈그림 2.2〉 참조).

한국기업의 경쟁력, 무엇이 문제인가

한국경제 또는 한국기업의 경쟁력 위기의 원인은 무엇인가? 여러 가 지 견해가 있을 수 있으나 전략경영 관점에서 보면 한국기업, 그 중에 서도 과거 한국경제 발전과정에서 주도적 역할을 수행해왔던 재벌기업 들이 제도적 환경변화에 전략적으로 대응하지 못한 것이 하나의 원인 이다. 즉 과거 한국재벌의 여러 전략은 그 당시 제도적 상황하에서는 최선의 선택이었으나, 1980년대 말 이후 변화된 상황하에서는 더 이상 효과적이지도 효율적이지도 않았다. 새로운 환경에 따른 새로운 전략 이 요구되었던 것이다.

그렇다면 한국재벌, 넓은 의미로 한국기업의 과제는 무엇인가? 제시된 전략적 분석에 의하면 먼저 각 사업의 구조적 매력도를 높이고, 새로운 사업환경에서 요구되는 새로운 R&C를 확보하여 사업부 자체의 경쟁력을 향상시켜야 한다. 그리고 새롭게 요구되는 R&C면에서 각 사업간의 관련성을 높이고, 새로운 R&C를 효율적으로 조정하는 능력을 키움으로써 기업 수준의 경쟁력도 높여야 한다. 각 사업의 구조적 매력도를 높이고 사업간 관련성을 높이는 것은 사업 구조조정을 통해 어느 정도까지는 가능하다. 즉 사양사업이나 앞으로의 전망이 불투명한 사업의 철수나 매각을 통해 각 기업이 영위하는 사업의 전반적인 매력도를 높일 수도 있고, 동시에 자원과 능력면에서 핵심사업과의 관련성이 낮은 사업에서 철수함으로써 사업간의 관련성을 높일 수도 있다.

그러나 나머지 두 과제, 즉 각 사업에서 새롭게 요구되는 핵심자원과 능력을 확보하는 것, 이런 R&C를 사업부간 공유와 이전하는 능력은 쉽게 얻을 수 없다. 특히 새롭게 요구되는 핵심자원과 능력을 세계 초일류기업인 경쟁사와 비교했을 때 획기적으로 향상시키는 것은 거의 불가능한 과제다. 많은 한국기업들이 인원감축, 원가절감 등 각종 비용절감 활동으로 기업경쟁력을 향상시킬 수 있다고 믿고 이에 열중하고 있다. 그러나 이런 비용절감은 외국기업의 경우 기업이면 당연히 해야 할 최소한의 요구조건에 지나지 않는다. 이러한 최소한의 요구조건도 노동시장의 경직성과 같은 제도적 환경의 차이로 인해 한국기업이 외국기업보다 성공적으로 충족시키기 어렵다. 따라서 각종 비용절감 활동을 통해 외국기업과의 경쟁에서 이기겠다는 발상은 지극히 비현실적이다.

효율성 향상을 위한 비용절감 활동은 기업으로서 당연히 해야 하는 최소한의 요구조건이고, 진정한 경쟁은 각 사업에서 핵심적으로 요구되는 자원과 능력을 어떻게 확보하느냐에 의해 이루어진다. 그러나 현재 외국 선진기업보다 핵심 R&C에서 상당히 열세에 있는 한국기업이 외국 선진기업 수준 또는 그 이상의 R&C를 갖춘다는 것은 현실적으로 어려움이 있다. 현재 선진기업이 보유한 수준까지 올라가는 것도 많은 시간과 노력이 필요하지만, 그보다 더 어려운 것은 선진기업의 R&C가 현재 수준에 계속 머물러 있는 것이 아니라 계속 향상되고 있다는 사실이다. 즉 한국기업이 특정 R&C를 개발하는 동안 선진기업은 그 특정 R&C를 더욱 향상시켜 오히려 격차가 더 벌어진다는 것이다. 따라서 한국기업은 끝없는 추격전만 하게 되고, 일류기업으로의 도약은 힘들어진다.

그렇다면 한국기업이 획기적 경쟁력 향상을 통해 세계 초일류기업이 될 수 있는 방법은 무엇인가? 지금부터 한국기업의 획기적이고 급진적인 경쟁력 향상이 어떻게 가능한지를 살펴보자. 보다 구체적으로 급진적 경쟁력 향상을 위해 한국의 최고경영자가 극복해야 할 전략적·조직적·경영자적 과제와 필자들의 편견에 입각한 해결책에 대해 얘기해보고자 한다.

제**3**장
달고도 쓴맛의 요리: 성장과 효율의 조화

IMF 관리체제 이후, 두산그룹은 한국기업 중 가장 모범적이고 성공적으로 구조조정을 수행한 기업으로 주목받아왔다. 실제로 두산그룹은 과거 한국기업으로는 상상하기 어려운 처절한 합리화과정을 수행해왔다. 과감한 사업정리와 매각을 통해 1995년 16개에 달하던 주력회사를 1998년에 5개 계열사로 축소하고, 그룹의 자존심이 걸린 오비맥주 서울공장 부지와 을지로 본사사옥을 매각했으며, 당시 알짜 사업이었던 3M, 코닥, 네슬레, 심지어 코카콜라의 주식도 매각했다. 또한 1995년 21,400명에 달했던 직원을 1998년에는 11,600명으로 줄였다. 3년 간 무려 46퍼센트의 인원감축을 단행했으며, 그 결과 1995년에는 9,080억 원에 달했던 순현금유출이 1998년에는 1,540억 원의 순현금유입으로 돌아섰고 1999년에는 이의 두 배가 넘는 3,900억 원의 순현금유입을 예상하고 있었다. 이에 따라 1996년 688퍼센트에 이르던 부채비율이 1998년에는 330퍼센트로 줄어들었고, 생산성도 1995년 1인당 1억 9,000만

원에서 1998년 2억 9,000만 원으로 비약적으로 향상되었다.

이번에는 비슷한 시기의 대우그룹을 보자. 1993년 대우는 '세계경영'을 그룹의 핵심 경영전략으로 채택하고, 2000년까지 650개 국외 산업기지를 구축하여 국외 현지매출 57조 원을 달성하겠다는 구체적인 목표를 설정하고 이를 수행했다. 예를 들어 자동차 부문은 2001년까지 국내외 총 250만 대 생산체제를 갖추어 세계 10대 자동차 메이커로 도약하는 것을 목표로 폴란드, 루마니아, 우즈베키스탄, 인도, 중국 등 10여 개 전략시장에 대규모 자동차 생산기지를 확보했거나 추진중에 있었다. 또한 국내에서는 1996년 군산 자동차 종합단지를 완공하여 총 220만 대 생산체제를 완비하고 라노스, 누비라, 레간자를 성공적으로 출시하여 경쟁력을 획기적으로 향상시켰다.

대우는 이런 성장전략을 바탕으로 1993년 309억 달러였던 그룹 매출액을 1996년 652억 달러로 110퍼센트 이상 끌어올리고, 총수출액도 1993년 68억 달러에서 1996년에는 132억 달러로 획기적으로 증가시켰다. 직원수도 1993년 74,000여 명에서 1996년 85,000명 이상으로 늘었다. 자동차 부문의 경우 1993년 매출액이 2조 2,000억 원에서 1996년 4조 4,000억 원으로 연평균 26퍼센트 성장했고, 영업이익도 1993년 1,366억 원에서 1996년 4,148억 원으로 비약적인 증가세를 보였다.

효율성을 추구하는 두산[1]과 성장일변도의 대우, 이 두 기업의 전략은 지속적인 경쟁우위를 창출하는 전략인가? 두산그룹의 경우, 비용절감을 위한 각종 조치로 현금의 흐름은 개선됐으나 그룹 내 각 사업의 경쟁력은 상당히 저하될 수밖에 없었다. 두산의 효율성 위주의 전략은 각

---

[1] 효율성에 치중하던 두산그룹은 최근 한국중공업의 인수를 비롯한 일련의 성장전략을 추구하여 효율과 성장 사이의 균형을 취하고자 노력하고 있다.

사업부의 경쟁력 강화를 위해 필요한 핵심 R&C에 대한 투자의 감소를 가져왔고, 이는 시장점유율 감소와 직원의 사기 저하로 이어졌다. 한편 성장일변도의 대우그룹은 IMF 관리체제의 한파에 그룹 자체가 해체되고 많은 계열사가 파산 또는 법정관리 상태에 들어가게 되었다. 한때 각 계열사의 사업에 많은 도움이 되었던 '대우' 라는 이름이 이제 그들의 부채가 되어 대우 계열사였다는 이유 하나만으로도 어려움을 겪는 지경에 이르렀다.

이들의 문제점은 과연 무엇인가? 두산그룹은 모든 역량이 삭감, 구조조정, 합리화에 집중된 반면 성장에는 소홀했다. 즉 두산의 경영진은 비용을 쥐어짜고 예산을 철저히 통제하여 생산성은 높였으나 새로운 기회를 창출하고 활용하기 위해 필요한 기업 내 활력과 용기를 불어넣은 데는 실패한 것이다. 결과적으로 모든 형태의 원가절감은 일시적인 성과 향상은 가져왔지만, 이는 새로운 사업 기회를 놓치고 동시에 조직 구성원의 창의력과 에너지를 고갈시켜 마침내 중장기적인 생산성 저하를 가져오게 되었다. 이런 중장기적 생산성의 저하는 또 다른 원가절감을 야기하며 기업을 매우 위험한 '악순환의 고리' 에 빠뜨린다. 최근 두산그룹이 적극적으로 추진하고 있는 성장전략은 이런 합리화의 집중이 가져오는 악순환의 고리를 끊기 위한 경영진의 결단으로 해석된다. 그러나 대우그룹은 전혀 반대다. 즉 대우그룹은 성장만을 추구하고 이 성장을 뒷받침할 만한 자원을 공급하는 합리화에 게을리했기 때문에 실패했다.

이 두 가지의 사례는 우리에게 매우 단순하고도 보편타당한 교훈을 주고 있다. 즉 기업의 지속적이고 탁월한 경영성과는 서로 보완적인 두 가지 과제 사이의 긴장상태를 관리하는 능력에 의해 달성된다. 하나는 현재 수행하고 있는 활동을 끊임없이 합리화하여 각 기능적 효율성을 지속적으로 향상시키는 것이고, 또 하나는 전략과 조직, 조직구성원에 새로운 활력을 불어넣음으로써 성장을 추구하는 것이다. 이런 의미에서 두산과 대우의 전략은 지속적인 경쟁우위를 창출하기 위한 필요충분조건을 충족시키지 못한 것이다.

경영자의 입장에서 볼 때, 합리화 과정은 그리 달가운 일이 아니다. 즉 쓴맛에 해당하는 과정이다. 공장을 폐쇄하고, 사업을 매각하고, 직원을 해고시키기 좋아하는 경영자는 없다. 그러나 한편으로 합리화는 목표달성을 위해 어떤 조치가 필요한가를 비교적 쉽고 객관적으로 파악할 수 있으며, 단기간에 가시적 결과를 볼 수 있는 장점이 있다. 이런 점에서 합리화란 비록 경영자에게 괴롭고 고통스러울 수 있으나, 동시에 상당히 매력적인 과정이기도 하다. 이런 이유로 많은 경영자들이 합리화의 유혹에 빠지게 된다.

반면에 재활력 과정은 단맛에 해당하는 것으로, 이는 목표달성을 위해 해야 할 일이 명확하지 않고 그 결과도 불확실하며 오랜 시간이 걸리지만, 많은 경영자들이 재활력을 통한 성장에 많은 관심과 애착을 보이고 있다. 그들은 재활력을 통해 기업이 한 단계 도약하기를 꿈꾸며, 이런 꿈을 향해 조직이 나아가도록 함으로써 경영자로서 상당한 보람과 긍지를 느낀다. 많은 경영자들이 재활력을 통한 성장에 집착하는 이유가 여기에 있다.

경영성과를 획기적으로 향상시킨 기업의 공통점은 상호배타적으로 보이는 두 과제를 상호공생적이고 보완적인 것으로 파악하고 실천한다는 점이다. 즉 이런 기업은 지속적인 합리화 과정을 통해 성장에 요구되는 자금과 인력 등 핵심자원을 공급한다. 동시에 끊임없는 재활력 과정을 통해 조직에 희망과 활력을 불어넣음으로써 효율성 향상에 요구되는 여러 가지 엄격하고 가혹한 과제를 지속적으로 수행할 수 있도록 한다. 효율성 향상이 수반되지 않는 성장은 모래 위에 성을 짓는 것과

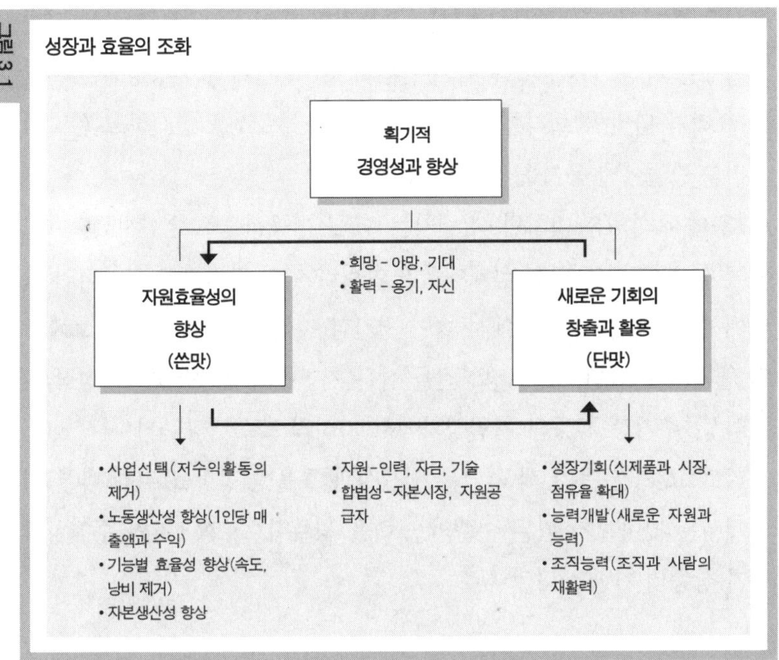

마찬가지로 마지막에는 그 자체의 무게에 의해 붕괴될 수밖에 없다. 한편 성장에 대한 관심 없이 효율성 향상에만 집중하는 것도 조직 내 모든 활기와 창의력을 서서히 고갈시킴으로써 기업의 경쟁력을 저하시킨다. 대부분의 기업이 단맛의 요리나 쓴맛의 요리에만 집중하는 데 반해 탁월한 성과를 지속적으로 달성하는 기업은 달면서도 쓴맛의 요리를 만들어낼 줄 안다(〈그림 3.1〉 참조).

쓴맛의 요리: 기존 사업의 효율성 향상

경영성과에서 괄목할 만한 향상을 이룩한 기업들은 모두 자원의 효율성을 획기적으로 향상시켰다는 공통점이 있다. 효율성 향상을 위한 노력에는 항상 상당한 고통이 수반되지만, 이런 기업의 경영진은 쓴맛의 요리가 단맛의 요리를 위한 전제조건이라는 것을 인식하고 쓴맛의 요리를 만들어낼 용기를 갖고 있었다.

1장에서 살펴본 것처럼 잭 웰치는 GE를 성공적으로 변신시켰다. GE의 변신은 GE가 허약한 상태에서가 아니라 이미 강력하고 성공적인 상태에서 단행되었다는 점에서 높이 평가할 만하다. 기업 변신의 효과는 잭 웰치가 1981년 GE의 경영권을 잡은 지 5년 후인 1986년에 성장성, 수익성, 주가총액 등의 기업성과에서 가시적으로 나타나기 시작했다. 그리고 그 기간 동안 잭 웰치는 생산성과 효율성 향상을 위해 다른 기업에서는 찾아보기 힘든 수준의 노력을 경주함으로써 GE의 수익성과 주가 상승의 기반을 닦았다.

사업 구조조정과 인력감축

GE의 효율성 향상 과정에서 중요한 부분 중 하나는 사업구조의 개선이다. 한국의 재벌그룹들과 마찬가지로 GE는 매우 다각화된 기업이다. 잭 웰치는 GE를 업종 전문화는 아니지만 명확한 논리에 따라 사업구조를 획기적으로 개선했다. GE의 사업구조 개선 당시 그가 갖고 있던 논리는 '1등 혹은 2등'이었다. 즉 GE의 사업부는 각 분야에서 분명하게 선두업체여야 한다는 것이다. 그는 취임 초에 GE의 모든 경영진을 대상으로 만약 특정 사업에서 경제여건이나 외부환경, 혹은 능력의 한계로 명백한 선두업체가 되지 못한다면 GE는 그 사업에서 철수해야 한다고 천명했다.

'1등 혹은 2등'이라는 논리의 근거는 무엇인가? 단순히 일시적 유행이나 기분에 따라 한 말인가? 5등이나 10등밖에 못 하더라도 지금 수익

을 내고 있다면 그 사업을 계속하는 것이 좋지 않은가? 이에 대한 대답
은 매우 간단하다. 1장에서 논의한 바와 같이, 한 사업의 1등 기업은 설
사 그 기업이 속한 산업 전체가 어려움을 겪고 있을지라도 좋은 성과를
낼 수 있다. 호경기에는 거의 모든 경쟁자들이 수익을 낼 수 있으나, 불
경기에는 최고의 기업만이 돈을 벌 수 있다. 1등 기업이 된다는 것은
자신의 운명이 산업의 운명에 종속되는 것이 아니라, 자신의 운명을 스
스로 지배할 수 있게 된다는 것이다.

IT산업 전반이 어려움을 겪고 있던 2001년 전반기 한국기업의 실적
을 보라. 반도체 산업 호황기에는 모든 반도체업체가 호황을 누렸으나
불황기에 접어든 2001년 전반기에는 하이닉스전자를 비롯한 대부분의
반도체업체는 격심한 어려움을 겪고 있다. 그러나 선두기업인 삼성전
자의 시장점유율은 오히려 올라갔다. CD-ROM의 경우에도 호황기에
LG전자, 삼성전자 모두 높은 성과를 보이다가 불황기에 접어들면 삼
성전자의 매출은 급격히 떨어지나, 선두기업인 LG전자의 시장점유율
은 오히려 올라간다.

다각화된 한국의 재벌기업에게 이 점은 상당히 중요하다. 한국재벌
은 선택과 집중을 통해 단일업종 기업으로 가야 하는가, 아니면 다각화
된 현상태를 유지해야 하는가? 많은 한국기업은 후자를 택하고 있다.
나중에 다시 논의하겠지만 이 선택 자체에는 전혀 문제가 없다. 다각화
된 기업이 각 사업에서 산업에 의해 지배를 받지 않고 스스로 운명을
통제할 수 있는 한 다각화 그 자체는 전혀 잘못된 것이 아니다. 그러나
만약 산업의 부침에 따라 운명이 좌우되는 상황이라면 그 기업은 자신
의 운명을 스스로 결정할 수 있을 만큼 충분한 자원과 능력 있는 사업
에만 전력함으로써, 아니 최소한 자신의 운명을 스스로 결정할 기회라
도 있는 사업에 전력함으로써 사업구조를 획기적으로 개선해야 한다.

이것이 바로 획기적인 효율성 향상의 첫 번째 전제다.

경쟁력 없는 사업을 청산하는 것은 어렵고 고통스러운 작업이다. 잭 웰치도 마찬가지였다. 그는 총 60억 달러에 이르는 100여 개의 사업을 정리하면서 수많은 비판을 받았다. 반대자들은 그를 피도 눈물도 없이 오직 단기적인 재무성과에만 집착하여, 전통적으로 GE의 핵심 사업이었던 제조업을 팔아치워 외국기업과의 경쟁을 피하고 이를 통해 개인적인 목적만 추구하는 인물로 간주했다. 여기에서 당시 그가 한 말을 다소 길게 인용해보도록 하겠다. 그의 말에 깔려 있는 논리는 한국의 경영자들에게 많은 시사점을 줄 것이다.

"GE는 가정용품과 에어컨 산업을 합쳐 호황기에는 일 년에 2,000만 달러 정도를 벌지만, 불황기에는 연 2,000만 달러를 손해보고 있다. 즉 두 사업에서 현금의 흐름은 거의 제로에 가깝다. 따라서 우리는 이 사업들로부터 어떤 이익이나 현금을 거둬들이지 못하고 있다. 반면에 우리가 이 사업들을 매각하면 4억 달러의 현금이 들어오고, 이를 전력 시스템과 다른 경쟁력 있는 사업을 개편하는 데 쓸 수 있다.

가전부분에서 우리는 TV사업을 매각했는데, 이는 많은 사람들에게 고통과 슬픔을 안겨주었다. 그들은 어떻게 그럴 수가 있느냐고 내게 물어왔다. 1980년대에 우리는 가전사업에 무려 1억 7,000만 달러의 현금을 쏟아부었으나 1억 5,000만 달러의 손해를 보고 말았다. TV사업은 우리에게 어떤 현금도, 이익도 주지 못했다. 단지 다른 건실한 사업부에 부담을 줄 뿐이었다.

변압기사업은 GE 전력사업의 중심에 서 있었다. 우리가 그 사업을 매각했을 때 많은 사람들이 고통을 겪었지만 변압기사업의 실상을 보자. 1985년 매출은 오히려 1970년보다 떨어졌다. 우리는 15년 간 이 사업을 해왔지만, 그 중 13년은 적자를 기록했다. 이것이 쌓이고 쌓여 그동안 총 1억 달러 이상의 손해를 보고 있었다. 변압기 사업은 마땅히 매각되어야 했고, 지금까지 이 사업은 GE 전체를 좀먹고 있었다. 그리고 직원의 고통이라는 측면에서 보더라도, 과거 세계시장에서 뒤처져서 위태로웠던 사업부의 일원에서 이제 일류가 될 수 있는 규모와 역량을 갖춘 더욱 강력한 기업의 일원이 되지 않았는가.”

한국 전자부품업계의 대표기업인 삼성전기㈜도 사업구조를 획기적으로 개선함으로써 지속적인 경쟁우위의 기반을 마련했다. 삼성전기의 전신은 1973년 삼성과 일본 산요가 합작법인 형태로 설립한 ㈜삼성 산요파츠다.[2] 삼성 산요파츠는 당시 삼성전자가 전자사업을 추진하는 데 필요한 핵심부품을 조달할 목적으로 설립되었다. 따라서 초기에는 단순히 삼성전자가 생산하는 제품에 요구되는 부품들을 조립·생산하는 역할만을 수행했다. 1993년 최고경영자로 취임한 이형도 대표이사(현 삼성 중국본사 회장)는 그때의 사업구조에 대해 다음과 같이 회고했다.

“그 당시에도 업종이 (지금과) 비슷하긴 했지만 오디오와 비디오 부품이 주를 이루고 있었고, 연간 매출액이 1,000억 원을 넘는 사업부가 없었다. 또한 삼성전자와 삼성전관[3] 같은 삼성 계열사에 매출의 상당 부분을 의존하는 상황이어서 이익을 많이 내는 회사가 아니었다.”

1990년대 초반 삼성전기는 AV용 부품과 성숙기 제품 위주의 사업구조를 갖고 있었다. 그러나 그때부터 이미 세계 전자산업은 AV분야에서 정보통신분야 중심으로 재편되고 있었다. 당시 분야별 매출구성비를 구체적으로 살펴보면 AV용 부품 62퍼센트, 정보통신용 부품 28퍼센트, 범용 부품이 10퍼센트를 차지했다. 사업품목을 수명주기별로 보면 도

---

2 1977년 삼성전자부품㈜으로, 1987년에는 현재의 삼성전기㈜로 사명을 전환했다.
3 2000년 삼성 SDI로 사명을 변경했다.

입기 제품은 거의 없고 성장기가 33퍼센트, 성숙기가 62퍼센트, 쇠퇴기가 5퍼센트로 신규 유망사업이 사실상 없는 것이나 다름없었다. 삼성전기는 당시 28개 제품을 생산하고 있었지만 '이 제품으로 우리가 업계를 리드한다'라고 자신 있게 내놓을 수 있는 것은 하나도 없었다. 외형상으로는 국내에서 가장 큰 규모의 종합 부품업체였으나, 매출규모만 최대였지 선진업체들이 하는 것을 따라가는 데 급급한 실정이었다고 할 수 있었다.

이형도 대표이사는 취임 직후 사업 포트폴리오를 재구성하는 작업에 착수했다. 기존의 사업구성으로는 변화하는 환경에 적절히 대응할 수 없었으며, 회사가 살아남기 위해서는 새롭게 변해야 했던 것이다. 사업 포트폴리오의 재구성은 한계사업의 정리에서 시작되었다. 삼성전기는 우선 필름 콘덴서·세라믹 콘덴서·EMI 필터 등 8개 제품을 극광전기 등 중소기업에 이전하고, 가스경보기 사업에서는 아예 철수했다. 이 제품들은 가장 수익성이 떨어지는 사업이었으며, 산업의 진화과정에서도 한참 뒤떨어지는 제품들이었다. 또한 가격경쟁력이 떨어지는 오디오용 스피커·키보드·오일 콘덴서 등 11개 제품은 국내 생산을 중단하고 국외로 생산기지를 이전했다. 튜너·편향코일·고압변성기 등은 각각 포르투갈과 태국 공장으로, 스피커·데크(Deck)·키보드는 중국 동관 공장으로 이전했다.

IMF 관리체제인 1998년 삼성전기는 '경상이익률이 10퍼센트 미만인 사업부는 과감히 퇴출한다'는 원칙에 따라 또다시 사업 구조조정에 박차를 가했다. IMF 관리체제 당시 많은 한국기업들이 이와 유사한 원칙에 따라 구조조정에 착수한다고 발표했지만, 대부분 원칙을 천명하는 데서 끝나버렸다. 그러나 삼성전기는 이 원칙을 꾸준히 지켜왔으며, 사업구조는 계속해서 저부가가치 산업에서 고부가가치 산업으로 옮겨가고 있었다. 1994년 당시 40퍼센트에 불과하던 정보통신 부품의 비중이 1998년에 이미 70퍼센트 수준으로 올라와 있었다.

삼성전기가 사업 구조조정에서 내세운 또 하나의 원칙은 '핵심산업, 즉 대표선수가 아닌 사업은 과감하게 정리한다' 였다. 이에 따라 SMPS(컴퓨터용 전원공급장치)와 아날로그 위성방송수신기 사업을 1997년에 독립시켰으며, 운송 사업부와 물류 업무를 MBO(Management Buy Out) 방식으로 분리시켜 '엑스퍼트' 라는 회사를 설립하여 수원사업장과 협력업체의 물류를 담당하게 했다. 또한 삼성전기가 한때 의욕적으로 벌여오던 사업도 수익성이 낮으면 과감히 철수했다. 예를 들어 자기저항 헤드사업은 삼성전기가 일본 소니와 전략적 제휴를 맺고 주력산업으로 선정한 사업 부문이었다. 이를 위해 연구인력 50명을 투입하고 적극적으로 사업에 참여했으나, 일본 선발업체와의 경쟁심화로 수익성이 악화되자 과감하게 이를 정리했다.

이처럼 과감한 사업구조 개편을 통해 이제는 1993년 당시 일본의 일부 부품업체들이 독점하고 있던 MLCC(적층 세라믹 콘덴서) · MLB(다층회로기판) · BGA(반도체 실장용 기판) 등 첨단 통신관련 부품이 매출의 주종을 이루고 있으며, 고휘도 LED · MEMS 응용부품 등 고수익 미래 사업위주의 형태로 개편하는 노력을 지속하고 있다.

잭 웰치가 GE를 변신시키기 위해 시도한 또 하나의 쓴맛은 대대적인 인원감축이었다. 1981년 그가 취임했을 때 GE에는 411,000명의 직원이 있었다. 그후 1988년까지 무려 123,460명이 직장을 잃었고 그외 사업철수로 122,700명이 추가로 GE를 떠났다. 그동안 새로운 기업을 인수하여 111,150명의 인원이 들어왔음에도 총직원수는 1981년 411,000명에서 1984년 330,000명으로, 다시 1989년에는 292,000명으로 축소되었다.

인원감축으로 인해 그는 또다시 엄청난 비난을 받았고 직원에 대한 멸시와 탐욕으로 가득찬 새로운 부류의 경영자를 대표하는 인물로 비추어졌다. '일자리를 없애는 자' '중성자탄 잭' 이것이 잭 웰치가 당시 얻은 별명이다. 당시 발간된 한 문서에서는 그를 보는 노동자의 눈을 이렇게 요약하고 있다.

'많은 노조원들이 잭 웰치를 어떻게 생각하는지는 분명하다. 그는 이익을 위해서라면 누구도 해고할 수 있는 극악무도한 악덕 기업가였다.'

일반적으로 경영자들이 인원감축을 통해 노동생산성을 개선하지 못하는 진정한 이유는 성과가 나쁜 직원일지라도 해고하면 안 된다는 강한 도덕적 거부감 때문이다. 이런 도덕적 거부감에 대해 잭 웰치는 이렇게 밝히고 있다.

"우리는 현재 31퍼센트 적은 인원으로 31퍼센트 많은 일을 하고 있다. 과거의 부조리한 관행을 되풀이해서는 안 된다. 우리는 123,000명을 해고했고, 해고된 직원들이 적게 잡아 평균 35,000달러의 급여를 받았다고 가정해보자. 그들이 받는 각종 수당까지 합하면 이는 1인당 거의 5만 달러에 달한다. 5만 달러에 123,000명을 곱하면 61억 달러가 넘는다. 2억 4,000만 달러의 세금을 뺀다고 하더라도 거의 4억 달러에 해당하는데, 현재 GE의 수익은 약 3억 달러다. GE가 만약 1981년과 똑같이 했다면 우리는 약 1억 달러의 적자를 보았을 거라는 말이 된다. 우리에게 더 이상 선택권은 없다. 우리는 달라져야 한다."

과연 한국기업은 잭 웰치의 이 말을 어떻게 받아들여야 할 것인가? IMF 관리체제 이후 많은 한국기업이 생존을 위한 대량 인원감축을 실시하고 있다. 생존을 위해 불가피한 측면도 있으나 시행 과정에서 경영자는 사회적으로 많은 저항에 부딪히고 개인적으로도 심한 도덕적 · 윤리적 고뇌에 빠지게 된다. 또한 한국의 노동시장은 다른 선진국에 비해 극히 비탄력적이고 따라서 인원감축을 위한 해고는 해당 직원의 생존을 위협하는 것으로서 이에 따른 갈등과 후유증은 훨씬 클 수밖에 없다.

잭 웰치의 말은 한마디로 대량 인력감축은 불가피했다는 것이다. 왜 대량 인력감축이 불가피했는가? 그 이유는 그동안 GE가 지극히 비효율적으로 인력을 운용해왔기 때문이다. 그렇다면 인력의 비효율적 운용은 왜 발생했는가? 바로 조직이 그런 비효율을 허용해왔기 때문이다. 그렇다면 인력감축 자체가 비효율적 조직운영을 가능케 했던 구조적인 문제점을 해결할 수 있는가? 물론 불요불급한 인력을 감축함으로써 단기적으로 인력의 효율성을 높이는 것은 가능하다. 그러나 조직이 여전히 비효율적인 요소를 허용하고 있다면 인력은 다시 비효율적으로 운용될 것이고, 이는 다시 대량 인력감축을 불가피하게 만들 것이다.

이런 면에서 한국기업의 인원감축 방식을 보자. 한국기업들은 먼저 감축할 인원수를 정한 후 사업부별 또는 부서별로 퇴직인원을 할당하여 명예퇴직 등의 방법으로 목표 감축인원수를 채우는 것이 일반적이다. 이런 인원감축 방식은 단기적으로는 비용을 줄여 수익성을 높일 수는 있으나, 해고에 대한 명확한 평가기준이 없기 때문에 오히려 능력있는 사람이 회사를 떠날 수도 있다. 또한 해고 기준이 모호하여 경영자는 심한 도덕적·윤리적 고통을 받게 되고, 해고된 사람은 회사에 심한 배신감을 느끼고 좌절감에 빠지게 된다. 또한 남아 있는 사람도 해고된 동료에 대한 죄책감과 회사에 대한 불신을 갖게 되고, 이는 결과적으로 기업의 장기적 성과에 부정적 영향을 미치게 된다. 무엇보다도 이런 방식은 인력감축을 불가피하게 만든 근본 원인을 치유하지 못한다. 즉 조직은 여전히 비효율성을 용납하고 있고, 이에 따라 시간이 지나면서 다시 비효율성이 증가하게 되고, 또다시 대량 인원감축이 불가피해진다.

인원감축을 통한 기업경쟁력 향상은 단순한 비용감축에서 오는 것이 아니다. 오히려 인원감축을 통해 느슨한 조직 분위기를 각자가 맡은 일에 책임감을 갖고 약속한 것은 반드시 지키고자 하는 자율적인 분위기로 바꾸어 다시는 조직이 비효율적으로 운영되지 않도록 하는 것이 중요하다. 이를 위해 인원감축은 단순히 할당된 퇴직 인원수를 채우는 것이 아니라 명확한 기준에 따라 각 구성원을 평가하고 그 결과를 즉시 알려주어 그 결과에 따라 일관되게 추진되어야 한다. 이런 과정을 거친 인원감축은 단순히 인원감소로 인한 비용절감 외에도 조직의 분위기를 책임감 있고 자율적인 것으로 만들어 각 구성원이 효율적으로 주어진 업무에 최선을 다하게 한다. 이런 방식이야말로 앞으로 조직이 비효율적으로 운용되는 것을 방지하여 또 다른 대량 인원감축이라는 고통을 겪지 않도록 할 것이다. 인력감축에서도 방식에 따라 그 기업의 지속적·장기적인 경쟁력 향상 여부가 달라지게 된다.

운영상의 효율성 향상

사업구조 개선이나 인력 감축은 쓴맛의 요리 중 가장 많이 논의되는 방법이다. 그러나 이것이 유일한 방법은 아니다. 운영상의 생산성 향상은 이 두 가지의 방법에 못지않게, 아니 많은 경우 이보다 훨씬 더 기업 경쟁력 향상에 기여할 수 있다. 예를 들어 GE는 1백여 년 간 기업활동을 하면서 재고자산 회전율을 5회 이상 넘긴 적이 한 번도 없었다. 1991년 잭 웰치는 이를 10회로 올리는 목표를 제시하면서 이렇게 말했다.

"10회 회전율이라는 목표를 달성하는 방법은 잘 모르겠다. 그러나 우리는 이 목표를 전 조직에 천명했으며, 이를 연차보고서에 명시했다."

5년 후인 1996년 GE는 이 목표를 달성했으며, 동시에 100억 달러가 넘는 현금을 사업투자자금으로 확보했다.

삼성전기도 1993년 이형도 대표이사 취임 이후 사업 구조조정과 함께 끊임없이 생산성 향상을 위한 노력을 경주해왔다. 세계적인 업체와 경쟁하기 위해서는 새로운 제품과 기술을 계속해서 개발해야 한다. 그리고 이를 위해서는 대규모 R&D 투자가 불가피하지만, 이는 제품가격의 상승을 가져와 다른 업체와의 가격경쟁에서 밀리게 된다. 따라서 삼성전기는 지속적으로 새로운 제품과 기술을 개발하기 위해 먼저 기존 사업의 생산성을 향상시켜야 했다.

삼성전기는 생산성 향상을 위해 꾸준히 노력한 결과 1995년에 외국 업체로는 처음으로 일본 생산성협회에서 주관하는 생산성 대상을 수상하게 되었다. 일본 생산성협회는 선정 사유에서 '삼성전기는 고유의 생산 시스템을 통해 품질과 생산성을 각각 67퍼센트와 62퍼센트씩 높이고 수주에서 출하까지 걸리는 시간을 51퍼센트 줄이는 성과를 보여줬다'라고 밝혔다. 그리고 그 노력은 1997년 말에 시작된 '월드 탑 라인(World Top Line) 만들기' 운동으로 연결되었다. 당시 대표이사인 이형도 부회장은 '월드 탑 라인 만들기' 운동에 대해 다음과 같이 밝히고 있다.

"생산성과 품질을 관리하기 위해 합리화 추진팀을 구성했다. '월드 탑 라인'이라는 기치하에 각 생산라인에서 최대한의 효율을 내보자는 것이다. 예긴대 40명이 투입되었던 생산라인을 27명으로 가동해보자고 제시하고, 이것을 석 달 이내에 달성하면 월드 탑 라인으로 선정하여 그에 대한 합당한 보수를 제공한다. 여기서 끝나는 것이 아니라 27명에서 다시 15명으로 인원을 줄여보고, 계속해서 원가절감과 생산성 향상을 위한 아이디어와 노력을 유도하는 것이다."

'월드 탑 라인'으로 선정되기 위해서는 석 달 동안 생산성이 50퍼센트 이상 올라야 하고, 인력을 30퍼센트 이상 감축해 품질개선 성과가 나타나야 한다. 그리고 선정이 되면 자신의 성공 경험을 다른 라인에 전수해야 하는 의무가 생긴다. 1998년 이전까지 삼성전기의 연간 생산성 향상 수준이 30퍼센트 수준이었고, 외국 선진기업들의 향상률도 30퍼센트 수준임을 감안하여 과감하게 목표치를 상향 조정한 것이다. 이 운동은 '한계를 돌파하자' 라는 인식을 확산시키기 위해 시작되었다. 그러나 그보다 더 주목할 점은 모호하고 점진적인 목표를 사원들에게 제시하기보다 획기적으로 높지만 구체적인 목표를 제시하고 이를 실현하기 위한 방안을 전적으로 사원들에게 맡겼다는 데 있다. 획기적으로 높은 목표는 기존의 방식을 더 열심히 하는 것으로는 달성할 수 없다. 오직 완전히 새로운 방식에 의해서만 가능한 것으로, 이를 통해 조직 내 창의적이고 협조적인 분위기를 창출하게 된다.

모니터용 핵심 부품인 DY(편향코일) 생산라인 사원들은 창의적인 아이디어를 바탕으로 라인을 기존의 일자 형태에서 U자 형태로 바꿔 불량률을 71퍼센트나 줄였고, 인건비도 53퍼센트 절감하는 효과를 거두었다. 일자형 라인에서는 19명의 작업자가 일했으나 U자형에서는 11명으로도 충분했다. 남는 인력은 신제품 라인에 투입되었고, 당시 1개 라인의 1시간당 생산실적은 종전 170개에서 220개로 늘었다. 이 운동은 본사뿐 아니라 국외사업장까지 확대되었으며, 이를 토대로 1997년에는 40퍼센트, 1998년과 1999년에는 각각 36퍼센트의 생산성 향상 실적을 올렸다. 이는 약 703억 원 규모에 달하는 것이었다.

삼성전기는 '월드 탑 라인 만들기' 운동을 통해 생산라인을 혁신적으로 개선하는 작업뿐 아니라 다른 부문에서도 치밀한 원가절감 노력을 기울여왔다. 먼저 1998년에 대대적인 물류혁신운동을 단행했는데, 수원사업장에 있던 6개의 자재창고를 2개로 줄여 연간 재고자산을 1,000억 원 수준에서 600억 원 수준으로 낮췄다. 사업부별로 분산되어 있던 원자재 창고를 통합창고로 운영하고 순환차량을 배치함으로써 수

송시간과 경비를 줄였던 것이다.

　아울러 제품개발 기간을 단축하고 생산원가를 줄이기 위해 '페어-소싱(pair-sourcing) 제도'를 도입했다. 페어-소싱 제도란 제품개발 초기단계부터 연구와 구매인력을 하나의 팀으로 만들어서 개발업무를 진행하도록 하는 제도다. 이전까지는 연구부서가 단독으로 제품을 개발함에 따라 국내외 업체와 부품 현황을 제대로 파악하지 못해 막상 제품을 양산하고자 할 때 부품 조달에 어려움을 겪고 이 때문에 불필요한 비용이 발생했다. 그러나 이 제도를 도입함으로써 제품의 양산이 늦어지는 것을 막고 개발 공정에 맞추어 보다 저렴한 원재료를 공급하는 일이 용이해졌다.

　효율성 향상 과정에는 두 가지 강조해야 할 사항이 있다. 첫째, 효율성 향상을 위한 노력은 일시적인 것이 아니라 지속적으로 이루어져야 한다는 점이다. 심화되는 경쟁에서 앞서 나가기 위해서 기업은 효율성을 높이기 위한 노력을 지속적으로 해야 한다. 처음에는 지루한 형벌처럼 생각되겠지만 시간이 지나고 숙달될수록 효율성 향상은 하나의 게임이자 도전이 된다.

　"일단 방법을 알면 즐길 수 있게 될 것이다. 그리고 마침내 효율성 향상을 통한 잠재력은 무한하다는 사실을 깨닫게 될 것이고, 이는 결국 당신을 최고로 만들 것이다."

　GE의 한 경영자가 한 말이다.

　두 번째는 다소 진부하게 들릴지도 모르지만, 이것도 부인할 수 없는 사실이다. 즉 명확히 설정된 야심찬 목표가 점진적인 소폭 인상을 목표로 하는 것보다 더욱 효과적이라는 사실이다. 점진적인 향상은 구성원들이 하던 일을 보다 열심히 하면 달성할 수 있다. 그러나 점진적인 목표를 끊임없이 상향조정하는 것은 구성원들을 지치게 만든다. 반면에 지나치게 높은 목표는 구성원들에게 기존의 방식으로는 달성이 어렵다는 사실을 깨닫게 하고 끊임없이 새로운 방식을 창출해낼 것을 요구한다. 이는 구성원들에게 활력을 주게 마련이다. 따라서 운영상의 효율성을 소폭으로, 그리고 점진적으로 향상시키고자 끊임없이 통제하는 것보다 도전적인 목표를 설정하고 사람들이 스스로 이 목표를 달성할 수 있는 방법을 찾도록 하는 것이 더욱 효과적이다. 이처럼 삼성전기의 '월드 탑 라인 만들기' 운동은 야심찬 목표를 제시하고, 이를 직원 스스로가 달성할 수 있도록 분위기를 만들어주는 것이었다.

단맛의 요리: 성장 기회 창출

전세계 기업의 경험으로부터 얻을 수 있는 교훈 중 하나가 기존 사업의 효율성을 향상시키지 않고는 경쟁력을 획기적으로 향상시킬 수 없다는 점이라면, 또 하나의 교훈은 효율성 향상만으로는 경영성과의 극적인 향상이 불가능하다는 점이다. 즉 쓴맛의 요리는 획기적인 경쟁력 향상을 위한 필요조건이나 충분조건은 되지 못한다는 것이다.

최근 한국기업뿐만 아니라 과거 10년 간 선진국의 많은 기업들이 실제로 비용감축만으로 기업경쟁력을 향상시키고자 노력했으나 그 결과는 처참했다. 이들 기업은 나선형 계단으로 끊임없이 추락하는 악순환의 고리에 빠졌던 것이다(〈그림 3.2〉 참조).

한 기업의 성과가 떨어졌다고 하자. 이때 경영진은 수익성 개선을 위해 구조조정을 단행하고 사업을 매각하며 기술·설비와 직원에 대한 투자를 줄인다. 그리고 인원을 감축하고 재고를 줄이며 공급자에 대한 지불을 지연시킨다. 그 결과 재무상의 성과지표는 일시적으로 향상되

합리화의 악순환

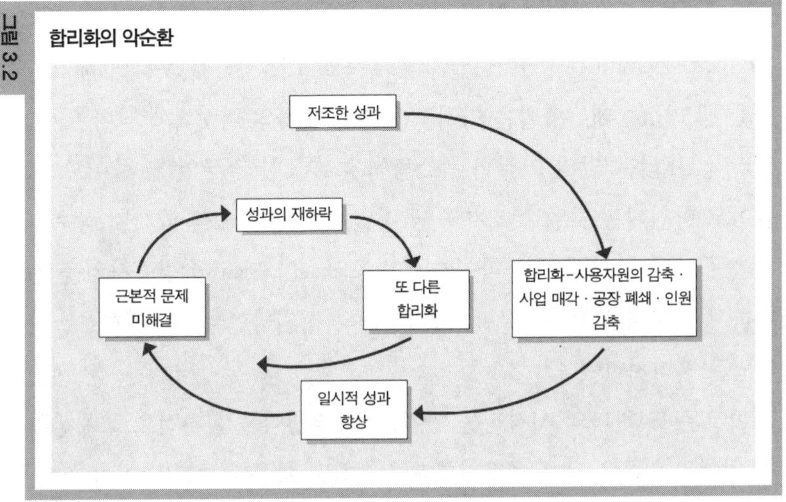

지만, 그 기업의 성과를 떨어뜨린 근본적이고 내재적인 문제는 여전히 해결되지 않은 채 남아 있다. 따라서 시간이 지나감에 따라 성과는 다시 악화되고 결국 다시 인원감축을 하지 않을 수 없는 악순환의 고리에 빠지게 된다.

1990년대 이후 미국을 비롯한 많은 국가의 기업들이 구조조정이라는 유행에 휘말려 이 악순환의 고리를 경험했다. 당시 "올해는 어떤 기업이 대규모 합리화를 실시할 것인가?"라는 질문에 대한 답을 간단히 찾을 수 있었다. 즉 4년 전에 대대적인 합리화를 실시한 기업이 바로 해당 연도에 합리화를 시행할 기업이었던 것이다. 이들 기업은 4년마다 또 다른 감축이라는 악순환을 겪고 있었다.

1백여 년 간 GE의 주경쟁사였던 웨스팅하우스가 걸려들었던 것도 바로 이 악순환의 고리였다. GE와 마찬가지로 웨스팅하우스도 사업구조를 개선하고 성장성과 이윤이 적은 사업을 팔아치웠다. 또한 웨스팅하우스는 직원도 과감하게 줄이고 운영비용을 줄이기 위한 여러 가지 통제제도를 시행하고 있었다. 웨스팅하우스의 최고경영자인 댄폴스(Douglas Danforth)는 "어머니일지라도 목표를 달성하지 못하면 해고시키겠다"고 했는데, 이 말은 아직도 많은 사람들의 머릿속에 남아 있다. 그러나 GE와는 달리 이것이 웨스팅하우스가 한 전부였다. 줄이고 또 줄이고 마침내는 줄일 것조차도 남지 않는 지경에 이를 때까지 감축정책을 실시했다. 결국에는 마이클 조던(Michael Jordan)이 방송사업을 분할하고 나머지 모든 사업부를 매각하거나 정리하면서 웨스팅하우스란 기업은 사라져버렸다.

이것은 또 하나의 시사점을 안겨준다. 경쟁력을 획기적으로 개선하기 위해 기업은 새로운 성장기회를 창출하고 활용할 줄도 알아야 한다. 다시 말해 기업은 쓴맛뿐 아니라 단맛도 나는 요리를 만들어야 한다는 것이다. 이점이 GE가 웨스팅하우스와 다른 점이다. 잭 웰치는 합리화를 단행했지만 재활력도 동시에 진행했다. 그는 GE가 최고가 될 수 없는 사업은 매각했지만 동시에 매각에서 얻어진 자금을 기존의 역량 있는 사업을 강화해주는 새로운 사업을 인수하는 데 사용했다. 이때 GE는 의료기기와 서비스 사업을 위해서 CGR, 플라스틱 사업을 위해 보르그-워너, 설비 사업을 위해서 로퍼, 방송과 우주항공사업을 위해 RCA를 인수했다. GE는 성장의 기회를 창출하는 효율적인 도구로 인수 외에 전략적 제휴도 적극 활용했다. 독일의 보쉬, 일본의 후지, 그리고 영국의 GEC와의 제휴를 위한 투자는 GE가 국외로 신속히 진출하는 밑거름이 되어주었다.

합리화로 확보한 대부분의 자금은 기존 사업의 경쟁력 강화와 성장을 촉진하기 위해 투자되었다. GE는 내부성장을 위해 연평균 무려 20억 달러 이상 투자했다. 일례로 GE는 1998년에 스페인의 플라스틱 공장을 건설하는 데 18억 달러를 투자하여 유럽에서의 성장기회로 활용했다. 그리고 같은 해에는 GE 금융 서비스 사업에 10억 달러, 미국 내 신규 공장과 설비투자에 18억 달러, 그리고 연구개발에 36억 달러를 투자했다.

그러나 단맛의 요리 중 GE가 가장 심혈을 기울였던 부분은 GE 내부에 잠재된 창의성을 발산시키기 위해 조직에 기업가적인 문화를 구축하는 것이었다.

"이제 우리는 마지막 과제에 효과적으로 도전할 수 있는 기반을 마련했다. 마지막 과제는 아마도 가장 힘든 도전이 될 것이다. 그 과제란 30만 명의 직원이 자율적으로 의사결정을 하고, 이를 행동에 옮길 수 있도록 하는 것이다. 다시 말해 직원 각자가 자신의 창의성과 열정을 끌어내어 자신의 업무가 제품이나 서비스 향상에 직결되도록 하는 것이다. GE의 전 직원은 그들의 일상 업무가 시장에서의 성공과 직결된다는 사실을 인지해야 한다. 날로 번창하고 성장하는 중소기업은 직원들의 이 같은 인식을 기반으로 성공하고 있는 것이다. 거대한 기업인 GE도 이런 중소기업처럼 가볍고 민첩하게 만들어야 한다."

일반직원에게까지 기업가적 정신을 확산시키기 위해 잭 웰치가 가장 먼저 한 일은 부서간 장벽을 없애고 기업 내 의사결정 과정을 9단계에서 4단계로 줄이는 등 조직 내의 피라미드형 계층구조를 단순화하는 것이었다. 동시에 그는 "본부조직은 미국기업이 파멸한 원인이다. 본부조직은 신뢰할 수 없을 뿐 아니라 답답한 분위기와 조직 내 불안만 조성한다"고 지적했다. 이에 본부 직원수를 대폭 감축하고 이들의 역할을 감독하고 감시하고 트집잡는 것에서 지원하고 도와주는 것으로 바꾸었다.

1990년대에 이르러 잭 웰치는 기업가적 정신을 30만 명 전 직원에게 확대하기 위해 '워크아웃' 프로그램을 시행했다. 이 프로그램의 핵심은 여러 부서의 직원들이 모여 그들의 사업을 어떻게 운영할 것인가에 대한 자신의 생각을 자유롭게 토론할 수 있도록 하는 것이었다. 이 프로그램에서 가장 중요한 것은 직원들의 제안에 대한 신속한 후속조치가 이루어지도록 고안하는 것이다. 이 결과 모든 직원은 '우리가 회사를 최상 이상의 것으로 만들기 위해 무엇을 할 것인가?' 라는 질문을 항상 생각하게 되었다.

이 프로그램은 직원들이 효과적 업무수행을 방해하는 비생산적인 관행이나 관료적인 행위를 지적할 것을 적극 장려했다. 즉 조직구성원 한 사람 한 사람이 기업의 의사결정에 주도권을 갖도록 하겠다는 것이다. 한편 경영진은 직원들이 제기한 문제를 해결하고 사업부의 잠재력을 발현시키기 위해 어떤 조치를 취해야 하는지를 즉석에서 결정했다. 경영자의 역할을 지시하고 통제하는 것에서 보조하고 지원하는 것으로 전환시킨 것이다.

쓴맛과 단맛의 조화를 통해 극적인 경쟁력 향상을 이룬 기업은 GE만이 아니고, 앵글로색슨계 기업들에게만 국한된 것도 아니다. 인텔, ABB, 캐논, 카오와 같은 기업들이 그동안 괄목할 성과를 거둔 것도 바로 이 때문이었다. 저성장사업인 전기기기사업에서 ABB는 170억 달러에서 350달러로 매출을 두 배 이상 신장시켰는데, 이는 환경공학이나 통합 플랜트서비스 같은 새로운 사업분야나 중국·인도·동유럽·남미 등 새로운 시장에서의 기회를 잘 포착하여 활용했기 때문이다. 예를 들어 ABB는 전혀 기반이 없던 아시아-태평양 지역에서 46,000명의 직원이 일하는 거대한 조직을 구축하고, 동시에 북미와 서유럽에서는 54,000명을 감축했다. ABB가 신흥시장에 엄청난 규모의 투자를 할 수 있었던 것은 북미와 서유럽에서의 합리화로 얻은 자원 때문이었다.

펜티엄 프로세서사업으로 거의 10억 달러의 순수익을 달성한 인텔은 같은 해 효율성 향상을 위해 무려 22퍼센트의 감원을 단행했다. 인텔은 직원을 단순히 해고한 것이 아니라 차세대 제품개발을 위해 재배치시켰다. 예를 든 다른 기업들과 마찬가지로 캐논 역시 사업이 호조를 보일 때 합리화를 단행하여 거기서 확보된 자원을 미래를 위해 투자했다.

세제와 개인용품 사업의 대표기업인 일본의 카오도 쓴맛과 단맛을 지속적으로 조화시켜 역동적인 기업을 만들었다. 카오의 전설적인 회장인 요시오 마루타 박사는 1980년 초 화장품, 일회용 기저귀, 플로피 디스켓 등 신제품을 출시하는 와중에도 TCR(Total Cost Reduction), 즉 전사적 원가절감 프로그램을 시행하여 기업 내 경영자들이 성장과 생산성 향상을 잘 조화시키도록 촉구했다. 합리화정책으로 카오의 제조와 유통 원가가 획기적으로 절감된 4년 후에 마루타 박사는 다시금 TCR을 '전사적 창의성 혁명(Total Creativity Revolution)'으로 개명하고 전사적 원가절감 프로그램에서 확보한 자원으로 혁신적인 새로운 사업에 투자했다.

쓴맛과 단맛의 조화를 통한 경쟁력 향상은 한국기업의 경우에도 예외는 아니다. 앞서 소개한 삼성전기의 쓴맛의 요리는 국제화를 통한 새로운 시장의 개척, 주력업종에 대한 집중투자, 전략적 제휴, 그리고 기업 내 기업가적 정신의 고취라는 단맛이 가미된 것이었다. 1990년대 초반까지만 해도 매출의 대부분을 삼성전자, 삼성전관 같은 계열사를 비롯한 국내시장에 의존하고 있던 삼성전기는 우선 원가경쟁력 확보를 위한 현지 생산전략에 발맞춰 국외 영업거점을 늘림으로써 '현지생산·현지판매'의 경영체제를 구축하고 본격적인 국외진출을 시도했다. 1993년 7개에 불과하던 국외 판매거점의 숫자는 현재 33개에 이르고, 이와 동시에 인도·일본을 중심으로 R&D센터를 운영해 제품기획부터 연구개발에 이르기까지 현지시장의 요구에 부응하고자 '시장 내 설계(Design in Market)' 제도를 시행하고 있다. 또한 전세계 판매거점을 통해 현지고객의 편의에 최대한 부응할 수 있도록 직접 물류관리를 담당하는 '시장 내 조달(Delivery in Market)'에도 힘을 쏟고 있다.

삼성전기가 행한 단맛의 또 다른 축은 주력업종에 집중투자하여 경쟁력을 향상시키는 것이었다. 이형도 대표이사는 사업구조를 재편해가는 과정에서 핵심사업, 즉 대표선수에 대해서는 집중적으로 육성하는 정책을 시행했다. 기존제품 중에서 조기에 경쟁력 확보가 가능한 10대 주력제품을 선정하여 경영자원을 집중 투입함으로써 생산능력을 세계 최고 수준으로 키워나갔고, 연구개발 인력을 대폭 증원하여 세계 일류 제품으로 키우고자 했다. 또한 이동통신부품, 박막부품 같은 차세대 유망 신규사업에 대해서도 집중적으로 투자했다. 그 당시 10대 주력제품으로 선정된 편향코일 · 튜너 · 고압변성기 같은 영상부품은 1990년대 중반 이후 당당히 세계 1위 제품으로 자리잡았다. 영상부품을 맡고 있던 사업부장은 그 당시를 이렇게 회상한다.

"편향코일 · 고압변성기 · 튜너 사업은 회사의 창업제품으로 20년이 되었지만, 당시 같은 전폭적인 지원은 삼성전기 역사상 처음이었다. 처음에는 그 같은 지원을 회사가 해줄 수 있을까 반신반의하는 사람이 많았지만, 나중에는 우리도 할 수 있다는 자신감으로 바뀌었고 신바람도 났다."

삼성전기의 선택과 집중은 1997년 연도별 세계적인 우수제품 육성전략으로 보다 구체화되었다. 1997년에는 영상부품, 1998년에는 다층회로기판, 1999년에는 적층 세라믹 콘덴서와 통신부품, 2000년에는 광픽업이라는 5대 수종사업의 일류화를 추진했다. 이런 대표선수 육성정책에 힘입어 삼성전기는 현재 5개의 세계 1위 제품을 보유하고 있다.

대표선수와 차세대 주자에 대한 투자를 통해 삼성전기의 사업구조는 1990년대 초반과는 달리 정보통신과 네트워크 부품이 중심이 된 고수익구조로 완전히 재편되었다.

GE와 마찬가지로 삼성전기가 단맛의 요리에서 가장 심혈을 기울인 것은 직원들이 자율적으로 의사결정을 하고 이를 행동에 옮길 수 있도록 기업 내에 기업가적 문화를 정착시키는 일이었다. 1993년 삼성전기의 최고경영자로 취임할 당시 느꼈던 조직 분위기에 대해 이형도 대표이사는 다음과 같이 회고했다.

"초기의 가장 큰 어려움은 침체된 회사 분위기였다. 임직원들이 회사를 삼성전자의 하청공장으로 인식해 회사의 미래를 불신하고 있었고, 이로 인해 자신의 앞날에 대해서도 희망을 가지지 못했다. 그래서 전 간부를 대상으로 '세계 일류가 되자, 변화의 주역이 되자'는 주제로 하루에 4회 특강을 했다. 각종 교육이나 행사 등 기회가 있을 때마다 진지하게 대화로 설득하고 동참을 유도했다."

회사의 분위기를 활성화시키지 않고는 어떤 실질적 변화도 이루어낼 수 없다고 판단한 이형도 대표이사는 임직원들에게 회사의 비전과 개인의 비전을 심어주기 위해 혼신의 노력을 기울였다. 그리고 '백지제안제도'를 도입하여 누구나 제안서를 작성하도록 했으며, 채택된 내용이 즉각 실시될 수 있도록 제도화하고 심사권한도 현업부서로 대폭 이관하여 조직의 활력을 불어넣었다.

이 모든 활동을 종합하고 외부 연구소와의 여덟 달 동안 공동 작업을 한 끝에 1995년 6월, 모든 임직원과 협력회사 관계자들이 모인 자리에서 21세기 비전 선포식을 열었다. 그 자리에서 삼성전기가 영상부품, 칩부품, 이동통신부품, 광부품, 박막부품 등 수종사업을 집중 육성하여 2000년에는 세계 3대 종합부품 메이커로 성장한다는 미래상이 제시되었다. 그리고 전 사원이 비전의 실천에 동참하고 회사의 비전과 본인의 비전을 연결시킨다는 의미로, 사원 각자가 21세기 비전을 적어 비전 캡슐에 담아 봉하는 행사를 갖기도 했다. 당시 삼성전기 경영전략 실장은 비전 선포의 의미를 다음과 같이 밝히고 있다.

"처음이었다. 회사의 비전을 공식적으로 거론한 것은 그때가 처음이었다. 그때까지만 하더라도 직원들은 떠돌아다니는 얘기만 들었지 세계 몇 위니 하는 개념이 전혀 없었다. 그때부터 직원들이 회사를 바라보는 태도가 조금씩 바뀌었고 자부심을 갖기 시작했다."

단맛에 사로잡힌 과거의 한국기업

IMF 관리체제 이전의 대부분 한국기업은 심각한 성장일변도의 편견에 사로잡혀 효율성 향상을 위한 쓴맛을 받아들이지 않았다. 해방 후 40여 년 간 한국기업, 특히 재벌기업들은 열정적으로 성장일변도의 전략을 추구했고, 성장면에서 이들 기업은 서구나 일본기업을 훨씬 능가했다. 지난 10년 간 GE나 NEC가 각각 연평균 4퍼센트, 6퍼센트 성장한 데 비해 삼성전자는 연평균 25퍼센트라는 천문학적인 성장을 기록했다. 그 결과 15년 전 규모면에서 필립스의 3분의 1에 지나지 않던 삼성전자가 오늘날에는 필립스의 3배 이상에 이르는 기업으로 성장했다.

그러나 이런 한국기업이 만들어낸 요리는 효율성이라는 쓴맛이 가미되지 않은 단맛 일색의 요리였다. 즉 기존 사업 중 경쟁력이 없고 비생산적인 사업의 철수나 매각, 또는 필요불급 인원의 삭감 등은 과거 한국기업에서 상상하기조차 힘든 조치들이었다. 따라서 이런 성장일변도의 재벌기업이 영위하는 사업들의 효율성은 지극히 낮을 수밖에 없었다. GE나 ABB의 자본수익률이 약 20퍼센트에 이르는 반면에 LG나 삼성 같은 한국의 대표적 재벌기업의 자본수익률은 불과 3~4퍼센트에 지나지 않는다.

이 같은 수익률의 저조로 한국재벌은 급속한 성장을 위해 필요한 자금을 내부에서 조달하지 못하고, 자본시장도 충분히 성숙되지 않아서 주로 은행권을 통한 부채로 조달했다. 그 결과 1998년 거의 모든 재벌은 자기자본의 5배 이상의 부채를 짊어지고 있었다. 이런 부채를 통한 성장은 이제 더 이상 지속할 수 없는 단계에 이르렀다. 지속적인 성장은 이제 부채가 아니라 내부자금이나 자본시장으로부터의 자금을 통해서만 이루어질 수 있는 시점이 된 것이다. 내부자금을 확보하거나 자본시장의 자금을 공급받는 것은 합리화를 통해 기업효율성을 향상시킬 때만 가능하게 되었다.

효율성만을 추구하는 IMF 체제 이후의 한국기업

과거 한국기업은 성장일변도의 전략을 추구하며 사업의 철수나 매각, 인원감축 등은 상상도 못 하고 관심도 없었다. 반면에 IMF 관리체제를 계기로 현재 많은 기업들은 적극적인 구조조정 활동을 통해 효율성을 향상시키기 위해 전력을 다하고 있다. 많은 기업들이 강도 높은 인력구조조정을 통해, 비생산적인 자산과 사업의 매각을 통해 비교적 짧은 기간 내 경영상의 위기를 극복하고 있다. 이런 기업의 경영자들은 합리화과정을 통해 단기간에 가시적인 성과를 실제 체험했기 때문에 오직 효율성 향상만이 한국기업이 국제경쟁력을 회복하고 지속적인 경쟁우위를 확보할 수 있는 유일한 전략이라 믿고 이에 총력을 기울이고 있다.

그러나 이런 효율성일변도의 전략은 성장일변도 전략에 못지않은 문제점을 내포하고 있다. 인도의 인디안 옥시젠을 보자. 1993년 4월, 인도의 한 경제지는 인디안 옥시젠(이후 BOC 인디아로 개명)을 '최근 인도 기업 중 가장 성공적으로 재도약한 기업'으로 칭송했다. 이 기업은 사업매각을 통해 사업구조를 합리화했고, 비효율적인 많은 공장을 폐쇄하고 이를 현저히 낮은 원가구조를 가진 소수의 대규모 공장으로 대체했으며, 직원을 1989년 5,400명에서 1993년 2,100명으로 감축했다. 이 모든 합리화 활동의 결과로 인디안 옥시젠의 수익은 1990년 250만 루피에서 1993년 7,050만 루피로 증가했고, 주가가치도 4억 5,000만 루피에서 48억 루피로 비약적으로 향상되었다. 그러나 5년 후에 이 기업의 주가가치는 다시 19억 루피로 폭락했고, 기업순위도 368위로 하락했다. 한때 인도 내에서 가장 돋보이는 초일류기업 중 하나가 처참하게 몰락한 것이다.

과연 인디안 옥시젠의 문제는 무엇이었을까? 이 기업은 줄이는 데는 능숙했던 반면에, 성장하는 법을 배우지 못했다. 인디안 옥시젠의 경영자는 비용을 쥐어짜고 예산을 엄격히 통제하며 생산성은 향상시켰으나, 새로운 기회를 창출하고 활용하기 위한 활력과 용기가 부족했던 것이다. 결과적으로 이 기업이 행한 모든 비용절감은 일시적인 생산성 향상은 가져왔지만, 결국에는 또 다른 비용절감을 필요로 하는 위험한 악순환의 고리에 빠진 것이다.

성장과 효율의 조화

과거 한국기업은 수요에 비해 공급이 절대적으로 부족한 상태에서 성장일변도의 전략으로 숨가쁘게 달려왔다. 효율성이 수반되지 않은 성장은 부채를 통하여 지속되었지만, 이제는 이런 부채를 통한 성장이 불가능한 시점에 이르렀다. IMF 관리체제라는 경제위기는 효율성이 수반되지 않는 부채를 통한 성장은 더 이상 가능하지 않다는 사실을 단적으로 보여주었다. 이런 경제위기는 한국기업에게 합리화를 통한 효율성 확보가 기업경영에 얼마나 중요한가를 절실하게 일깨워준 소중하지만 값비싼 경험이었다.

이런 값비싼 경험과 앵글로색슨계 컨설팅회사의 조언을 토대로 많은 한국기업이 기업경영의 합리화에 엄청난 노력을 기울이고 있고, 이를 통해 단기적인 성과를 올리고 있다. 이런 가시적인 성과에 힘입어 많은 기업들이 합리화를 통한 효율성 향상만이 우리 기업의 경쟁력을 회복하는 유일한 전략이라고 믿고 있는 듯하다. 그러나 사업철수와 매각, 인원감축 등의 합리화 활동은 한국기업이 아무리 열심히 해도 여러 제도적 · 문화적 요인으로 인해 서구기업보다 잘하기 힘들다. 따라서 효율성 향상을 통해 경쟁우위를 확보하는 것은 불가능할 뿐만 아니라 성장이 가미되지 않은 효율성일변도의 전략은 기업의 활기와 창의력을 약화시키고 고갈시킴으로써 기업의 장기적 생존조차 불가능하게 한다. 효율성 향상은 장기적 성장과 변신을 위한 수단이지 결코 그 자체가 목적이 되어서는 안 된다. 성장을 고려하지 않는 효율성 향상에의 집중은 더욱 치명적인 대가를 한국기업에게 요구할 것이다.

제4장
변신의 두려움을 극복하라

우리는 종종 변신을 매우 로맨틱한 과정으로 생각한다. '애벌레에서 나비로', 즉 추하고 검은 애벌레에서 환상·사랑·활기의 상징인 밝고 화려한 나비로의 변신은 하나의 아름다운 과정으로 여기는 것이다. 그러나 나비로의 변신과정에서 애벌레가 겪는 일들을 생각해보라. 애벌레는 나비로 변신하기 위해 먼저 두 눈을 잃고 팔 다리가 떨어져 나간다. 그리고 마침내 몸이 찢어지면서 아름다운 날개가 나오게 된다. 이 과정에서 애벌레가 느낄 두려움과 고통을 상상해본 적이 있는가. 이런 고통과 두려움을 알고 있다면 어떤 애벌레도 나비로의 변신을 자발적으로 시도하지 않을 것이다.

기업 변신도 마찬가지다. 기업의 변신과정도 많은 두려움과 고통을 수반한다. 기업 변신 자체에 대해 얘기하는 것이 실제로 변신과정을 수행하는 것보다 쉬운 이유는 바로 이 때문이다.

한국의 많은 최고경영진은 기업 변신을 자신의 당면과제로 설정하고 있다. 지금처럼 격심한 경제·기술·경쟁구도의 변화 속에서 상당수의 기업들은 전략, 조직, 그리고 기업문화를 극적으로 변화시키지 않으면 발전은커녕 생존 자체가 불가능하다. 그러나 대부분의 경영자들은 변화의 필요성을 머리로만 이해할 뿐 변신과정에서의 여러 감정적인 요소를 직접 경험해보지 못했다. 기업 변신을 제대로 이끌기 위해 최고경영진은 기업 변신에서의 지적인 측면과 감정적인 측면을 동시에 관리해야 한다. 그 중에서 감정적인 측면의 관리는 훨씬 더 힘들고 어려운 과정이다.

죽음의 계곡을 향한 여행

모든 기업이 변신을 필요로 하는 것은 아니다. 대부분의 기업은 경제적·사회적 변화에 따라 스스로 진화하고 변화할 수 있는 능력이 있다. 그러나 점진적 변화는 변신과 다르다. 기업이 환경변화에 따라 전략·조직·문화에서 일부분만 재조정할 필요가 있다면 이는 변신(transformation)이 아니라 변화(change)를 의미한다.

변신이란 기업의 기본적 리듬이나 특성을 근본적으로 바꾸는, 기업의 모든 요소에 대한 체계적이고 동시다발적인 변화로 볼 수 있다. GE나 얼라이드 시그널은 이런 변신을 체험한 반면에 3M은 그렇지 않다. 그렇다고 3M을 폄하하는 것은 결코 아니다. 3M의 경우 오히려 파괴적이고 고통스런 변신을 겪지 않고도 스스로 지속적으로 변화할 수 있는 경영능력을 가진 혜택받은 기업이라고 할 수 있다.

기업 변신이란 죽음의 계곡을 통과하는 여행과도 같다. 이 여행의 각 단계에서 기업은 자기 만족, 거부와 저항, 분노와 의기소침을 거쳐 호

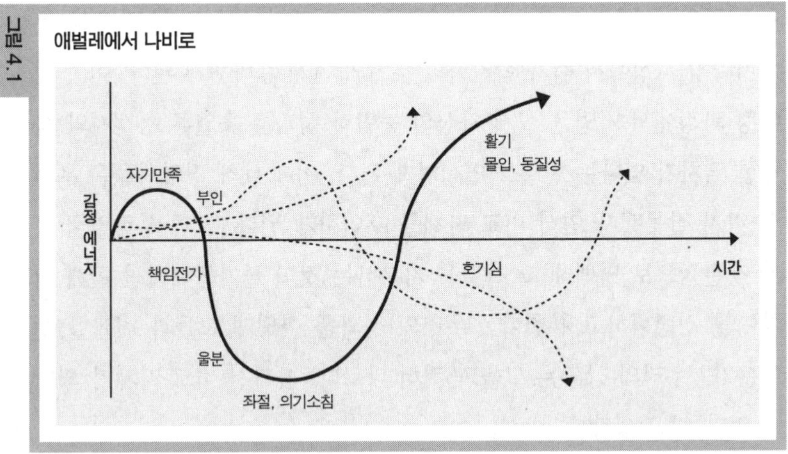

기심, 열정, 몰입에 이르기까지 다양한 감정을 경험하게 된다(〈그림 4.1〉 참조). 이 여행을 성공적으로 마치기 위해서 최고경영자는 변신의 각 단계에서 일어날 감정적 변화를 잘 예측하고 이를 헤쳐나갈 용기와 지혜를 가져야 한다. 각 단계마다 리더가 해야 할 일은 다르고, 따라서 그들이 수행할 역할도 여행의 각 단계에 따라 극적으로 바뀌어야 한다.

자기 만족

변신이 기업의 안건으로 상정되면 대부분의 경영자들은 우선 활력을 느끼게 된다. GE도 했고 ABB도 했으니 우리도 하자는 변신에 대한 환상은 흥분의 정도를 더하게 한다. 우리도 이제 GE의 잭 웰치나 ABB의 바네빅(Percy Barnevik)처럼 될 거라고 흥분하지만 이는 무지에서 오는 행복감으로 자기도취나 자기만족일 뿐이다.

부인, 책임전가, 울분

최고경영진 워크숍에서 보다 밝은 미래를 위한 변신을 천명하면서 형성된 자아도취적인 활기찬 분위기는 초일류기업의 성과와 비교하는 벤치마킹 과정에서 점차 합리화와 부인의 단계로 바뀌게 된다. 이 벤치마킹 과정에서 기업은 실제 자신의 능력과 성과는 초일류 경쟁자와 상당한 격차가 있다는 현실을 인식하게 된다. 이에 대해 경영자들은 우선 '숫자가 잘못됐다' 면서 비교 자체를 부인하게 된다. 그후 성과의 격차가 객관적으로 명백해 그 사실을 거부하는 것이 불가능해지면 이제 이 차이를 정당화하고자 한다. '우리의 성과를 어떻게 그들과 비교할 수 있는가? 우리의 상황은 그들과 전혀 다르다. 따라서 비교 자체가 의미가 없다' 라고 생각한다.

그들의 경영이 형편없었다는 사실이 명백해짐에 따라 합리화와 거부의 분위기는 점차 책임전가로 바뀌게 된다. '나는 모든 업무를 훌륭히 수행해왔다. 이는 순전히 다른 사람 잘못이다' '영업은 나무랄 데 없는데, 생산부문이 형편없다' '구매가 형편없는 데 비해 생산은 최선을 다했다' 등이다.

좀더 면밀한 상황분석이 진행됨에 따라 뒤떨어진 것은 한두 부분이 아니라 조직 전체라는 사실을 알게 된다. 즉 영업인력의 각종 활동은 매출에 전혀 도움이 되지 않고, 생산은 비용과 품질면에서 핵심 경쟁자에 비해 훨씬 떨어지며, 구매도 공급자들 사이에 최악의 평판을 받고 있었던 것이다. 이렇게 되면 마침내 울분과 분노가 표출된다. '그렇게 말하는 당신은 도대체 누구냐? 이 회사는 인간에 대한 존중이 사라졌단 말인가? 서로에 대한 기본적인 예의는 도대체 어디로 갔는가? 그건 그렇고 도대체 우리가 왜 이런 일을 해야 하는가?'

이런 울분을 가장 먼저 터뜨리는 사람은 대개 고참 경영진이다. 자신의 개인 집무실에 걸맞게 그들은 오랫동안 복종과 아부를 받아왔다. 그런데 처음으로 자신의 회사에 대한 기여도가 매우 낮고, 그동안 경영자로서의 역할을 제대로 수행하지 못했다는 사실을 명백히 인식하게 된 것이다. 이때는 분노가 그들의 유일한 방어 수단이다. 어떤 사람은 회사를 떠나고 떠날 능력이 없는 사람들은 반격을 시도하곤 한다.

죽음의 계곡으로 떠난 기업이 가장 빠져 나오기 힘든 단계가 바로 정당화와 울분의 단계다. 변신을 시도한 대부분의 기업이 이 단계의 저항을 이겨내지 못하고 계곡 속에 영원히 매몰되어버린다. 기아그룹, 대우그룹 등 IMF 관리체제 이후 몰락한 한국기업들이 그런 예다.

좌절과 의기소침

울분 표출의 단계를 넘어 계곡의 가장 저점인 좌절과 의기소침의 단계에 도달하게 되는데, 이때 사람들은 마침내 포기하고 항복하게 된다. '그래, 나도 내가 형편없다는 걸 안다. 더 이상 날 괴롭히지 마라. 날 좀 조용히 살게 해달라.' 그러나 이 가혹한 단계는 동시에 터널의 끝이 처음 보이는 지점이기도 하다.

부인, 정당화, 울분 표출의 단계를 넘어 좌절과 의기소침의 단계에 도달하는 기업은 크게 두 종류로 나눌 수 있다. 하나는 강력한 리더십으로 내부의 강한 저항을 뿌리치고 조직을 좌절과 의기소침의 단계로 밀어붙인 기업으로, 경영상의 위기를 겪기 전에 내부의 저항을 슬기롭게 극복하여 변신에 성공한 삼성그룹, LG그룹이 이에 해당된다.

반면 대부분의 기업은 부인과 정당화의 단계를 자발적으로 강력한 리더십에 의해 극복한 것이 아니라 어쩔 수 없는 상황에 의해, 즉 경영상의 위기를 맞이하여 변신 외에는 다른 선택이 없게 되어 이를 극복한 기업들이다. 거의 파산 직전에서 경쟁력을 회복하고 있는 두산그룹, 기아자동차가 후자에 해당하는 기업이라고 할 수 있다. 1995년 이후의 강력한 구조조정 과정에 대해 두산의 박용만 전략기획실 사장은 이렇게 말했다.

"변신에 대한 내부적 저항이란 있을 수 없었다. 죽느냐, 사느냐의 문제인데 누가 이를 부인하고 저항할 수 있었겠는가? 아무도 반대할 상황이 아니었다."

호기심

완전히 무장 해제당한 후에 당신은 뭔가 새로운 시도, 호기심, 가능성의 희미한 불빛을 보기 시작한다. 모든 것이 썩은 것은 아니다. 아직 좋은 자원들이 남아 있고, 탁월한 능력과 흥미진진한 기회가 살아 있다. 성공적인 변화가 하나둘씩 나타남에 따라 일부는 밝은 미래가 있다는 사실을 믿게 된다.

몰입, 열정, 활력

이런 믿음을 조직 내에 확산시키고, 변화를 통한 성공을 지원하고 자랑스럽게 알리면서 조직은 점차 활력을 갖게 된다. 미래에 대한 호기심은 조직구성원들에게 각자의 일에 몰입하게 만들고, 그 가능성이 인지되면 새로운 것을 창조하고자 하는 열정과 활력을 갖게 한다. 이제 점차 애벌레는 나비로 변하면서 마침내 나는 법을 배우게 될 것이다.

기업이 변신해야 할 때

기업이 변신을 필요로 하는 때는 언제인가? 기업의 현재 전략과 조직·문화 등이 외부환경에 맞지 않을 때인데, 이는 두 가지 경우에 발생한다. 하나는 점진적으로 환경이 변하는 데 반해 기업이 자발적·지

속적으로 변화하지 못한 경우이고, 또 하나는 급격하고 불연속적인 환
경변화로 인해 점진적인 변화로는 새로운 환경에 적응하지 못하게 되
는 경우다. 1990년대 중반 이후 많은 기업이 변신을 위해 몸부림친 것
은 후자의 이유 때문이다.

환경이 변하면서 그로 인해 기존의 전략과 조직·문화 등이 새로운
환경에 더 이상 적합하지 않을 때 기업은 경쟁력을 잃기 시작한다. 그
러나 일반적으로 경쟁력의 저하와 이로 인한 재무적 성과의 하락 사이
에는 상당한 시간적 차이가 있다(〈그림 4.2〉 참조). 즉 경쟁력은 〈그림
4.2〉의 A시점에서 떨어지기 시작하지만 재무적 성과는 상당 기간 일정
한 수준을 유지하게 된다. 재무상의 성과는 상당한 시간이 흘러 기업이
경쟁력을 거의 상실하게 될 무렵에야 비로소 급속히 떨어진다. 이때 기
업은 경영상의 위기에 봉착하게 된다.

변신은 환경변화로 인해 기업의 전략과 조직·문화 등이 환경에 적
합하지 않을 때, 즉 〈그림 4.2〉의 A시점에서 시작되어야 하지만 대부분
기업 내 여러 타성으로 인해 그 이후에 이루어진다. 그 중에서도 대부분
경우에는 B시점 이후, 즉 그 기업이 경영상의 위기를 겪은 후 경쟁력을
모두 소진한 상태에서 이루어진다. 기아자동차도 예외는 아니었다.

기아자동차는 어떻게 변신에 성공했나

1990년대 중반 기아그룹은 한국 자동차업계 2위인 기아자동차를 모
기업으로 총 26개 계열사에 55,000명의 임직원을 거느리고 있었다.
1996년 말 당시 기아는 자산 총액 14조 5,000억 원으로 재계 8위, 매출
액은 12조 1,400억 원으로 재계 7위의 대기업이었다. 1980년대 초반에

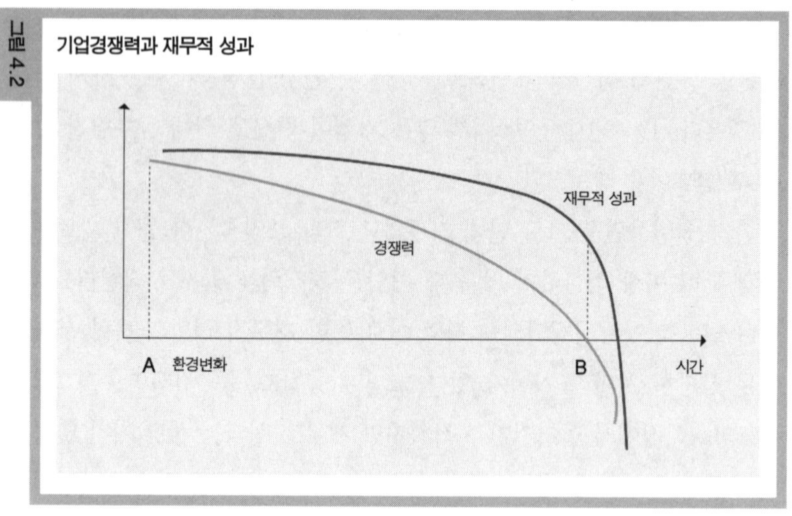

기아자동차는 파산 위기를 맞은 적이 있었으나 생사의 기로에서 김선홍 씨가 사장을 맡아 '봉고신화'를 만들어내며 회사를 정상화시켰고, 이후 국내 단일 차종으로는 최장 기간 생산되었던 '프라이드'를 출시하여 국민차 메이커로서 입지를 굳혔다. 정상화 이후 기아자동차는 직원 중심의 회사로 탈바꿈하여 국내에서 드물게 전문경영인이 경영하는, 소유와 경영이 분리된 기업지배구조의 모범 사례로 자주 거론되곤 했다. 이는 전 직원들에게 '기아'에 대한 강한 자부심과 애사심을 갖게 했고, 그 결과 당시 김선홍 회장은 '한국의 아이아코카'라고 불렸다.

경영상의 위기를 극적으로 극복한 기아의 경영진은 1990년대 중반 생산능력을 200만 대로 늘려 2000년까지 세계 10대 자동차업체로 도약하겠다는 야심찬 목표를 천명하기에 이르렀다. 이를 위해 경기도 화성에 새로운 승용차 생산단지를 건설하고 인도네시아의 승용차 공장과 브라질의 상용차 공장을 비롯한 국외 생산기지 건설에 대대적으로 투자했다.

<table>
<tr><td rowspan="4" style="writing-mode:vertical-rl">표 4.1</td><td colspan="6">1990년대 기아그룹의 재무상황   단위 : 10억 원</td></tr>
</table>

<table>
<thead>
<tr><th>표 4.1
1990년대 기아그룹의 재무상황</th><th>1993</th><th>1994</th><th>1995</th><th>1996</th><th>1997</th></tr>
</thead>
<tbody>
<tr><td>자본금</td><td>548.9</td><td>(124.5)</td><td>(552.5)</td><td>(1,311.8)</td><td>(2,035.0)</td></tr>
<tr><td>순이익</td><td>(290.3)</td><td>(765.0)</td><td>(770.5)</td><td>(751.9)</td><td>(768.4)</td></tr>
</tbody>
</table>

(출처: 산업은행)

그러나 1990년대 상반기 기아는 외형상의 눈부신 발전과는 달리 실제로는 급격한 경쟁력 저하와 이에 따른 재무적 위기상황을 맞고 있었다.[1] 〈표 4.1〉은 기아가 1990년대 초반 적자를 기록하고 있었고, 1994년에 이미 자본잠식 상태에 들어갔다는 사실을 보여주고 있다. 1997년 여름 기아는 결국 부도를 맞게 되었고, 그후 법정관리를 통해 죽음의 계곡으로부터 탈출하기 위한 처절한 싸움이 시작되었다.

기아 붕괴의 원인

기아 붕괴의 원인으로 여러 가지를 생각할 수 있으나, 가장 직접적인 원인으로는 무모한 다각화를 들 수 있다. 기아그룹은 10개의 국외법인 외에도 국내에서만 무려 28개의 계열사를 거느리고 있었다. 특히 1980년대 후반부터 기아는 자동차 관련 산업 외에 기아특수강, 기산건설의 인수나 설립을 통해 본격적으로 사업영역을 비자동차 부문으로 확대했다. 그러나 새로 진출한 대부분의 사업은 엄청난 적자를 보았고 이는 모기업인 기아자동차에 치명적인 타격을 주었다. 예를 들어 기아특수강의 경우, 1990년대 초 '대한중기'를 인수하여 무려 1조 원 이상의 자

---

1 Lee, Byoung-Hoon & Cho, Sung-Jae, 2001, June, *"Merger and Reconfiguring of Hyundai-Kia,"* Presented at GERPISA 9th Colloquium.

금을 투입했다. 이에 다른 특수강업체도 경쟁적으로 시설투자를 하게 되었고, 이는 공급과잉에 의한 치열한 가격경쟁을 불러왔다. 기아는 이런 투자 재원을 조달하기 위해 무리하게 단기성 자금을 끌어들일 수밖에 없었고, 이는 기아의 부실을 앞당기는 결과를 가져왔다.

국내외 자동차산업의 공급과잉과 이에 따른 경쟁심화는 기아 붕괴의 또 다른 원인이었다. 우선 내수시장에서 1995년 삼성의 자동차산업 진출이 확정됨에 따라 현대 · 기아 · 대우 · 쌍용 · 삼성 5개 업체의 경쟁구도를 이루면서 포화상태에 이르렀고 규모의 경제를 달성하는 것이 어려워졌다. 특히 1990년대 중반 대우자동차가 레간자, 누비라, 라노스 등 비교적 경쟁력 높은 신차를 출시한 데 반해 기아는 당시 출시한 크레도스, 세피아, 아벨라 등이 시장에서 그다지 호응을 얻지 못했다. 그 결과 1997년 상반기 기아의 시장점유율은 19퍼센트로 현대, 대우에 이어 3위로 떨어지는 부진을 보였다. 해외시장의 경우에 세계 자동차시장의 공급과잉으로 해외 주요 경쟁업체간의 인수 · 합병을 통한 대형화가 추진되고 있었다. 이런 국외 경쟁업체들이 규모의 경제를 통해 경쟁력을 높이면서 한국 자동차업계의 해외사업도 많은 타격을 받게 되었고 기아도 예외는 아니었다.

기아의 근본적인 문제점은 지배구조와 관련된 각종 비효율과 부조리였다고 볼 수 있다. 창업 가족을 비롯한 대주주가 지배하는 다른 한국 재벌과 달리 기아는 1981년 이래로 비소유주가 경영하는 '전문경영인' 체제를 유지하고 있었다. 그러나 이 지배구조는 이를 위한 각종 선진국형 제도가 제대로 정비되어 있을 때 장점이 발휘된다. 즉 전문경영인을 감시하고 제대로 경영하지 못할 경우 제재를 가할 수 있는 내적 · 외적 제도가 구비되어 있어야 하는 것이다. 전문경영인 체제를 위한 외적 제도인 적대적 M&A나 경영자 시장이 국내에 거의 형성되어 있지 않고,

내적 제도인 이사회가 거수기 역할만 수행하고 있던 한국에서 이런 지배구조는 장점보다 오히려 단점이 많았다.

충분한 감시와 제재를 위한 각종 제도가 미비한 상황에서는 전문경영인이 기업의 성과보다 자신의 이해를 추구하게 되는 전형적인 대리인 문제를 갖게 된다. 경영 상부에서의 도덕적 해이는 전 조직에 만연되어 기업 전체가 지극히 비효율적으로 운영되고, 각종 부조리가 발생할 소지도 다분해진다. 실제로 기아 내의 부조리는 매우 심각하여 공장에서 빼돌린 부품이 시장에서 공공연히 거래되는 실정이었다. 또한 전문경영인의 한계상 기업 내에 지지 기반을 확보하기 위해 노동조합의 지원을 필요로 하게 되고, 따라서 경영진은 당시 강성이었던 노조에 필요 이상의 양보를 거듭했다.

죽음의 계곡으로 진입

앞에서 언급한 여러 가지 이유로 인해 파멸을 맞게 된 기아는 마침내 기업 변신이라는 죽음의 계곡으로 들어서게 되었다. 그러나 기아가 1990년대 초반 소규모의 적자를 내기 시작했을 때만 해도 누구도 이를 심각하게 받아들이지 않았다. 1994년 말에 이르러 극소수 임원들 간에 위기감이 맴돌기 시작했으나, 일반직원들은 전혀 이를 감지하지 못했다. 1997년 5월, 삼성생명의 자금 회수가 시작되자 다른 금융기관에서도 불안감을 느끼고 자금회수에 들어갔다. 그러나 이런 상황에서도 회사의 부도 가능성에 대해 어느 누구도 크게 걱정하지 않았다. 오히려 '설마 재계 7위의 국민기업이 무너지겠는가' 라는 안일한 생각을 갖고 있었다. 1997년 7월 15일, 정부와 주거래은행인 제일은행, 그리고 채권금융단과의 숨막히는 물밑 접촉을 거친 후에 마침내 기아는 부도유예 협약대상 기업으로 선정되었다. 이는 실제로 기아의 '부도' 를 선언한 것이나 마찬가지였다.

　절체절명의 위기를 맞은 기아 임직원들은 기아의 자력회생을 위해 한 몸이 되었다. 기아자동차의 직원들이 가지고 있던 '주인의식' '기아인' 으로서의 자부심, 그리고 회사에 대한 애정은 예전부터 각별했다. 그들은 자신의 힘으로 반드시 회사를 되살릴 수 있으리라는 굳은 신념을 가지고 있었다. 수개월째 월급도 제대로 못 받는 상황에서도 기아 직원들은 스스로의 힘으로 회사를 살려보자면서 자발적으로 1인당 1,000만 원의 모금운동을 전개해 이를 긴급자금으로 사용했다. 직원 부인들도 폭염의 더위 속에서 길거리에 나와 '국민기업 기아자동차 살리기' 캠페인을 벌이며 사회 각계의 지원을 호소했다. 그리고 노동조합은 1997년 임금협상에서 임금동결을 결의했다.

　부도유예협약 대상기업 선정 이후 기아그룹은 그룹 내에 혁신기획단을 발족하여 자동차산업을 중심으로 계열사를 통폐합하고 인원감축 등 자구책을 내놓았지만, 채권단은 기아의 자구책을 구체성 없고 미온적이라는 이유로 받아들이지 않았다. 또한 기아는 경영권 포기각서와 인원감축과 급여삭감에 대한 노조동의서 제출 요구를 거부함으로써 기아 사태는 경제논리를 뒷전으로 한 감정대립으로 치닫게 되었다. 정부는 해당기업과 관련 금융기관이 알아서 할 문제라며 방관하고 있었고 이런 상황에서 5,000여 개의 기아 협력업체가 어음할인을 받지 못해 도산 위기를 맞았다. 9월 초 채권금융단은 부도유예기간이 끝나는 9월 29일까지 김선홍 회장이 사표를 내면 부도유예기간을 연장해주겠다고 기아 측에 제안했지만 기아는 이를 거부했다. 결국 9월 30일 법원으로부터 재산보전처분을 받은 기아자동차, 아시아자동차, 기산 3개 계열사는 최종 부도처리되고 말았다.

　'부도' 라는 현실을 비로소 인식하게 된 기아자동차의 직원들은 모든 것을 자신들의 내부 문제가 아니라 삼성그룹과 정부의 탓으로 생각했다. 당시 삼성그룹은 자동차산업 진출을 눈앞에 두고 있었고, 기아 인수 등에 대한 내부 보고서를 작성한 바 있었다. 또한 기아자동차로부터의 자금회수를 시작한 것도 삼성그룹 계열사인 삼성생명이었기 때문에 기아자동차 직원들은 삼성의 음모에 기아그룹이 망하게 되었다고 단정지었다. 게다가 정치적 논리에 의해 당시 정부도 삼성의 음모와 관련되어 있다고 생각했다. 기아 직원들 사이에서 원망의 대상은 삼성과 정부로 경영진이 아니었다.

이처럼 기아 처리에서 제3자 매각론과 기아자력회생론이 팽팽하게 대립하고 있던 중에 기존 경영진들이 3조 148억 원 규모의 회계분식을 했다는 것이 밝혀졌다. 이는 기아자동차의 분위기를 급격히 반전시켰다. 기존 경영진의 회계분식이 밝혀진 것은 회사를 자력회생시키려는 직원들에게 커다란 허탈감을 느끼게 하는 동시에 회사로부터 등을 돌리게 했다. 기아 부도의 원인이 내부에 있었다는 것을 이제 기아 직원들도 인정할 수밖에 없었다. 그동안 자신의 모든 것을 바쳐 회사를 되살리려 했던 노력이 물거품이 되는 순간이었다. 망연자실한 직원들은 더 이상 기아자동차에서 희망과 미래를 찾을 수 없다고 판단하고 스스로 회사를 떠나기 시작했고, 이때 유능한 인재들이 많이 나갔다고 한다.

1998년 5월에는 회사돈을 빼돌려 기아자동차 주식을 매입하고 부도 직후 비자금 180억 원을 조성해 기아그룹의 제3자 인수를 막기 위해 정관계의 로비자금으로 사용한 혐의를 받았던 김선홍 전 기아그룹 회장이 구속되어 9월 말에 12년을 구형받았다. 이런 상황에서 기아의 자력회생론은 급격히 퇴조했고, 결국 이듬해 4월 말 국제경쟁입찰을 통한 제3자 매각이 결정되었다.

죽음의 계곡으로부터 탈출

기아자동차는 세 차례의 국제공개입찰을 통해 결국 현대에 낙찰되었다. 직원들은 주인 없는 회사의 어려움에 너무 지쳐 있어 현대의 인수 사실에 그리 큰 충격을 받지 않았으나, 앞으로 닥쳐올 변화의 바람에 자신의 미래를 준비하기 시작했다. 1998년 12월 14일, 김수중 사장 외 14명의 임원진이 현대자동차에서 기아자동차로 자리를 옮겼고, 현대자동차의 정몽구 회장이 기아자동차 회장을 겸하게 되었다.

김수중 전 대표이사 사장의 첫번째 조치 중 하나는 침체된 조직의 사기를 올리고 불안해하는 직원들을 진정시키는 것이었다. 기아에 남아 있던 직원들 사이에서는 수천 명의 현대자동차 소속 점령군들이 들어와서 기존의 자리를 다 바꿀 것이라는 소문이 돌았다. 그때의 상황을 정학진 부사장은 다음과 같이 회상했다.

"처음 현대에서 기아로 왔을 때, 기아 직원들 중 상당수가 스스로 회사를 떠났다. 그것은 새로운 환경하의 기아자동차에서 견딜 자신이 없거나, 공포감을 느꼈기 때문일 것이다. 또한 자신의 능력이 회사에서 요구하는 수준에 못 미친다고 생각되는 사람과 부조리에 연루된 사람들도 이때 스스로 나갔다. 그러나 자의로 떠난 사람들 중에는 정말 능력 있고 함께 일하고 싶었던 인재들도 많이 포함되어 있어 아쉬웠다."

현대에서 옮겨온 기아자동차의 경영진들은 현대에 대한 불신, 고용에 대한 불안, 패배주의 등을 없애기 위해서는 '신뢰'가 가장 중요하다고 생각했다. 새 경영진은 자신이 점령군이 아닌 한 가족이라는 사실을 보여주고 싶었다. 실제로 현대에서 들어온 인력은 최고경영진을 포함 160여 명에 불과했고, 경영진도 문제가 있었던 재경·자재 등 관리 임원들 여덟 명만 바뀌었을 뿐이다. 대신 엔지니어링, 영업, R&D 분야의 직원들은 대부분 자신의 자리를 유지했다. 오히려 새 경영진은 회사를 나가는 인재들을 붙잡기 위해 노력하는 등 기아의 기존 인력을 중시했고, 이 조치는 혼란에 빠져 있던 기아자동차 직원들의 마음을 빠르게 안정시킬 수 있었다.

또한 김수중 사장은 당시 기아자동차 직원들이 갖고 있던 불평등이나 차별대우에 대한 걱정을 종식시키기 위해 직원들에게 '형평의 원칙'에 대해 철저히 교육시켰다. 전 사원 특별교육과 수시교육을 통해 '아'와 '어'는 엄연히 다르다는 것을 인식시키고, 기아자동차 직원들에게 어떤 차별이나 패배감, 불이익 등이 돌아가는 일이 없도록 할 것임을 강조했다. 그로부터 새로운 경영진에 대한 믿음을 조금씩 갖기 시작한 직원들은 힘들었던 과거를 접고 새롭게 시작할 수 있는 전환점에 서게 되었다.

그러나 기존 인력은 최대한 수용하되 개편된 조직의 효율성을 기하기 위해서는 인력구조에 대한 개편이 불가피했다. 기아자동차의 인력구조 개편은 자발적 퇴직과 두 차례의 명예퇴직을 통해 이루어졌는데, 부도 전 43,083명이던 인력은 2001년까지 29,857명 수준으로 줄어들었다. 인력 구조조정을 마친 경영진은 노조와의 관계를 재정비하기 시작했다. 본래 강성 노조의 대명사였던 기아자동차의 노동조합은 1998년 6월, 부도에도 불구하고 파업을 전개했으며 대안 모색보다 무조건적인 투쟁을 선호하여 법정관리인 저지투쟁을 벌이는 등 부도 이후 회사측과 극단적인 대립을 보여주고 있었다. 그 과정에서 현장의 근로자들은 누구보다 심각한 고용불안에 고통받고 있었다. 그러나 현대자동차가 인수한 후 회사가 보여온 신뢰 회복의 노력을 인정하기 시작한 노조측은 어려운 시점에서의 분규는 오히려 나쁜 영향을 줄 수 있다는 판단하에 회사 정상화 기간 동안 분규를 하지 않을 것임을 밝히고 경영진과 무분규 선언을 했다. 이에 대해 기아의 한 임원은 직원들이 오랫동안 분노, 위기감, 좌절감 속에서 살아왔기 때문에 생존에 대한 절실한 욕구를 느꼈고, 동시에 사태의 심각성을 인지하고 있어서 이런 결과가 나올 수 있었다고 설명했다.

노동조합의 노력에 대해 회장 이하 새로운 최고경영진은 '투명경영'을 제시했다. 최고경영진은 '회사는 시기에 따라 결과가 좋을 수도 있고 나쁠 수도 있는데, 그것을 애써 포장하려 하지 말고 있는 그대로 보이고 신뢰를 받자' 면서 정기적으로 회사의 경영현황을 설명했고, 고용안정 운영규정과 협약을 제정하여 직원들의 고용안정을 최대한 보장하려고 노력했다. 또한 승진 체계를 개편하고 연봉제를 도입하여 회사경쟁력을 제고하는 등 당시 기아자동차 내의 시스템 변화를 빠르게 추진했다. 최고경영진의 이런 경영철학은 전 간부들에게 전해졌고, 기아자동차는 투명한 회사로 거듭나기 위한 채비를 갖추게 되었다. 노조와의 관계에 대해 김수중 사장은 다음과 같이 말했다.

"내부의 교통정리는 정몽구 회장이 맡았다. 그의 결정으로 인해 기아 내부에서 자라고 있던 여러 혼선들의 가닥이 잡혔다. 우리 같은 자동차회사에서는 노조와의 관계가 매우 중요한데 자동차는 일관 생산공정이어서 생산라인의 몇 부분만 멈춰도 생산을 할 수가 없다. 직원들에게 80만 대 증산 목표를 제시했는데, 그 당시 40만 대 수준이었기 때문에 그들은 이를 믿지 않았다. 그러나 80만 대의 목표를 달성한 후 다음에 100만 대를 제시한다면 그 자체에 대해 믿음이 생기게 된다. 목표치를 달성한 후 직원들에게 자신감과 신바람을 주려고 노력했다. 그리고 직원들에게 밀린 급료를 지급했으며, 그들이 요구하는 후생복지를 충족시키기 위해 최선을 다했다."

50년 역사의 현대자동차, 55년 역사의 기아자동차는 자동차업계에서 서로 강력한 라이벌 관계였고, 서로 걸어온 길이 다르듯 기업문화도

달랐다. '자동차 전문기업의 장인정신, 개인의 창의성 중시, 토론문화, 기술우선주의, 가족적 분위기'의 기아자동차 문화와 '신속한 의사 결정, 강인한 추진력과 리더십, 권한과 책임 중시의 경영, 현장중심주의'의 현대자동차 문화를 융화시켜 새로운 기업문화로 만드는 것은 매우 중요한 문제였다.

경영진은 사원 특별교육과 수시교육을 실시하고 실제 업무를 결합하여 개성 있는 새 기업문화의 창조를 모색했다. 그 결과 경영풍토 쇄신, 흑자경영 정착, 목표달성을 위한 도전의식 함양, 신속한 의사결정, 과감성 개선, 책임감 증대 등의 성과를 거둘 수 있었다. 또한 하나의 기업문화를 만들기 위해서는 한 지붕 아래서 생활해야 한다는 생각으로 현대, 기아자동차는 양재동의 신 사옥으로 본사를 옮겨 한 건물을 함께 사용했다. 직원들은 한 건물 안에서 자연스럽게 업무를 통해 실질적 결합을 느끼고, 긍정적 사고와 한 가족이라는 공동체 의식을 가질 수 있게 되었다.

인력 조정이 일단락되고 난 후에 정몽구 회장 이하 경영진은 핵심 프로세스 개편에 눈을 돌렸다. 우선 원가절감이 기업회생의 전제조건이라 판단하고 이에 전사적인 노력을 쏟기로 했다. 경영진의 눈에 기존의 기아는 그룹을 만들기 위해 허장성세를 너무 많이 부려 비용면에서 불합리한 점이 많았다. 그래서 총 32개에 달하던 기아그룹의 계열사를 통폐합(기아자동차로 합병 4개사, 청산과 합병 2개사, 회사(지분) 매각 26개사)하여 1개사의 외형을 갖추고, 비업무용 부동산 위주로 자산을 매각하여 355억 원을 마련했다. 공급자에게 지불하던 최장 180일 어음을 60일 어음으로 바꾸어주는 등의 조치로 협력사와의 관계를 개선하는 동시에 자재가격을 인하했다. 또한 설계변경, 부품의 국산화, 예산절감, 원가개선 활동을 통해 재료비와 경비를 절감하려는 노력을 지속했다. 그리고 수출시장을 확대하고 수출가격을 인상했으며, 내수차량의 사양 고급화 등 가격인상과 부품마진율 인상을 통해 매출의 개선을 도모했다.

당시 기아자동차의 새 경영진은 무엇보다 부도 이후 무너진 기강을 확립하고, 공공연하게 자행되던 부조리를 척결하는 것이 원가절감의 지름길이라는 사실을 알고 있었다. 실제로 그들은 일정 기간 감시를 실시하여 현장을 단속하는 등 부조리 척결에 총력을 기울였다.

수익성 제고를 위해 해결해야 할 또 하나의 과제는 규모의 경제를 달성하지 못하는 차종을 정리하는 것이었는데, 이를 위해 결손 차량은 단종시키고 생산라인을 정리했다. 예를 들어 스포츠카 '엘란'은 원가가 판매가의 두 배에 이르고 있었으나, 기업 이미지를 위해 계속 판매하고 있었다. 그리고 13년 간 계속 생산되었던 국민차 '프라이드'도 규모의 경제를 달성하지 못하고 있던 대표적 차종으로 엘란과 함께 단종되었다. 외형 성장에 치우쳤던 과거의 전략을 수익성 높은 제품구성을 통해 수익성 위주 전략으로 바꾼 것이다.

그리고 광주공장 정상화와 소하리, 화성공장 효율화를 이루기 위해 라인을 재배치하여 생산부문의 경영을 합리화했다. 광주공장 정상화를 최대한 지원하기 위해 소하리공장에서 생산하고 있던 프레지오, 프론티어 1톤과 울산공장에서 생산하던 그레이스를 광주공장으로 이관하여 생산했다. 그리고 소하리공장에서는 5개 차종의 라인을 2개 차종(카니발, 리오)으로 단순화·전문화시켰고, 화성공장에서는 수익 중심 차종으로 집중생산하여 생산성을 크게 향상시켰다.

정몽구 회장은 기아자동차와 현대자동차와의 시너지 효과를 최대화시키기 위해 우선 R&D 분야를 부분 통합하고, 일부 차종의 베이스와 플랫폼을 공유하게 했다. 미국 포드 자동차의 플랫폼이 7개에 불과한 반면에 현대와 기아는 각각 13개, 10개로 총 23개의 플랫폼을 가지고 있었다. 하나의 플랫폼 설비 비용이 4,000억 원 정도 든다고 가정했을 때 플랫폼 통합에 따른 시너지 효과는 상당한 것이었다. 기아자동차와 현대자동차의 플랫폼 공유 현황은 〈표 4.2〉와 같다.

2000년 2월 16일, 서울지법 재판부는 '기아자동차는 자금력 있는 제3자에 인수되어 그간 차질 없이 채무변제를 이행한데다 자산이 부채를 초과하고 있으며, 최근 당기순이익을 실현하는 등 법정관리를 통해 경영이 정상화되어 법정관리 종결 결정을 내린다'고 밝혔다. 기아자동차가 법정관리에 들어간 지 1년 10개월 만에 관리 종목에서 벗어나 거래소시장 2부 종목으로 편입하게 된 것이다. 기아는 법정관리 이전 5조 2,000억 원의 자본잠식 상태에 있었으나, 1999년 연말정산 결과 2조 6,000억 원의 순자산과 1,800억 원의 흑자를 기록했다. 또한 부채비율도 170퍼센트로 줄어들었다. 기아자동차는 1999년부터 흑자로 전환하여 재무적인 측면에서도 정상화를 이루었고, 2000년 말에는 자기자본 3조 615억 원, 부채비율 167퍼센트의 우량기업 재무구조로 전환되었다.

그리고 때마침 불어온 RV/SUV 차량의 선풍적인 인기로 기아자동차의 판매가 크게 늘어났다. 카니발과 카렌스의 성공은 하루에 주문이 450~500대씩 들어와 기아자동차의 현금창출원의 역할을 훌륭히 수행했다. 수요가 늘어남에 따라 초기 1대당 250만 원씩 손해가 발생하던 재무구조에서 이제는 네 차례의 가격인상을 통해 1대당 100만 원 이상의 수익이 나게 되었다. 휘발유 가격이 인상되는 고유가시대에 부담을 느낀 많은 사람들이 디젤과 LPG 차량을 찾게 되었고, 이 분야에서 앞서 있던 기아자동차는 대부분의 시장을 점유할 수 있었다.

국내 영업부문에서는 '공격경영, 품질혁신, 기술혁신'의 기치하에 도전적인 사업목표를 추진했고, 스펙트라와 옵티마 등 신차 출시로 제품경쟁력을 강화하여 1999년 대비 36퍼센트 신장된 41만 대를 판매했

현대차와 기아차의 플랫폼 공유 현황

현대차		기아차	
플랫폼1(소형)	베르나	플랫폼1(소형)	아벨라
		플랫폼2(소형)	프라이드(단종)
플랫폼2(준중형)	아반테, 티뷰론	플랫폼3(준중형)	세피아, 스펙트라
		플랫폼4(스포츠카)	엘란(단종)
플랫폼3(중형)	쏘나타, 마르샤(단종)	플랫폼5(중형)	옵티마
플랫폼4(대형)	그랜저XG, 다이너스티	플랫폼6(대형)	포텐샤
플랫폼5(대형)	에쿠스	플랫폼7(대형)	엔터프라이즈

(출처: 산업연구원 1999. 6)

다. 또한 해외영업 부문은 1999년 대비 17퍼센트 증가한 55만 대를 수출했고, 주력시장인 북미지역에서 리오의 론칭에 성공했다. 2001년 1분기 기아자동차는 매출액은 전년동기 대비 16.6퍼센트 증가한 2조 8,000억 원, 순이익은 107퍼센트 늘어난 1,100억 원을 기록했다고 밝혔다. 2001년 1분기 중 전체 미국시장의 자동차 판매대수는 전년동기 대비 5.8퍼센트 감소했음에도 불구하고 기아차의 판매는 무려 37.4퍼센트 증가했다.

이제 기아자동차는 연간 95만 대의 자동차를 생산하고 있다. 부도 당시 39만 대의 생산 규모와 비교하면 거의 두 배가 넘는다. 직원들은 밀렸던 임금을 모두 받았고, 더 이상 고용과 차별대우에 대한 불안에 떨지 않게 되었다. 자동차 전문그룹으로서 새 출발을 선언한 기아-현대자동차는 10년 뒤인 2010년 세계 5대 자동차 메이커로 성장한다는 장기 비전하에 질적 성장에 주력, 향후 5년 이내에 세계 5위 품질 수준을 확보해 나가기로 했다. 이 같은 비전을 천명하고 정몽구 회장은 "앞으로 경영 효율성 극대화라는 분명한 목표를 향해 사내 전 조직이 권한과 책임을 갖고 자율적으로, 그리고 능동적으로 움직이는 수평경영체제를 구현할 것"이라고 밝혔다. 또한 '신뢰경영, 현장경영, 투명경영' 등을 3 대 경영방침으로 제시한 뒤 "기아–현대의 통합 시너지 효과를 극대화하고 고수익 경영체제를 정착시켜 재무구조를 더욱 건실히 해나갈 것"이라고 말했다.

변신을 이끄는 리더의 역할

경영상의 문제가 있는 기업의 경영자는 다음의 세 가지 중 하나를 선택할 수 있다. 하나는 변화의 필요성을 부인하고 평소대로 사업을 영위하는 것이다. 이 선택은 경영자가 일정 시점이 지나면 그 기업은 망하지만, 그때는 자신이 그 기업을 떠난 후라고 생각할 때 내릴 수 있다. 두 번째 선택은 변신과정을 추진할 용기를 모아 그에 따른 고통을 감내하는 것이다. 이 경우에는 비록 성공하더라도 상당히 오랫동안 후유증에 시달릴 것을 각오하고 이를 극복할 용기를 가질 때 가능하다. 경영자들이 선택할 수 있는 세 번째 선택은 현재의 경영자들이 물러나고 다른 사람에게 경영을 맡겨 죽음의 계곡을 향한 여행을 시작하게 하는 것이다.

변신과정의 각 단계에서 리더가 해야 할 역할은 다르다(〈표 4.3〉 참조). 여행의 초기, 즉 자기만족에서 부인의 단계에 이르기까지 리더는 가능한 한 감정적인 요소를 배제해야 한다. 그들은 주어진 정보를 객관적으로 직시하고, 지금처럼 사업을 영위할 경우 어떤 결과가 발생할지를 예측하고, 예측 결과에 대해 충분히 설명해야 한다. 이때 경쟁기업과의 벤치마킹, 직원의 평가, 고객만족 설문 등 상대적인 자료가 진실

변신과정에서 각 단계의 리더 역할

단계	증상	리더의 역할
자기만족과 부인	• 합리화와 정당화 • 과거에 집착 • 방관자적 자세	• 정보를 직시하게 함 • 평소처럼 경영할 경우 예상되는 결과를 설명 • 결과에 대한 충분한 설명 제공
분노와 의기소침	• 분노, 비난 • 태업	• 기업 내 목소리 경청 • 고통 분담 • 개인적 헌신을 통한 솔선수범 • 감축을 피하기 힘들 때는 그 감축을 극소화함
호기심과 새로운 시도	• 과도한 준비 • 분산된 에너지 • 혼란, 혼돈	• 우선순위를 설정 • 분석력 향상을 위한 교육 • 단기 목표 설정
몰입	• 협력과 조정 • 나아가는 속도에 대한 좌절 • 새로운 과제를 찾음	• 장기 목표 설정 • 성공에 대한 대내외적 인지 • 팀워크 형성에 주력 • 한 발 물러서서 후계자 양성

을 보여주는 데 필수적으로 요구된다. 자기만족에 빠진 관리자들에게 회사가 보잘것없다는 현실을 직시하도록 하는 것은 어려운 일이다. 그러나 이 단계에서 가장 어려운 일은 리더 자신이 자신의 잘못을 직시하고 이를 공개적으로 인정하는 일이다. 결국 기업 내의 모든 사람이 당장 변신하지 않으면 안 되는 상황을 가져온 과거의 타성에 대해 비난받아야 한다.

그 다음 단계인 분노와 의기소침 단계에서는 과격한 행동은 금물이다. 이 단계에서는 공감과 이해 그리고 슬픔을 함께 나누어야 하는데, 여기서 리더는 조직 내의 목소리를 경청할 줄 알아야 한다. 경청할 대상은 구성원들이 실제로 하는 말뿐만 아니라 침묵의 소리도 포함된다.

또한 리더는 이 단계에서 개인적 헌신을 보여주어야 한다. 이때 허튼 자비심은 금물인데, 감축이 필요할 경우 과감하게 단행하되 이를 최소화하기 위한 노력을 경주해야 한다.

호기심과 새로운 시도의 단계에 접어들면 조직의 증상은 바뀌게 된다. 태업은 과도한 준비와 분산된 에너지로 바뀌고, 조직은 다양한 시도로 인한 혼란과 산만하게 흩어진 과제와 초점을 잃은 하위 리더십으로 인해 혼란스러워진다. 이 단계에서 리더의 역할은 우선순위를 정하는 것을 도우면서 분석력 향상을 위한 교육기회를 제공하며, 나아갈 방향을 보다 명확히 제시하는 단기적 목표를 설정한다.

마침내 애벌레에서 나비가 되는 마지막 단계가 되면 리더는 장기적인 목표를 설정하고 조직 내 팀워크와 신뢰를 재건해야 한다. 그러고 나서 그동안 변신과정을 선도해온 리더는 이제 점차 일선에서 물러나야 한다. 이를 통해 보다 가시적인 리더의 역할은 후계자에게 넘겨주고, 그는 한 발 물러나 기업의 비전과 가치를 설계하고 구체화하여 후계자가 새로운 역할을 제대로 수행할 수 있도록 지도하는 후방에서의 역할을 수행해야 한다.

2부 전략적 과제

World Class Korean Company

제5장

거북이는 잠자지 않는 토끼를 이길 수 있는가

이솝우화에 '토끼와 거북이' 이야기가 있다. 토끼와 거북이의 경주에서 거북이가 토끼를 이기는 이야기다. 이 경기에서 거북이는 어떻게 토끼를 이길 수 있었는가? 두 가지의 조건이 충족되었기 때문이다. 하나는 거북이가 쉬지 않고 열심히 목적지를 향해 기어간 것이고, 또 하나는 승리를 확신한 오만한 토끼가 중간에 낮잠을 잔 것이다. 이 이야기가 우리에게 주는 교훈은 어떤 일에서나 오만해서는 안 되며 최선을 다하는 사람이 최후의 승리를 거둘 수 있다는 것이다. 그러나 만약 토끼가 낮잠을 자지 않았다면 거북이가 토끼를 이길 수 있었을까?

IMF 관리체제를 겪으면서 한국기업의 경쟁력 향상에 대한 당위성은 누구나 절박하게 인식하고 있다. 한국기업이 영위하고 있는 사업은 대부분 경쟁이 심화되어 산업의 구조적 매력도가 현저히 떨어지고 동시에 각 사업을 성공적으로 수행하기 위해 요구되는 각종 자원과 능력의 보유상태도 선진 경쟁업체에 비해 월등히 낮은 실정이다. 이런 경쟁력

위기를 극복하기 위해 한국기업들은 지금 무엇을 하고 있는가? 많은 기업들이 컨설팅업체, 특히 앵글로색슨계 컨설팅업체의 조언을 받아들여 인원감축, 원가절감 등 각종 비용절감 활동에 열중하고 있다. 과연 한국기업이 이런 비용절감을 성공적으로 수행하면 국제적 경쟁력을 가질 수 있을까?

필요 없는 인원, 자재 등의 감축을 통한 비용절감 활동은 외국 선진기업들로서는 기업이면 당연히 해야 할 최소한의 요구조건에 지나지 않는다. 그나마 한국기업은 공식 · 비공식 제도적 환경으로 인해 외국 선진기업보다 구조적으로 비용을 효율적으로 절감하기 힘들다. 따라서 비용을 절감하여 선진 외국기업과의 경쟁에서 이기겠다는 발상은 지극히 비현실적이다.

진정한 경쟁은 각 사업에서 핵심적으로 요구되는 자원과 능력을 어떻게 확보하느냐에 따라 이루어진다. 그러나 현재 사업에서 핵심적으로 요구되는 자원과 능력면에서 외국 선진기업에 비해 상당한 열악한 위치에 있는 한국기업이 외국 선진기업 수준 또는 그 이상의 자원과 능력을 갖는다는 것은 현실적으로 상당히 어렵다. 앞에서 이미 언급했듯이 현재 선진기업이 보유한 수준까지 올라가는 데도 많은 시간과 노력을 요구되지만, 그보다 더 어려운 것은 이런 선진기업이 보유하고 있는 자원과 능력이 끝없이 향상되고 있다는 사실이다. 즉 요즘 초일류기업이라는 토끼 중에 낮잠자는 토끼는 거의 없다는 것이다.

그럼 한국기업이 이류, 삼류기업이 아니라 세계 초일류기업으로 성장할 수 있는 방법, 즉 거북이가 잠자지 않는 토끼를 이기는 방법에 무엇이 있을까?

거북이도 토끼를 이길 수 있다

콘택트렌즈에 필요한 각종 용액을 제조해서 판매하는 영국의 소프론은 보시앤롬, 시바 비전, 알레간, 알콘, 존슨앤존슨 등 거대한 기업이 선도하고 있던 시장에서 설립된 지 얼마 되지 않아 영국 내 선두기업으로서 자리를 굳혔다. USA 투데이사는 1982년에 설립되어 수많은 신문사들이 난립하고 있던 미국 일간지 시장에서 1993년에 500만 명 이상의 독자를 가진 가장 성공적인 신문사 중 하나로 자리잡았다.

이들 기업의 공통점은 무엇인가? 첫째, 후발업체로서 선발업체를 누르고 업계의 선두를 차지했다는 점이다. 그럴 수도 있다고 생각할 수 있으나 여기에는 주목해야 할 사실이 있다. 현실적으로 후발업체가 선발업체를 제친다는 것은 매우 어려운 일이다. 실제 결과를 보면 한 분야의 1위 기업이 계속 1위를 유지할 확률은 거의 96퍼센트에 이르고,[1] 2, 3위 기업이 이를 계속 유지할 확률은 각각 91퍼센트, 80퍼센트다.[2] 따라서 위에 언급한 기업들은 상당히 어려운 성과를 거둔 기업으로 세계 초일류기업을 따라잡고자 하는 한국기업은 이들 기업을 주목할 필요가 있다.

그러나 정말 중요한 것은 이들 기업이 단순히 후발업체로서 선두기업이 되었다는 사실 자체보다는 어떻게 선두기업이 되었느냐 하는 점이다. 후발업체가 선두기업을 제치는 데 성공한 경우는 대부분 기술적 혁신을 통해서였다. 즉 선두기업이 사용하는 기술을 대체하거나 보다

---

1 S. Davis, P. Geroski, M. Lund, & A. Vlassopoulos. 1991. *"The dynamics of market leadership in U.K. manufacturing industry, 1979~1986."* London: London Business School, Center for Business Strategy, working paper 93.

2 C. Markides. 1997. *Strategic Innovation.* Sloan Management Review, Spring: 9-23.

우수한 신기술이 등장하여 이로 무장한 후발업체가 그렇지 못한 선두기업을 추월하는 것이 정석이었다. 그러나 위에 언급한 기업들은 기술적 혁신이나 뚜렷한 자원과 능력 없이 선두기업을 제쳤다. 강한 자원이나 능력을 가지고 있는 것도 아니고, 그렇다고 기술적 혁신을 활용하지도 않은 이들 기업이 어떻게 선두기업을 제치고 시장의 새로운 강자로 등장할 수 있었을까?

지름길을 찾아라 : 전략적 혁신

앞서 기술한 기업들의 특징은 풍부한 자원이나 능력, 기술적 혁신(technological innovations)에 의해 성공한 기업이 아니라 전략적 혁신(strategic innovations)을 통해 성공했다는 점이다. 전략적 혁신이란 한 산업에서의 지배적인 전략 또는 게임의 법칙과는 다르고, 동시에 그보다 많은 가치를 창출하는 새로운 전략을 만들어내는 것이다. 즉 이들 기업은 기존의 전략을 경쟁사보다 잘 수행해 성공한 기업이 아니라, 다른 전략을 통해 경쟁사보다 많은 가치를 창출하는 데 성공한 기업들이다. 목적지는 같지만 토끼가 가는 길과는 다른, 하지만 더 빠른 길을 달린 거북이들인 것이다.

전략이란 제품과 고객, 각종 운영활동에 관한 일관된 의사결정의 집합이라고 할 수 있다. 전통적인 유럽 가구업체의 전략을 보자(〈표 5.1〉 참조). 전형적인 유럽의 가구업체들은 유럽풍 가구란 당연히 고전적이고 장중하며 내구성이 좋은 고급가구여야 한다는 인식을 가지고, 대상 고객도 이에 맞는 부유층으로 상정하고 있다. 이들 가구업체들의 활동도 이런 제품과 고객에 적합하도록 일관되게 구성되어 있다. 예를 들어

매장의 위치를 선정할 때 부유층 고객을 대상으로 판매하기 위해 가능한 한 번화하고 화려한 지역을 선호했으며, 대신 높은 지가 부담을 덜기 위해 소규모 매장을 운영했다. 매장이 소형이므로 고객이 선택 가능한 모든 가구를 전시하는 것이 불가능하여 매장 내에는 특정 제품의 샘플을 소파, 식탁 등 구역을 나누어 집중 진열했다. 또한 샘플 제품 외에 선택 가능한 여러 가지 다양한 천과 나무 재질 등에 관한 안내책자를 구비해 놓았다.

이때 영업사원은 고객과 함께 매장을 돌면서 진열된 샘플 외에 어떤 제품이 선택 가능한지를 자세하고 친절하게 설명해줘야 한다. 또한 구역을 할당하여 제품별로 전시하고 있어서 고객이 특정제품을 구입했을 때 그 제품이 고객이 기존에 가지고 있는 다른 가구와 조화를 이룰 수 있는지 판단하기 어렵다. 따라서 영업사원은 고객이 현재 가지고 있는 가구를 파악하여 이와 어울리는 가구를 선택할 수 있도록 도와주는 실내장식가의 역할도 해야 한다.

전통적인 유럽 가구업체의 지배적 전략은 이처럼 부유층을 대상으로 전통적인 고가가구를 판매하고, 이를 위한 일련의 활동을 수행한다. 따라서 이들 전통적 유럽 가구업체 사이의 경쟁은 누가 주어진 전략을 더 잘 수행하느냐, 즉 경영(management)에 의해 결정된다. 구체적으로는 '어떻게 하면 다른 가구업체보다 번화한 지역에 매장을 설치하는가' '어떻게 하면 영업사원이 주어진 역할을 다른 업체의 영업사원보다 잘 수행할 수 있도록 하는가' '이를 위해 어떤 채용, 교육과 보상시스템을 시행해야 하는가?' '어떤 마케팅 기법이 주고객인 부유층의 변화하는 요구를 제대로 파악하여, 그들의 요구에 가장 부합한 제품을 제공할 수 있는가' 등이다. 이 경우 이들 업체는 같은 전략을 수행하고 있으므로 '전략에 의한 경쟁'을 하는 것이 아니라 타업체와 동일한 전략을 보다

유럽 가구업체의 전략과 IKEA의 전략

		전통적인 유럽 가구업체의 전략	IKEA의 전략
제품		부유층	젊은 신혼부부
고객		고급가구	현대적 디자인의 저가가구
운영활동	매장위치	번화가	교외
	매장규모	소형	대형
	전시	구역별 샘플 전시	전품목을 실제 상태로 전시
	영업	영업사원	셀프서비스
	배달	제조업체에 주문, 6~8주 후 배달	즉시, 자가 배달

잘 수행하고자 하는 '경영에 의한 경쟁'을 하고 있는 것이다.

그럼 전략에 의한 경쟁이란 무엇인가? 스웨덴 가구 업체인 IKEA를 예로 들어보겠다. IKEA가 설립될 당시의 상황을 보면 전후의 베이비붐 세대가 결혼하여 그들에 의한 가구 수요가 폭발적으로 늘어나던 시기였다. 이에 따라 IKEA는 우선 기존 유럽의 가구업체와 달리 대상고객을 부유층이 아니라 저렴한 가격에 스타일을 중시하는 젊은 신혼부부로 설정했다. 젊은층에 적합한 제품은 고전적인 고가가구가 아니라 현대적인 디자인을 갖춘 중저가 가구다. IKEA의 모든 운영활동도 이런 제품과 고객에 적합하도록 일관되게 구성되어 있다.

주고객이 경제력을 충분히 갖추지 못한 신혼부부이기 때문에 매장을 효율적으로 운영해 낮은 가격으로 가구를 공급하는 것이 중요했다. 따라서 가구업계의 비용구조에서 가장 큰 비중을 차지하는 영업사원에 대한 인건비를 줄이기 위해 영업사원을 없애고 셀프서비스 방식을 채택했다. 그리고 셀프서비스에서 오는 불편함을 최소화하기 위해 IKEA는 샘플만 전시하는 것이 아니라 전 제품을 전시하는 방식을 택했다.

또한 특정 구역에 특정 제품을 집중적으로 전시하는 것이 아니라 각 가구들이 실제 사용될 때의 모습으로 진열하여 영업사원이 일일이 가구 용도나 배치에 대해 설명할 필요가 없도록 했다.

모든 가구를 전시해야 하므로 소형 매장이 아니라 대형 매장을 운영하게 되었다. 또한 값비싼 번화가에서는 대형 매장의 운영이 불가능하여 매장의 위치도 기존 업체와 달리 교외를 선택했다. 젊은 고객은 원하는 가구를 즉시 사용하고자 하는 욕구가 강하므로 가구를 주문한 후 몇 달을 기다리는 것이 아니라 즉시 구입할 수 있도록 했다. 이를 위해 매장 뒤에 대형 창고를 설치하여 전시된 제품의 재고를 구비하여 고객이 원하는 제품을 이 창고에서 바로 구입할 수 있도록 했다. 그리고 고객이 원하는 가구를 창고에서 직접 운반하거나 배달할 수 있도록 모든 가구가 조립식으로 디자인되었고, 이들은 분해되어 평면 형태로 창고에 포장되었다.

이는 기존의 유럽 가구업체의 전략과는 차별화된 새로운 전략이었다. IKEA와 기존의 유럽 가구업체는 경영이 아니라 전략에 의한 경쟁을 하는 것이다. 즉 누구의 의사결정의 집합이 보다 많은 가치를 창출하느냐의 경쟁을 하는 것이다. IKEA의 전략이 기존의 전략보다 많은 가치를 창출할 때 우리는 IKEA의 전략을 전략적 혁신으로 부른다. IKEA는 유럽의 다른 가구업체와 동일한 전략(즉 동일한 제품, 동일한 고객, 동일한 운영활동)을 보다 잘 수행함으로써 성공한 기업이 아니라, 타 가구업체와는 다른 전략을 선택하여 타기업과의 직접적인 경쟁을 피하고 동시에 고객에게 보다 높은 가치를 제공함으로써 성공한 기업이다. 전략적 혁신이란 이처럼 기존의 지배적인 전략과는 다른, 하지만 동시에 보다 많은 가치를 창출하는 전략을 수행하는 것이다.

전략적 혁신은 기존 산업규범의 타파에서 출발한다

전략적 혁신이란 한 산업 내에서 당연히 받아들이는 전략, 즉 제품 (what), 시장과 고객(who), 그리고 각종 운영활동(how)에 대한 고정관념을 깨고 새로운 전략을 창출하는 것이다. 산업 내에서 당연히 받아들이는 각종 고정관념, 즉 산업규범을 깨는 전략적 혁신이 성공할 수 있는 배경은 무엇인가?

개개인이 고정관념을 가지고 있는 것과 마찬가지로 기업도 자신의 사업에 대해 많은 고정관념을 가지고 있다. '우리 분야에서는 이런 식으로 사업한다' 라는 식의 고정관념, 즉 산업규범이 형성되는 과정을 살펴보자. 하나의 산업 내 특정 산업규범이 형성되기 이전에는 여러 가지 대체적인 방식이 혼재한다. 일반적으로 여러 방식 중 가장 성공적인 방식이 하나의 규범으로 자리잡는다. 즉 초기에 한 기업이 특정 방식으로 성공하면 타기업이 이 방식에 주목하고, 이 방식의 성공 가능성에 대해 여러모로 분석한 후에 마침내 이를 채택한다. 이들 기업이 이 방식으로 성공하면 더욱 많은 기업이 이 방식을 도입하게 된다. 기업들이 이 방식으로 성공한 경험이 점점 쌓이게 되면 일정 시점 이후에는 기업들이 이 방식의 유효성을 더 이상 의심하지 않고 당연한 것으로 받아들인다. 이럴 경우 이 방식은 비로소 산업규범이 된다.

그렇다면 산업규범을 깨는 전략적 혁신이 왜 중요한가? 이는 앞에서 설명한 산업규범의 형성과정을 보면 쉽게 이해할 수 있다. 즉 산업규범이란 특정 규범이 형성될 당시에 가장 성공적인 방식이다. 그러나 오랜 세월이 지나 환경이 바뀌면 그 방식이 더 이상 맞지 않는 경우가 생기게 된다. 그럼에도 불구하고 대부분의 기업은 그 규범의 유효성에 대해 의문을 가지지 않고 당연한 것으로 받아들인다. 산업규범은 형성될 당시에 가장 성공적인 방식이며, 기업들에게 신속히 정보를 분석하거나 의사결정을 할 수 있도록 해준다는 점에서 장점이 있다. 그러나 동시에 강한 산업규범은 외부로부터 오는 정보들 중 그 규범과 일치하는 정보만 선택적으로 받아들이고 해석하도록 한다. 전략적 혁신이란 '산업규범을 무조건 깨는 것이 아니라, 여러 산업규범 중 환경변화로 인해 더 이상 성공적이지 않은 산업규범을 깨뜨림으로써 보다 많은 가치를 창출할 수 있는 전략을 만들어내는 것이다.

1990년대 중반 이후 전략적 혁신을 통해 성공하는 기업이 많아지는 이유는 무엇인가? 과거에 비해 빠르고 불연속적인 환경변화로 인해 더 이상 시대착오적인 산업규범이 많아졌고, 이로 인해 전략적 혁신의 기회가 많아졌기 때문이다.

전략적 혁신이 경쟁우위를 보장한다

전략적 혁신에 의한 경쟁우위는 과연 지속 가능한가? 만약 새로운 전략이 성공적이라면 타경쟁업체, 특히 기존의 선두기업도 이를 받아들여 전략적 혁신에 의한 경쟁우위는 단기간 내에 사라질 수 있는 것이 아닌가?

캐논이 복사기시장에 진출한 사례를 보자. 당시 선두기업인 제록스는 고속·대용량의 복사기에 집중하는 동시에 이런 고속·대용량의 복사기에 적합한 대기업을 주요 고객으로 선택했다. 제록스의 여러 운영방식은 대형복사기를 대기업에게 효과적으로 판매할 수 있도록 고안되었다. 즉 대형복사기를 대기업에 효과적으로 판매하기 위해 영업사원이 기업고객을 직접 방문하는 직접판매망을 사용했다. 한편 복사기에 이상이 생길 경우 대리점으로 운반하여 수리를 하는 대신 서비스직원이 기업을 직접 방문하여 수리하는 직접 서비스 방식을 채택했다. 또한 값이 비싸기 때문에 고객이 제품을 현금으로 구입하는 것이 어려워 대여를 해주는 방식을 취했다. 그리고 제록스가 집중적으로 투자한 기술은 가공지 복사기(Coated Paper Copier)나 습식 토너 기술(liquid toner technology)이 아니라 고속·대용량 복사기에 적합한 보통용지 복사기(Plain Paper Copier)와 건식 토너 기술(dry toner technology)이었다.

이 같은 전략으로 제록스가 군림하고 있던 복사기시장에 IBM, 코닥, 캐논이 비슷한 시기에 진출했다. IBM과 코닥은 제록스와 거의 동일한 전략, 즉 제품은 대용량의 고속 복사기, 고객은 대기업에 집중하고, 이를 위한 기술·유통·애프터서비스·판매방식도 제록스와 동일한 방식을 사용했다. 반면에 캐논은 복사기사업에서는 복사기의 속도와 용량만이 아니라 편의성, 즉 실제로 고객이 얼마나 편리하게 복사기를 사용할 수 있느냐의 여부를 중요한 성공요인으로 보았다.

이런 편의성 향상을 위해 캐논은 당시 복사기산업에서 당연히 받아들이던 규범의 하나인 중앙집중식 복사방식을 분산 복사방식으로 대체했다. 특정지역에 복사기를 설치하고 기업 내 각 구성원이 이곳으로 와서 복사 업무를 하고 각자의 위치로 돌아가는 중앙집중식 복사방식은 고객의 입장에서 상당히 불편한 방식이었다. 이런 중앙집중식 복사방식의 불편함을 해소하기 위해 각 부서에 하나씩, 또는 각 개인의 책상에 하나씩 복사기를 설치하여 각자의 복사 업무를 가능하게 하는 분산 복사방식이 필요하다고 느낀 것이다.

이런 분산 복사방식에 적합한 제품은 소형복사기였으며, 소용량·저속 복사기를 선호하는 고객은 중소기업 개인이었다. 제품이 소형이고

모방전략과 전략적 혁신

		제록스(IBM, 코닥)의 전략	캐논의 전략
제품		고속, 대용량의 복사기	소형복사기
고객		대기업	중소기업 또는 개인
운영	유통	직접판매	대리점
	애프터서비스	직접서비스	대리점
	판매	대여	현금판매
	기술	보통용지 복사기와 건식 토너 기술	가공지 복사기와 습식 토너 기술

고객도 대기업 내의 각 부서나 중소 기업, 개인이므로 직접판매보다는 대리점을 통한 유통방식이 훨씬 효율적이었다. 또한 복사기가 소형이라서 고객이 대리점으로 가져가 수리를 받는 것이 가능해졌고, 값이 상대적으로 저렴해서 고객의 자금부담이 적어 현금판매가 가능해졌다. 그리고 저속·소용량의 복사기라서 고속·대용량의 복사를 위한 보통용지 복사기나 건식 토너 기술 같은 최첨단 기술이 아니라 가공지 복사기나 습식 토너 기술 같은 값싸고 라이센싱(licensing)을 통해 시장에서 쉽게 구입할 수 있는 기술을 사용하게 되었다.

요약하면 IBM과 코닥은 선두기업인 제록스와 동일한 전략으로 복사기시장에 진출했으나, 캐논은 제록스와 전혀 다른 새로운 전략으로 신입했다. 결과적으로 IBM과 코닥은 참담한 실패를 경험한 반면에 캐논은 성공했다. 그 이유는 무엇인가? 모방전략이 실패하고 혁신적 전략이 성공하는 이유에는 여러 가지가 있겠지만, 우선 선두기업의 대응전략 관점에서 살펴볼 수 있다. IBM, 코닥, 캐논이 복사기시장에 진입할 것으로 예상됐을 때 이에 대한 대응으로 제록스는 '전략 Q(Strategy Q)'를 시행했다. 이 전략 Q는 더욱 빠른 대용량 복사기를 개발하여 기존 대기업 고객의 욕구를 확실히 충족시키는 것을 주요 골자로 하고 있다. 이는 기본적으로 제록스의 기존 전략이 요구하는 자원과 능력을 더욱 강화하는 것으로, 이를 통해 기존 전략에서의 우위를 노리는 것이다. 이런 의미에서 전략 Q는 같은 전략으로 시장에 진입하는 IBM과 코닥을 겨냥한 대응책이었다.

전략 Q를 보면 선두기업에 대한 모방전략이 성공하기 어려운 이유를 알 수 있다. 첫째, 후발업체는 선발업체에 비해 기존 전략을 성공적으로 수행하는 데 요구되는 핵심자원과 능력면에서 상당히 뒤떨어진다. 모방전략을 통해 성공하겠다는 것은 이처럼 뒤떨어지는 자원과 능력을 보완하여 결국에는 선발업체보다 높은 수준의 자원과 능력을 갖겠다는 것인데, 이는 지극히 비현실적이다. 게다가 전략 Q에서 보듯이 선발업체의 자원과 능력은 흔히 후발업체들이 생각하는 것처럼 일정 수준에 고정되어 있는 것이 아니라 끊임없이 향상되는 '이동목표(moving target)' 다. 따라서 후발업체가 선발업체와 같은 전략으로 경쟁을 한다는 것은 끝없는 추격전만 전개하다가 결국 IBM이나 코닥처럼 시장에서 도태되거나 이류기업으로 전락할 수밖에 없다.

반면에 고객에게 보다 높은 가치를 제공하는 전략적 혁신에 대해 대다수의 선두기업은 효과적인 대응을 하지 못한다. 선두기업이 전략적 혁신에 대해 미흡한 대응을 하게 되는 데는 다음의 세 가지 이유가 있다. 첫째, 선두기업이 가진 '리더로서의 고정관념' 이다. 즉 자신의 전략이 가장 우월하고 그외의 전략은 모두 열등하다고 믿는 고정관념이다. 기존 전략에 대한 집착과 새로운 전략에 대한 반감의 정도는 기업에 따라 차이가 있지만,[3] 일반적으로 경영실적이 좋은 기업일수록 강하

---

3 Tushman, M., & Anderson, P. 1986. *Technological discontinuities and organizational environments*, Administrative Science Quarterly, 31: 439–465.

다. 경영실적이 좋은 기업의 경우, 현재의 전략으로 뛰어난 성과를 달성해왔기 때문에 전략적 변화의 필요성을 느끼지 못한다. 제록스는 대형복사기 시장이 가장 매력적인 시장이고, 소형복사기 시장은 시장 규모나 앞으로의 전망에서 전혀 매력적이지 않다는 고정관념을 가지고 있었다. 또한 캐논의 소형복사기 시장으로의 진출은 제록스의 기존 대형복사기 사업에 직접적인 영향을 미치지 않았다. 새로운 전략이 기존 사업에 직접적인 영향이 없고 바람직하지 않다는 편견은 선두기업에게 후발기업을 무시하고 이에 대해 적절히 대응하지 못하게 한다.

선두기업이 전략적 혁신에 대해 적절한 대응을 못하는 또 다른 이유는 선두기업의 전략과 새로운 전략 사이의 '상치성(trade-offs)' 때문이다. 기존 전략과 새로운 전략 사이의 상치성은 주로 두 전략이 핵심적으로 요구하는 자원과 능력이 서로 다르기 때문에 발생한다. 이 경우 비록 선두기업은 새로운 전략을 모방하고 싶어도 쉽게 모방하지 못한다. 영국 내 콘택트렌즈 용액사업에서 당연히 받아들이고 있던 규범 중 하나는 렌즈용액의 주유통망이 슈퍼마켓이라는 생각이었다. 따라서 기존 기업들 사이의 경쟁은 누가 슈퍼마켓과의 네트워크를 강화하느냐에 따라 이루어지고 있었다. 그런데 이 산업에 새롭게 진출한 소프론은 유통망에 대한 기존 개념을 깨고 슈퍼마켓 대신 안경체인점을 주유통망으로 채택했다. 당시 영국 내 안경점들의 체인화가 급속히 이루어져 안경체인점이 렌즈용액의 유통망으로서 거대한 잠재력을 가지고 있었음에도 불구하고 고정관념에 사로잡혀 업체들은 여전히 슈퍼마켓과의 네트워크 확보경쟁에만 열중해 있었다. 이 점에 착안해 소프론의 경영자는 안경체인점을 방문하여 소프론 제품을 슈퍼마켓에서는 판매하지 않고 안경체인점을 통해서 소프론 브랜드나 안경체인점 자체 브랜드로 판매할 것을 제안했다. 유통망으로서 안경체인점을 석권한 소프론의 실적은 그야말로 눈부신 것이었다. 건강과 관련된 문제라서 콘택트렌즈 고객들은 검안 후에 안경점의 안과의사나 검안의에게 좋은 렌즈용액의 추천을 요구하게 되고, 이는 곧바로 판매로 이어졌던 것이다.

안경체인점이 새로운 유통망으로서 그토록 효과적인데 왜 보시앤롬, 시바 비전, 알레간 같은 기존 업체들은 소프론처럼 안경체인점을 새로운 유통망으로 사용하지 않았을까? 그 이유는 그 기업들이 기존 전략에 의해 보유하고 있던 핵심적 자원인 슈퍼마켓과의 유대가 소프론 전략이 요구하는 자원인 안경체인점과의 유대와 상치되기 때문이었다. 안경체인점을 통해 유통시키려면 슈퍼마켓을 통한 유통을 포기해야만 했다. 흔히들 새로운 자원과 능력을 개발하고 축적하는 것(learning)은 어렵다고 말한다. 그러나 현재 보유하고 있는 기존의 자원과 능력을 포기하는 것(즉 unlearning 혹은 forgetting)은 더욱 어렵다. 기존 업체의 경우 소프론의 전략을 모방하기 위해서는 두 가지의 과제가 요구되었다. 첫째는 슈퍼마켓과의 유대를 단절하는 것이고, 둘째는 새롭게 요구되는 자원인 안경점과의 유대를 개발하는 것이었다. 두 가지 모두 기존 기업에게 상당히 벅찬 과제였다.

비누업계의 예를 보자. 업계 선두주자인 아이보리의 기존 전략에 핵심적으로 요구되는 자원들 중 하나는 저가의 일상비누로서 이미지였다. 아이보리가 전략적 혁신기업인 뉴트로지나의 전략을 모방하기 위해서는 고급의료용 비누로서의 이미지를 구축해야 한다. 이를 위해 아이보리는 두 가지의 과제를 달성해야 한다. 첫째는 상당한 투자를 통해 그동안 축적해온 저가의 일상비누라는 이미지를 포기하는 것(forgetting)이고, 둘째는 엄청난 신규투자를 통해 고급의료용 비누로서의 이미지를 쌓는 힘든 과제(learning)다.

기존 기업이 전략적 혁신에 대해 적절한 대응을 하기 어려운 또 다른 이유는 선발업체로서의 이점 때문이다. 전략적 혁신자는 새로운 전략을 통해 산업 내의 평판, 규모의 경제 등 선점의 우위를 향유한다. 또한 성공적인 전략적 혁신기업은 새로운 전략에서 요구되는 핵심적 자원과 능력을 기존 기업에 비해 먼저 축적함으로써 기존 기업이 새로운 전략을 모방할 즈음에는 이미 새로운 전략에서 요구되는 자원과 능력면에서 기존 기업들을 능가하게 된다.

한국의 맥주시장을 예를 들어보겠다. 동양맥주㈜의 OB맥주에 눌려 만년 2위 업체의 설움을 겪던 조선맥주㈜는 1993년 술이란 즐겁게 마시고 놀기 위한 것이라는, 즉 건강과 무관한 것이라는 산업 내의 통념을 깨고 맥주에도 건강이 중요하다면서 암반 천연수로 만든 순수한 맥주라는 점을 강조한 하이트를 탄생시켰다. 선두기업이던 OB맥주의 처음 반응은 한마디로 무시였다. 그후 하이트가 맥주시장에서 돌풍을 일으키고 OB맥주의 아성을 위협하자 OB는 '아이스'를 출시하면서 하이트의 전략을 따라가려고 했다. 그러나 그때에는 이미 하이트가 선발업체로 '깨끗한 맥주, 순수한 맥주'라는 강한 브랜드 이미지를 구축하여 OB가 이를 따라가기에 역부족이었다.

기존 기업들이 뒤떨어진 자원과 능력을 전략적 혁신기업의 현재 수준으로 향상시키는 동안 전략적 혁신기업은 그 자원과 능력을 더욱 강화하여 기존 기업들에게 끝없는 추격전을 전개하게 한다. 제록스가 소형복사기 시장도 상당한 잠재력이 있다는 사실을 인지한 1980년대 이후에도 캐논의 전략을 모방하지 못하고 기존 전략을 계속 고수할 수밖에 없었던 이유도 여기에 있다.

전략적 혁신으로 경쟁력을 높인다

대부분의 사람들은 기업경쟁력 향상이란 기존 전략에 필요한 자원과 능력을 개발하고 강화함으로써 이루어진다고 믿고 있다. 앞서 강조했듯이, 필요한 자원과 능력을 선두기업의 현재 수준으로 향상시키는 것은 쉬운 일이 아니다. 또한 이런 접근법은 선두기업에 대한 끝없는 추격전이 되어 선두기업 대비 경쟁력은 항상 열위에 있게 된다.

전통적 유럽 가구업체의 경쟁력을 살펴보자(〈그림 5.1〉 참조). 우선 이들 업체가 속해 있는 사업영역의 구조적 매력도를 보면, 내부적으로 경쟁도 치열하고 시장의 성장성도 그다지 높지 않으며 고객인 상류층의 요구도 까다롭고 공급자인 가구제조업체의 협상력도 높은 편이다. 따라서 전반적으로 이들 기업이 속해 있는 산업의 구조적 매력도는 평균 이하로 볼 수 있다. 동일한 매력도를 가진 사업 내에서 이들의 경쟁력은 전적으로 그들의 전략을 성공적으로 수행하는 데 필요한 자원과 능력을 얼마나 확보하느냐에 달려 있다.

만약 IKEA가 전략적 혁신 없이 전통적 유럽 가구업체와 동일한 전략으로 시장에 진입했다면 IKEA의 경쟁력은 기존 전략을 수행하기 위해 요구되는 자원과 능력, 즉 얼마나 번화한 위치에 매장을 가지고 있는가, 얼마나 유능한 영업사원을 채용하고 이들을 교육시키고 이들에게 효과적인 동기부여제도를 도입하느냐 등에 의해 결정되었을 것이다. 그럴 경우 신생기업으로서 IKEA는 당연히 자원과 능력면에서 타업체에 비해 열등한 위치에 있고, 따라서 IKEA의 경쟁력은 〈그림 5.1〉의 A에 해당하는 낮은 수준을 보일 것이다. 이 상태에서 필요한 자원과 능력을 선두기업의 수준으로 올리는 것은 상당한 시간과 노력을 요구하고, 많은 시간과 노력 후에 현재 선두기업 수준으로 향상시킨다 하더라

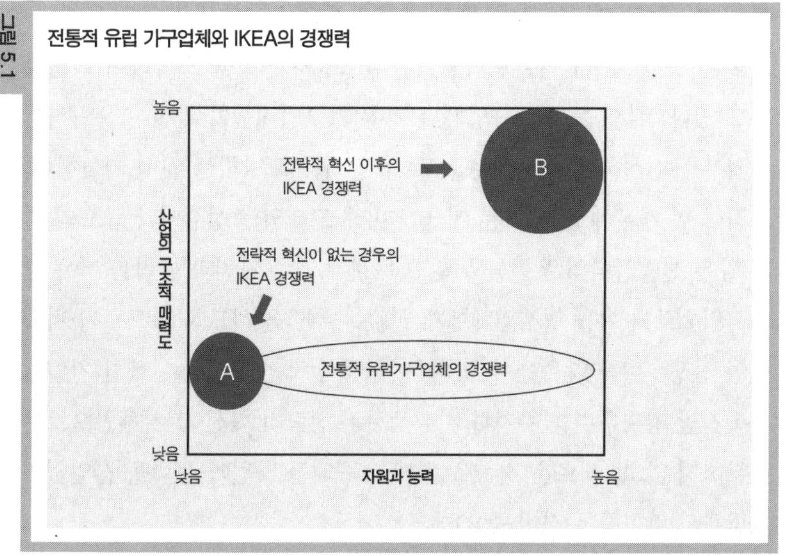

도 그동안 선두기업 역시 현재의 자원과 능력을 더욱 강화시킴으로써 그 격차는 메우기 힘들어진다.

반면에 전략적 혁신의 경우, 거대한 수요층으로 부상하고 있는 신혼부부를 고객으로 삼아 시장의 성장성이 높고, 값싼 가구제품을 공급하는 가구 제조업체의 협상력도 상대적으로 낮다. 게다가 젊은 신혼부부를 고객으로 한 저렴하고 현대적인 가구를 공급하는 경쟁업체가 존재하지 않았기 때문에 시장 내 경쟁의 정도가 지극히 낮아 IKEA가 영위하는 사업영역의 구조적 매력도는 상당히 높을 수밖에 없다. 경쟁력을 구성하는 또 하나의 조건인 자원과 능력의 보유 정도도 새로운 전략에 필요한 자원과 능력, 즉 셀프서비스의 능력, 거대 매장과 창고 운영능력, 저렴한 가구에 맞는 디자인 능력 등은 경쟁자가 없었기 때문에 IKEA는 가장 높은 수준을 보유하게 된 것이다. 따라서 전략적 혁신을 단행한 IKEA의 경쟁력은 〈그림 5.1〉의 B에 위치하게 된다. 이처럼 전략적 혁신은 기업의 경쟁력을 짧은 기간 내 획기적으로 향상시킬 수 있게 한다.

물론 경쟁업체나 다른 신규기업이 IKEA의 전략을 모방하여 경쟁할 수도 있다. 예를 들어 신규업체나 기존 가구업체들이 완전히 독립적인 사업부를 신설하는 경우에는 IKEA의 전략을 모방하는 것이 가능하다. 그러나 이 경우에도 IKEA는 이들에 비해 고객의 충성심이나 규모의 경제 같은 선발업체의 우위를 누리고 동시에 기존 자원과 능력을 더욱 강화시킴으로써 이들 경쟁업체에게 끝없는 추격을 하도록 함으로써 지속적인 경쟁우위를 향유할 수 있다. 이처럼 전략적 혁신을 단행한 기업이 지속적인 경쟁우위를 차지하기 위해서는 전략적 혁신 그 자체만으로는 충분하지 않고, 새로운 전략을 위해 요구되는 자원과 능력을 끊임없이 개발하고 강화하는 것이 중요하다.

한국 신용카드업계와 전략적 혁신

전략적 혁신과 그에 따른 기업성과의 명암을 극적으로 보여주는 사례가 IMF 관리체제 이후의 한국 신용카드업계이다. 한국 신용카드업계의 눈부신 성공과 참담한 쇠퇴를 그 기간의 대표적 풍운아라 할 수 있는 LG카드를 중심으로 살펴보자.

1997년 말 IMF 관리체제 이전까지만 해도 신용카드업계에서 만년 하위를 벗어나지 못했던 LG카드는 그후 '1등만이 살아 남는다'는 일념으로 불과 1년 만에 전문계 라이벌 카드사인 S카드를 누르고, 1999년에는 업계 최초로 당기 순이익 1,000억 원을 넘어 한국 신용카드시장의 새로운 장을 열었다. 그리고 2000년에는 순이익뿐 아니라 시장점유율에서도 1위를 차지하여 명실상부한 카드업계의 리더가 되었다(〈그림

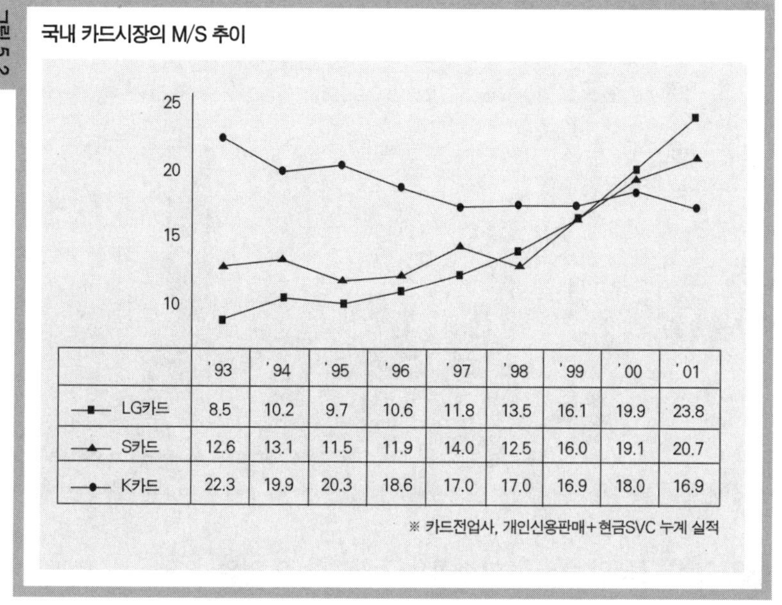

	'93	'94	'95	'96	'97	'98	'99	'00	'01
■ LG카드	8.5	10.2	9.7	10.6	11.8	13.5	16.1	19.9	23.8
▲ S카드	12.6	13.1	11.5	11.9	14.0	12.5	16.0	19.1	20.7
● K카드	22.3	19.9	20.3	18.6	17.0	17.0	16.9	18.0	16.9

5.2〉 참조). LG카드의 이런 획기적 경쟁력 향상은 어떻게 가능했는가?

IMF 관리체제 이전의 LG카드

경쟁 상황: IMF 관리체제 이전 한국에서 신용카드는 '편리한 대금결제수단' 라기보다 '과소비를 부추기는 주범' 이라는 부정적 인식이 팽배해 있었다. 또한 고객의 정보를 체계적으로 관리 · 평가하는 신용관리 시스템이 매우 취약했고, 소비자들도 자신의 신용을 세심하게 관리할 필요성을 그다지 느끼지 못하고 있었다. 따라서 채권의 대부분이 부실화할 가능성을 내포하고 있었다. 그럼에도 불구하고 전체 카드시장의 규모는 지속적으로 성장하여(〈그림 5.3〉 참조), 카드 소지자의 수와 취급액이 모두 크게 늘고 있는 실정이었다. 또한 이 시기에는 외부환경이 비교적 안정적이었고 경쟁이 그다지 심하지 않아서 대부분의 카드회사

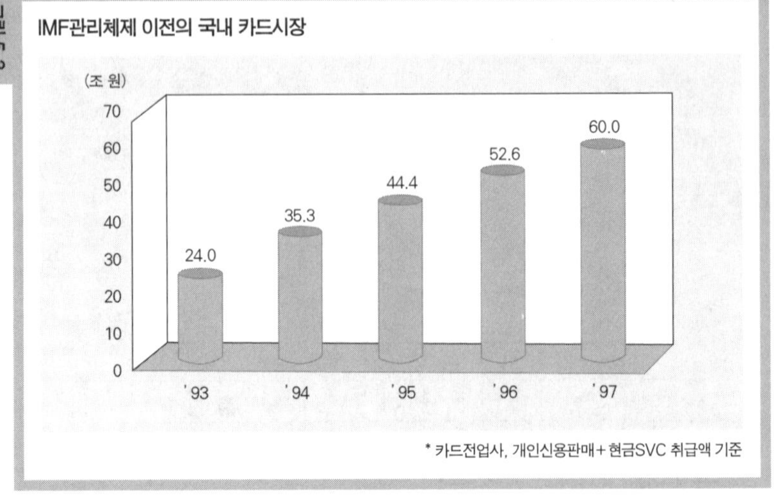

들은 일정 규모의 수익을 안정적으로 확보할 수 있었다.

이 시기는 전문 카드사에 비해 은행계 카드사가 절대적 경쟁 우위를 가졌던 시기로 요약될 수 있다. 이런 양상은 사실 1980년대부터 지속되었던 것이고, 1997년까지 이 구조를 변화시킬 계기나 환경적 변화는 거의 없었다.

은행계 카드사는 주로 은행의 예금주를 위한 일종의 서비스 차원으로 신용카드업을 시작했으며, 이는 단지 '기존의 은행 업무를 보조하는 정도'였다. 그럼에도 불구하고 전문 카드사는 10여 년 동안 은행계 카드사의 시장점유율과 수익을 따라잡지 못하고 있었다(〈그림 5.4〉 참조). 이에 대한 가장 큰 이유로는 우선 취약한 영업 인프라를 들 수 있다. 당시 LG카드의 영업망은 은행계의 영업망과는 비교할 수 없을 정도로 취약했다. 은행계 카드사는 대부분 전국적으로 수백 개에 이르는 지점망과 연계되었던 반면에 LG카드의 영업망은 전국적으로 10여 개에 불과했기 때문이다. 현금서비스를 이용할 수 있는 현금지급기도 은행권과

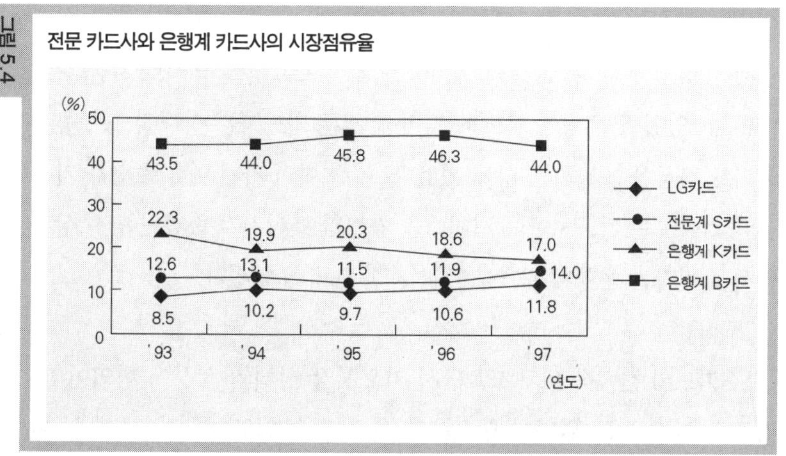

비교할 때 턱없이 부족했다. 은행계 카드회원들은 카드 은행의 지점에 설치된 현금지급기에서 언제든지 현금서비스를 받을 수 있었던 반면에 LG카드 회원은 전국에 10여 개 정도에 불과한 LG카드 지점과 100여 대의 자체 CD기, 그리고 당시 LG카드와 제휴를 맺고 있었던 신한은행 지점 등 한정된 현금지급기에서만 현금서비스를 받을 수 있었다.

전문 카드사의 성과가 은행계 카드사에 비해 저조했던 또 하나의 이유는 차별화되지 못한 영업전략이다. 그 당시 전문 카드사와 은행계 카드사의 영업전략은 크게 다르지 않았는데 여기에는 여러 가지 요인이 있었다. 우선 당시 카드시장이 빠른 속도로 확대되고 있어서 상품과 서비스를 차별화하지 않고도 대부분의 카드사가 어느 정도 수익을 내는 것이 가능했고, 외부환경도 비교적 안정적이어서 경쟁이 그렇게 심하지 않았다. 또한 전문 카드사의 경우에 회원수를 확보하고 가맹점을 늘리는 등의 기본적인 영업 인프라를 구축하는 데 급급해서 영업방식에 있어 카드업을 먼저 시작한 은행계의 영업방식을 그대로 따라하고 있었던 것이다.

또한 가격경쟁력 측면에서도 전문 카드사는 은행계 카드사에 비해 열세에 있었다. 은행 고객의 예치금을 기반으로 낮은 금리로 자금을 조달할 수 있었던 은행계 카드사에 비해 전문 카드사는 상대적으로 높은 금리로 자금을 조달할 수밖에 없었다. 이런 여러 가지 이유로 인해 가격을 제외하고는 카드사마다 서비스를 차별화할 여지가 없었던 당시 상황에서 소비자는 은행계 카드를 더 선호할 수밖에 없었다.

LG카드의 전략적 위치: 그 당시 카드시장 전체의 성장에 힘입어 LG카드도 어느 정도 완만한 성장세를 유지할 수 있었다. 그러나 수익 마인드 부족과 불명확한 목표 고객층, 안일한 조직 분위기 등으로 인해 LG카드의 실적은 다른 카드사에 비해 부진한 상태였다.

당시 신용카드업계에서는 신용카드사업이란 당연히 가맹점으로부터 받는 수수료를 주수익원으로 하는 신용판매업이라 규정하고 있었다. 신용판매업이라고 규정할 경우 바람직한 고객은 실제로 신용구매를 많이 할 수 있는 고소득층이었다. 이에 LG카드도 막연하게 소득과 신용도가 높으리라 예상되는 집단(예를 들어 대기업이나 안정적인 중소기업의 직장인, 고소득 전문직 등)을 주요 고객층으로 상정하고 이들을 확보하는 데 주력했다. 이들을 위한 상품으로 실버카드, 골드카드 등에 주력하고 동시에 이들이 선호하는 각종 고급상품, 호텔, 리조트 등에 대해 할인, 마일리지 서비스 등 각종 서비스를 제공했다. 이 서비스는 다른 카드사와 별반 차이가 없었다. 또한 신용판매업이므로 현금지급기의 확보보다는 고객들이 신용구매를 할 수 있는 가맹점을 확대하는 데 더 많은 노력을 하고 있었다.

모든 경쟁자들이 동일한 전략을 수행하고 있는 상황에서 전문 카드사는 은행계에 비해 불리했을 뿐 아니라 전문 카드사 내에서도 LG카드

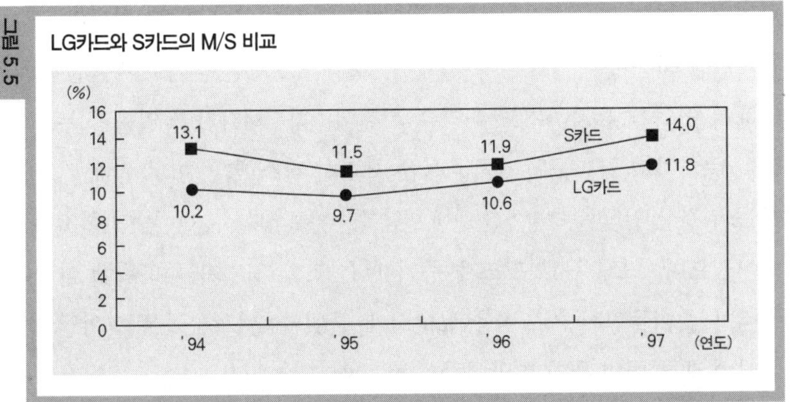

는 라이벌이라 할 수 있는 S카드사에 뒤떨어진 실적을 보이고 있었다. 시장점유율만 보더라도 LG카드는 S카드사에 비해 언제나 1~2퍼센트 정도 뒤지고 있었다(〈그림 5.5〉 참조).

IMF 관리체제와 LG카드의 전략적 혁신

IMF 관리체제기의 위기와 극복: 1997년 말, 그동안 나름대로 안정적인 성장을 유지하던 LG카드에도 IMF 관리체제라는 엄청난 위기가 찾아왔다. 당시 금융시장의 붕괴와 국민경제의 위축은 LG카드를 포함한 모든 여신전문 금융사에게 크게 두 가지 면에서 위협요소로 작용했다. 자금유동성과 금리악화로 인한 금융비용과 리스크의 증가와 경기침체로 인한 개인 소비시장 위축, 개인과 기업의 신용리스크 증대가 바로 그것이다.

우선 IMF 관리체제 기간을 전후한 자금시장 붕괴는 조달금리를 엄청나게 상승시켰을 뿐만 아니라 유동성 악화로 신규 차입도 매우 어렵게 만들었다. 이로 인해 주로 회사채를 발행하거나 C/P 등으로 자금을 조달해서 영업을 하던 카드업체는 커다란 위기를 맞이하게 된다. 그러나 차입이 어렵다고 무조건 영업을 축소하면 수익이 감소할 뿐 아니라 고객기반을 한꺼번에 잃을 수도 있었다. 그렇다고 비싼 금리로 자금을 차입해서 영업을 유지하기도 어려운 형편이었다. 게다가 실업률과 부도율이 증가하고 국민들의 실질소득은 급격히 감소했다. 이로 인해 카드사들의 정상 입금률(약정기간 내에 원금과 이자를 상환하는 비율)이 현저히 떨어졌으며, 연체 규모도 크게 증가했다. 또한 경기가 위축됨에 따라 소비가 줄어들면서 카드이용액도 크게 줄었다. 카드사들은 그야말로 유사 이래 최대의 위기를 맞이하게 된 것이다.

이 상황에서 LG카드가 시급히 해결해야 할 과제는 무엇보다 금융리스크와 신용리스크를 줄여 사업의 안정성을 되찾는 것이었다. 이를 위해 LG카드는 법인 물품대나 신차/주택 할부금융 등 수익성이 낮고 만기가 긴 상품의 영업규모를 대폭 축소했으며, 이로 인해 당시 높은 금리를 지불해야 해던 차입금의 규모를 대폭 줄였다.

또한 연체발생을 사전에 최소화시키기 위해서 사내에 RMS(Risk Minimizing System: 리스크관리시스템)를 구축했다. 이를 기초로 신규발급에 관한 심사기준을 강화하여 기존에 발급이 가능했던 고객들 중 약 15퍼센트 정도 발급을 금지했다. 또한 기존 회원 중에서도 신용상태가 불량한 회원은 대폭 퇴출하는 조치를 취했고, 연체채권 구조를 개선하기 위해서 연체채권을 회수하는 인력을 대폭 증강하고 부실채권은 과감히 대손상각했다. 이로 인해 LG카드는 다른 업체에 비해 비교적 빨리 신용리스크의 위협을 줄일 수 있었다.

이런 일련의 조치로 사업의 안정성을 어느 정도 확보한 LG카드는 1998년 이헌출 사장이 최고경영자로 취임하면서 본격적인 도약을 시작했다. 그는 '초우량 여신금융 달성'이라는 회사의 중장기 비전을 제시하고 이를 위해 1998년 LG할부금융을 합병하고, 선물융자를 개시하여 초우량 여신금융회사로의 사업체제를 갖추었다.

LG카드의 이런 노력은 점차 가시적인 성과를 올리기 시작하여 1998년 말에는 전문 카드사 내의 라이벌인 S카드사를 따라잡았고, 2000년에는 업계의 실질적 1등이었던 K카드사까지 제치고 선두로 질주했다. 당기순이익도 1999년 업계 최초로 1,000억 원을 돌파하여 한국 카드업계에 새로운 장을 열었다. 이런 괄목할 만한 성과 뒤에는 LG카드의 전략적 혁신을 위한 숨은 노력이 있었다.

새로운 도약(전략적 혁신): IMF 관리체제 이후 정부는 카드사에 대한 각종 규제를 점차 완화하기 시작했다. 소비심리를 자극하여 침체된 경기를 활성화시키고, 세수를 확보한다는 취지에서였다. 나아가 신용 사회를 정착시키기 위해 카드 사용을 선진화·일반화하려는 목적도 있었다. 가장 대표적인 예는 신용카드 사용금액에 대한 소득공제제도의 시행과 현금서비스 한도제한을 없앤 것이다. 그전까지 현금서비스의 최대 한도가 70만 원으로 엄격히 제한되어 있었지만, 1999년 5월에 이르러 각 카드회사가 현금서비스 한도액을 마음대로 정할 수 있게 되었다. 정부의 카드사용 활성화와 함께 카드사용에 대한 긍정적인 인식변화는 카드시장의 활성화를 위한 바람직한 환경을 조성하고 있었다.

긍정적인 외부환경과 함께 LG카드는 CPG(Continuous Profitable Growth: 지속적 수익 성장)라는 기본 전략하에 과거의 데이터를 바탕으로 수익구조와 고객을 분석하는 작업에 착수했다. 수익구조를 분석한 결과 LG카드에 가장 많은 수익을 안겨준 것은 신용판매 수수료 수입이 아니라 현금서비스에 따른 수익이라는 점이 분명해졌다. 이에 따라 LG카드는 그들의 사업을 단순한 신용판매업이 아니라 소비자 금융업으로 정의하는 것이 바람직하다는 결론에 이르렀다(〈그림 5.6〉 참조).

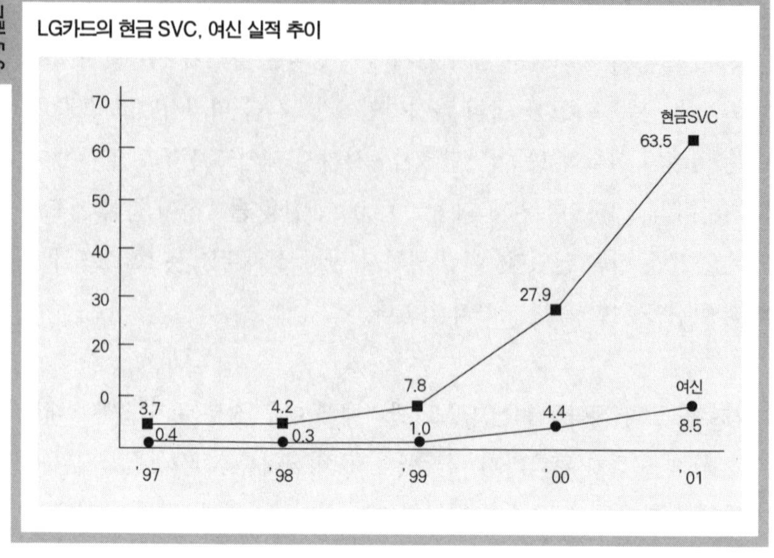

신용판매업의 주고객은 안정적인 고소득층이다. 그러나 대출업무 중심의 소비자금융업으로 사업을 정의하자 가장 이상적인 고객은 소비욕구가 왕성하고 일정한 수입은 있으나 축적된 부가 충분하지 못해 일시적으로 현금을 필요로 하는 20~30대의 젊은 계층으로 바뀌었다.

젊은 계층(Young-middle class)을 주고객으로 삼은 LG카드는 이들의 요구에 맞는 서비스를 제공하기 위해 주력했다. 다른 카드사가 실버와 골드카드의 확대에 주력한 반면에 LG카드는 여성전용 카드나 2030카드와 같은 20~30대를 겨냥한 카드상품을 업계 최초로 내놓았다(〈표 5.3〉 참조). 젊은 여성 고객층을 대상으로 한 레이디카드는 여성들의 주요 관심사가 문화생활, 미용, 결혼, 쇼핑 관련 사항이라는 점에 착안하여 극장할인, 놀이공원 무료입장, 성형보험 무료가입, 결혼식 패키지 할인, 백화점 무이자 할부서비스 등을 제공했다. 젊은 남성 고객층을 대상으로 한 2030카드는 극장할인과 놀이공원 무료입장 외에 인터넷

LG카드의 전략적 혁신

		과거 전략	새로운 전략
사업의 정의		신용판매업	소비자 금융업(현금서비스업)
고객		고소득층	20-30대(Young-middle class)
제품/서비스		실버, 골드카드	Lady 카드, 2030카드, 지역특화카드
	영업	가맹점 확보	현금지급기 확보
	유통망	대리점	직접 영업조직(설계사); 온라인 영업
	한도	직위, 직군 등 유형별 한도 관리	이용행태와 기여도에 따른 차별적 한도 관리
	광고	공익성 부각 등을 통한 간접 이미지 제고, 영상매체 활용 미미	20~30대의 취향에 맞는 젊고 활기찬 이미지 제고, 영상매체 적극 활용

무료이용 서비스, 전자상거래 안심보험 무료가입, 스포츠관람 할인, 자동차 관련 서비스 등을 제공하여 고객들로부터 커다란 호응을 얻었다. 레이디카드와 2030카드의 성공은 세계적으로도 인정을 받아 2000년 9월 비자카드 본사로부터 '최우수 상품상(Award for Global Excellence)'을 수상하기도 했다.

기존 전략과는 전혀 다른 새로운 전략을 통해 LG카드는 신용카드업계의 열등아에서 최우등생으로 탈바꿈했다. LG카드의 이헌출 사장은 당시의 상황을 이렇게 고백하고 있다.

"사실 우리도 이렇게 성공하리라고는 예상하지 못했다. IMF 관리체제 직후 신용카드사뿐만 아니라 모든 금융기관들이 대출축소 등 보수적인 경영 전략을 유지하는 것이 일반적이었다. 하지만 LG카드는 '위기가 곧 기회다'라는 신념하에 사업의 성격을 소비자 금융업으로 새롭게 정의하고, 여기에 맞는 상품과 영업체제를 구축하여 전 임직원이 똘똘 뭉쳐 공격적으로 영업을 전개했다. 우리의 전략은 적중했고, LG카드는 '시장지위 1등' 이라는 획기적 성과를 달성하게 되었다."

전략적 혁신 이후의 과제

새로운 전략의 수립과 실행으로 LG카드의 경쟁력이 획기적으로 향상되자 많은 경쟁업체들도 자신의 전략을 재검토하고 LG카드의 전략을 모방하기 시작했다. 그후 거의 모든 신용카드업체가 현금서비스에 집중하게 되자 업체간의 과다경쟁이 벌어져 마침내 상환능력이 떨어지는 고객에게도 무분별하게 현금서비스를 제공하는 상황을 맞게 되었다. 이는 신용카드업계 전체를 높은 연체와 부도율에 시달리게 했고, 한국경제 전체에 상당한 어려움을 주고 있다. 뿐만 아니라 이는 신용불량자 양산 및 그에 따른 각종 사회적 문제로까지 비화되었다.

LG카드, 신용카드업계, 그리고 심지어 한국경제 전체의 어려움이 과연 잘못된 전략에서 기인한 것일까? LG카드가 새로운 전략에 따라 새롭게 정의한 고객은 현금서비스가 필요하지만 동시에 일정한 수입이 있어서 상환능력이 있는 젊은 20~30대층이었다. 그러나 새로운 전략에 의한 업체간의 과도한 출혈경쟁으로 인해 LG카드를 비롯한 많은 신용카드업체들은 그들이 추구하고자 하는 전략, 그 중에서도 그들이 집중해야 할 고객 대상을 망각했다. 즉 그들의 고객 대상을 현금서비스를 필요로 하면서 상환능력도 있는 고객이 아니라, 상환능력이 없는 고객으로까지 확대하여 오늘날의 어려움을 맞게 된 것이다. 전략에 관한 명확한 정의, 이에 따른 일관된 실행이 중요한 이유가 여기에 있다.

제6장
기업경쟁의 핵심은 보이지 않는 경쟁이다

한국기업의 경쟁력은 세계 초일류기업의 그것에 비해 상당한 격차가 있다. 이런 격차를 메우기 위해 한국기업은 자체적으로 벤치마킹하거나 컨설팅회사의 도움을 통해 세계적 기업의 전략을 배우기 위해 총력을 기울이고 있다. 그들의 제품 특성을 연구하고 그들의 각종 경영기법, 즉 기업경영혁신(BPR: Business Process Reengineering), 전사적 자원관리(ERP), 고객관계관리(CRM) 등을 앞다퉈 도입하고 있다. 그 결과 한국기업의 전략, 즉 한국기업이 추구하는 제품 및 고객의 특성과 각종 경영기법은 세계 어떤 기업에 뒤지지 않는 첨단의 것으로 무장되어 있다. 그렇다면 겉으로 드러난 전략에서 전혀 손색이 없는 한국기업이 낮은 수준의 경쟁력을 보이는 이유는 무엇일까?

경쟁의 세 단계

한국생산성본부에서 주관하는 국가 고객만족지수 중 백화점 부문에서 1999년에 이어 2000년 2년 연속 1위를 차지한 현대백화점은 1971년 금강개발산업㈜으로 출발했다. 금강개발산업㈜은 현대그룹의 사무용품과 식자재 같은 소비재를 일괄 구매하여 이를 그룹 계열사에 납품함으로써 그룹 전체의 비용을 줄이려는 취지로 설립한 회사다. 쇼핑센터와 호텔을 주요 사업영역으로, 1971년 7월 강릉에 동해관광호텔을 개관하고 같은 해 8월 울산 동구에 현대쇼핑센터를 개점하면서 사업을 시작했다. 전통적으로 롯데 · 신세계 · 미도파 · 뉴코아 등이 장악하고 있던 백화점 사업에 현대백화점은 1985년 말 압구정점, 1988년 무역센터점을 개점하면서 본격적으로 진출했다. 그리하여 1997년 IMF 관리체제를 거치면서 눈부신 성장을 거듭하여 오늘날 백화점 사업에서 롯데백화점, 신세계백화점과 함께 선두기업으로서의 자리를 굳건히 지키고 있다.

이미 이야기했듯이 여러 가지 어려운 여건하에 있던 후발업체가 선두기업이 된 예는 현대백화점만이 아니다. 지난 20여 년 간 전세계 많은 기업이 후발업체로 출발하여 훨씬 강력한 경쟁자를 따라잡거나 심지어 능가해왔다. 이들 기업은 흔히 국외 경험이 전무한 국내 영업만을 하던 작은 기업으로 기술과 자금도 경쟁사들에 비해 극히 취약했다. 그러나 영국의 리처드슨 쉐필드, 핀란드의 노키아, 멕시코의 세멕스, 덴마크의 ISS, 한국의 삼성전자, 일본의 고마쓰, 스위스의 스와치, 프랑스의 미쉐린 같은 기업들은 국내에 진입한 외국 경쟁사들에 의해 자극받거나 혹은 경영진의 적극적인 전략을 통해 여러 산업 분야에서 현대백화점 같은 성공 사례를 만들어왔다.

너무 단순화하는 감도 있으나 이들 기업의 전략과 경쟁을 서로 다른

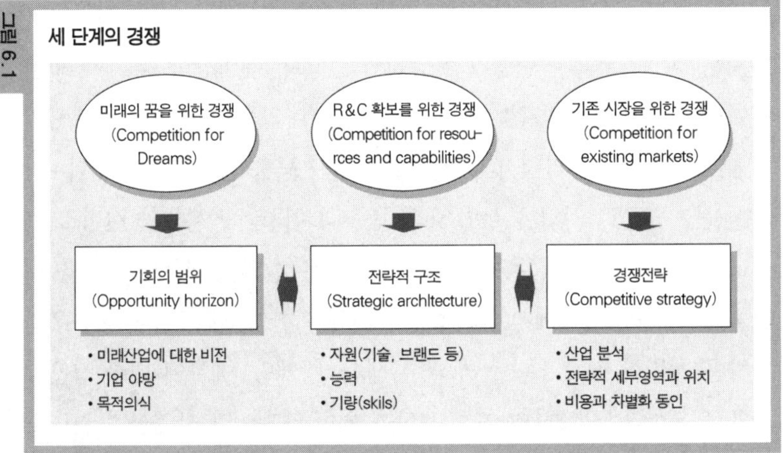

세 단계로 분석해봄으로써 이들 기업의 경험에서 시사점을 가질 수 있다. 이 세 단계의 경쟁 중 하나는 눈에 보여서 많은 경영자가 충분히 인지하고 있는 경쟁이고, 다른 두 단계는 보이지 않아서 간과하기 쉬운 경쟁이다. 각각의 경쟁은 그 역학과 게임의 법칙에서 차이가 있고, 각 단계의 성과는 다른 단계에 서로 영향을 주고받는다. 진정한 경쟁에서의 승리는 이 세 단계 모두에서 성공할 때 쟁취되는 것이다(〈그림 6.1〉 참조).

기존 시장을 위한 경쟁

기업간의 첫 번째 경쟁은 기존 시장을 위한 눈에 보이는 싸움에서 승리하는 것이다. 이 단계의 경쟁은 우리가 흔히 알고 있는 '경쟁전략'[1]

---

1 Michael E. Porter, *Competitive Strategy*, New York: The Free Press, 1980.

에 의해 이루어지며, 경쟁전략 수립의 출발은 외부 산업환경 분석이다. 산업분석이란 고객과 공급자의 상대적 협상력, 진입장벽, 대체재 등을 평가하여 특정 산업의 전반적 수익성, 산업 내의 세부영역, 주경쟁사의 강점, 그리고 각 영역에서의 핵심 성공요인 등을 파악하는 것이다. 이 분석을 기반으로 기업은 산업 내의 전략적 위치, 즉 제품과 서비스 그리고 주고객층을 선택한다. 또한 경쟁전략은 선택된 제품과 고객을 위한 각종 기능별 전략에서 일관성을 유지해야 한다. 예를 들어 비용우위 전략은 차별화 전략과는 전혀 다른 생산, 마케팅, 재무에 대한 접근방식을 요구한다. 요약하면 기존 시장을 위한 경쟁이란 산업환경 분석을 통해 가장 바람직하다고 생각되는 제품, 고객, 각종 기능별 활동에 관한 일관된 의사결정, 즉 '경쟁전략'을 수립하는 것이다.

예로 든 현대백화점은 백화점 사업에 집중하여 차별화와 고급화 전략을 시행했다. 경쟁사인 롯데나 신세계도 고급화 전략을 추구하고 있었기 때문에 외견상으로는 전략적 차이가 없는 것처럼 보였다. 1999년 당시만 해도 고급 백화점의 판단기준은 '어떤 백화점이 더 좋은 지리적 입지를 바탕으로 고가의 명품 브랜드를 많이 입점시켰는가' 하는 거였다. 롯데백화점과 신세계백화점은 선발업체인데다 을지로와 충무로라는 서울의 도심에 본점을 두고 있었기 때문에 많은 고급 브랜드를 유치할 수 있었다. 기존의 관점에서 볼 때, 분명히 롯데백화점과 신세계백화점은 한국의 대표적인 고급 백화점이었다.

동일한 전략과 경쟁으로 선발업체를 결코 따라갈 수 없다고 판단한 현대백화점은 고급 백화점에 관한 기존의 정의를 바꾸었다. 이병규 전 현대백화점 사장은 고급 백화점에 대한 나름대로의 개념을 다음과 같이 설명하고 있다.

"고급 백화점은 고급 상품, 비싼 상품을 많이 파는 곳이 아니다. 진정한 고급 백화점은 고객들에게 진짜 고급 서비스를 제공하고, 가치를 만들어내는 곳이다."

이런 인식의 전환으로 현대백화점은 경쟁의 본질 자체를 바꿀 수 있었다. 즉 현대백화점이 제공하는 것은 고급 상품이 아니라 고급 서비스이고, 그곳을 찾는 고객도 고급 상품을 필요로 하는 사람들이 아니라 고급 서비스를 기대하는 사람이 되는 것이다. 이에 따라 각종 활동도 고급 서비스를 제공할 수 있도록 운영되었다. 예를 들어 입지 선정에 있어서도 현대백화점은 기존의 규범을 깼다. 현대백화점은 인식의 전환이 이루어지기 전인 사업 초기에 압구정동과 무역센터라는 강남의 최고급 입지를 거점으로 진출했는데, 이는 흔히 말하는 우수한 상권을 갖춘 고급 백화점이었다. 그리고 한동안 이런 고급 이미지를 지키기 위해 강남을 집중적으로 공략하면서 확장을 자제했다. 그러나 인식의 전환이 이루어진 후에는 이런 입지가 큰 의미를 갖지 못하게 되었다. '고급 백화점은 고객에게 맞는 고급 서비스를 제공하는 것'이기 때문에 그때까지 고정관념으로 인해 진출하지 못했던 상권으로 확장을 시도하게 되었다.

현대백화점이 천호점이나 신촌점을 개점했을 때 많은 사람들이 우려를 표명했다. 현대백화점은 고급 백화점이라는 이미지가 강한데, 천호동이나 신촌 같은 상권에서는 고급 이미지를 떠올리기 어렵다는 것이었다. 따라서 그 지역으로 확장했을 때 기존의 이미지가 흔들리는 것이 아니냐는 우려였다. 이에 대해 현대백화점은 위치가 중요한 게 아니라 그 상권의 고객을 잘 분석하고, 그 고객들에게 필요한 것을 고급 서비스로 제공할 수 있다면 그게 바로 고급 백화점이라고 설명했다.

입지뿐만 아니라 매장설계나 전시방법에 있어서도 기존의 백화점과 뚜렷한 차이를 보였다. 각 지점별로 고급 서비스를 제공한다는 점에는 큰 차이가 없으나 매장에서의 상품 구성은 지리적인 위치와 상권, 그리고 고객에 따라 달리했다. 실제로 현대백화점의 매장별 입점 현황은 매장에 따라 큰 차이를 보이고 있다. 백화점에서 가장 큰 비중을 차지하고 있는 1층의 경우 압구정점과 신촌점은 커다란 차이를 보이고 있다. 현대백화점은 매장별 차별화에 대해 이렇게 설명하고 있다.

"백화점은 고객들에게 필요한 상품과 서비스를 제공해서 돈을 버는 곳이다. 그렇기 때문에 위치에 따라 상품도 달라져야 한다. 그래서 신촌점에는 비싼 수입품이 별로 없다. 고객층이 젊은 세대이기 때문에 캐주얼이나 비교적 저렴한 제품 위주로 영업하고 있다. 하지만 압구정점에서는 비싼 수입품이 상대적으로 많을 수밖에 없다."

매장별로 입지나 취급 품목에는 차이가 있으나 서비스 면에서는 모든 매장에서 최우량, 고급 서비스를 제공함으로써 전략적인 일관성을 유지하고 있다. 일반적으로 백화점은 매장의 규모를 크게 하고 모든 종류의 상품과 브랜드들을 입점시켜 고객에게 필요한 제품을 선택하도록 하고 있다. 이에 반해 현대백화점은 많은 제품 중에서 선택하는 어려움을 덜어주기 위해 주요 고객의 소비 패턴과 행동을 분석한 후 고객이 가장 필요로 하는 제품을 미리 선택하여, 고객이 물건을 보다 용이하게 선택할 수 있도록 했다.

현대백화점은 고객이 꼭 필요로 하고 실구매로 바로 연결될 수 있는 제품 위주로 매장을 운영하기 때문에 경쟁업체에 비해 상품의 수는 적지만 대신 넓은 공간을 확보할 수 있었다. 자투리 공간에도 이동식 매대를 설치하고 염가판매를 실시하던 기존의 관행과 달리 현대백화점은 통로를 넓히고 매장 사이의 공간을 확보함으로써 쾌적한 쇼핑 공간을 제공했다. 넓은 통로를 확보하기 위해서 매장의 수를 줄이고 매대 설치를 자제하는 것에 대해 내부 반발도 있었지만, 이병규 전 사장은 진정한 서비스를 위해서는 쾌적한 환경이 필수적이라고 강조했다.

"물론 처음에는 유혹도 많았다. 매출과 직결된 문제이기 때문에. 매장수를 줄이고 매대를 설치하지 않는다는 것은 잠재적인 매출을 포기한다는 것이다. 그러나 그것은 고급 백화점이 추구해야 할 방향은 아니다. 백화점은 시장이 아니기 때문이다. 백화점을 찾는 고객들은 그만한 대가를 지불하고 있기 때문에 그에 맞는 대접을 받아야 한다. 백화점 고객들은 어차피 물건값에 대가를 지불하는 것이 아니라 제공되는 서비스에 값을 지불하는 것이다."

고객이 보다 편안한 쇼핑을 즐길 수 있도록 현대백화점은 동선도 고객 중심으로 디자인했다. 기존의 백화점들이 단순히 보다 많은 물건을 전시하기 위한 동선을 만든 반면에 현대백화점은 고객이 다니기 편하도록, 고객이 물건을 잘 볼 수 있도록 동선을 만들었다.

"고객이 다니기 편하다면 그만큼 백화점에 머무르는 시간이 길어지고 물건을 살 가능성도 더 많이 생긴다."

백화점이 아닌 고객을 위한 동선에 대한 현대백화점의 설명이다.

R&C 확보를 위한 경쟁

과거 대다수의 한국기업이 시장을 위한 경쟁에서 비용우위 전략이라는 동일한 전략을 추구했으나, 어떤 기업은 성공하고 어떤 기업은 실패했다. 그 이유는 무엇인가? 이는 기존 시장을 위한 경쟁과는 전혀 다른, 눈에 보이지 않는 '자원과 능력(R&C)을 위한 경쟁'의 결과다.[2] 동일한 전략을 수행하는 기업간의 경쟁, 즉 승자와 패자는 주어진 전략을 누가 더 성공적으로 수행하느냐에 의해 결정된다. 이는 주어진 전략을 성공적으로 수행하기 위해 요구되는 핵심적인 R&C를 누가 더 많이 가지고 있느냐에 의한 경쟁을 의미한다. 따라서 기업경쟁력을 결정하는 두 번째 단계의 경쟁은 핵심 R&C를 위한 것이다.

현대백화점은 안락한 쇼핑을 원하는 고객에게 고급 서비스를 제공하기 위한 입지, 상품구성, 매장설계, 전시방법 등을 전개하고 있다. 이 전략을 성공적으로 추진하기 위한 핵심 R&C는 무엇보다도 직원 개개인의 서비스 마인드다. 이를 위해 현대백화점은 사내교육 연수기관인 인재개발원 부설조직으로 '서비스 아카데미'라는 교육센터를 운영하고 있다. 이곳은 현장 서비스 교육을 담당할 사내강사를 양성하고 이들에게 현장에서 서비스를 담당하는 직원들을 교육하도록 하는 곳으로, 그들에게 자율적인 서비스 정신을 심어주는 것을 목표로 삼고 있다. 예를 들어 서비스 아카데미에서는 '레제피 서비스(recipe service)'를 강조하고 있는데, 이 서비스의 뜻은 직원들이 고객을 천편일률적인 태도로 대하기보다는 직원 각자가 가지고 있는 서비스 마인드에 기초하여 유동적인 태도로 고객 한 사람 한 사람을 대하자는 것이다. 서비스 아카데미의 교육제도는 외부에서도 널리 인정을 받아 많은 교육 의뢰를 받고 있다. 또한 이런 교육 시스템은 현대백화점 고유의 문화센터사업 부문으로 이어져서 문화센터에서도 이 교육 시스템을 활용하고 있다.

고급 서비스 제공자로서 현대백화점이 가져야 할 또 하나의 자원은 고품격 브랜드 이미지다. 핵심자원으로서의 고품격 이미지를 구축하기 위해 현대백화점은 우선 고품격 집중방식을 채택하고 이를 위해 정찰가격정책, 고가상품제, 자체 브랜드(PB: Private Brand) 제도를 실시했

---

2 Gary Hamel & C. K. Prahalad, *Competing For the Future*, Boston: Harvard Business Press, 1994.

다. 정찰가격제는 취급하는 모든 상품을 제값에 판매하는 방식으로, 현대백화점이 책정하는 가격을 소비자들이 신뢰할 수 있도록 하기 위한 정책이다. 그리고 기존의 경쟁업체들이 모든 종류의 고객을 대상으로 다품종 판매에 집중하여 상품들간의 판매가에 많은 차이가 있는 반면에 현대백화점은 고가의 상품을 집중적으로 판매하는 방식을 채택했다. 그래서 대상 고객의 요구에 부합하는 고가 상품들만 선별하여 상품군의 평균가격대가 경쟁사를 상회했고, 이를 통해 현대백화점은 고품격 이미지를 유지할 수 있었다. 한편 자체 브랜드를 도입하여 그동안 지나치게 부풀려 있던 의류와 잡화류에 대한 브랜드 마진율을 최소화함으로써 좋은 품질의 상품을 합리적인 가격에 제공할 수 있는 계기를 마련했다. 이를 위해 상품개발팀을 조직하고 자체 디자이너를 발굴·육성하여 자체 브랜드의 질을 향상시켜 다른 고급 브랜드와 경쟁함으로써 현대백화점의 고품격 이미지를 더욱 강화했다. 동시에 '편안한 쇼핑, 고급스러운 쇼핑, 쇼핑의 즐거움'을 모토로 한 광고를 지속적으로 내보냄으로써 이런 고품격 이미지를 고객에게 지속적으로 심어주기 위해 노력했다. 또한 앞서 이야기한 고객 동선을 배려하여 매장을 배치하고 고객의 쇼핑자료를 이용하여 최적의 상품을 진열함으로써 고객에게 고급스럽고 쾌적한 쇼핑의 기회를 제공하고자 했다.

　백화점 사업에서 축적한 고급 서비스에 대한 노하우, 200만 명의 백화점 카드고객, 그리고 오프라인 물류와 유통망 등을 기반으로 2001년 현대백화점은 홈쇼핑 사업으로 진출했다. 한국의 홈쇼핑은 아직 초기 단계로 대부분의 제품들은 값이 싸고 차별성이 크지 않은 상품들이다. 그러나 현대백화점은 백화점 사업에서의 고급 서비스, 물류, 유통 등 모든 분야의 노하우를 적용하여 고급 홈쇼핑을 만들어 한국의 홈쇼핑 문화를 바꾸고자 하고 있다. 현대백화점의 홈쇼핑 사업 진출은 기존 오프라인 백화점 부문에 대한 광고효과뿐 아니라 향후 진출하고자 하는 인터넷 쇼핑몰과 카탈로그 통신판매 등 신규사업의 교두보를 마련하는 의미를 가진다.

전략경영의 전문가인 포터(Michael E. Porter)가 주장하는 경쟁전략, 즉 기존 시장을 위한 눈에 보이는 경쟁은 산업구조나 경쟁사 등 같은 외부환경에 초점을 두고 누가 외부환경에 보다 적합한 경쟁전략을 추구하느냐에 의해 이루어진다. 반면에 프라할라드(C. K. Prahalad)와 하멜(Gray Hamel)이 제시하는 R&C를 위한 경쟁은 기업의 내부 R&C라는 내부환경에 초점을 둔다. 이 관점의 핵심은 기업을 보는 시각이 기존의 시각과 전혀 다르다는 점이다. 즉 포터 같은 산업조직론자들은 기업을 제품과 서비스의 집합으로 보는 반면에 프라할라드나 하멜 같은 자원 준거론자들은 자원과 능력의 집합을 기업으로 보는 것이다.

이런 관점에서 전략이란 단순히 외부 환경분석을 통해 시장에서 가장 바람직한 위치를 파악하고 결정하는 것이 아니다. 전략이란 한 기업이 보유하고 있는 진정한 의미의 R&C가 무엇인가를 깊이 분석하고 이 R&C가 경쟁우위로 연결될 수 있는 외부기회를 찾아내는 창조적인 과정이다. 이는 전략이란 경쟁적인 위치를 파악하는 것이라는 정적인 관점에서, 전략을 다음의 반복적인 두 과정으로 보는 역동적인 관점으로 바꾸었다는 것을 의미한다. 그 하나의 과정은 현대백화점의 사례에서 보듯이 기존의 R&C를 활용할 수 있는 새로운 시장의 기회를 알아냄으로써 끊임없이 성장을 추구하는 것이다. 또 다른 과정은 기존의 R&C를 강화하고 동시에 새로운 R&C를 개발함으로써 끊임없이 기존 사업의 경쟁력을 높이는 것이다.

미래의 꿈을 위한 경쟁

그렇다면 기업이 지속적으로 기존 R&C와 새로운 R&C를 강화·개발하고, 현재 보유하고 있는 R&C를 충분히 활용하는 새로운 사업기회를 창출하도록 하는 에너지는 과연 어디에서 오는 것일까? 이는 세 번째 단계의 경쟁인 미래의 꿈에 의해 생성된다. 꿈을 위한 경쟁이란 명확한 미래산업에 대한 비전을 제시하고, 기업의 야망과 구성원 개개인의 의지를 이에 합치시키는 것이다. 이를 통해 창출된 뚜렷한 목적의식은 전반적인 전략적 과정에 활기를 불어넣는다. 즉 명확한 미래의 꿈을 제시한다는 것은 경영자를 비롯한 전 구성원이 그 꿈의 실현에 필요한 R&C가 무엇인지를 파악하고, 이를 강화·개발 또는 확보하도록 하는 에너지를 제공하는 것이다.

보이지 않는 경쟁력을 강화하라

한국기업의 경쟁력이 떨어지는 이유는 무엇인가? 이는 기존 시장에 대한 눈에 보이는 경쟁보다는 보이지 않는 다른 두 단계의 경쟁, 즉 R&C와 미래의 꿈을 위한 경쟁에서 뒤졌기 때문이다. 많은 경영자들이 범하기 쉬운 실수는 기업간의 경쟁을 눈에 보이는 전략상의 경쟁으로만 생각하거나, 이 세 가지의 경쟁을 서로 대체적인 것으로 보는 것이다. 그러나 기업경쟁력은 이들 세 가지의 경쟁 중 어느 하나가 아니라 모두의 집합에 의해 결정된다. 각각의 경쟁을 하나의 빙산을 구성하는 요소로 파악해야 한다(〈그림 6.2〉 참조).

경쟁전략에 대한 개념은 포터가 자신의 유명한 저서인 《경쟁전략

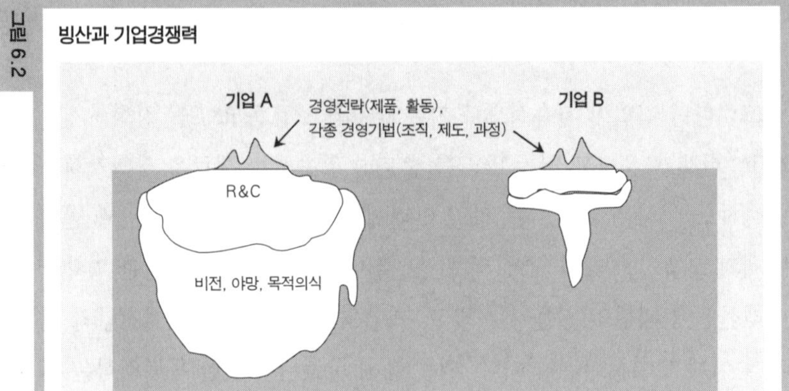

(Competitive Strategy)》을 썼던 1980년도와 마찬가지로 오늘날에도 유효하다. 비용구조와 소비자 욕구에 대한 신중한 분석은 시장에서의 승리를 위한 비용우위나 차별화를 달성하기 위해 여전히 중요하다. 그러나 그것들은 빙산 중 수면 위에 있는, 눈에 보이는 극히 일부분에 지나지 않는다. 이 경쟁전략은 물 속에 가라앉아 있는, 즉 기업 내부에 깊이 침투해 있고 외부인에게는 보이지 않는 거대한 R&C에 의해 유지되는 것이다. 그리고 빙산의 맨 밑바닥에 위치한 것이 그 기업의 비전, 야망, 꿈이다.

〈그림 6.2〉의 두 빙산은 수면 위에서 볼 때는 크기와 모양이 비슷하지만, 실제 수면 속에 잠긴 빙산의 크기와 모양은 상당한 차이를 보이고 있다. 기업경쟁력도 마찬가지다. 기업 A와 B는 눈에 보이는 전략인 제품, 고객, 그리고 이를 위한 여러 경영활동은 서로 유사하나 이를 성공적으로 수행하는 데 필요한 핵심적인 R&C에서는 현격한 차이를 보이고 있다. 또한 이들 기업이 가진 미래의 꿈은 더욱 차이가 있다. 한 기업의 경쟁력은 이런 눈에 보이는 경쟁력과 보이지 않는 경쟁력의 집

합으로, 비록 겉으로는 비슷한 기업이라 할지라도 눈에 보이지 않는 R&C와 꿈의 차이로 인해 경쟁력의 차이가 생긴다. 〈그림 6.3〉은 경영자들이 세 단계의 경쟁을 기초로 하여 전략적 우선순위를 결정하는 데 도움이 될 수 있는 분석틀이다.

1. 기존 R&C를 분석하라

우선 R&C를 보자(〈그림 6.3〉의 영역 1). 먼저 현재 보유하고 있는 주요 자원(브랜드, 시설, 유통기반 등)과 능력(브랜드 개발능력, 프로젝트 관리능력, 신제품 개발능력 등)에 대해 객관적으로 정확히 평가하라. 이 자원과 능력이 주요 경쟁자의 것에 비해 얼마나 뛰어난가, 그들 중 어느 것이 진정한 우위를 제공할 수 있는, 즉 경쟁우위의 원천이 되는가, 그리고 경쟁사들이 그 R&C를 구축하는 것이 얼마나 어려운가 등을 분석하라.

핵심 R&C는 중요하고 위력적인 개념이지만, 기업의 핵심 R&C를 정확하고 객관적으로 파악하는 것은 매우 어렵다. 많은 경영자들은 그들이 하고 있는 일이 무엇이든 간에 모두 그 회사의 핵심 R&C라고 믿고 있다. 그 결과 첫 번째 분석에서는 수많은 자원과 능력이 핵심 R&C로 제시될 것이다. 그렇다면 다시 그들이 현실을 직면할 수 있도록 하라. 제시된 모든 것이 진정 우리 기업의 핵심 R&C인가? 당신들이 제시한 모든 것이 진정으로 가치가 있으며, 주요 경쟁업체보다 뛰어난가, 경쟁업체가 모방하기가 어려운 것인가? 그리고 그에 대한 객관적 근거가 있는가?

이런 집요한 자기분석은 십중팔구 시계추를 반대쪽 끝으로 돌려놓게 할 것이다. 처음 제시된 모든 R&C를 경쟁사의 그것들과 엄격히 비교분석하면, 핵심 R&C는 전혀 없는 것처럼 보일 수도 있다. 정말 잘하는 게 없다는 것이 일부 한국기업에게 사실일 수도 있다. 주로 '정부규제 같은 외부환경을 적당히 이용하는' 능력을 통해 성장해왔고 돈을 벌어왔던 기업은 실제로 생존을 위해 꼭 필요한 경쟁력을 가지지 못할 수도 있다. 그러나 대부분 기업의 경우에는 이런 결론이 틀릴 수 있다. 너무 당연하게 여겨 의식하지 못하고 있다 할지라도, 오랫동안 그들은 특정 분야에서 핵심 R&C를 구축해왔을 가능성이 크다. 따라서 이런 주요 R&C를 정확하게 파악할 수 있도록 통찰력 있고 창조적이고 논리적이며 잘 훈련되어 있어야 한다.

최종적으로 확정된 R&C가 옳은 것인지 아닌지는 아무도 확신할 수 없다. 그러나 이 과정에서 중요한 것은 최종적인 R&C 리스트가 제대로 된 것이냐의 문제보다 경영자들이 함께 모여 최종 리스트에 대한 합의를 했다는 사실이다. 어쨌든 최종적으로 확정된 R&C에 관한 리스트는 경영진이 기꺼이 승부를 걸 수 있는 것이어야 한다.

2. 기존 시장이나 기존 전략을 점검하라

기존 R&C에 대한 분석이 끝나면 당신의 현재 사업이나 전략에 대해 검토할 단계이다(〈그림 6.3〉 영역 2). 먼저 신속한 시장분석을 통해 주요 경쟁업체 대비 당신 기업의 현재 위치를 평가해보라. 우리의 기존 전략은 무엇이며, 이 전략의 각 구성요소들(즉 상품과 서비스, 고객, 운영활동) 사이에 일관성이 있는가를 점검해보라. 그리고 이 산업은 현재 어느 방향으로 나아가고 있으며, 산업 내의 각 영역들이 어떻게 변화하고 있으며, 당신이 경쟁우위를 갖는 부분은 무엇이고 취약한 부분은 무엇인지(이는 결과적으로 이익과 성과에 의해 판단될 수 있다)를 평가해보라.

이제 R&C에 관한 이전 논의를 시장과 전략에 대한 논의와 연관시켜보라. 당신 기업은 현재 사업에서 보유한 핵심 R&C를 충분히 효과적으로 활용하고 있는가, 다른 기업과 다른 사업방식을 개발할 수는 없는가, 아니면 당신만이 가진 핵심 R&C를 이용해 산업 내 기존 게임의 법칙을 변화시킬 수 없는가?

이는 가장 중요한 단계, 즉 진정한 새로운 돌파구를 가져올 가능성이 논의될 것이다. 시간의 흐름에 따라 어떤 산업에서는 '산업비법(industry recipe)' '산업규범(industry norms)'[3]이 존재하게 마련이다. 이런 산업비법에 따라 사업을 영위하는 것은 전략이라고 부르기 힘든 모방(me-too) 전략을 실행하는 것이다. 전략에는 기본적으로 독특함, 즉 남과 다른 것이 요구된다. 사업에서 진정한 변혁은 한 기업이 전략적 혁신을 통해 기존의 산업비법을 거부할 때 일어난다. 전략적 혁신은 대부분의 경우 기존 사업에서 기존의 R&C를 보다 잘 활용하는 방법을 고안함으로써 이루어진다(5장 참조).

---

3 J. C. Spender, *Industry Recipes: An Enquiry into the Nature and Sources of Managerial Judgement.* 참조

3. 기존 R&C를 활용하는 새로운 사업기회를 모색하라

기존 사업에서 당신의 R&C를 어떻게 잘 이용할 수 있는가에 대한 논의가 끝나면, 이젠 기존의 R&C를 기반으로 당신이 활용가능한 새로운 사업기회를 검토할 차례다(〈그림 6.3〉의 영역 3). 이것은 성공적인 다각화를 위해 핵심적으로 요구되는 사항이다. 다각화에 성공한 많은 기업들을 보면 기존의 강한 R&C를 보다, 혹은 가장 잘 활용할 수 있는 다른 산업으로 진출했다.

4. 새롭게 요구되는 R&C를 구축하라

마지막으로 당신의 핵심 R&C를 개선할 필요성에 대해 검토하라(〈그림 6.3〉의 영역 4). 기존 사업과 새롭게 진출하고자 하는 사업이 어떤 방향으로 진화해 나갈 것인가에 대한 분석을 토대로 과연 어떤 새로운 R&C가 필요한지, 어떤 시점까지 이것을 구축해야 하는지, 그리고 새롭게 요구되는 R&C를 어떻게 획득할 것인지 구상하라.

새로운 R&C를 창출하는 데는 두 가지의 방법이 있다. 첫째는 기업인수, 기술 또는 브랜드의 획득이나 신제품, 마케팅 또는 유통구조 등에 대해 집중적인 투자를 하는 것이다. 또한 새로운 R&C는 일상적 기업활동의 부산물로 계속적인 학습과정을 통해서도 축적될 수 있다. 일상활동을 통해 새로운 R&C를 구축할 수 있는 기회는 모든 기업에게 있다. 그러나 대부분의 기업에는 그런 기회를 포착하고, 이를 기업의 능력으로 제도화하는 효과적인 과정이 없다. 그리고 고객·시장·기술 등에 대한 일상적인 학습을 새로운 지식과 능력을 개발하기 위해 공식화하고 통합하는 능력이 이른바 '학습조직'의 핵심이다.

5. 금지구역을 넘보지 말라

〈그림 6.3〉의 영역 5는 강력한 경쟁사가 존재하고, 당신은 이 사업에 필요한 R&C를 가지고 있지 않거나, 있다 하더라도 기존 경쟁사보다 낮은 수준의 R&C를 보유하고 있는 영역이다. 이는 소위 '금지구역(no-no land)' 으로 이 영역에서 아슬아슬한 성공을 거둔 몇몇 기업의 사례가 있긴 하지만 일반적으로 실패할 가능성이 크다.

만약 새로운 사업에 기존의 강력한 경쟁사가 없다면 핵심 R&C를 가지고 있지 않더라도 사업을 선점하여 선발기업의 우위를 누릴 수 있다. 핵심 R&C의 보유 정도를 분석할 때 비교 대상은 경쟁사다. 따라서 만약 경쟁사가 없는 경우라면 비록 R&C의 절대적 수준이 낮더라도 상대적 수준은 높다고 볼 수 있다.

6. 미래의 꿈을 그려보라

이제부터는 지금까지의 모든 분석을 종합하고 이를 미래에 투영해보라. 당신이 생각해낸 모든 아이디어를 종합해볼 때 당신은 미래에 어떤 모습으로 어떤 위치에 있을까? 2년, 5년 혹은 10년 후에 우리 기업은 과연 어떤 모습으로 어떤 일을 하고 있을까? 또한 그 일들은 어떻게 수행되고 있을까?

그러고 난 후 마지막 문제인 미래의 꿈을 위한 경쟁을 생각해보라. 우선 지금까지 해온 분석의 연속이 아닌 백지 상태에서 새롭게 시작해보라. 개인으로서 또는 기업의 일원으로서 과연 우리는 기업에 대한, 기업의 미래에 대한 비전을 가지고 있는가? 우리는 과연 무엇에 자부심을 느끼고 있는가? 만약 달성된다면 우리를 열광시키고 성취감을 느낄 수 있는 기업의 미래가 존재하는가?

1장에서 공동의 비전에 도달하기 위한 기업의 미래에 대해 여러 그림을 그려볼 것을 제안했다. 경영진 각 개인에게 나름대로의 그림을 그려볼 것을 제안해보라. 예를 들어 5년 후에 자신의 기업이 어떤 성공을 어떻게 이루었는지를 찬양하는 잡지 기사를 상상해서 써볼 것을 요구해보라. 과연 어떤 글이 나올 것인가?

각 개인의 마음속에 있는 다양한 미래의 꿈들을 검토하다 보면 장차 우리 기업이 어떤 기업이 될 수 있고, 또한 될 것인가에 대한 통합되고 공유된 그림이 떠오를 것이다.

이제는 이 창조적이고 감정적인 과정을 통해 도출한 비전을 이전에 분석적이고 이성적인 과정을 통해 도출한 그림과 비교해보라. 둘 사이에 일치하는 면이 있는가? 다시 말해 당신이 R&C와 경쟁전략의 분석으로부터 나온 생각을 차질없이 실행한다면 당신이 꿈꾸는 미래에 도달할 수 있겠는가? 그렇지 않다면 그 괴리는 어디에 있으며, 그 괴리를 없애기 위해 당신은 무엇을 해야 하는가?

위의 분석을 반복해보라. 세 단계 경쟁을 통해 당신의 비전과 전략을 연결시키는 일관된 패턴을 찾아내기 위해 노력하라. 미래의 꿈을 위한 경쟁은 종종 5년, 10년 혹은 그 이상 걸릴 수 있는 장기적인 것이다. 시장을 위한 경쟁은 분기별 이익과 점유율에 반영되는 단기적인 것이다. 만약 당신이 단기전에서 승리하지 못한다면 걱정해야 할 장기적인 미래 역시 없어진다. 그러나 단기적 이익이 당신이 가고자 하는 미래로 이끌 수 없는 것이라면 이것 역시 아무런 의미가 없다. 당신을 포함한 경영진 모두가 경쟁의 세 단계 사이의 연관성을 확실히 이해하고, 이를 반복적으로 실행하라. 머지않아 전략적 게임에서 당신이 얼마나 향상되었는지 스스로 놀라게 될 것이다.

제 7 장
글로벌 기업으로 가는 길

한국의 경영자라면 누구나 자기 회사를 글로벌 기업으로 성장시키고 싶어한다. 그러나 강력한 브랜드나 독자적 기술이 없는 상태에서 이 열망은 얼마나 비현실적인가? 좀더 일반적으로 말해, 기업간 통합과 시장의 글로벌화가 이루어지는 세계시장에서 한국처럼 아직 선진국의 반열에 끼지 못한 국가의 기업들이 이미 확고한 기반을 보유하고 통합을 가속화하고 있는 국제적인 거대기업들과 어떻게 경쟁할 수 있을까?

한국처럼 선진국 대열에 끼지 못한 국가의 기업들이 세계화에 실패한 사례는 여러번 언급되어왔다. 그 사례에 따르면 세계시장이란 근본적으로 위험이 내재되어 있으며, 미국·유럽·일본의 3대 시장 이외의 지역에 있는 경험이 부족한 소규모의 기업들은 상대적으로 경쟁열위에 있다는 결론을 내리게 된다. 그리고 이 결론은 상당 부분 옳다. 기업의 세계화는 비선진국 기업들에게는 극히 어렵고 도전적인 작업인 것이다.

그러나 비선진국의 기업들 중 세계시장에서 성공한 기업도 많다. 세계화 작업은 비록 어렵고 힘들지만 비선진국 기업들이 치열한 국제경쟁에서 성공하는 것이 전혀 불가능한 것만은 아니다. 에이서는 대만의 소규모 전자 컨설팅업체로 시작했으나, 현재 세계 제2의 PC 제조업체로 발돋움했다. 브라질의 웩은 세계 55개 국가를 석권하는 세계 5위의 전기모터업체로 발전했으며, 멕시코의 세멕스는 시멘트사업에서 독일의 홀더방크와 프랑스의 라프즈의 독점적 지위를 위협하고 있다. 필리핀의 패스트푸드 체인인 졸리비는 맥도널드를 꺾고 국내시장의 수성에 성공했고, 이 기세를 몰아 아시아시장뿐 아니라 미국시장에까지 진출했다.

업종과 국적의 다양함에도 불구하고 이들 기업의 국제화 전략에는 한 가지 공통점이 있다. 국제화를 시장확대의 수단으로만 생각하는 것이 아니라 보다 부가가치가 높은 제품과 서비스를 제공하고 이를 통해 전반적인 경쟁력을 향상시킬 수 있는 학습의 수단으로 보았다는 점이다.

국제시장에서 한국제품이나 한국기업은 여전히 저원가 · 저가격 · 저수익으로 통한다. 서방 경쟁기업들의 제품과 비교될 만한 품질과 가치를 제공할 수 있는데도 자동차, 전자제품, 조선업, 의류 등 많은 부문에서 한국기업들은 저부가가치 제품이라는 인식으로 인해 낮은 이익률을 감수해야만 한다. 이런 낮은 수익구조는 한국기업들이 자신의 경쟁력을 보호하고 강화하기 위해 필요한 새로운 자원과 능력에 투자하는 것을 어렵게 만들고 있다. 이것은 1960년대 일본기업들이 직면하여 극복한 상황과 유사하다. 한국기업들이 이 난관을 극복하지 못한다면 세계 초일류기업으로 성장하는 것은 불가능하다.

이는 자사제품이 세계시장에서 정당한 가치평가를 받고, 그에 상응하는 정당한 가격에 팔 수 있기를 희망하는 모든 한국의 경영자들이 당면하고 있는 주요 과제다. 한국 경영자들은 자기 사업에서 어떻게 하면 자사 제품과 서비스의 부가가치를 높일 수 있는가를 고민해야 한다. 전 세계 디지털 셋탑박스업계의 기린아로 부상하고 있는 휴맥스는 이런 문제를 인식하고 이를 끊임없는 노력을 통해 극복했다.

고부가가치를 지향하라

가치곡선은 간단하면서도 강력한 개념으로 다양한 업종에 적용될 수 있다. 거의 모든 산업의 제품과 시장은 위계구조로 이루어져 있으며, 각 제품과 시장계층에서의 수익은 이들 각 계층에서 필요로 하는 기술과 마케팅이 얼마나 복잡한가에 비례한다. 초기 단계의 다국적 기업, 특히 개발도상국의 다국적 기업들은 세계시장에 진출할 때 부가가치가 낮은 제품과 서비스를 기반으로 진입하는 경향이 있다. 비록 그 기업이 가지고 있는 자원과 능력으로 보다 높은 부가가치를 가진 제품을 제공할 수 있다 할지라도 이들 기업은 가치곡선의 하부, 즉 낮은 부가가치의 제품과 서비스를 주제품으로 세계시장에 진입한다. 이는 마치 개발도상국의 기업들은 저원가의 차별화되지 않은 제품을 생산한다는 기대를 만족시켜야 한다고 느끼고 있는 듯하다.

인도의 제약업체 랜박시가 세계시장에 진입할 때도 마찬가지였다. 이 기업은 제약산업 가치곡선의 가장 아래쪽에 위치하는 중간재와 원재료를 대량생산하여 판매함으로써 세계시장에 진입했다(〈그림 7.1〉 참조). 그러나 5~10퍼센트에 지나지 않는 수익률로는 국제화로 인해 추가 발생하는 영업과 유통비용조차 감당할 수 없었다. 이런 자산수익률(ROA)에 대한 부정적 영향을 정당화하기 위해 경영진이 할 수 있는 일은 인도 기업으로서 자랑스럽게 다국적 기업이 되었다는 점을 내세우

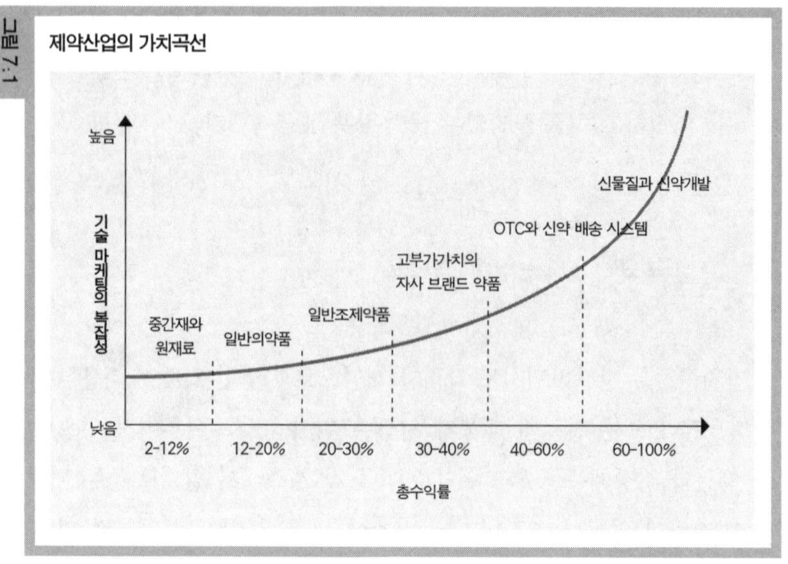

거나, 이를 통해 얻은 국외 접점과 경험을 활용하여 향후 사업을 한층 업그레이드할 수 있다는 약속을 하는 것이 고작이었다.

이후 수년 간 랜박시는 다음의 일들에 집중했다. 먼저 대량 원재료 조달사업을 탈피해 일반의약품사업으로, 다음에는 자사 브랜드를 붙인 의약품 사업으로 사업영역을 발전시켰다. 이 시도는 새로운 고객관계, 유통채널, 그리고 강한 브랜드 이미지를 필요로 하는 어려운 작업이었다. 그러나 이들 자원과 능력을 개발하면서 얻게 된 다국적 경험을 활용해 중국, 남아프리카, 유럽과 북미 지역에서 수익성 높은 의약사업을 할 수 있게 되었다.

그러나 랜박시의 야망은 이보다 훨씬 더 컸다. 랜박시는 '연구를 기반으로 하는 국제적인 의약기업'이 되길 열망했는데, 이는 가치곡선의 최상위에 위치한 신약개발이라는 목표를 달성하겠다는 것을 의미했다. 신약개발은 100퍼센트 혹은 그 이상의 이익을 확보할 수 있는 고부가

가치사업으로 당시 머크, 그락소웰컴, 화이자, 일라이릴리 같은 거대기업들이 장악하고 있던 분야였다. 랜박시는 낮은 원가로 이들 거대기업의 주문을 받는 안정적인 중개상이 되는 것을 포기하고, 비록 소규모로 시작하더라도 자신만의 새로운 화학제품을 개발하여 이들 거대기업과 동등한 위치를 차지하기로 결심했다. 이것은 전 회장이던 싱(Parvinder Singh) 박사와 현재 최고경영자인 브라(Devinder Brar) 두 사람의 공통된 꿈이었으며, 이를 위해 오랜 기간 총매출의 4~6퍼센트를 R&D에 투자했다. 일단 그 목표를 달성하기만 하면 신약개발에서 창출되는 높은 이익을 연구개발에 다시 투자하게 되고, 이것이 다시 신약개발로 이어지는 선순환을 그릴 수 있기 때문이다.

한국의 휴맥스 역시 가치곡선의 상승을 통해 부가가치를 향상하려는 노력을 지속적으로 경주해왔다. 휴맥스는 디지털 위성방송수신기, 혹은 디지털 셋탑박스를 생산하는 기업이다. 디지털 셋탑박스는 일반 TV에서 디지털 방송을 수신할 수 있도록 하는 장치다. 휴맥스는 디지털 셋탑박스를 개발함과 동시에 이미 디지털 방송 서비스가 실시되고 있던 유럽시장으로 진출했고, 시간이 지나면서 보다 국제적인 기업으로 성장했다.

그러나 휴맥스 역시 시작은 초라했다(〈그림 7.2〉 참조). 휴맥스는 서울대학교 제어계측학과 석·박사 출신 7명이 설립한 기업으로서 대학연구실을 그 모체로 하고 있다. 휴맥스는 초기 연구실에서 개발한 기술을 상품화하려고 시도했지만, 제품에 대한 수요가 워낙 낮아 실패했다. 휴맥스가 거둔 첫 번째 성공은 그후 영상가요 반주기, 즉 노래방기기를 개발하여 판매한 것이다. 노래방기기는 휴맥스에게 '황금알을 낳는 거위'였으며, 이를 통해 현금을 확보하고 생산·마케팅·유통에 대한 경험을 얻을 수 있었다.

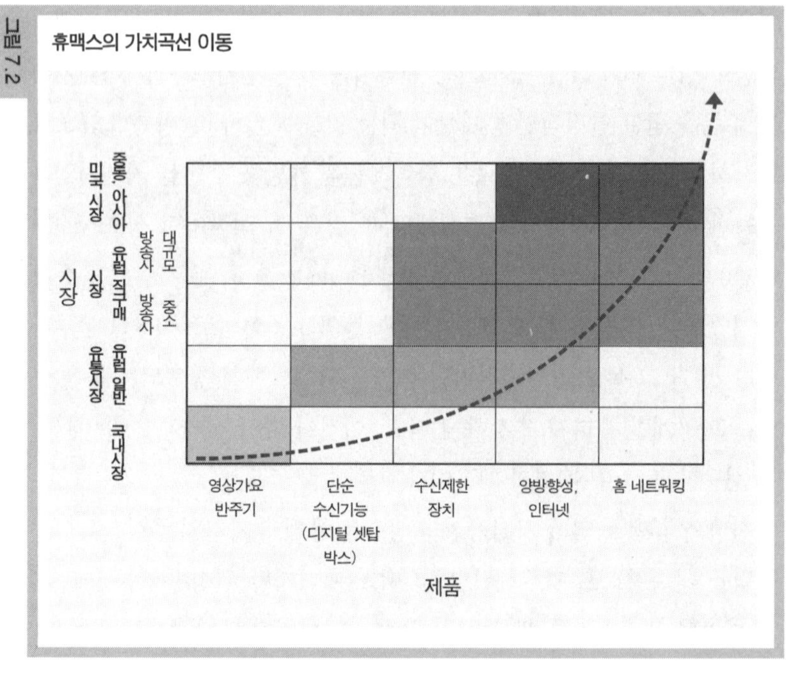

그후 노래방기기를 개발하여 얻은 경험과 과거 대학연구실에서의 경험을 바탕으로 휴맥스는 저부가가치 제품인 노래방기기에서 부가가치가 높은 디지털 셋탑박스로 가치곡선 상승을 이루어냈다. 휴맥스의 상승은 여기서 끝나지 않았다. 디지털 셋탑박스를 개발하여 유럽으로 진출할 당시 휴맥스의 셋탑박스 제품은 가장 부가가치가 낮은 단순 수신 기능의 셋탑박스였다. 그러나 휴맥스는 끊임없는 연구개발과 노력을 통해 해당 방송 서비스에 요금을 납부한 사람에게만 수신을 허가해주는 수신제한장치(CAS)를 개발했고, 나아가 양방향성 인터넷 기능을 갖춘 보다 고부가가치의 셋탑박스를 개발해내기에 이르렀다. 또한 미래의 휴맥스 셋탑박스에서는 가정의 전자제품을 제어하는 기능을 갖고 외부신호와 가정의 네트워크를 연결해주는 홈 네트워킹까지 구현할 수 있는 제품을 개발하는 데 성공했다. 이런 부가가치의 향상을 통해 휴맥스는 유럽의 셋탑박스 일반 유통시장에서 시장점유율의 선두를 달리고 있으며, 2002년 매출액은 3,570억 원, 영업이익과 경상이익은 각각 992억 원과 1,013억 원을 기록했다.

제품 측면에서의 가치곡선 상승 외에 휴맥스는 시장에서의 가치곡선 상승도 이루어냈다. 유럽시장에서 휴맥스는 방송사 직구매 시장[1]에 뛰어들어 쓰라린 실패를 경험했다. 유럽은 큰 시장이었지만 디지털 셋탑박스 같은 고부가가치의 기술집약적 제품이 기술과 가격만으로 성공할 수 있는 시장이 아니었다. 디지털 위성방송 수신기 시장에서 거대 방송사들은 공급업체의 신뢰성이나 브랜드 파워, 시장진출의 경력 등 눈에 보이지 않는 장벽을 치고 있었다. 그런 시장에 새로 진출한 휴맥스는 이들 방송사에 접근하는 것조차 어려웠다.

그후 휴맥스는 방송사 직구매 시장에서 우회하여 일반 유통시장을 공략하기 시작했고, 여기서 차근차근 쌓아올린 브랜드 인지도와 명성을 바탕으로 방송사 직구매 시장으로 나아가려고 했다. 일반 유통시장에서의 최대 걸림돌은 당시 유럽 최대의 정보통신기업인 노키아가 이미 이 시장에 진출해 있다는 점이었다. 그러나 휴맥스는 이 약점을 자사의 기술력으로 최대한 극복하려고 했다. 휴맥스의 제품은 유럽제품과 비교해도 품질면에서 손색이 없었고, 가격이나 불량률면에서도 경쟁력이 있어서 일반 유통시장에서 높은 성공을 거두게 되었다.

일반 유통시장에서의 성공은 휴맥스에게 방송사 직구매 시장으로 진출할 수 있는 발판을 만들어주었다. 일반 유통시장에서 휴맥스의 이름

---

1 디지털 위성방송 수신기 시장은 방송사 직구매 시장과 일반 유통시장으로 양분된다. 방송사 직구매 시장은 해당 방송사에서 일괄적으로 구매하여 소비자에게 나누어주는 시장, 일반 유통시장은 개인이 직접 유통망을 통해 시장에서 구입하는 시장을 뜻한다.

이 차차 알려지면서 그동안 관심조차 보이지 않았던 방송사들이 소문을 듣고 입찰을 의뢰하기 시작했다. 1999년 9월, 휴맥스는 중소 규모의 방송사인 영국의 크리스천 TV, 러시아 NTV와 각각 연간 1만 대, 5만 대 규모의 디지털 위성방송 수신기 수출공급계약을 체결했다. 2001년에는 스위스의 지상파와 케이블 방송사인 벨레스콤과도 장비공급계약을 체결했다. 대형 방송사 시장에 진출하기 위해 꾸준히 노력한 결과, 2001년 8월에는 중동과 북아프리카 대상의 최대 위성방송 사업자인 오빗과 3년 간 최대 약 2억 달러 규모의 셋탑박스 공급계약을 체결하는 등 2001년에 총 7개의 방송사와 제품공정 계약과 협력관계를 구축했다. 유럽시장의 성공을 기반으로 휴맥스는 중동·아시아로 시장을 넓히고, 2001년 이후 본격적으로 미국시장의 공략에 나서고 있다.

가치곡선상의 상향 이동은 불가능한 것이 아니다. 이것은 20년에 걸쳐 놀라운 성공을 거둔 에이서의 경우에도 마찬가지다. 에이서의 설립자이자 최고경영자인 스탠 시(Stan Shih)는 강력한 기존 업체들과 경쟁해야만 했던 세계시장에서 제품의 부가가치를 지속적으로 향상시키는 데 회사의 모든 역량을 집중시켰다. 주로 부품을 공급하던 사업 초기에 스탠 시는 엔지니어들에게 혁신적이고 완전히 새로운 PC 제품을 개발할 것을 요구했다. 에이서가 이들 제품을 주문자상표부착생산(OEM) 방식으로 유니시스와 ICL 같은 기존 기업들에게 그들의 상표를 붙여 판매를 시작하면서, 스탠 시는 에이서 브랜드를 확립하기로 마음먹었다. 또한 PC산업이 점차 일상용품화되어감에 따라서 그는 소프트웨어와 솔루션 부문의 새로운 역량을 개발할 것을 요구했다.

"세계시장에서 경쟁하면서 배운 한 가지 교훈이 있다면, 경쟁을 이용하여 지속적으로 기술을 향상시키고 사업내용을 수정해야 한다는 것이다."

스탠 시의 말이다.

그러나 가치곡선의 상향 이동은 말처럼 쉽지 않다. 그것은 마치 100
미터를 달리는 속도로 마라톤을 완주하는 것과 같다. 또한 그 과정은
험난하고 위험하며, 경영자의 비전, 용기, 그리고 배짱이 필요하다. 이
런 마라톤 경주를 원하는 기업은 일반적으로 다음의 세 가지 핵심과제
를 해결해야 한다.

첫째, 한국기업으로서의 태생적 약점과 한계를 극복하라.

둘째, 국외에서의 성공에 반드시 필요한 새로운 자원과 능력을 개발
하고 획득하라.

셋째, 현재와 과거의 기반을 강화하고 동시에 미래를 구축하라.

태생적 한계를 극복하라

언젠가는 '韓國製(한국제)' 'Made in Korea' 가 고품질과 고가치를 상
징하는 것으로 인식될 날이 있을 것이다. 그러나 아직은 아니다. 소니,
도요타, NEC 같은 일본기업들이 일본제품의 이미지를 변화시켰던 것
처럼 가치곡선상의 높은 곳으로 올라서기를 갈망하는 한국기업들은 언
젠가 한국산 제품과 서비스에 대한 고품실 이미지를 창출하는 신두기
업들이 될 것이다. 그러나 한국기업은 우선 한국상품이라는, 다시 말해
'메이드 인 코리아' 라는 태생적 한계를 극복해야 한다. 실제로 이것은
국외에서 성공하기를 원하는 비선진국의 모든 다국적 기업들이 공통적
으로 직면하고 있는 과제다.

이런 태생적 한계는 다양한 차원에서 다루어질 수 있다. 첫째, 깊이
뿌리내린 고객의 편견이라는 제약요인이 있다. 무지나 경험을 통해서,

대다수의 국외고객들은 비선진국의 무명기업이 만든 제품은 품질이 나쁠 것이라고 생각한다. 이런 인식을 바꾸기란 매우 어렵다.

수년 전만 해도 삼성 역시 이 태생적 한계를 가지고 있었다. 삼성제품이 한국시장에서는 비교적 높은 평가를 받고 있어서 대부분의 삼성 경영진은 국외 소비자의 반응이 부정적이라는 사실을 제대로 인식하지 못하거나 애써 무시하려고 했다. 이 문제에 대처하기 위해 삼성의 이건희 회장은 수백 명의 고위경영진을 미국으로 파견하여 자사제품이 미국상점에서 어떤 취급을 받고 있는지 눈으로 확인하게 했다. 상점 진열대에 눈에 잘 띄게 진열된 제품은 소니·뱅앤올룹슨 등 고급 브랜드들이었고, 그 뒤에 필립스·톰슨·도시바·히타치가 진열되어 있었다. 그리고 가장 뒤에 '바겐세일' 딱지가 붙은 삼성 텔레비전과 비디오가 진열되어 있었다. 삼성이 많은 투자를 해서 개발한 고품질 마감재가 제대로 보이지 않을 정도로 먼지가 쌓여 있는 경우도 있었다. 기술적인 측면에서 삼성제품은 다른 업체의 상품에 결코 뒤지지 않았으며, 어떤 면에서는 오히려 우월하다고 할 수 있었다. 그러나 삼성 경영진이 당시 손수건으로 텔레비전에 쌓인 먼지를 떨어내며 눈물을 머금고 직접 경험한 바처럼 한국상품이라는 태생적 한계를 극복하기 위해 삼성이 가야 할 길은 멀고도 험난했던 것이다.

이 같은 한계는 휴맥스의 경우도 예외가 아니었다. 휴맥스가 유럽시장에 처음 진출하였을 때는 그야말로 고난과 시련의 연속이었다. 휴맥스가 유럽시장에서 부딪힌 '벽'은 기술력, 품질, 가격 등 흔히 생각할 수 있는 단순한 문제가 아니었다. 그때 직면한 가장 큰 문제점은 바로 '한국상품'이라는, 즉 '메이드 인 코리아'라는 태생적 한계였던 것이다. 휴맥스가 유럽시장에 진출한 1996년뿐만 아니라 지금까지도 유럽을 비롯한 세계시장에서 한국상품에 대한 소비자의 기대는 매우 낮다.

소비자의 이런 인식으로 인해 한국상품이 처음부터 환영을 받을 리가 없었다. "우리가 유럽업체들에 비해 뒤질 것이 없는데 여기까지 와서 이렇게 업신여김을 당하다니, 정말 억울하고 짜증이 나더군요"라고 변대규 사장은 당시를 회고했다.

국외로 진출하고자 하는 기업이 직면하는 두 번째 난관은 국내시장에의 집착이다. 일반적으로 기업은 국내시장에 적합한 사업영역이나 제품에 그들의 역량을 집중하는 경향이 있는데, 국외진출도 이들 제품을 기반으로 하게 된다. 그러나 진정으로 세계시장에서 성공하고자 하는 기업은 국내시장에서 원하는 사업과 제품이 세계시장의 그것과 다르다면 국내시장을 과감하게 포기할 줄도 알아야 한다. 휴맥스가 사업영역을 설정할 무렵 국내에서는 디지털 방송을 시행하고 있지 않았기 때문에 디지털 셋탑박스는 국내시장에 적합한 제품이 아니었다. 그러나 기술면에서 자신감을 가졌던 휴맥스는 국내시장을 당분간 포기하고 과감히 디지털 셋탑박스의 국외진출을 시도했던 것이다.

이와 반대로 국내시장이 너무 매력적인 경우도 기업의 국제화에 걸림돌이 된다. 국내시장이 계속 성장하고 기업이 그 시장에서 높은 성과를 내고 있을 때 그 기업은 보다 힘든 국외시장으로 진출할 필요성을 느끼지 못한다. 미국기업이 유럽기업에 비해 국제화가 비교적 늦었던 이유도 바로 이 때문이다. 즉 미국의 경우 방대한 국내시장이 있어서 많은 기업이 국내시장에 안주했으나, 유럽의 경우에는 협소한 국내시장으로 인해 기업들이 일찌감치 세계화로 눈을 돌렸던 것이다.

마지막으로, 세계화에 가장 큰 걸림돌은 경영자들의 마음속에 있다. 경영자들은 국외, 특히 선진국시장에서 성공할 수 있다는 사실을 솔직히 믿고 있지 않다. 이런 신념의 부족은 평소의 행동이나 태도에서 나타난다. 열성 없는 소극적인 조치들은 기업 내부와 외부인에게 그대로 감지되고, 이는 아무 실효성 없는 소극적인 조치로 이어지는 악순환을 계속한다. 그 결과 그들은 국외의 한정된 몇몇 시장에 안주하고 상황이 나빠지면 곧장 발을 빼거나 역량을 구축하기 위한 체계적인 진전을 이루지 못한 채 허둥대게 된다.

태생적 한계에 대한 단기 해결책은 없다. 비선진국의 기업들에 혁신적 기술이 없는 상황에서, 이런 난관을 극복할 수 있는 유일한 방법은 단호하고 끈기 있게 오랫동안 노력하는 것이다. 그러나 이 노력을 시작이라도 하려면, 기업은 두 가지의 강력한 힘, 즉 국외에서 끌어당기는 힘과 국내로부터 밀어내는 힘을 필요로 한다.

국외로부터 끌어당기는 힘

국제화 전략을 추진하고 있다고 말들은 하지만, 실제로 많은 한국기업들은 소수의 비교적 하위직 경영자들에게 그 추진을 맡기고 있다. 상급경영자들과의 인간적 유대관계가 상대적으로 적은 하위직 경영자들은 기업의 의사결정 과정에 영향을 미치는 것은 고사하고 이에 접근하기조차 힘들다. 게다가 그들은 경험이 부족하여 행정적 · 재무적 · 마케팅과 관련된 수많은 문제를 낳게 되고, 이는 결국 경영자들에게 국외에서의 성공가능성에 대해 더욱 많은 의구심을 갖게 한다.

'국외에서 끌어당기는 힘' 이란 국외전략 추진의 주체를 기업의 핵심 의사결정 과정에 참여할 수 있는 경영자로 세우고 그들의 영향력을 높임으로써 형성된다. 대부분의 경우 초기의 국외활동이란 국내활동에 비해 그 비중이 약하게 마련이다. 국외로부터 끌어당기는 힘을 창출하여 국제화에 성공한 기업들의 공통점은 비록 초기에 국외활동의 비중이 낮더라도 핵심적인 의사결정 과정에서 책임자에게 국내활동 담당자와 동등한 영향력을 주었다는 것이다. 그 결과 국외활동이 단순히 국내

사업의 종속물이 아니라, 자원배분 결정에 지대한 영향을 미칠 수 있도록 한 것이다.

'국외에서 끌어당기는 힘'이란 국외시장에 당장 필요한 그 이상의 재무자원과 인적자원을 투자해야 한다는 것을 뜻한다. 대다수의 경우 국외활동의 규모나 실적에 비해 높은 지위와 능력을 가진 경영자를 책임자로 임명한다. 삼성그룹은 그룹의 중국지역 책임자로 이형도 부회장을 임명했는데, 그가 가지고 있는 업무에 관한 지식뿐 아니라 기업 내 위상은 본사의 중간 및 상급경영자들이 중국사업을 위한 각종 활동을 적극 도와주기에 충분한 설득력을 제공한다.

국내로부터 밀어내는 힘

조직의 외곽에서 끌어당기는 것만으로는 국제화에 필요한 강력한 힘을 창출할 수 없다. 이는 기업본사로부터 밀어내는 힘이 보완될 때 가능하다.

국제화가 성공적으로 정착되기 전까지는 신념을 가지고 국제화로 계속 매진해야 한다. 신념과 관련된 모든 문제가 그렇듯 국제화에 대한 회의적인 생각이 드는 순간을 극복하고 때로는 이성적인 얘기조차 무시할 수 있는 가시적인 상징이 필요하다. 휴맥스가 디지털 셋탑박스 산업에 뛰어들어 유럽시장으로의 진출을 노릴 때만 해도 무모한 일이라는 의심과 반대가 존재했다. 그러나 세계화에 대한 변대규 사장의 신념과 열정은 비이성적으로 보이는 셋탑박스 시장 진출을 성공적으로 이끌었다. 이 과정에는 휴맥스의 설립배경도 큰 역할을 했다. 휴맥스는 창업 초기부터 창업 멤버 모두가 세계시장에서도 먹혀들 수 있는 제품을 만들자는 데 의견을 같이하고 이를 위해 노력해온 기업이다.

"일본의 소니를 기술력으로 앞서보겠다는 신념으로 일을 시작했다.

기술력 하나는 누구보다 뒤지지 않는다는 자부심과 패기가 우리를 똘똘 뭉치게 만들었다."

변대규 사장이 창업 초기를 회상하며 한 말이다.

그는 아직도 세계화 전략 수행의 선구자 역할을 하고 있다. 세계화에 대한 투철한 신념과 비전 있는 최고경영자의 물심양면적 지원은 휴맥스가 성공적으로 국외진출을 추진하고 동시에 이를 학습 기회로 삼는 데 초석이 되고 있다. 국제화에 성공한 모든 기업에서는 예외 없이 최고경영자들이 개인적으로 국제화에 대한 신념을 마음에 품고, 이 신념과 일치된 행동을 보인다. 그들은 국외에 파견된 경영자들이 끌어당기는 힘과 더불어 국내에서 밀어내는 역할을 한다.

세계화에 관한 강력한 신념을 상징적으로 보여주는 것 외에 본사로부터 밀어내는 힘은 명확한 운영 프로세스와 지원을 요구한다. 지원의 핵심은 본사를 가능하다면 국내영업과 명확하게 물리적으로 분리시키는 것이다. 이를 통해 본사의 자원을 국내시장 같은 지역적으로나 감정적으로 가까운 곳만 아니라 전세계를 위해 사용할 수 있도록 해야 한다. 아마도 기업의 자원 가운데 가장 중요한 것은 최고경영진의 시간일 것이다. 아직까지 휴맥스에 남아 있는 창립 멤버들은 세계시장에서의 경쟁우위를 점하기 위해 연구개발에 헌신하고 있으며, 이들의 열정과 노력이 오늘날 휴맥스의 기술력을 가능케 했다. 또한 변대규 사장은 아직도 매주 경기도 분당 본사에서 시장상황 전화설명회(MCC: Market Conference Call)를 통해 세계 각지에 나가 있는 지사와의 시장상황 관련 회의에 반드시 참석하고 있다. 현지에서 직접 입수되는 시장현황에 눈을 떼지 않는 것이 국외진출 성공에 필수적이라는 소신과 신념 때문이다. 그는 국외사업을 담당하고 있는 경영자들이 서로 회의를 할 수 있는 자리를 마련하거나 회사의 주요 부서 담당자들과 회의를 하도록 만들었고, 이 회의에서 결정된 사항들을 과감하게 실행하고 있다.

새로운 자원과 능력의 개발

새로운 자원과 능력(R&C)을 구축하는 것이야말로 국제화하려는 기업이라면 선진국기업이든 개도국기업이든 상관없이 공통으로 직면하게 되는 과제다. 이 과제는 한국기업들에게는 특히 중요한데, 대다수 한국기업들은 전통적으로 값싼 노동력이라는 생산성의 강점으로 국제화를 추진한 반면에 기술개발과 설계 같은 상부에서의 R&C와 브랜드 마케팅, 유통 같은 하부 R&C는 상대적으로 취약하다. 따라서 세계화에서의 성공을 위해 한국기업은 새로운 R&C를 구축하거나, 모자란 R&C를 획득해야 한다는 위기감을 갖고 가치곡선상의 상향 이동이 가능하도록 해야 한다. 이를 위해 경영진은 국외진출의 동기가 단순한 매출증가뿐 아니라 세계적 수준의 R&C 개발이라는 목적을 명확히 해야 한다.

R&C는 두 가지 방법으로 개발할 수 있다. 하나는 새로운 핵심 R&C를 내부적으로 자체 개발하는 것이고, 또 하나는 제휴 · 협력 · 인수를 통해 새로운 R&C를 획득하는 것이다. 대다수의 기업들은 아마 이 두 가지 방법을 함께 사용해야 할 것이다.

새로운 R&C의 자체 개발: 완전히 새로운 핵심 R&C를 구축하는 것이나 기존 역량을 근본적으로 개조하는 것은 어떤 기업에게나 무척 어려운 과제다. 그러나 이는 가치곡선상의 상향 이동을 원하는 기업들이 당연히 지불해야 하는 대가이기도 하다. 다행히 한국기업은 세계시장에서 경쟁하고 있는 기업들로부터 많은 것을 배울 수 있다.

세계화를 열망하는 다국적 기업들의 공통된 과제는 부가가치 사슬의 하부에서 새로운 R&C를 구축하는 것으로서, 이를 위해 국외시장의 개척에 필수적인 유통·판매·마케팅의 국가간 차이점을 이해하는 것이다. 이에 대한 가장 간단한 해법은 현지 유통책을 찾아내는 것이다. 이는 낮은 투자로 구축이 가능한 신속하고 효율적인 방법이라는 장점이 있는 반면에, 국제시장에서 지속적인 입지를 구축하기 위한 견고한 기초라기보다 일시적인 조치인 경우가 많다.

한편으로 몇몇 기업들은 외형상 느려보이는 길을 선택했다. 이들 기업은 현지시장의 비즈니스 네트워크 내에 내부자로서의 입지를 구축하지 못하면 세계무대에서 성공할 수 없다는 점을 인식하고 있다. 휴맥스는 유럽시장 공략을 위해 하부 R&C를 키우는 방법의 하나로 영국 북아일랜드와 독일 프랑크푸르트 등에 현지법인을 설립하여 자체 유통망을 성공적으로 구축해왔다. 최초의 유럽 현지법인인 영국 현지법인은 적극적인 마케팅 전략의 일환으로서 유럽진출과 시장개척의 교두보 역할을 하고자 설립되었다.

"휴맥스가 처음 중국시장에 진출했을 때에는 현지 판매유통망을 이용했다. 비용이 적게 들고 비교적 쉬운 방법이었으나 큰 실패를 보고 말았다. 현지 시장상황에 대한 정확한 정보가 제대로 제공되지 않아 환경변화에 민첩하게 대처할 수 없었고, 우리의 제품은 고객으로부터 멀어질 수밖에 없었다. 그후 휴맥스는 어디로 진출하든 반드시 자체 유통망을 설립하게 되었다."

휴맥스 변대규 사장의 말이다.

이렇게 하부 R&C를 개발하려면 대규모의 초기투자가 필요하기 때문에 수익을 창출하기까지 상당한 시간이 걸린다. 더욱 어려운 점은 건성으로 하는 조치는 별로 효과가 없다는 사실이다. 바로 이런 이유로 대다수 기업들이 그와 같은 투자에 인색하고 심지어 이미 발을 담근 기업들조차 낙관적인 예측이 맞아떨어지지 않으면 급히 발을 빼버린다. 그러나 장기적으로 이런 투자는 지속적인 국제화 과정을 구축하는 데 가장 중요하다. 또한 초기에는 많은 비용이 들더라도 일단 투자가 현지시장에 뿌리를 내린 후에는 엄청난 가치를 창출할 수 있다.

중소기업이자 벤처기업인 휴맥스로서는 현지유통망과 현지법인을 설립하고 자체 브랜드로 뛰어드는 것이 결코 쉽지 않았다. 복잡하고 도전적인 유럽시장에서 주문자상표부착생산(OEM) 같은 방식으로 대형업체에 납품하는 손쉬운 방법으로 국외영업을 할 수도 있었겠지만, 휴맥스는 느리지만 확실한 길을 택했다. 결과적으로 보면 현재 총매출의 약 90퍼센트를 휴맥스 브랜드로 달성하고 있고, 이는 OEM에 의존하는 아시아 동종업체와 뚜렷한 차별성으로 부각되고 있다.

"필립스와 노키아는 유럽에서 두 눈 뜨고 장사한다. 그런데 우리는 외눈으로 싸우고, 어떤 기업은 두 눈 감고 시장에 뛰어든다. 승부는 이미 결정난 것이다."

현지에 본사를 두고 소비자와 시장의 변화를 순간순간 포착하여 대응해 나가는 외국의 다국적 기업들과 경쟁하기 위해서는 적어도 현지법인이나 국외공장은 갖춰야 한다는 것이 변대규 사장의 신념이다.

하부활동에서의 R&C를 구축하는 것은 아주 어려운데, 부가가치 사슬에서 상부활동의 R&C를 키우는 일은 훨씬 더 어렵다. 그러나 국외진출을 학습의 기회로 보는 기업들은 상부활동에서의 R&C를 구축하는 것이 충분히 가능하다. 어떻게 보면 휴맥스에게 이 점은 어려운 문제가 아니었다. 설립 초기부터 '일본의 소니를 기술력에서 앞설 수 있는' 회사를 만드는 것이 목표였고, 기술지향적인 기업이었기 때문이다. 기술을 개발하기 위한 휴맥스의 노력은 R&D에 투자하는 비용에서 나타난다. 휴맥스는 설립배경에서 알 수 있듯이 초기부터 R&D에 대한 비중이 상당히 높은 기업이었고, 주력제품이었던 디지털 셋탑박스를 개발할 때에는 당시 매출의 20퍼센트인 25억 원을 R&D에 투자해 빠른 시일 내에 제품을 개발하는 성과를 올렸다. 2002년 전 직원 300명 중에 60퍼센트인 180명 정도가 연구개발인력이며, 이는 일반 벤처기업이나 중소기업에서는 기대하기 힘든 수준이다.

국외시장에 진출하려는 무서운 끈기와 집념, 열정과 R&D에 대한 노력이 맞물려 휴맥스는 유럽업체뿐 아니라 세계업체와 대등한, 혹은 더욱 우월한 기술력으로 경쟁할 수 있는 기반을 마련했다. 실제로 휴맥스는 자체적으로 단기 R&D 능력 측면에서는 세계 그 어느 업체와도 경쟁할 수 있다고 평가받고 있으며, 실제로 디지털 셋탑박스 제품분야에서 세계적 규모와 질을 가진 연구팀을 보유하고 있다. 이 노력은 휴맥스의 제품들로 구체화되고 있으며, 현재 휴맥스의 제품군은 50여 가지로 세계에서 가장 다양하다.

휴맥스는 단순한 기술력뿐 아니라 기술을 적용하고 접목할 수 있는 적응력도 뛰어나다. 변대규 사장은 다음과 같이 밝히고 있다.

"기술 자체가 경쟁력을 가져다주지는 않는다. 이 기술을 얼마나 신속하고 시장의 요구에 맞도록 제품화할 수 있느냐가 진정한 경쟁력이고 우리 휴맥스는 이 점에서 경쟁력이 있다고 생각한다."

휴맥스의 기술적응력은 끊임없는 R&D 투자만으로 이루어진 것이 아니라 현지투자를 통한 하부활동에서의 R&C 구축을 통해 현지 시장 변화를 정확하게 읽고 이를 제품개발로 연결함으로써 가능했다. 현재는 기술적응력이라는 관점에서 볼 때 동종업계 누구에게도 뒤지지 않는다. 과거 유럽시장에 진출할 때 외국 방송사에서 원하는 제품 사양이 있으면 방송국 앞 호텔에서 며칠이고 밤샘하며 원하는 기능을 추가한 경우도 있었다고 한다. 유럽 사람들은 휴맥스의 이런 열정에 '미친 사람들'이라며 놀라곤 했다.

타기업의 R&C 획득: 기업에 따라 새로운 R&C를 자체적으로 구축할 필요성이나 수단이 없어서 이를 통한 가치곡선상의 상향 이동을 할 수 없는 경우가 있다. 그러나 기업 글로벌화의 커다란 이점 가운데 하나는 경영진들로 하여금 상호보완적인 R&C를 가지고 있고, 또한 상호 협력에 대한 관심이 있는 기업을 접촉할 수 있도록 해준다는 점이다.

타기업의 전문지식을 획득하는 가장 간단한 방법은 (비록 항상 경제적인 방법은 아니지만) 그 기업을 인수하는 것이다. 이 전략은 국외로 진출하고자 하는 기업이 국외시장에 신속히 진출하고, 향후 추가적인 R&C를 구축할 수 있는 기반 R&C를 확보하고자 할 때 특히 유효하다.

그러나 새로운 시장에 진출하고자 하는 경우, 그것도 여러 시장에 동시다발적으로 진출하고자 하는 경우 대부분의 한국기업은 자본상의 제약에 부딪힌다. 제휴와 파트너십은 이런 기업에게 자신의 기존 R&C를 활용하고 동시에 파트너가 제공하는 보완적인 R&C를 획득하는 수단이 된다. 그러나 제휴는 일방적인 종속이 아니라 진정으로 상호보완적인 관계에 기초해야만 성공할 수 있다.

전세계 많은 기업들의 경험에 따르면, 한국기업은 훨씬 많은 일들을 제휴를 통해 해결할 수 있어야 한다. 한국의 경영자들은 그들이 외국기업과 수평적인 관계에서 일할 수 있는 능력을 저해하는 심리적인 그 무엇인가를 가지고 있는 것 같다. 제휴를 성사시키고 유지하며 제휴선으로부터 배우는 능력은 국제화를 원하는 한국기업이 반드시 획득하거나 개발해야 할 조건이다.

제휴에 입각한 국제화 전략의 위력은 대만의 컴퓨터 회사인 에이서의 경험에서 분명히 확인할 수 있다. 에이서는 대만 현지의 IT 서비스 공급업체에서 출발하여 20년도 채 안 되는 기간에 세계 수준의 대형 PC제조업체로 성장했다. 에이서의 스탄 시는 광범위한 합작과 제휴를 기반으로 국외진출을 추진했고, 이를 에이서의 기업문화로 만들었다. 그는 자신이 창업한 회사에서는 자원이 풍부한 기존 다국적 기업들(그의 말을 빌면 '귀족')이 사용한 방법을 결코 사용할 수 없을 거라고 생각했다. 그래서 그는 에이서를 다른 '평민들(대중시장의 소비자, 공급 파트너, 직원, 현지 주주들)'과 의도적으로 제휴함으로써 진출하는 전략을 선택했다. 에이서의 세계 진출에서 이런 '평민문화'는 그가 '글로벌 브랜드, 지역적 감각'이라고 표현한 철학에 명백히 드러나 있다. 여기서 지역적 감각이란 모토는 각 지역에서 현지인이 최대 주주로 있는 일련의 현지판매기업을 설립함으로써 실현되었다. 그 조직이 자원의 레버리지에 상당한 효과가 있다고 믿었던 그는 '21 in 21'이 에이서의 목표라고 천명했다. 즉 에이서가 21세기까지 21개의 상장 기업으로 구성된 세계적인 연방제 기업조직으로 성장하겠다는 의지의 표현이다.

소심과 오만의 극단을 경계하라

세계경제라는 무대의 후미진 지역에 있는 작은 기업이 국외시장에 진출하기 위해서는 인적인 면과 재무적인 면에서 상상하기 힘들 정도의 헌신과 노력을 필요로 한다. 더구나 가치곡선상의 상향 이동을 통해 지속적인 경쟁우위를 달성하기 위한 수단으로 국외진출의 칼을 뽑아든 경우에는 더 많은 헌신이 필요하다.

세계화를 열망하는 기업들이 세계화를 진행하는 과정에서 흔히 빠지기 쉬운 두 가지 함정이 있다. 과거 경험으로 볼 때 가장 많이 겪는 첫 번째 함정은 '소심함'이다. 한국의 금융기관들은 국내의 안정적 시장에 안주했고 경영진은 국외시장에서 자신의 경쟁우위를 활용하고 확대하려는 노력을 간과하거나 그런 노력에 투자를 주저했다. 그러나 국내기업이 국내시장에 안주해서 국외시장을 적극적으로 공략하지 않는다면 외국기업이 국내시장을 공략할 것이다. 많은 한국기업들이 IMF 관리체제 이후 비싼 대가를 치르고 배웠듯이, 세계화라는 경쟁환경에 적극 대응하지 못할 경우에 외국기업이 국내시장을 장악하는 결과를 가져온다.

세계화를 갈망하는 기업들이 노출되어 있는 또 다른 위험은 '오만함'의 함정이다. 이들 기업은 국외에서의 거대한 기회에 도취되고 가치곡선상의 상향 이동의 가능성에 매료된 나머지 새로운 국외사업을 구축하기 위한 국내기반을 무시하거나 심지어는 파괴하고 만다. 이런 접근법은 허공에 성을 쌓으려는 것과 마찬가지다. '넓은 세계'를 향해 질주하면서 국내사업의 경쟁력 강화에 미흡했던 대우그룹이 빠졌던 함정도 바로 오만함의 함정이었다.

세계화와 더불어 가치곡선상의 상향 이동을 꾀하는 기업들은 그들의 기존 R&C를 보호하고, 동시에 국외진출을 통해 그 R&C를 활용하고 확대할 수 있어야 한다. 이는 국내시장에서 기존 사업을 지원하고, 국내사업을 통해 자원을 확보하여 이를 국외시장에서 보다 높은 수준의 사업역량을 구축하는 데 사용하는 것을 의미한다. 간단히 말해 경영진은 '어디로 가고 있는가'뿐만 아니라 '어디에서 왔는가'를 잊지 말아야 한다. 경영진은 과거를 방어하는 단단한 기초 위에 미래를 구축한다는 엄격한 규율을 조직 내에 유지해야 한다.

경영진은 두 가지의 강력한 의사결정을 함으로써 이 과제를 보다 원만히 해결할 수 있다. 가장 성공적인 가치곡선상의 이동을 성취한 기업은 우선 분리되었지만 상호연계된 조직단위를 만들어 이들 조직단위가 국제적 확장에 의해 촉발된 역량 향상의 과제를 관리하게 한다. 또한 이들 기업은 강력한 경영자를 영입하거나 임명해 이런 새로운 조직들을 이끌도록 하여 회사의 가치곡선 상승을 주도하는 엔진 역할을 하게 한다.

새로운 과업, 새로운 조직단위

국외의 시장구조와 소비자 욕구는 국내와 크게 다르다. 그리고 기업들이 국외진출을 통해 새로운 R&C를 구축하고자 할 때, 그들은 가치곡선상의 각 단계에 따라 핵심적 성공요인이 서로 다르다는 사실을 알게 될 것이다. 따라서 국외진출을 통해 가치곡선상의 상승을 꾀하고자 하는 기업이 과거 성공적이었던 사업모델을 개발한 기존의 조직단위에 의해 상당한 제한을 받게 된다는 사실은 그리 놀랄 일이 아니다.

이 상황에 대한 가장 일반적이고 우선적인 대응은 별개의 지역적 조직단위를 구축하여 새로운 시장을 개척하는 인력들이 자유롭게 그런 지역적 차이에 적응하고 대응하는 것이다. 한때 한국기업들 사이에 유행처럼 번졌던 지역본사제, 또는 지역본부제가 바로 이를 위한 것이다. 그러나 이 경우에도 기업들은 그런 새로운 조직단위들이 서로 분리되거나 칸막이화되지 않게 해야 한다. 국외진출의 목적이 단순히 매출과 이익증대만이 아니라 가치곡선상의 상향 이동을 위해 필요한 정보·지식·역량에 접근하기 위한 것이라면, 경영진은 이런 새로운 조직이 그들의 기간사업과 밀접히 연계되도록 도와야 한다.

가장 효과적인 해결책은 하나하나의 사업이 국내시장을 포함한 전 세계시장을 통합된 차원에서 관리할 수 있도록 하기 위해서, 지리적으로 분리된 단위들을 조직구조와 프로세스를 통해 총괄하는 것이다. 즉 매트릭스 조직구조를 구축하는 것이다. 에이서가 구축한 '클라이언트-서버'라 불리는 조직모델이 바로 이런 유형의 조직이다. '글로벌 브랜드, 현지 감각'이라는 철학과 에이서가 전세계적으로 형성한 지역적 제휴에 기초하여 스탄 시는 네 개의 주요 전략사업 본부(SBU: Strategic Business Units), 네 개의 주요 지역사업 본부(RBU: Regional Business Units)에 기초한 조직을 구축했다. 각각의 SBU는 에이서의 핵심사업 중 하나(주변기기, 반도체 등)에 대해 모든 지역을 관장했고, 동시에 각 RBU는 자기 사업지역(유럽·북미 등) 내에서 모든 사업을 관리했다.

이런 매트릭스 조직은 관리하기가 극히 어려운 것으로 악명이 높다. 다른 많은 기업과 마찬가지로 에이서도 조직통합에 많은 어려움을 겪었으나, 제품과 시장에서의 요구사항이 점차 복잡해지고 서로 상충되어가는 환경, 즉 유전공학에서 특허약품까지, 컴퓨터부품에서 통합시스템에 이르기까지 갈수록 복잡해지는 사업모델을 관리하는 전략을 수행해야 하는 상황에서 기업들은 이런 어려운 도전을 극복하는 방법을 배울 수밖에 없다.

새로운 역할, 새로운 능력

조직구조 자체가 과거의 토대 위에서 미래를 구축하는 데 따르는 모든 문제를 해결할 수는 없다. 기업들이 가치곡선상의 상향 이동이 어려운 가장 중요한 이유는 전통적 사업모델을 수행하면서 성장해온 기업 내 조직구성원들의 편견을 극복할 수 없거나, 그 구성원들이 기존에 획득한 권력의 기반을 붕괴시키기 어렵기 때문이다.

국외시장의 다양한 욕구를 충족시키고 가치곡선상의 상향 이동을 위해 적합한 전략을 개발하기 위해서는, 대부분 새로운 경영자들을 필요로 한다. 이들 경영자는 그 기업이 당연히 받아들이고 있는 여러 사업방식에 대한 기존 관념에 사로잡혀서는 안 된다. 또한 새로운 국외시장에서 새로운 제품을 가지고 사업을 하면서 터득한 새로운 관점을 기업 내에 반영할 수 있을 만큼 충분히 강해야 한다.

많은 기업에게 이것은 새로운 사업에 관한 지식을 가지고 그 사업이 가치곡선상의 상향 이동을 할 수 있도록 하는 강력한 외부 핵심인력을 영입하는 것을 의미했다. 그러나 외부로부터의 핵심인력은 새로운 사업에 대한 지식 외에 다른 중요한 능력을 가져야 한다. 그들은 신(新) 사업과 구(舊) 사업의 경계 지점에 있기 때문에 이들 핵심인력은 팀 전체의 조직적인 협력을 끌어낼 수 있어야 한다. 그들은 기존의 핵심사업으로부터 자원을 지원받아 이를 새로운 사업에 투자하여 수익을 낼 수 있다는 신뢰를 주어야 한다. 또한 그들은 신 사업에서 축적된 지식과 경험을 기존 사업에 전수할 수 있는 능력도 갖추어야 한다.

제**8**장
활력이 넘치는 기업

용인자연농원은 1976년 국토개발을 목적으로 한 용인단지 개발계획의 일환으로 설립되어, 크게 농림축산사업과 관광문화사업이라는 두 가지 사업을 영위하고 있었다. 농림축산사업은 조림장, 유실수 등 경제성 있는 조림사업과 한국 양돈업의 모태이자 선진화의 계기가 된 양돈퇴비사업을 주축으로 하고 있었다. 그리고 단지 내 조림지로 사용하기에 적합하지 않은 20여만 평의 땅에는 가족 놀이동산을 설립하여 관광문화사업을 영위했다. 즉 이 개발계획은 공익성 중심의 국토개발과 농림축산진흥을 주된 목표로 하고 있으며, 놀이동산을 통한 관광문화사업은 부차적인 사업에 지나지 않았다. 따라서 고객의 즐거움을 위해 서비스를 제공하고 이를 통해 가치창출을 하기보다는 효율적인 농원관리를 통한 원가절감에 초점이 맞추어져 있었으며, 자연스럽게 1차 산업적인 사고와 분위기가 지배적이었다.

1993년 자연농원의 새로운 최고경영자로 허태학 대표이사가 취임했는데, 그는 자연농원의 입구에서 표를 받고 안내하는 직원의 옷차림을 보고 놀라지 않을 수 없었다. 그 직원들은 모두 작업복 차림에 신발은 진흙투성이였던 것이다. 실제로 자연농원 내에서는 직원의 외모가 더러우면 더러울수록 열심히 일하는 직원으로 인식되고 있었다. 게다가 놀이동산의 식음부는 이전에 동물원에서 동물들의 먹이를 관장하던 사람이 담당하고 있었으며, 놀이동산의 상품부는 이전에 식물원을 관리하던 사람이었다.

이처럼 지극히 1차 산업적인 사고와 분위기가 팽배했던 자연농원이 바로 오늘날 세계적 테마파크로 인정받고 있는 에버랜드(1996년 사명 변경)다. 에버랜드는 1997년 IAAPA(세계테마파크총회)에서 안전대상을 수상했고, 1999년 11월에는 역시 IAAPA에서 고객서비스 대상을 수상했다. 어뮤즈먼트 비즈니스에서의 순위를 보면 1995년에는 8위를 기록하며 10위 권 내로 진입했고, 1999년에는 7위, 2000년에는 6위에 올랐다. 상위 5개 업체가 디즈니 계열사인 점을 감안한다면 독립기업으로는 세계 2위의 자리에 오른 셈이다.

"취임 후 무엇보다도 임직원들에게 새로운 활력을 주고 그들의 사고와 행동방식을 바꾸는 데 심혈을 기울여왔다. 이것이 에버랜드가 오늘날의 세계적 기업으로 성장할 수 있었던 원동력이다."

허태학 사장의 말이다.

변화를 위한 분위기를 조성하라

에버랜드가 1차 산업적인 자연농원에서 오늘날 세계적 기업으로 탈바꿈한 것은 기업 구성원 각자가 변할 수 있었기 때문이다. 각 구성원에게 새로운 활력을 불어넣고 이를 통해 각 구성원의 사고와 행동이 바꾸지 않았다면 어떤 기업도 변신을 통한 획기적 경쟁력 향상을 기대할 수 없을 것이다. 이 주장에 반대할 경영자는 그리 많지 않다. 그렇다면 '기업 구성원들에게 새로운 활력을 준다' 는 것은 무엇을 의미하는가? 대부분의 사람들은 이것을 태도의 변화라고 해석할 것이다. 태도의 변화에 대한 용어는 수없이 많지만, 그 중 최근에 가장 많이 쓰는 용어가 '마음가짐의 변화(mindset change)' 다. 한국을 포함한 전세계의 수많은 기업들이 최근 잇따라 마음가짐의 변화를 위해 엄청난 비용을 들여 대규모의 문화변화 프로그램을 시행하고 있다.

그러면 사람의 태도나 마음가짐을 바꾸는 것이 과연 얼마나 현실성이 있는가? 세 살 버릇 여든까지 간다는데 과연 가능할까? 이에 대한 답은 명백하다. 사람의 태도나 마음가짐을 바꾸는 것은 지극히 비현실적이다. 일반적으로 성인들은 자신의 기본적인 태도를 바꾸려 들지 않는다. 가끔 바꾸기도 하지만, 이는 자신이 불치병에 걸렸을 때나 가족이 죽었을 때와 같은 극한 상황에 처했을 때만 가능하다. 이런 극단적인 경우가 아니면, 직장 내에서 발생하는 일 정도로 성인들은 그들의 태도를 바꾸지 않는다.

어기에서 우리는 딜레마를 겪게 된다. 기업을 혁신하기 위해서는 구성원들의 마음가짐을 바꾸는 것이 필요하다. 만약 구성원들의 마음가짐을 바꿀 수 없다면 우리가 할 수 있는 일은 무엇인가? 이 딜레마를 해결할 수 있는 방법은 구성원에게 새로운 활력을 불어넣는다는 것이 그들의 근본적인 태도를 바꾸는 것이 아니라는 사실을 인식하는 것이다. 성격과 태도가 똑같은 두 사람이 있다고 하더라도, 이 두 사람은 서로 다른 환경이나 분위기에서 아주 다르게 행동할 수 있다. 즉 반드시 근본적인 태도를 변화시키지 않더라도 행동은 변화시킬 수 있다는 것이다. 구성원들의 행동을 변화시키는 데 중요한 것은 무엇보다도 경영자가 그 구성원 주위의 분위기를 변화시키는 것이다. 어느 기업이나 그 구성원들이 어떻게 생각하고 느끼고 행동해야 하는가를 암시하는 그 기업 나름대로의 분위기가 있다. 따라서 구성원의 행동을 바꾸려면 분위기부터 바꿔야 한다. 기업 내에 새로운 분위기를 창출하는 것은 최고경영진의 책무다. 따라서 최고경영자는 경영에 관한 자신의 기존 관점과 행동부터 바꾸어야 한다. 경영자의 행동이 바뀌어야 하부구성원도 그들의 행위를 바꿀 것이기 때문이다.

'행동양식에 영향을 미치는 분위기' 란 무엇인가? 만약 당신이 한여름 서울의 도심을 걷고 있다고 생각해보라. 기온은 30도를 웃돌고 습도도 높아 당신은 땀을 흘리며 온몸이 끈적끈적한 상태로 목적지를 향해 걸어가고 있을 것이다. 길을 걷는 다른 사람들도 모두 짜증난 얼굴로 바삐 각자의 길을 걷고 있다. 당신의 머릿속엔 가능한 한 빨리 목적지에 도착해서 샤워를 하고 시원한 에어컨 바람을 쐬고 싶다는 생각뿐일 것이다. 스치는 사람에게 눈웃음을 보내거나 상점에 진열된 상품을 구경할 여유를 갖기가 힘들다.

이번에는 따뜻한 봄날 개나리가 만개한 대학의 캠퍼스를 거닐고 있다고 생각해보라. 캠퍼스는 비록 무질서하고 흉물스러운 건물들이 들어서 있을지 모르지만 그 주위는 파릇한 새잎으로 단장한 많은 나무와 잔디, 그리고 꽃이 어우러져 아름다운 정취를 느낄 수 있는 평화로우면서도 활기찬 곳이다. 아무리 시간에 쫓기더라도 당신은 주위의 나무와 꽃들을 즐기게 되고 예쁜 새소리라도 들리면 그쪽으로 귀를 기울일 것이다. 캠퍼스 내에 젊고 활기찬 학생들, 낯익은 동료 교수들, 그리고 그들과 나누는 가벼운 눈인사는 당신을 활기차게 만들 것이다. 그리고 밝은 표정으로 여유롭게 캠퍼스를 거닐고 있는 자신을 발견하게 되리라.

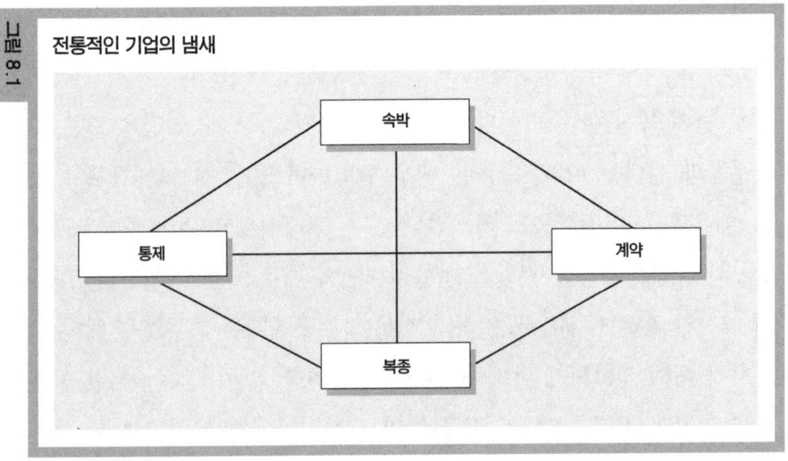

기업 구성원에게 새로운 활력을 불어넣는 핵심은 바로 여기에 있다. 한국을 비롯한 많은 국가의 대기업들은 대부분 기업 내에 한여름 도심과 같은 환경을 만들고 있다. 구성원의 활력과 창의성을 말살하는 것은 사람을 맥빠지게 만드는 이런 분위기인 것이다. 이런 기업을 이끄는 경영진의 과제는 이 분위기를 봄날의 대학 캠퍼스처럼 활기찬 것으로 바꾸는 것이다.

복종과 통제의 대기업 분위기

행동에 영향을 미치는 분위기를 '특정 장소에서의 냄새'로 생각해보자. 당신은 영업장이나 공장, 또는 본사에 들어서면 처음 15분 내지 20분 안에 그 장소 특유의 어떤 냄새를 맡을 수 있을 것이다. 그 장소에 있는 사람들의 눈빛, 걷는 모습, 그리고 심지어 그들이 웅성거리는 소리에서도 당신은 그 냄새를 맡을 수 있을 것이다. 한국기업의 일선부서에서는 대체로 어떤 냄새가 나는가? 전형적으로 그들의 내부 분위기는 다음의 네 가지 특성으로 신음하고 있다(〈그림 8.1〉 참조).

첫 번째 특징은 '속박이나 제한'이다. 기업의 최고경영진은 모든 의사결정과 선택을 한다. 그들은 매우 현명하며 많은 정보를 가지고 있고, 매우 훌륭한 참모들도 거느리고 있다. 그래서 그들은 제품별·고객별·시장별로 훌륭한 전략을 만들어내면서 매우 열심히 일한다. 하루에 12시간 혹은 14시간씩 일하기 때문에 누구에게든지 무엇을 해야 하는지에 대해 정확하게 말해줄 수 있다. 그러나 그들이 하는 이런 일들이 영업장과 공장, 최하위 직급에 있는 직원들에게 어떤 암시를 주는가? 최고경영진의 힘든 업무수행, 그들이 내린 결정, 그리고 그들이 수립한 전략이 하부로 전달되면서 하부직원들은 무엇을 느끼겠는가? 속박, 이것이 하부구성원들이 위로부터 내려오는 결정에 대해서 느끼는 감정이다. 즉 그들의 의욕과 창의력·사고력에 대한 속박, 그들이 내릴 수 있는 선택 범위에 대한 속박, 그들이 주체적으로 일을 해나가는 데에서 얻을 수 있는 즐거움과 흥분에 대한 속박인 것이다.

전형적인 대기업이 가진 조직 분위기의 두 번째 특성은 '복종'이다. 최고경영진은 인사시스템, 기획시스템, 예산시스템 등 많은 종류의 시스템을 만들어낸다. 그리고 각 시스템은 개별적으로는 완전히 정당화된 것들이다. 그러나 전체적으로 이런 시스템은 최하급 직원들에게 어떤 느낌을 갖게 하는가? 바로 복종이다. 이런 모든 시스템은 그들이 따르고 순종해야 할 두려움의 대상인 것이다.

대기업 내에 만연된 조직 분위기 중 또 하나의 특징은 '통제'다. 직속상관이 존재하는 이유는 무엇인가? 직속상관만이 아니라 전체 경영진이라는 하부구조가 존재하는 이유는 무엇인가? 그 답은 하나다. 직원들을 통제하기 위해서다. 즉 직원들이 일을 잘못하지 않도록 확인하기 위한 것이다.

마지막 특성은 '계약'이다. 이제는 한국에서도 경영 전반에 걸쳐 이 단어를 광범위하게 사용하고 있다. 업무는 계약이다. 예산은 개인적인 계약이고 이전 가격은 부서간 또는 사업부간의 계약이다. 동료, 부서, 부문 간의 관계들도 모두 계약이다.

이것이 속박, 복종, 통제, 계약으로 정의되는 내부적 환경이고, 많은 한국기업들의 일선부서에서 맡을 수 있는 냄새다. 그렇다면 기업들이 그들의 구성원으로부터 요구하는 행동에는 어떤 것이 있을까? 그들은 구성원들이 주체적으로 일을 수행하길 원한다. 그들은 구성원들이 끊임없이 학습하고, 이 학습의 혜택을 기업이 누리고, 그 결과 기업의 성공에 보탬이 되기를 원한다. 그들은 구성원들이 서로 협력하고 공유하기를 원한다. 기업은 그들의 구성원이 기업에 대해 헌신하기를 원한다. 만약 경영진이 구성원들에게 속박, 복종, 통제, 계약으로 이루어진 분위기를 만들고 있다면, 과연 그 분위기에서 구성원들은 이런 요구사항을 충족시킬 수 있을까?

경쟁우위는 자율과 신뢰에서 나온다

연구과정중에 우리는 한국과 국외기업 중 구성원들을 고무시키는 분위기를 창출하고 구성원들의 활력을 통해 매우 높은 경쟁력을 달성한 몇 개의 기업을 발견할 수 있었다. 국외에서는 인텔, 3M, ABB에서 봄날의 대학 캠퍼스 같은 냄새를 맡을 수 있었다. 한국에서는 에버랜드를 비롯한 몇몇 기업에서 활기찬 분위기를 느낄 수 있었다. 이 모든 기업의 분위기는 전통적인 대기업의 그것과 확연히 다른 네 가지의 속성을

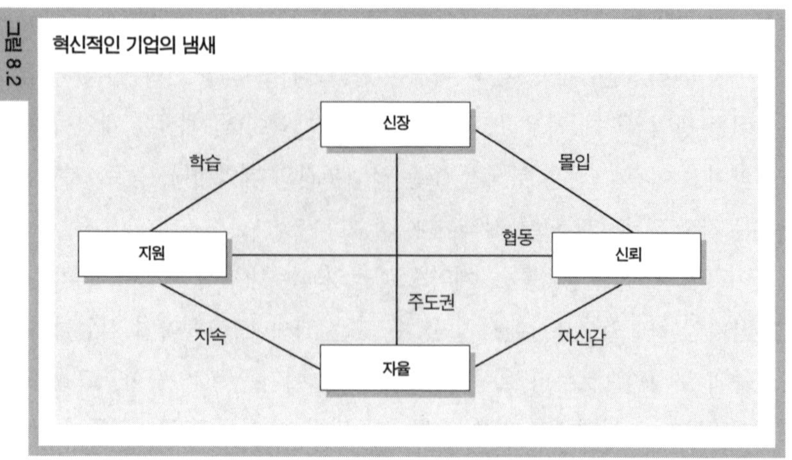

가지고 있었다. 속박이 '신장(stretch)'으로, 복종이 '자율(self-discipline)'로, 통제가 '지원(support)'으로, 계약이 '신뢰(trust)'로 바뀐 것이다(〈그림 8.2〉 참조).

초일류기업에서 감지되는 첫 번째 변화는 속박이나 제한에서 '신장'으로의 변화다. 신장이란 무엇인가? 1장에서 기술한 바처럼 대기업은 '저조한 성과에의 안주'라는 질병에 걸리기 쉽다. 기업이 위기에 직면했을 때는 변화가 쉬워진다. 진정으로 문제가 되는 시기는 기업이 위기에 처했을 때가 아니라 위기가 오기 전에 오랫동안 저조한 성과에 안주하고자 하는 성향이 팽배한 시기다. 이 시기에 구성원 모두는 그 기업이 현재 가지고 있는 자원, 브랜드, 품질, 기술, 인력 등에 합당한 성과를 내지 못하고 있다는 사실을 알고 있다. 그러나 이런 현실을 직시하지 않고 합리화해 버리고, 또 한편으로는 추구하는 목표 수준을 끌어내림으로써 저조한 성과에 안주하게 되는 것이다.

신장은 이에 반대되는 개념으로, 모든 개개인이 무엇을 하든지 현재보다 많은 것을 더 잘하고자 시도하는 것을 의미한다. 이 과정에서 각 개개인은 끊임없이 자기 자신뿐 아니라 주위 사람들, 더 나아가 경영진과 기업 전체가 보다 많은 것을 잘하도록 독려하게 된다.

일류기업에서의 두 번째 변화는 복종에서 '자율'로의 변화다. 복종과 자율 사이에는 미묘하지만 심오한 차이가 있다. 복종이란 외부적인 것에 따르는 것을 의미하지만, 자율은 내부적인 것으로 모든 경영과정에서, 그리고 일상적인 개개인의 행동에 배어 있다. 복종이 없고 자율만 존재한다는 것은 무법천지의 혼란상태를 의미하는 것이 아니다. 그리고 기업이 어떤 제도도 가져서는 안 된다는 것을 뜻하는 것도 아니다. 3M은 매우 엄격한 제도를 가지고 있으며, ABB나 인텔도 마찬가지다. 중요한 것은 기업이 제도를 가지고 있느냐 없느냐가 아니라 경영진이 이 제도로 무엇을 하느냐다. 즉 경영진이 이 제도를 복종을 요구하기 위해 사용하느냐, 아니면 구성원들의 일상행동에 자율을 심어주기 위해 사용하느냐의 문제인 것이다.

자율은 '헌신이나 몰입에 의한 경영'이다. 이는 구성원 모두가 약속한 것은 반드시 지킨다는 뜻이다. 어떤 사람이 14퍼센트의 재고감량을 약속했으면 그는 이 약속을 지키기 위해 가능한 모든 노력을 기울여야 한다. 이것은 단순한 숫자 이상의 의미를 지닌다. 사람이 자율적이라는 것은 9시에 회의가 있으면 9시 정각 회의장에 모두가 참석해 있어야 한다는 것이다. 또한 자율은 경영진이 어떤 결정을 내렸을 때, 그 결정에 특별히 반대하는 사람이 있었더라도 일단 결정이 내려지고 나면 그 역시 주어진 결정에 최대한의 지원을 아끼지 말아야 함을 뜻한다.

인텔은 '건설적인 대결'이라는 내부규범을 가지고 있으며, 인텔의 이런 원칙은 명확하다. 지위에 상관없이 모든 개개인은 자신에게 영향을 미치는 어떤 주제에 대해서도 자신의 견해를 분명하게 피력할 수 있다는 것이다. 이 원칙은 매우 열정적이고 격렬한 토의를 이끌어낸다. 건설적인 대결이란 말은 이런 격렬한 토의에 비하면 매우 순화된 용어다. 동시에 인텔은 또 하나의 원칙을 지니고 있는데, 그것은 '만약 회의가 끝나면 거기서 내려진 결정에 대해서는 동의하든지 안 하든지 상관없이 헌신적인 모습을 보여야 한다' 는 것이다. 이것이 자율의 분위기다.

세 번째로 높은 성과를 보이는 기업은 통제를 '지원' 의 분위기로 대체한다. 경영자란 구성원들을 통제하기 위해 존재한다는 인식이나, 구성원들이 잘못된 결정을 내리지 않도록 감시하기 위해 존재한다는 인식과 반대로 일선직원들이 그들의 상관은 단 한 가지 이유만을 위해 존재한다고 믿는 것이다. 즉 경영자는 그들이 승리하는 것을 돕기 위해 존재한다는 믿음이다. 이런 믿음이 있을 때 기업은 구성원의 행동에 참된 변화를 달성했다고 말할 수 있다. 개인적인 지도와 조언 등을 통해서 구성원들이 승리할 수 있도록 돕는 것, 구성원들이 그들만의 힘으로는 사용할 수 없는 기업 내부의 자원을 사용하도록 도와줌으로써 그들이 승리하게 돕는 것, 이런 모든 것이 지원의 분위기를 창출하게 한다.

한국의 한 TV방송과의 대담에서 잭 웰치는 경영자가 부하직원에게 전화를 하는 편인가, 아니면 주로 그들로부터 받는 편인가를 보면 훌륭한 경영자인지 아닌지를 쉽게 구별할 수 있다고 했다. 부하직원에게 전화를 할 경우에는 주로 경영자가 부하직원에게 지시와 통제를 하기 위해서다. 반면에 부하직원이 경영자에게 전화를 할 때는 경영자로부터 무엇인가 도움과 지원을 받고자 할 때라는 것이다. 따라서 부하직원에게 주로 전화를 하는 경영자는 부하직원을 통제하려는 경영자이고, 전화를 받는 경영자는 부하직원이 하고자 하는 일을 지원하고자 하는 경영자라는 것이다. 그렇다면 우리의 경영자는 전화를 하는 편인가, 받는 편인가?

마지막으로 경쟁력이 높은 기업은 계약을 '신뢰' 의 분위기로 바꾼다. 이는 단순히 '만약 당신과 거래하게 되면, 나는 당신이 자신이 해야 할 바를 하리라고 믿는다' 라는 계약적이고 도구적인 의미의 신뢰가 아니다. 여기서 신뢰란 '당신도 알다시피 우리는 같은 조직의 구성원이고 나는 당신을 신뢰한다. 내가 당신을 신뢰하는 것은 우리 관계의 기본조건이며 당신이 신뢰할 만한 사람이 못 된다는 것이 입증되지 않는 한, 나는 당신을 신뢰한다' 라고 말하는 것이다.

새로운 환경은 구성원을 어떻게 바꾸는가

자유경제체제하에서 경쟁력을 기르고 성장을 촉진시키기 위해서 경영 일선에서 창의성과 주도력을 가질 필요가 있다는 점은 대부분의 대기업들이 인식하고 있다. 그러나 어떻게 하면 이런 '분권화된 기업가 정신' 을 고취시킬 수 있을까? 어떻게 하면 영업직원, 공장노동자, 사무직원들이 자신의 분야에서 주도권을 갖고 일하도록 할 수 있는가?

우리는 그런 분권화된 기업가 정신의 토대는 신장과 자율의 분위기를 가질 때 형성될 수 있다고 믿는다. 현재의 일을 효율적이고 체계적으로 수행할 능력도 없으면서 미래에 대한 야심찬 비전만 갖는, 자율이 없는 신장은 매우 위험하다. 미래는 현실을 전제로 존재하는 것이다. 현실에서 생존이 불가능한 조직이 미래에 살아남을 수는 없는 것이다. 상당수 기업들이 자율에 대한 명확한 인식이 결여된 채 일장춘몽 같은 야심만 내세우다 값비싼 대가를 치르고 있다. 마찬가지로 신장 없는 자율도 기업을 좀먹는다. 시간이 지날수록 이런 분위기는 기업 내의 흥분, 기쁨, 생기를 파괴한다. 그러나 두 가지의 조화, 즉 신장과 자율의 조화는 둘 사이의 긴장상태를 통해 기업 전반에 걸쳐 기업가 정신과 개개인의 창의성과 적극성을 불어넣게 된다.

우리가 알고 있는 모든 기업은 공장의 기능별 팀에서부터 경영위원회 부서장에 이르기까지의 모든 구성원으로부터 더 많은 협력을 얻으려 한다. 그리고 그들이 필요로 하는 구성원간의 자발적인 협력을 얻는 것이 매우 어렵다는 사실 또한 대부분 잘 알고 있다. 일본 카오의 최고경영자인 요시오 마루타 박사는 그런 협력을 생물학적인 자기통제와 같은 것으로 묘사하고 있다. 만약 당신 손가락을 다쳤다면, 이를 치유하는 데 필요한 당신 신체의 모든 조직이 즉각적으로 지원을 한다. 조직이 필요로 하는 협력이란 바로 이런 것이다. 한 부서나 개인이 어떤 기회나 문제에 직면했을 때, 이에 도움을 줄 수 있는 사람이면 누구나 아무 요청 없이도 즉시 도와줄 수 있어야 하는 것이다.

거대하고 복잡한 조직에서 어떻게 하면 그런 정도의 협력을 얻어낼 수 있을까? 이는 지원과 신뢰의 분위기를 조성함으로써 가능하다. 그러면 뭔가 배우고자 하는 개개인의 행위는 어떻게 창출될 수 있는가? 이것은 신장과 지원의 분위기 사이의 긴장상태를 통해 이루어진다. 간단히 말해 신장, 자율, 지원, 신뢰의 분위기를 형성하고 이들의 결합을 통해 기업 내 주도력, 협력, 몰입, 학습의 행위를 창출하는 것이다(〈그림 8.2〉 참조).

그러나 이는 가장 뛰어난 경영능력을 가진 사람에게도 매우 어려운 일이다. 많은 기업들이 새로운 근무방식과 환경의 필요성은 제대로 인식하고 있으나, 실제로 기업의 관료적이고 상의하달식 경영 스타일을 타파하는 데 많은 어려움을 겪고 있다. 최고경영진은 부하직원이 기업을 발전시킬 만한 충분한 능력과 의욕이 있다는 확신이 서기 전에는 부하직원에게 권한과 책임을 위임하기 어렵다. 그들이 권한과 책임을 위임하기를 꺼리는 이유는 자신의 엄청난 노력으로 보잘것없는 기업에서 오늘날의 훌륭한 기업으로 키웠다는 자부심과 그런 기업에 대한 애정과 충정 때문이다. 따라서 그런 기업의 위상과 평판에 해가 될 수 있는 어떤 가능성도 용납할 수 없기 때문이다. 그 기업은 그들의 인생 자체이고, 다른 누구에게도 이를 맡길 만큼 신뢰할 수 없는 것이다.

많은 한국기업들, 특히 가족 중심의 재벌기업들은 바로 이런 문제로 고생하고 있다. 그들은 상의하달식의 위계적인 경영에서 벗어나 보다 개방적이고 진취적이며 전문적인 성향의 조직으로 변모해야 할 필요성은 인식하면서도 진퇴양난에 빠져 있다. 즉 최고경영진은 구성원들이 준비가 되었다고 느낄 때까지 권한이양을 하지 못하고, 동시에 구성원은 리더들이 권한을 이양해주지 않는 한 유능한 경영자로 발전할 기회를 가질 수 없는 딜레마에 빠져 있는 것이다.

그러나 연구과정에서 우리는 사내에 활력적인 분위기를 조성하여 기업 내 구성원의 활기찬 행동력에 의해 뛰어난 성과를 올리고 있는 몇몇 기업을 알고 있다. 서두에 소개한 에버랜드가 그 중의 하나다.

활력을 경쟁력으로 만든 에버랜드

1993년 허태학 대표이사가 취임할 당시 지극히 1차 산업적인 사고와 분위기가 팽배하던 자연농원의 오늘을 보자. 진흙투성이의 작업복 차림에 무표정한 직원들은 특급호텔 직원 이상의 깔끔한 외모와 상냥한 웃음을 지니고 있다. 동물원의 음식을 관리하던 사람이 담당하던 놀이동산의 식음부는 고급식당 이상의 음식과 서비스를 제공하고 있다. 또한 일반적으로 불리는 직원이란 호칭 대신 에버랜드를 하나의 무대(Stage)로 보고 직원을 무대의 연극배우인 캐스트(Cast)로 부른다든가,

채용 전문부서인 인력상담실은 캐스팅 센터(Casting Center)로 명칭이 바뀌고, 직원 기숙사를 캐스트 하우스(Cast House)로 부르는 것 등을 예로 들 수 있다. 즉 현장에서 고객에게 서비스를 제공하는 직원은 무대에서 관객을 상대로 연기하는 배우가 된 것이다. 이에 대해 한 캐스트는 다음과 같이 말하고 있다.

"우선 캐스트로 불린다는 것 자체가 고객을 한번 더 생각하게끔 한다. 우리가 일하는 곳이 무대라는 생각에 옷도 한번 더 가다듬게 되고, 한번 더 웃으려고 애쓰게 되는 것 같다."

고객에 대한 서비스와는 거리가 먼 배경을 가진 자연농원은 오늘날 고객만족 서비스의 대명사인 에버랜드로 변모했다. 능률협회 주관 고객만족 경영대회에서 5년 연속 대상을 수상함으로써 명예의 전당에 헌정되었고, 1997년에는 국내에서 최초로 CS 인증마크를 획득했다. 1999년에는 IAAPA(세계테마파크총회)에서는 고객서비스 대상, KCSI(한국고객만족지수)에서는 6년 연속 1위 기업으로 선정되었다.

1990년대 초반의 에버랜드

비록 용인자연농원이 고객의 여가선용이나 고객 서비스와는 거리가 먼 배경을 가지고 있었지만, 1980년대 말까지 통계 수치상으로는 나무랄 데 없는 성장세를 보이고 있었다. 1980년대 초반까지만 하더라도 고객수가 창경원이나 어린이대공원의 절반에 불과했지만, 1980년대 중반에 접어들면서 국민소득과 여가시간 증대, 문화수준의 향상 등으로 수요가 증대되었고, 이런 외부요인을 적극 활용함으로써 1985년 200만 명의 입장객수를 확보하면서 자연농원은 사상 첫 흑자를 기록하게 되었다. 또한 자연농원은 1985년 야간개장을 실시하고, 장미축제를 시작함으로써 더욱 많은 고객을 확보하고 1988년에는 눈썰매장을 개장하여 비수기

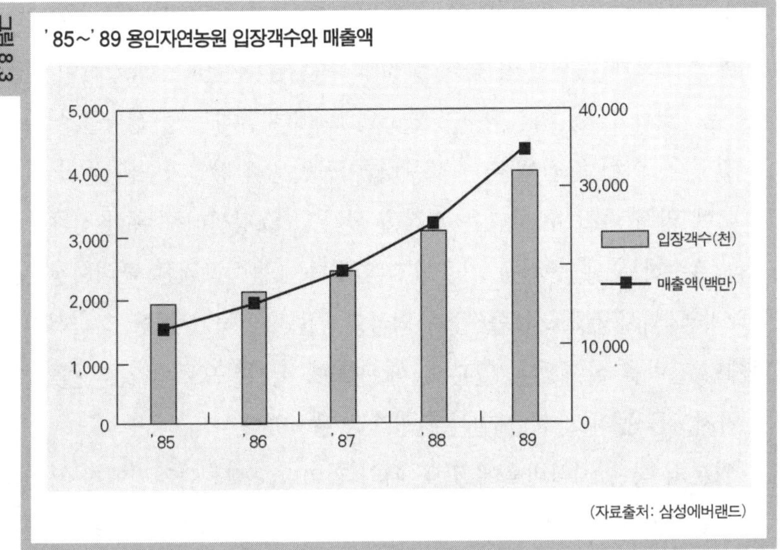

의 수요 증대에 노력했다. 1985년부터 1989년까지 연간 입장객수는 꾸준한 성장세를 이어왔으며, 특히 1988년과 1989년에는 입장객이 무려 27.5퍼센트와 29.5퍼센트 증가하는 성과를 보였다(〈그림 8.3〉 참조).

그러나 1990년대로 접어들면서 테마파크의 사업환경은 급속도로 변하기 시작했다. 경쟁사들이 진출하기 시작했고, 소비자들의 서비스 욕구와 기대치도 크게 증가했으며 시장이 세계로 확대되는 등의 변화가 빠른 속도로 진행되고 있었다.

1988년과 1989년 대표적 경쟁사인 S놀이공원과 L놀이공원이 잇따라 개장함으로써 국내 테마파크 산업에도 치열한 경쟁이 시작되었다. 1989년 7월, '동양의 디즈니랜드'라는 구호하에 국내 최초로 본격적인 테마와 캐릭터를 도입한 L놀이공원이 개장되었다. L놀이공원은 서울 시내에 위치한 지리적 강점과 쇼핑센터와 복합되어 있어 쇼핑과 놀이를 동시에 즐길 수 있다는 장점을 가지고 있었다. 실내형 테마파크로는 세계 최대의 규모를 자랑했으며, 날씨 변화의 영향을 적게 받아 이용자가 매달 고르게 분포했고, 특히 날씨가 추운 달과 학교 방학기간이 일치하는 1월과 8월은 입장객수가 평소의 두 배에 달하는 등 성황을 이루고 있었다. 이런 강점을 바탕으로 L놀이공원은 직장인과 연인들이 일과 후에 와서 즐길 수 있다는 장점을 살리고, 쇼핑센터를 통한 잠재고객을 흡수하는 데 총력을 기울이고 있었다. L놀이공원은 국내시장뿐 아니라 국외시장에도 눈을 돌려 외국고객을 유치하기 위한 적극적인 마케팅 전략을 실시했다. 일본 TV에 광고를 실시함으로써 일본인들에게 인지도를 높이고, 많은 일본 관광객을 유치했다.

"일본의 작은 시골마을에 갔을 때의 일이다. 어느 아저씨에게 자연농원을 아는지 물어봤더니 모른다고 했다. 그 대신에 L놀이공원은 안다면서 꼭 가보고 싶다고, 광고에서 많이 봤다고 했다. 큰 충격이 아닐 수 없었다."

당시 업무차 일본을 방문했던 김규일 팀장의 말이다. 개장 일 년 만인 1990년과 그 이듬해인 1991년에 L놀이공원은 자연농원을 제치고 업계 1위(입장객수 기준)를 차지했고, 객단가[1](〈그림 8.4〉 참조)와 CSI[2]에서도 자연농원을 위협하고 있었다.

1980년 초 서울대공원의 이용객 증가와 대공원 내 놀이시설 부족으로 서울시는 S놀이공원을 설립했다. 설립 당시는 시정부 소유였으나 관리운영상의 어려움, 타경쟁업체 대비 경쟁력의 약화로 1988년부터 민간기업이 운영하기 시작했다. S놀이공원 역시 자연농원보다 서울에

---

1 객단가란 고객 1인당의 평균 매입액으로, 일반적으로 매출액을 고객수로 나눠서 산출한다. 즉 상품평균단가에 고객 1인당의 상품평균 매입수량을 곱한 것이다.

2 CSI(Customer Satisfaction Index)란 고객만족지수로 최종소비자에게 판매되고 있는 제품과 서비스 품질에 대해 해당제품을 직접 사용해보고, 이 제품과 관련된 서비스를 받아본 고객이 직접 평가한 만족 수준의 정도를 모델링에 근거하여 측정·계량화한 지표를 의미한다.

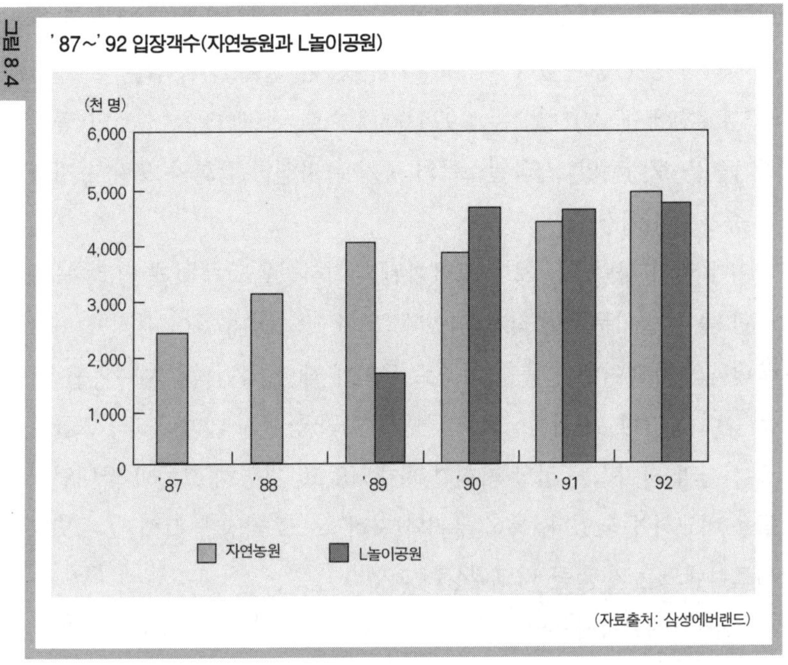

인접해 있다는 지리적 접근성 등을 내세워 자연농원의 시장점유율을 잠식할 수 있는 능력을 갖추고 있었다. 입장료와 시설이용료가 다른 민간공원에 비해 싸다는 점과 동·식물원이 인접해 있어서 그곳을 방문하는 고객을 흡수할 수 있고, 대중교통을 이용할 수 있다는 장점을 지니고 있었다. 특히 겨울철 고객의 감소를 막기 위해 단순 놀이공원에서는 시도하지 않은 '산타클로스 축제' 등의 공연 프로그램을 개발하여 큰 호응을 얻는 등 시장점유율 확보에 총력을 기울이고 있었다.

이들 경쟁자의 등장과 더불어 자연농원은 또 다른 도전을 맞게 되었다. 소득 증가로 생활수준이 높아짐에 따라서 고객의 서비스에 대한 기대도 높아졌다. 자연농원이 설립된 지 거의 30년, 그동안 테마파크에 대한 고객의 눈높이는 1인당 국민소득만큼 높아졌다. 1989년 4,210달러였던 1인당 국민소득은 불과 4년 후인 1993년에는 7,513달러로 무려 두 배 가까이 증가했다. 국내 1가구당 한 달 평균수입은 1987년 833,400원에서 1991년에는 1,923,000원으로 매년 23.4퍼센트의 높은 증가율을 보여주었다. 국민소득의 증가는 자연히 문화와 오락비 지출의 증가로 이어졌다.

이에 따라 사람들은 보다 고급화된 레저시설을 요구하게 되고, 보다 차원 높은 놀이문화를 찾게 되었다. 또한 1990년대 들어 부쩍 늘어난 국민들의 해외여행 열풍은 리조트 문화에 대한 국민의 기대수준을 더욱 높여 놓았다. 해외여행으로 국민들이 외국 선진 테마파크의 고급화된 시설과 서비스를 접할 기회가 확대되었고, 자연히 그들과 국내업체들을 비교하게 되었다. 특히 우리와 지리적으로 가장 인접해 있는 도쿄 디즈니랜드는 가장 큰 비교대상이 되었다.

또한 국제관광사업의 성장과 이에 따른 외국인 관광객수의 증가는 자연농원의 잠재적 수요의 증가를 의미했다. 1993년에는 국제관광객 수가 5억 명 선을 뛰어넘었고, 같은 해 국제관광수입 3,040억 달러는 당해 연도 세계수출총액의 약 8퍼센트에 이르는 액수였다. 외국인 방문객수도 1990년대에 들어서면서 완만한 증가 추세를 보이기 시작했다. 따라서 자연농원은 외국 관광객을 흡수할 수 있는 기회를 맞이하게 되었다. 그러나 자연농원의 잠재적 고객인 외국인 방문객들은 보다 높은 수준의 시설과 서비스를 제공하는 외국 선진 테마파크에 눈높이가 맞추어진 경우가 대부분이었다. 따라서 이들을 실제 고객으로 흡수하기 위해서는 외국업체 수준 이상의 서비스와 시설을 갖춰야 했다.

이렇듯 급속하게 변화하는 환경 속에서 기존 시스템의 문제점들이 하나둘씩 드러나기 시작했다. 우선 테마파크업체의 성공 여부를 결정하는 중요한 변수 중 하나인 CSI에서 L놀이공원이 자연농원을 앞질렀다. 게다가 고객만족에 대한 중요한 객관적 지표인 객단가에서도 마침내 L놀이공원이 우위를 차지했다. 이 두 지표에서 L놀이공원에 뒤졌다는 것은 새로운 환경하의 새로운 게임, 즉 서비스 위주의 경쟁에서 자연농원이 L놀이공원에 뒤지고 있다는 것을 의미했다. 수요가 공급을 초과하던 과거에는 누가 수요를 많이 채우느냐 하는 게 게임의 성패를 좌우했다. 그러나 이제 테마파크산업은 고객에게 유형과 무형의 서비스를 제공하여 고객이 느끼는 만족을 가치창출과 연계시키는 전형적인 서비스업으로 변모했다. 따라서 가장 중요한 판매요소는 서비스이며, 얼마나 우수한 서비스를 제공하여 고객을 만족시키는지가 테마파크의 성공 여부를 좌우했다.

이제 자연농원은 기존의 1차 산업적 사고와 분위기, 고객보다는 원가를 먼저 생각하는 관리 중심의 획일적 사고에서 벗어나 서비스 중심의 유연하고 창의적인 기업으로 거듭나야 했다.

자연농원에서 에버랜드로

뭔가 더 하고자 하는 분위기(신장): 1차 산업적 사고와 분위기가 지배했던 용인자연농원의 획기적인 변화는 1993년 허태학 대표이사가 취임하고부터 시작되었다.

"진정한 리더는 내부고객에게 리더십을 서비스하고 그들을 만족시킨 다음, 만족한 내부고객이 외부고객을 만족시키도록 하는 서비스맨이다."

"서비스에 best는 없다. 다만 better만이 있을 뿐이다."

이는 '서비스의 전도사'로 불리던 허태학 대표이사가 평소 신념처럼 가지고 있던 생각들이다.

허태학 대표이사는 테마파크산업은 철저히 서비스산업이어야 하며,

이를 위해서는 고객만족이 우선되어야 한다고 주장하고, 모든 임직원이 서비스 마인드를 가지고 이를 실천할 수 있는 분위기를 형성해 나갔다. 허 대표가 제일 먼저 착수한 일은 앞으로 자연농원이 나아갈 방향을 정립하고 이를 조직원과 공유하기 위한 비전을 수립하는 것이었다. 그는 서비스산업이고 고객만족이 핵심인 테마파크산업은 궁극적으로 인간 중심이 되어야 하고, 이를 위해 인간에 대한 꾸준한 연구가 필수적이라고 생각했다.

허 대표는 자신의 이런 철학을 비전에 담아 '21세기 월드클래스 종합서비스 전문기업'이라는 비전을 정립했다. 경영이념으로는 시간 · 공간 · 인간의 삼간정신(三間精神)[3]을 근간으로 '시간과 공간의 무한 가치 창조로 인간 삶의 질 향상'으로 정했다.

서비스전문기업으로의 비전을 더욱 구체화하기 위해 허 대표는 1994년을 서비스 혁신 원년의 해로 선포했다. 그는 서비스의 중요성을 피력하고 이를 직원들에게 인지시키면서 서비스의 기준을 제시했다. 직원들은 예절, 미소와 목소리 톤, 용모와 의상, 바른 자세, 전화예절의 다섯 가지 기본 서비스 지침을 지키도록 요구받았으며, 일 년에 두 번 이와 관계되는 특별교육을 받게 되었다. 그 당시를 한 직원은 이렇게 회상했다.

"당시 허태학 사장님은 용모를 상당히 중요시했다. 항상 바른자세와 단정한 머리 모양, 깨끗한 구두 등을 강조했다. 자연농원의 직원들은 더 이상 농장의 일꾼이 아니라는 것을 강조했는데, 고객을 만족시켜야 하는 서비스맨들의 기본자세를 강조한 것이다. 이것은 그 당시 상당히

---

[3] 시간은 고객들이 그들의 시간을 가치있게 쓸 수 있는 상품을 개발하여 판매함으로써 그들을 만족시킨다. 공간은 인간이 누리고 있는 삶의 공간을 더 윤택하게 만들기 위해 보다 좋은 공간 상품을 생산한다. 인간은 인간에게 행복하고 가치있는 시간과 공간을 제공함으로써 행복한 인간사회를 창조한다.

파격적인 변화로 다가왔고, 직원들도 자기 자신을 단정히 정돈하면서 변화해야겠다는 의지를 갖는 계기가 되었다."

새로운 비전을 기업 내 모든 임직원에게 전파하기 위해 허 대표는 상급경영자들의 솔선수범을 강조했다. 허태학 대표이사가 취임한 1993년 연말의 일이다. 허 대표는 간부들과 경영전략 회의를 마치고 에버랜드의 한 식당에서 임직원들과 식사하는 자리를 가졌다. 취임한 지 얼마 되지 않은 터라 임직원들과의 단합의 자리를 마련하고, 한 해를 마감하는 송년회도 겸한 자리였다. 행사가 끝날 무렵, 간부들이 하나둘 자리를 뜨기 시작하고 식당 직원들도 정리할 준비를 하고 있었다. 그런데 허 대표는 밖으로 나갈 생각을 하지 않고 상의를 벗고 주방으로 들어갔다. 그는 주방에 있는 접시를 정리하더니 접시들을 옮기는 것이었다. 대표이사가 나서서 직접 접시를 나르는 판에 직원들이 가만히 있을 수 없는 일이었다. 순식간에 식당에 있던 모든 사람들이 접시를 나르는 진풍경이 벌어졌다.

경영자의 솔선수범에 대해 그는 다음과 같은 좌우명을 갖고 있다.

"TOP이 변해야 한다. TOP이 변해도 구성원이 변하지 않는데 하물며 TOP이 변하지 않으면서 어찌 구성원의 변화를 기대할 수 있는가?"

이런 솔선수범에 대한 의지는 흰 장갑과 집게를 간부 임명식 때 선물하는 것에서도 찾아볼 수 있다. 이것을 받은 간부는 에버랜드 곳곳을 누비며 고객을 위해 청소를 한다. 간부가 현장에 나갈 때는 반드시 이것들을 지참해야 하며, 대표이사 자신도 수시로 현장에 집게를 들고 청소원들이 청소하기 힘든 곳이나 좀처럼 눈에 띄지 않는 곳을 찾아다니며 청소한다. 에버랜드에서 간부를 쉽게 찾는 방법은 흰 장갑에 집게를 들고 있는 사람을 찾으면 된다.

허 대표는 새로운 비전에 대한 자신의 의지를 공유하기 위해 솔선수범 외에 다양한 커뮤니케이션 창구를 마련하는 데 많은 노력을 기울였다. 1994년에 도입된 '도시락 간담회'도 하나의 예다. 이 도시락 간담회는 직원들의 업무제안과 제도개선 및 불만사항을 자유로운 분위기 속에서 표출할 수 있도록 만들어진 제도로, 불필요한 격식을 최소화하고 아이디어를 활발하게 도출하기 위해 고안되었다. 직원만족경영의 표본이라고 할 수 있는 캐스트 하우스나 교통체증을 해소하기 위한 톨게이트 차량 진입통로의 확대 등 아이디어도 이 도시락 간담회를 통해 나왔다. 그리고 이런 격식 없는 만남을 통해 에버랜드의 직원들은 최고경영자의 경영철학을 단순한 슬로건이 아닌 실천적 의미를 갖는 것으로 인식하게 되었다. 즉 대화를 통해서 최고경영자가 추구하고자 하는 내용을 설명하고 그 타당성과 당위성을 설득하여 구성원들의 공감대를 형성하고 그들에게 확신을 심어줌으로써 변화의지를 공유할 수 있었던 것이다.

또한 에버랜드에는 컴퓨터 통신대화방을 이용한 의견교환도 상당히 활성화되어 있다. 특히 대표이사와의 대화방은 아무런 제약 없이 모든 임직원들이 대표이사와 직접 의사를 교환할 수 있도록 개방되어 있다. 전 임직원들이 평소에 고마움을 느끼고 있는 선후배나 동료직원에게 감사의 뜻을 전할 때는 'THANK YOU LETTER' 방을 이용하고 있으며, 여기에서 주고받은 편지와 수필들을 모아 《우리 마당을 수놓아 보련》이라는 책자를 내기도 했다.

"사장님께 이메일로 안부를 드리거나 건의를 하면 언제나 직접 답을 해준다. 5줄 정도를 쓰면 10줄 이상의 답을 주실 정도로 세심하다. 예전에 입었던 외투가 참 잘 어울렸다는 말씀을 메일에 써주실 때는 정말 사장님이 가깝게 느껴졌다."

한 직원의 소감이다.

이런 일련의 과정은 에버랜드의 새로운 비전에 대한 의지를 전 직원이 공유할 수 있는 통로 역할을 했다. 단순히 변화해야 한다는 슬로건에 그치는 것이 아니라 직원 개개인이 변화의 필요성을 느끼게 되어 적극적으로 변화의 과정에 동참하게 된 것이다. 또한 변화에 대한 의지의 공유는 변화과정에서 나타날 수 있는 여러 부작용을 극소화하는 데 결정적인 역할을 했다.

비전 제시와 함께 허 대표가 추진한 것은 CI(Corporate Identity)[4] 변경이었다. 자연농원이라는 이름은 새롭게 정립된 비전을 나타내고 21세기를 앞두고 고객만족과 고객기쁨을 실현하는 기업 이미지를 주기에 부적절했다. 그러나 자연농원 내부에서는 명칭 변화에 소극적인 의견이 지배적이었다. 자연농원은 삼성그룹의 선대 회장인 고 이병철 회장이 직접 지은 이름이었기 때문이다. 따라서 이를 바꾸는 것은 선대 회장에 대한 일종의 '불경죄'에 해당될 수도 있었다. 그러나 CI 변경의 당위성에 대한 설명을 들은 이건희 삼성그룹 회장이 이를 기꺼이 수용하여 마침내 1996년 4월 17일 자연농원은 에버랜드로 CI를 변경했다. 허 대표는 에버랜드의 탄생배경을 다음과 같이 밝혔다.

"자연농원이라는 이름은 고객에게 꿈과 희망을 주기에 부적절하다고 생각했다. 특히 국내형이 아닌 전세계를 무대로 한 국제형 테마파크로 성장하는 데는 한계가 있었다. 고객은 보다 즐거운 마음을 가질 수 있고, 임직원들에게는 보다 큰 포부를 갖게 하고픈 마음이었다. 또한 자연농원은 더 이상 농원이 아니라는 것을 강조하고 싶기도 했다. 에버랜드로의 변화는 고객을 위해 최선을 다하는 기업, 서비스 일류기업을 위한 첫걸음이었다고 말할 수 있다."

---

4 자기 기업에 대한 사명, 역할, 비전 등을 명확히 하여 기업 이미지나 행동을 하나로 통일시키는 작업이다.

에버랜드는 단순한 CI의 변화가 아니라 기존의 '농원'에서 변화된 CI에 걸맞는 선진화된 '테마파크'로의 실질적인 변신을 위해 대규모 투자를 실시했다.

"예전에 자연농원의 입구는 그야말로 시골장터 분위기였다. 순대국밥집과 돗자리를 깔고 막걸리를 마시는 사람들로 정신이 없었다. 에버랜드가 대규모 투자를 시작하면서 제일 먼저 한 일은 입구를 정리한 것이었다. 이를 시작으로 선진국형 테마파크를 위한 시설투자에 총 5,500~6,000억 정도의 자금이 소요되었다."

에버랜드는 약 650억 원을 들여 입구 앞 부지를 매입하고 정리했다. 1996년에는 1,500억 원을 투자해 세계 최초의 실내외 복합 워터파크인 캐러비안 베이를 개장했고, 예전의 장미원도 유럽풍으로 새롭게 단장했다. 눈썰매장의 개·보수에도 자금이 투입되었으며, 무대의상도 테마에 맞도록 모두 교체되었다.

하고자 하는 일이 실현 가능하도록 도와주는 분위기(지원): 기업 구성원의 열정만으로는 일이 성사되기 어렵다. 이를 실제로 성취할 수 있도록 하기 위해서는 경영진의 적극적인 지원이 필요하다. 서비스에 대한 구성원들의 새로운 열정을 실현 가능하도록 해준 것은 허 대표를 비롯한 경영진의 지원이었다.

우선 서비스 교육을 보다 체계적으로 시행하기 위해서 에버랜드는 1994년 6월 국내 최초로 서비스를 전문적으로 가르치는 '서비스 아카데미'를 개원했다. 여기서는 전 임직원을 대상으로 앞서 말한 '친절 5대 항목'을 중심으로 한 친절서비스 교육을 실시했으며, 이는 전 직원을 '베스트 서비스 멤버(Best Service Member)'로 만들겠다는 허 대표의 의지가 담겨져 있었다. 서비스 아카데미는 자사 직원의 교육뿐 아니라

서비스 아카데미의 교육 현황

구분	자체교육	관계사 교육	외부기관 교육	계
1994년	2,585명	11개사 728명	5개사 305명	16개사 3,618명
1995년	5,263명	9개사 1,217명	8개사 831명	17개사 7,311명
1996년	5,316명	11개사 2,378명	16개사 1,380명	27개사 9,074명
1997년	6,367명	1개사 157명	25개사 9,095명	26개사 15,619명
1998년	5,404명	7개사 815명	105개사 24,739명	112개사 30,958명
1999년	4,391명	6개사 2,948명	113개사 37,411명	119개사 44,750명
2000년	2,396명	4개사 515명	80개사 20,337명	84개사 23,248명
계	31,722명	49개사 8,758명	334개사 94,098명	383개사 134,578명

(자료출처: 삼성에버랜드)

관공서·기업·학교 등에 대한 대외 친절 서비스 교육도 실시하고 있다. 그리고 에버랜드의 서비스에 대해 벤치마킹을 하려는 기업에게 고객만족경영에 대한 각종 우수사례를 전파하며 친절 서비스 문화의 전파자로서 그 역할도 충실히 수행하고 있다. 현재까지 이 서비스 아카데미를 통해 서비스 교육을 받은 수강생은 15만 명에 이르고 있다(〈표 8.1〉 참조).

"기업 구성원 각자가 서비스를 통한 고객만족을 극대화하기 위해서는 각 구성원의 만족이 우선되어야 한다."

허 대표의 신념은 직원만족을 위한 각종 프로그램의 실시로 이어졌다. 우선 에버랜드는 '캐스트 하우스'라는 직원 기숙사에 대규모 투자를 했다. 서비스업의 특성상 에버랜드의 직원들은 현장에서 하루종일 고객을 상대해야 하고 친절과 미소를 잃어서는 안 되기 때문에 다양한 종류의 고객들을 상대하는 데 상당히 지친 상태로 일과를 마치게 된다. 허 대표는 사람과의 접촉에 지쳐 있는 직원들이 무엇보다 일과 후 누구에게도 방해받지 않는 혼자만의 시간과 공간을 가져야 한다고 생각했다. 그래서 에버랜드는 1994년 신규 기숙사를 설립하기로 결정하여, 1996년 4월에 드디어 캐스트 하우스가 설립되었다. 캐스트 하우스에는 총 538개의 방이 있는데, 그중 1인 1실이 474개나 된다. 이는 국내 최초의 호텔식 기숙사로 직원들의 건강과 복리후생을 최대한 배려한 시설이다. 실내에 고급 양탄자가 깔려 있어 개관 초기에는 많은 사원들이 신발을 벗어들고 맨발로 다니는 에피소드도 있었다고 한다. 캐스트 하우스는 심신의 건강을 위한 웰니스 센터, 음악감상실, 스쿼시, 에어로빅, 사우나를 위한 공간, 클럽 바 등 직원들의 기호를 고려하여 다양한 시설물을 갖추고 있으며 직원들의 자기계발을 위한 전산 교육장, 악기 실습실, 조리실, 영화감상실 등의 시설도 구비하고 있다. 허태학 사장은 1996년 당시 캐스트 하우스 건립을 회고하면서 다음과 같이 말했다.

"최고의 서비스를 구현하는 사람은 최고의 시설에서 휴식하고 재정비할 수 있어야 한다고 생각했다. 당시 캐스트 하우스에 대규모 투자를 하면서 어려움도 많았다. 하지만 마음에서 우러나오는 서비스를 하려면 우선 직원이 만족해야 한다는 내 신념은 확고했고, 따라서 캐스트 하우스를 건립하게 되었다."

테마파크사업에는 창의적인 아이디어가 필수적이다. 따라서 에버랜드 직원들은 '끼'가 있어야 한다는 것이 허 대표의 생각이었다. 여기서 '끼가 있는 사람'이란 현실에 안주하지 않고 항상 개선점을 찾으려고 노력하며, 수동적이지 않고 적극적인 사람을 뜻한다. 에버랜드에서는 이런 적극적인 분위기를 조성하기 위해서 직원들이 창의적인 아이디어를 제시하고 스스로 문제점을 개선하며, 지식과 의견을 공유하여 학습할 수 있도록 '아이디어 인큐베이터' 제도와 학습조직인 '오아시스'를 운영하고 있다.

결정된 것은 반드시 지키는 분위기(자율): 자율적인 분위기란 약속한 것은 반드시 지키도록 하는 분위기를 말한다. 이는 기업구성원을 규제하는 어떤 제도도 없는 무정부 상태를 의미하는 것이 아니다. 오히려 명확하고 객관적인 기준을 통해 각 구성원을 평가하고 결과를 즉각 알려주며, 이에 따라 각 구성원에게 일관된 상벌을 줌으로써 형성된다. 명확한 평가 기준과 피드백, 그리고 일관된 상벌에 따라 자신의 잘잘못을 직시하고 이를 개선하기 위해 끝없이 노력하는 분위기가 자율적인 분위기다.

에버랜드는 1996년부터 본격적으로 친절 서비스를 제공하고자 'Thank-Q Service(친절 서비스+감동 서비스)' 'CSI(Customer Satisfaction Index, 고객만족지수)' 'Mystery Shopping(암행감사)' '디지털 CS(Customer Satisfaction) 경영'을 도입했다. 이들 제도는 에버랜드 내의 서비스 수준을 일정한 기준에 따라 정기적·지속적으로 측정하고, 이에 대한 피드백을 기준과 함께 제시함으로써 직원들의 잘못된 점을 개선하고 서비스 수준을 향상시키고자 도입한 제도다. 이런 서비스 시스템의 기본적인 개념은 '사후 서비스(After Service)'가 아닌 '사전 서비스(Before Service)'다. 이는 고객감동을 위해 고객의 요구를 미리 파악하고 적절히 대처해야 한다는 개념에서 출발한 것이다. 즉 매년 접수된 고객들의 불만을 분석해 특정 날짜에 많이 발생하는 불만을 미리 예보하여 직원들이 능동적으로 대처함으로써 잘못을 되풀이하지 않게 하는 것이다. '고객클레임 예보제' '환경안전 예보제' '날씨 예보제' '입장객 예보제' 등이 그 예다.

또한 지저분한 식당이나 공연 소도구가 어지럽게 널려진 공연장 등에 대해서는 일정 기간 영업정지 명령을 내리는 '드롭 커튼(Drop Curtain)', 기량이 떨어지는 배우에게 퇴장 명령을 내린 뒤 재교육을 실시하는 '오프 스테이지(Off-Stage)', 현장에서 서비스 사례를 자체평가하여 성공시에는 달콤한 음료를 마시고 실패시에는 쓴 음료를 마시는 '성공–실패 파티' 등도 서비스 개선을 위한 에버랜드 노력의 일부다.

"에버랜드의 직원들은 고객을 위한 서비스가 자신에게도 도움이 되는 윈윈관계라는 사실을 이해하고 있다. 또한 각자가 서비스 제공의 주체로서 강한 책임의식도 가지고 있다. 이런 마인드는 지속적인 교육을 통해서 캐스트 개개인에게 심어지게 된다. 따라서 자신이 잘못한 점을 인정하게 되고 고치려고 노력하게 된다."

이는 에버랜드 현재 구성원의 행위에 대한 허 대표의 평가다.

일체감을 통해 서로를 믿는 분위기(신뢰): 기업구성원 상호간의 믿음은 각 구성원 사이의 협조를 통한 시너지의 극대화를 가져온다. 에버랜드에서 이런 신뢰의 분위기는 경영정보를 투명하게 공유하고, 각 구성원간의 활발한 커뮤니케이션을 통해 형성된다. 매월 1회 임시 노사협의회와 분기별 정기 노사협의회를 통해 경영사항과 근로자들의 고충을 심도있게 협의하고 있으며, 이를 통해 파악된 내용의 처리 결과를 반드시 피드백하고 있다. 사원대표들은 매월 경영이사회, 분기별 경영전략회의, 사업부별 팀장회의 등 모든 공식적인 경영회의에 참석해 회사의 정책결정에 동참한다. 또한 '도시락 간담회'를 비롯한 경영진과 구성원과의 활발한 공식 · 비공식 접촉은 각 구성원 사이에 일체감을 불어넣게 되고, 서로에 대한 신뢰를 강화시키고 있다. 다음은 노사협의회에 대한 직원과의 인터뷰 내용이다.

"에버랜드에서는 중요한 사안들이 있을 때 노사협의회가 의사결정과정에 참여한다. 그렇기 때문에 어떤 안건이 있을 때 현업 팀장보다 노사위원들이 먼저 알게 되는 경우도 많이 있다."

"에버랜드가 노사화합이 잘 되는 이유는 의견을 표출할 수 있는 창구가 다양하고 경영이 투명하게 이루어지기 때문이라고 생각한다. 너와 내가 아닌 우리라는 느낌을 가질 수 있다는 것이 중요한 것 같다."

구성원 행동양식의 변화

신장, 지원, 자율, 신뢰의 분위기 창출을 위한 에버랜드의 노력은 에버랜드 구성원의 행동에 많은 영향을 미친다. 예를 들어 신뢰의 분위기는 노사간 화합에 결정적인 역할을 한다. 에버랜드는 1997년에 노동부 주관 노사협력 우량기업에 선정되었고, 1999년에는 인천·경인지역 노사협력 우수사례경진대회에서 대기업 부문의 최우수상을 수여했다. 실제로 에버랜드는 지난 1963년 창립 이래 근로조건 개선이나 처우문제와 관련해 노사분규를 한 건도 겪지 않았으며, IMF의 구제금융을 받던 시절에 직원들이 자진해서 무교섭 임금동결을 결의했으며 상여금을 자진 반납하기도 했다.

또한 뭔가 더 하고자 하는 신장과 경영진이 이를 도와주는 지원의 분위기는 구성원의 학습에 많은 영향을 미친다. '반딧불 축제' 기획이나 그네 모양의 사진촬영장소 설치, 고객들의 편의를 위해 경사로에 에스컬레이터 설치 등은 모두 아이디어 인큐베이터에서 나온 것이다. 현재 월 100건 이상의 아이디어 등록과 답변이 이루어지고 있으며, 현재까지 총 등록건수는 889건(월평균 99건), 평균 조회건수는 100~120회에 이를 정도로 아이디어 인큐베이터 제도는 활발히 운영되고 있다. 그리고 1999년 7월 시범운영을 시작한 오아시스 제도는 1999년 말에 26개의 학습조직을 탄생시켰으며, 2000년 2월 교육 이후 본격적인 활동에 들어갔다. 2001년 4월 현재 마케팅연구회, Dog Plus You(강아지 연구회) 등 총 66개의 오아시스가 활동중에 있으며, 이들은 각자의 분야에서 다양한 성과를 창출하고 있다. 현재 오아시스에는 총 1,534명이 회원으로 등록되어 있으며, 일일 평균조회수는 1,160회이고 일일 평균등록수는 110건이며 총등록수는 33,060건에 이르고 있다.

서비스에 대한 기업 구성원의 인식을 바탕으로 에버랜드는 1996년 10월 관광진흥유공 동탑산업훈장을 받았고, 테마파크로는 세계 최초로 ISO 9002,14001인증[5]을 동시에 취득할 수 있었다. 특히 1999년에는 고객만족 경영노하우를 인정받아 대만의 창이그룹에 리조트 운영 전반에 걸친 컨설팅 계약을 체결했다.

에버랜드의 직원 ESI[6] 수치는 내부고객인 직원의 만족도가 상당히 향상되고 있음을 보여준다. 1995년 ESI는 1994년보다 약 17점 증가했으며 이후 1997년까지 꾸준한 상승세를 보인다. 1997년 삼성그룹 전체의 직원만족도가 72.3점이었는 데 반해 에버랜드는 77.7점으로 5점 이상 앞서 있었다.

내부고객의 만족은 외부고객의 만족으로 이어지며 이는 CSI 수치에서 나타난다. 1993년 L놀이공원에 뒤처졌던 CSI는 1994년 74.8점으로 L놀이공원에 비해 7점 앞서면서 1995년 이후에도 꾸준히 10점 내외의 점수차를 유지하고 있다. 특히 1997년도에는 L놀이공원과의 차이가 20점 이상 벌어지기도 했다.

고객만족도와 직원만족도의 향상은 재무와 시장성과의 성장을 이끌어냈다. 재무성과의 밑바탕이 되는 매출액과 입장객수는 IMF 한파로 국내경기가 침체했던 1997년과 1998년 사이를 제외하고는 꾸준한 성

---

5 ISO(International Standardization Organization) 9000 시리즈는 제품의 생산과 유통과정 전반에 걸쳐 국제규격을 제정한 소비자 중심의 품질보증제도다. 14000 시리즈는 제품에 대한 환경인증과 함께 조직에 대한 인증으로 나눠지는데 제품에 대한 표준화규격으로는 환경성과 평가, 환경 라벨링 등 다섯 가지가 있으며 조직에 대한 규격으로는 환경경영시스템과 환경감사가 있다.

6 ESI(Employee Satisfaction Index)는 종업원 만족지수로 소비자 만족지수와 유사한 개념인데, 내부고객인 종업원이 직접 평가한 만족수준의 정도를 모델링에 근거하여 측정·계량화한 지표를 의미한다.

장세를 기록하고 있다. 시장점유율은 지속적으로 증가하여 2000년에는 37.9퍼센트에 이르렀으며 경쟁사와의 격차도 점차 확대됨을 알 수 있다. 또한 테마파크 성과비교시 가장 중요한 지표인 객단가도 상승세를 보이며 경쟁사와의 격차를 더욱 벌리고 있다.

2002년 6월 허태학 사장의 뒤를 이어 에버랜드의 사령탑을 지휘하고 있는 박노빈 사장은 그동안 변화된 구성원의 의식과 행동양식을 바탕으로 초일류기업으로의 행보를 지속하고 있다. 그는 취임 후 '초일류 경쟁력 확보, 최고의 서비스 창출, 우수한 인재확보와 양성, 유망사업 발굴과 육성, 신뢰받는 기업구현' 등 5대 경영방침을 경영의 축으로 활발한 활동을 전개하고 있다. 1차 산업적인 사고와 분위기가 팽배했던 조직에서 최고의 서비스 기업으로 탈바꿈한 에버랜드의 핵심경영방침 중 하나인 '최고의 서비스 창출'에 대해 박노빈 사장은 다음과 같이 설명하고 있다.

"고객만족이야말로 우리 회사가 존재하는 이유이고 가치임을 명확히 인식해야 한다. 그리하여 우리의 모든 임직원은 자신의 고객이 누구이고, 고객만족을 위해 무엇을 해야 하는지를 정확히 파악하고 실천해야 한다. 또한 고객만족경영을 지상의 실천과제로 삼고 특성에 맞는 서비스를 지속적으로 개발해서 고객에게 제공하여 고객에게 감동과 즐거움을 선사하고 이를 통해 고객과 함께 하는 세계 초일류기업으로 발전시켜야 한다."

사람이 변해야 기업이 바뀐다

한국의 많은 기업들은 다양한 산업에 걸쳐 경쟁의 악순환의 고리에

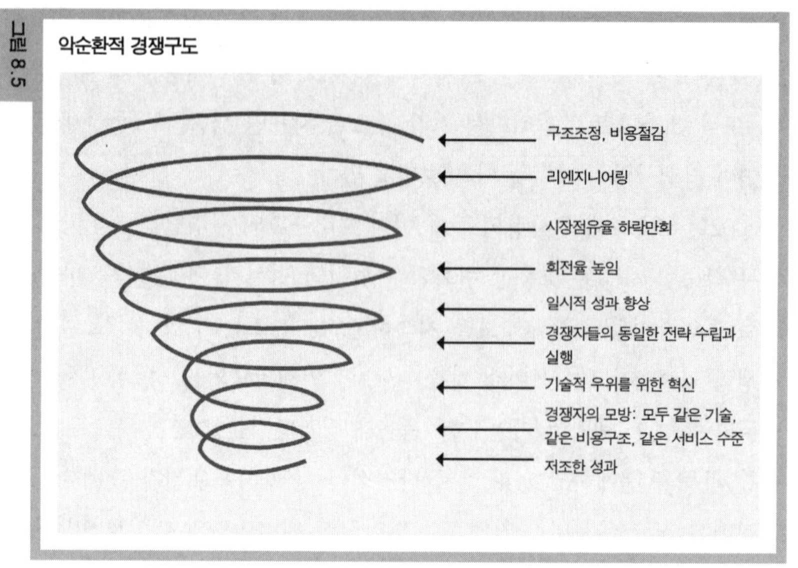

빠져 있고, 이런 현상은 점점 심화되고 있다(〈그림 8.5〉 참조). 초과설비와 새로운 진입자의 출현은 가격과 이익에 상당한 압박을 가해왔다. 이익을 다시 높이고 시장점유율의 하락을 복원하기 위해서 한국기업들은 구조조정, 비용절감, 재고를 줄이고 회전율을 높이기 위해 운영과정을 재구축하고 개선했다. 몇몇 기업들은 이런 조치를 통해 일시적인 성과 향상을 이루었으나, 곧 다른 기업들이 이들 기업이 취한 제반조치 같은 조치를 취함으로써 다시 처음 상태로 돌아가곤 했다. 기술적인 우위를 점하고자 하는 노력도 경쟁기업들이 이 기술을 모방하거나 같은 기술을 외부로부터 획득함으로써 금방 우위를 상실한다. 모든 기업이 실질적으로 똑같은 일을 함으로써 그들 모두는 더욱 심각한 악순환의 고리에 빠지게 되는 것이다.

이런 일련의 과정 속에서 한국기업은 새로운 경영기법과 유행의 중독자가 되어왔다. 이런 회사에 들어가보면 '학습조직' '팀의 비전 만들기’ ‘속도’ ‘세계화’ ‘품질경영’ 같은 유행적인 슬로건 아래 변화를 위한 과도할 정도의 열정을 발견할 수 있다. 그러나 하부직원들은 이런 여러 슬로건에 지치고 좌절감을 느낀다. 곧 또 다른 슬로건이 회사를 뒤덮을 것이란 사실을 알기에 새로운 슬로건이 나올 때마다 그들은 고개 숙여 이런 열풍이 지나가기만을 기다릴 뿐이다.

악순환의 고리를 깨고 기업 내에 만연해 있는 구성원들의 냉소와 좌절, 지친 분위기를 극복하기 위해서는 그 기업의 전략, 조직구조, 기술, 운영 등 변화를 위한 변신을 시작해야 한다. 그러나 그 변신은 구성원들의 행동에 근본적인 변화가 생겼을 때 지속적으로 유지된다는 인식을 경영자가 가져야 한다. 따라서 기업 변신을 주도하는 경영자의 역할은 기업의 자산과 자원의 재정비뿐만 아니라 기업 내 구성원들이 생각하고 행동하는 방식에 영향을 주는 기업의 분위기를 재정립해야 한다.

규제가 강한 경제에서는 자본과 사업허가권 등이 희소하고 귀중한 자원이었다. 이런 경제에서 직원은 하나의 투입요소로 관리되었다. 즉 최대의 효용을 달성하기 위해 배치하고 통제하는 생산 투입요소 중 하나였던 것이다. 이를 위한 작업의 분위기는 직원들의 행동이 기계처럼 예측가능하고 통제가능하도록 철저히 고안되었다. 복종, 통제, 계약과 제한의 행동 분위기는 직원들이 경영진이 지시하는 대로 정확하게 일처리를 하고 명확히 정의한 영역 내에서 활동하는 것을 가능케 했다.

자유경제체제하에서는 경쟁의 근본이 달라진다. 자본이나 사업허가권 대신에 사람이 희소한 자원이자 경쟁력의 주요 원천이 되었다. 어떤 기업도 천재만으로 기업활동을 영위할 수는 없다. 그렇다면 경쟁에서의 핵심은 평범한 사람이 비범한 결과를 낳을 수 있는 내부적 분위기를 만드는 것이다. 신장, 자율, 신뢰, 지원이라는 행동 분위기를 창출하는 것은 이런 경쟁에서 승리하기 위한 필수 전제조건이다.

대부분의 한국기업은 여전히 '한여름의 도심' 신드롬을 겪고 있다. 그러나 몇몇 기업은 구성원의 동기를 유발하고 그들의 독특한 지식과 열정을 최대한 활용하는 데 성공하고 있다. 이들 기업은 한국 내 어떤 산업, 어떤 기업이라도 활기차고 강한 동기를 부여하여 자유로운 업무 분위기를 만드는 것이 가능하다는 사실을 입증하고 있다. 그리고 이런 분위기를 조성하기 위한 노력은 뛰어난 성과로 반드시 보상받는다는 사실을 보여준다.

이 책의 마지막 장에서 좀더 자세히 다루겠지만, 이런 기업구성원들에게 영향을 주는 분위기를 재정립하려면 경영진의 신념이 근본적으로 바뀌어야 한다. 추상적인 계획과 예산, 통제로 기업을 경영하는 것이 아니라 경쟁우위를 달성하기 위해 경영자들이 수행해야 할 핵심적 역할은 기업의 가장 소중한 자원, 즉 그 기업의 구성원이 경쟁사의 구성원보다 더 강한 동기부여를 갖고, 보다 창의적이며 기업가적인 사고를 가질 수 있도록 자극하는 일이라는 사실을 인식해야 한다. 기업구성원들이 그들의 지식과 기술, 상상력, 용기 등을 자유롭게 펼칠 수 있을 때 역동적이고 자발적인 변신이 가능할 것이다.

3부 조직적 과제

World Class Korean Company

제9장
성공을 관리하는 능력

기업의 지속적 성장은 그 기업의 전반적인 비전이나 그에 따른 일관된 계획만으로는 불가능하다. 자신의 미래를 스스로 개척하고 관리하기 위해 기업은 그 비전과 계획에 따라 효과적으로 움직이고 실행할 수 있는 능력을 갖추어야 한다. 즉 기업의 성장을 성공적으로 관리하기 위해 경영자는 전략의 구체적 내용뿐 아니라 이를 실행하기 위한 과정에도 많은 관심을 기울여야 한다. 이 장에서 우리는 지속적 성장을 위한 비전과 계획의 구체적 내용을 실제로 어떻게 실행할 것인가에 대한 과정에 초점을 맞출 것이다. 즉, 성장과정을 원활히 하기 위해 조직 내부적으로 무엇을 해야 하는가에 대한 논의를 하고자 한다.

지속적인 성장을 성공적으로 관리하기 위해 기업은 다음 세 가지의 핵심 요소를 효과적으로 조화시켜야 한다. 첫째는 기업의 가치창출논리(value-creation logic), 둘째는 조직원리(organizing principles), 셋째는 인적자원을 위한 과정(people process)이다(〈그림 9.1〉 참조). 매력적이고

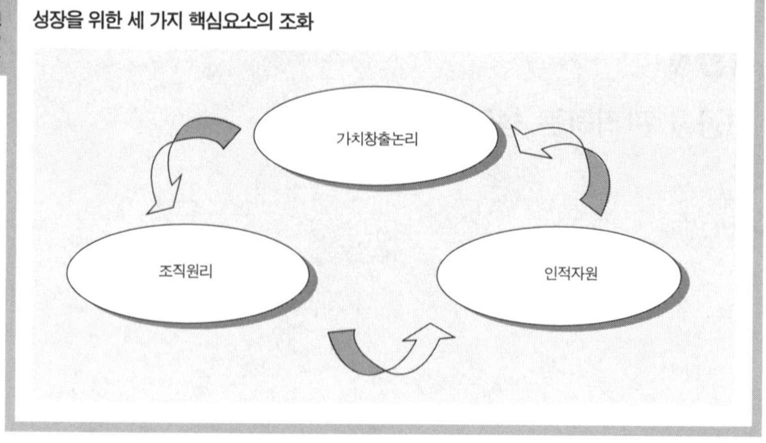

견고한 건물이 조화롭고 안정된 구조물 위에 세워져야 하듯이 경영자는 기업의 자기발전적 성장모델로 이끄는 세 가지 특성 각각에 총체적인 관심을 기울여야 한다. 건물에서 구조물의 일부가 약하거나 다른 부분을 적절하게 지지해주지 못하면 건물 전체가 붕괴된다. 마찬가지로 세 가지 핵심요소 중 특정부분을 구성할 때는 반드시 이것이 전체에 어떤 영향을 미치는가를 충분히 고려해야 한다. 이 세 가지 요소가 상호 의존적이라는 사실을 인지하지 못하면 성장을 위한 노력은 모두 물거품이 될 것이다.

차별화된 가치창출논리

탄탄한 성장으로 가는 길을 닦기 위해 기업은 분명한 가치창출논리[1]를 가지고 있어야 한다. 여기서 가치창출논리를 갖는다는 것은 경쟁사와는 다른 독특하고 차별화된 방법으로 가치를 창출한다는 의미다. 여기서 '가치'란 단순히 주주가치를 의미하는 것이 아니다. 이는 기업이 제공하는 최종 산물의 가치와 이를 위해 사용한 자원의 가치간의 차이로, 기업이 창출한 가치를 의미한다. 주주가치란 기업이 창출한 총가치 중에서 주주에게 배분한 가치다.

성공적인 기업은 다양한 방법으로 가치를 창출하는데, 3M 같은 기업은 지속적인 혁신에 의해 가치를 창출한다. 이런 기업들은 끊임없이 신제품을 개발하여 출시함으로써 높은 수익과 성장을 유지하고 있다. 반면에 링컨 일렉트릭 같은 기업은 뛰어난 운영으로 가치를 창출한다. 이들은 뛰어난 고효율 공장과 하부구조를 기반으로 숙달된 운영과정을 구축하고 있으며, 이를 통해 상당한 비용과 품질상의 우위를 누리고 있다. 반면에 맥킨지 같은 기업은 고객과의 긴밀한 유대를 통해 가치를 창출하는데, 이들은 고객의 요구에 맞는 해법을 제공함으로써 고객과의 유대를 강화하고 있다.[2]

기업인수를 통해 성장한 영국의 대표적 다각화기업인 한슨 트러스트는 무려 20년 이상 자신만의 독특하고 차별화된 가치창출논리로 높은 성과를 달성해왔다. 창업자이자 리더인 한슨 경(卿)은 개개인에 대한 인센티브, 철저한 예산과 통제과정, 그리고 엄격한 조직규율 등을 통해 다각화된 사업의 경영시스템을 완비했다. 그는 비교적 성숙기에 접어들어 기술과 마케팅 혁신이 그다지 중요하지 않은 산업에서 실적이 저조한 기업들을 인수하여 그들을 '한슨식 방법'을 통해 생산성을 극적으로 향상시켰다.

---

1 '가치창출논리(value-creation logic)'라는 용어는 프라할라드와 도즈가 그들의 미발표 논문인 〈Value-added of top management〉에서 처음 사용했다.
2 여기 제시된 세 가지의 가치창출논리와 이를 위한 여러 요구사항에 대해 좀더 자세히 알고 싶은 독자는 마이클 트레이시와 프레드릭 위세마의 《초일류기업의 시장지배 전략》을 참고하라.

〈포춘〉지가 선정한 미국 내 가장 뛰어난 10대 기업 리스트에 항상 선정되는 3M의 가치창출논리는 한슨의 논리와 상당한 차이를 보인다. 미국 농업 중심지인 중서부에 위치한 3M은 전세계의 검소한 농가에서 따르는 원칙, 즉 그들이 가진 모든 자원을 최대한 활용하는 원칙을 적용하면서 성장해왔다. 이 철학에 따라 3M은 자신의 기술을 가능한 한 많은 분야에 지속적으로 적용했다. 이로써 새로운 분야로의 내부성장을 지속하고, 또한 새로운 기술적 역량을 구축하기 위한 기회를 창출해왔다.

여기서 말하고자 하는 것은 효과적인 가치창출논리는 매우 다양하다는 사실이다. 따라서 중요한 과제는 새로운 가치창출논리를 찾아내는 것이라기보다 다양한 가치창출논리 중 하나를 확실하게 선택하는 것이다. 과거 대다수의 한국기업은 가치창출논리를 가지고 있지 않았으며, 사실 한국의 경영자는 전혀 이 문제에 신경을 쓸 필요가 없었다. 수요가 공급을 초과하고 정부규제에 의해 경쟁이 상당부문 제한되어 생산만 하면 팔리는 상황에서는 단순히 생산하는 것 외에 뚜렷한 가치창출논리가 필요하지 않았던 것이다. 그러나 정부규제가 완화되어 경쟁이 가속화되고 공급이 수요를 초과하는 오늘날 한국기업은 분명한 가치창출논리를 파악하여 이에 집중할 것이 요구된다. 하나의 뚜렷한 가치창출논리에 집중해야 하는 이유는 이렇게 선택된 논리가 〈그림 9.1〉의 다른 두 요소, 즉 조직원리와 인적자원의 선택과 실행에 많은 영향을 주기 때문이다.

적합한 조직원리

자세히 보면 각 기업의 내부조직은 그들 나름대로의 특색이 있다. 그러나 이를 좀더 일반적인 수준에서 보면 각각의 조직은 몇몇 핵심변수에 대한 일련의 선택이란 사실을 알 수 있다. 기업의 조직원리는 이런 선택의 기준을 제공한다.

독립과 시너지

기업의 조직원리 중 가장 먼저 결정해야 하는 것은 기업 내 서로 다른 사업과 활동에 독립된 자치권을 부여할 것인지, 아니면 이들간의 잠재적 유사성과 이에 따른 시너지를 활용하기 위해 통합할 것인지의 여부다. 기업 내 다른 사업, 제품군이나 기능들이 얼마나 철저히 결합되어야 하는가? 기업을 독립된 활동의 단순집합으로 봐야 하는가, 아니면 이들 각 활동의 통합을 통한 단일기업으로 봐야 하는가?

이들 사업간의 결합이 없다면 각 사업은 활동의 자유를 갖는 반면에 기업이란 이들 독립된 활동의 단순집합에 지나지 않는다. 극단적인 경우, 즉 사업간 시너지가 전혀 없는 경우라면 이들 사업은 한 기업 내에 같이 있을 필요가 없다. 반면에 시너지에 너무 집착하는 것은 두 발을 묶고 뛰는 경주 같아서 모든 사업이 함께 붕괴할 수 있다. 극단적인 경우에는 다양성으로 인한 모든 이점이 없어지고, 전체를 위해 각 사업이 서로 타협하게 되어 결국 어느 사업도 제대로 돌아가지 못하는 결과를 초래하게 된다. 따라서 조직원리의 핵심은 독립과 시너지 사이의 상충관계에서 균형점을 찾는 것이다.

독립과 시너지 사이의 상충관계는 기업 내 여러 단계에서 찾아볼 수 있다. 우선 전반적인 리더십과 방향설정의 수준에서 보면, 상황에 따라 기회주의적인 의사결정을 하느냐, 아니면 명확하고 공유된 비전에 철저히 따르냐의 선택이 있다. 기획과정에서 보면 기획이란 성과기획으로 사업과 활동간의 재무적 이전만 관리할 것이냐, 아니면 통합된 전략과 운영계획을 수립하여 기능별로 운영상의 모든 활동이 서로 혜택을 줄 수 있도록 복잡한 상호의존관계를 구축하고 관리할 것이냐에 대한 선택이 있다. 또한 기업가적 활동 측면에서 보면 각 사업단위의 독립적인 활동을 허용할 것이냐, 아니면 각 사업단위간의 역량을 최대한 활용하고 협조적인 팀의 활동을 강조해야 할 것이냐의 선택이 있다.

통제와 주도권

독립과 시너지 사이의 균형을 어떻게 결정하든 상관없이 이 둘은 공식적인 중앙통제에 의해 관리될 수도 있고, 분권화하여 이들에게 비공식적인 주도권을 줄 수도 있다. 여기에서는 중앙으로부터의 합리화 노력을 하느냐, 아니면 각 사업이 스스로 주도권을 가지고 활동할 수 있도록 허용하느냐가 상충된다.

독립과 시너지간의 선택이 사업간 수평적 상충관계를 결정하는 것이라면 통제와 주도권 부여 사이의 선택은 수직적 상충관계를 결정하는 것이라고 볼 수 있다. 통제와 주도권 부여간의 선택이란 각 사업 내에서 뿐만 아니라 각 사업부로의 분권화 정도를 의미하는 것이고, 또한 사업간 조정의 기반으로 상부로부터의 공식계획이 중요하냐 아니면 사업간의 협조를 기반으로 상호간의 조정과 적응이 중요하냐를 결정하는 것이기 때문이다.

우리는 이 선택에서 양극단의 결정적인 차이가 무엇인지 명확히 이해할 필요가 있다. '기획'이란 본질적으로 분해하는 연습이라고 볼 수 있다. 즉 기획은 조립하여 다시 전체를 만들 수 있도록 조직을 구성 요소별로 분해하는 것이다. 이는 연역적인 추론으로 전략수립을 하나의 의도된 과정으로 보고 인지가능한 자원인 현금, 업무, 기계 같은 유형의 내용에 관심을 집중한다. 반면에 '적응'에서는 이런 분해작업이 덜 중요하다. 적응은 오히려 아이디어나 관점과 관계가 있으며, 사전에 어떤 결과가 나올지 모르기 때문에 구체적인 내용보다는 과정에 중점을 두게 된다. 따라서 이는 본질적으로 귀납적인 성격을 띠며, 전략수립을 의도된 것이 아니라 저절로 발생하는 것으로 본다. 그리고 상의하달식의 기획과 상호적인 적응은 중국철학에서 음양관계처럼 서로 밀접한 관련이 있다.

음양관계처럼 기획과 적응은 대체적인 관계도 있으나 보완적인 관계도 이에 못지않게 크다. 독립과 시너지 사이의 수평적 상충관계에는 피터스(Tom Peters)와 워터맨(Bob Waterman)이 뛰어난 기업의 '통제와 방임의 공존'이라고 묘사한 보완성이 있다.[3] 마찬가지로 기획과 적응 사이에도 '단단한 것'과 '부드러운 것'이라는 보완성이 존재한다. 어떤 기업도 새로운 아이디어를 창출하는 적응이라는 자발적 노력과 이런 아이디어에 질서를 부여하는 기획이라는 합리화의 노력 없이는 성공하기 어렵다.

리더십과 문화

한 기업이 얼마나 생동감이 있느냐는 얼마나 강력한 리더십이 있느냐에 의해 결정된다. 그러나 강력한 리더십은 동시에 중심에서 떨어져 나가고자 하는 반작용을 가져온다. 이들을 결집할 수 있는 무엇인가가 없으면 조직은 산산조각 나서 흩어져 버릴 것이다. 예를 들면 새로운

---

3 톰 피터스와 밥 워터맨의 《초우량기업의 조건》을 참조하라.

리더십이 도입되어 조직 내에 변화를 시도하면 기존의 확립된 절차는 무너진다. 따라서 새로운 비전에도 불구하고 결과적으로 사업과 활동 간의 조정은 힘들어지고, 그들간의 시너지도 상실하게 된다. 강력한 리더십의 부작용은 기업문화에 의한 결집으로 극복될 수 있으며, 최고경영진의 힘이 강할수록 기업이 일관되고 융화된 방향으로 나아갈 수 있도록 문화를 통해 결집할 필요가 있다.

리더십과 문화 사이에도 보완성뿐만 아니라 대체성이 있다는 사실을 염두에 두어야 한다. 예를 들어 기업은 현재의 리더십이 제시한 개념적 비전을 통해서나, 그 기업이 오랜 기간 확립해온 문화적 규범을 통해서 통합될 수 있다. 강력한 리더십은 아이디어나 의지의 강력한 힘으로 기업을 결집함으로써 약한 기업문화를 부분적으로 보완할 수 있다. 마찬가지로 확립된 믿음과 기업 내에 깊이 뿌리박은 전통 같은 강한 문화는 리더십이 약할 때 기업이 계속 유지되도록 돕는다.

그러나 이 두 가지 사이의 대체성도 무시하기 힘들다. 문화에 의한 결집이 강하면 강할수록 리더가 조직 내에 새로운 열정과 추진력을 창출하기 어려워진다. 강한 문화를 가진 기업에서는 구조조정을 통한 변신이 매우 어렵다. 반면에 문화적 결집도가 낮은 조직에서는 새로운 열정과 추진력을 불어넣는 것은 비교적 쉬우나 열정과 추진력이 방향감을 상실할 위험성이 있다. 달리 표현하면, 기업을 지탱해주는 문화가 없으면 경영진은 기회주의적 의사결정을 내리기 쉽다. 따라서 리더십과 문화는 서로 보완적이어야 한다. 로얄 더치 셸 그룹의 한 경영자는 이 점에 대해 다음과 같이 설명했다.

"이것은 모형 비행기를 날리는 것과 같다. 나는 내 아들이 모형 비행기를 조립하는 것을 가끔 보는데 한번도 이 비행기가 제대로 날아가는 것을 본 적이 없다. 어느 때는 풀을 너무 적게 묻혀 비행기가 산산조각

나 버린다. 또 어느 때는 풀을 너무 많이 묻혀 비행기가 마치 돌처럼 그대로 땅에 곤두박질치고 말았다."

　이상의 논의에서 볼 때 우리는 한 기업의 조직원리는 각 요소간의 균형점을 찾는 것이라는 사실을 알 수 있다. 또한 기업의 조직원리는 기업의 가치창출논리가 요구하는 것을 반영하고 있어야 한다. 예를 들어 새로운 응용분야로의 끊임없는 혁신을 통한 성장이라는 가치창출논리는 일선에서의 높은 기업가적 정신을 필요로 한다. 따라서 이런 조직원리는 시너지를 희생하면서 독립을 추구하고, 통제를 포기하고 주도권을 부여하게 하며, 개인적인 리더십보다 문화에 더욱 의존하게 한다. 반면에 어떤 기업이 가치창출의 원천을 규모에 의한 효율과 저비용으로 하고 있다면 프로젝트 관리, 생산, 재무에 대한 강력한 통제를 지향할 것이다. 그 결과 이 기업은 상의하달식의 기획, 의사결정, 그리고 통제를 가진 매우 중앙집권적인 조직을 가지게 된다. 그러나 이런 기업에서도 마케팅 같은 하부기능에서는 기업가적인 수요창출 전략이 필요하고, 따라서 마케팅 조직에서는 분권화와 일선에 많은 주도권을 주는 조직체계를 갖게 된다.

최고의 인재

　미국의 한 에너지 기업의 최고경영자는 취임하자마자 인사담당 책임자에게 신입사원 채용정책에 대해 물었다. 그가 들은 답은 매우 현실적이며 합리적인 것이었다. 그 기업은 천연가스를 생산하고 거래하는 그다지 활력이 없는 관계로 젊은이들에게 별로 매력적이지 않으며, 현실적으로 미국 내 아이비리그 출신 같은 최고의 인재를 영입하기 어려웠다. 따라서 이 기업은 이류대학 출신을 채용하는 데 모든 노력을 집중하고 있다는 것이다. 과거에 최고의 학생을 채용하기 위해 노력한 적도 있었으나 그 정책은 실패했다. 입사하기로 결정한 사원조차 얼마 지나지 않아 금융서비스, 컨설팅, 소프트웨어 등 보다 활기 넘치는 분야로 이직하여 그들을 채용하고 교육하기 위해 쏟았던 투자를 물거품으로 만들었던 것이다. 따라서 선택의 폭이 비교적 좁고 에너지 산업에서의 다소 불만스러운 일도 기꺼이 하고자 하는 학생들을 채용하는 정책이 기업 내에 정착되었다는 것이다. 이 같은 분석에 대한 새로운 최고경영자의 반응은 예상치 못한 즉각적인 것이었다. 그는 곧바로 새로운 인사담당 책임자를 고용했다. 그는 "세계 일류의 인재 없이 어떻게 세계 일류기업이 가능한가?"라고 반문했다.

오늘날 기업활동에서 재무자원이나 다른 물질적 자원보다 인적 · 지적 자원이 훨씬 중요한 희소자원이고, 이 추세가 더욱 강화되리라는 사실을 누구나 인지하고 있다. 이런 상황에서 한국기업도 인재를 유치하고 육성 · 유지하기 위한 정책을 근본적으로 재검토할 필요성을 인식해 왔다. 그러나 미사여구만 남발하고 인재유치를 위한 각종 행사만 그럴 듯하게 벌일 뿐 실제로 기업이 채용할 수 있는 인재의 수준에서는 전혀 변화가 없었다. 그 이유는 대부분 최고경영자들이 인재의 수준을 높여야 한다는 필요성은 인식하지만, 뛰어난 인재를 유치하는 데 적극적이지 않고 많은 노력을 기울이지 않기 때문이다. 오늘날의 경쟁이 인적 자본에 의한 경쟁이라는 사실을 진정으로 믿고 있는 경영자들의 공통점은 뛰어난 인재의 유치에 무모할 정도로 노력하고, 추호의 타협도 없다는 사실이다.

이런 상황에서 한국기업은 최고의 인재를 채용하고 육성하며 이들을 계속 유지하는 정책에 대해 다시 한 번 생각해볼 필요가 있다. 소위 명

문대학의 학생들에게 졸업 후 기업에 취직해서 전문경영자가 되는 것이 꿈인 학생이 얼마나 되는지 물어보라. 아마 10퍼센트 이내의 학생들이 손을 들 것이다. 그 다음에는 손을 든 학생들 중에서 한국기업에서 일하고 싶은 학생들이 얼마나 있는지 물어보라. 3~4명만 손을 들어도 운이 좋은 것이다. 전문경영자가 되고자 하는 소수의 학생들조차 한국기업이 아니라 외국계 투자회사나 외국계 컨설팅회사에 가고 싶어한다.

세계 초일류기업에는 세계 최고의 인재가 경쟁적으로 입사하여 최선의 노력을 쏟는다. 한국기업에는 세계 최고의 인재가 아니라 한국의 최고 인재조차 가려고 하지 않는다. 심지어 한국기업은 그들이 경쟁해야할 세계 일류기업의 작은 지점에 지나지 않는 외국계 기업에 뛰어난 인재들을 빼앗기고 있다. 기업경쟁력은 곧 그 기업이 가진 인적자원의 경쟁력이다. 한국기업의 인적자원은 세계 초일류기업의 인적자원보다 경쟁력이 떨어질 뿐 아니라 그들의 한 지점에 불과한 외국계 기업의 인적자원보다도 뒤처진다. 이는 한국기업의 경쟁력은 경쟁대상인 외국의 일류기업은 물론이고 일개 지점의 경쟁력보다 떨어진다는 결론에 이르게 되었다.

한국의 경영자들은 한결같이 인재의 중요성을 강조하고 있다. 그러나 실제로 한국기업이 채용하는 인재의 수준을 보면 어떤 근본적인 변화도 엿보기 힘들다. 아니 오히려 인재의 수준이 과거에 비해 훨씬 떨어진다고 보는 것이 더 정확하다. 그 이유는 대부분 인재의 중요성을 강조하기는 하지만, 세계 일류기업의 경영자만큼 집요하고 비합리적일 정도로 그 중요성을 인지하지 않기 때문이다.

앞에 언급한 기업의 전임 인사담당 책임자가 생각했듯이, 재미없는 에너지 사업을 영위하는 기업의 최고경영자가 전세계 기업들이 채용하고 싶어하는 인재를 유치할 수 있다고 기대하는 것은 무모하다고 볼 수 있다. 그러나 이런 비합리적인 행동은 기업간 경쟁이 인적자본의 경쟁이라고 믿고 있는 경영자들에게서 공통적으로 볼 수 있다. 인재에 관한 한 이들은 합리적으로 행동하려 하지 않는다. 또한 자신의 기업에 지원하는 채용하기 쉬운 인재만으로 결코 만족해하지 않는다. 그들은 이성적으로는 유치하기 힘들 것이라고 판단되는 인재를 얻는 데 정력을 쏟는다.

인적자본으로 경쟁하기 위해서 최고경영자는 인재의 채용뿐 아니라 그들의 육성과 보상, 경력과 성과관리 등 인적자원 관리제도 전반에 걸쳐 적극적이어야 한다. 이것이 바로 잭 웰치가 GE에서 한 일이다. 그는 엄청난 자원, 그 중에서도 그의 개인적 시간을 세계 제일의 교육과 인재개발 시설에 투자했다. 잭 웰치는 GE 내 자체 경영대학인 크로튼빌이 없는 회사에서 일하는 것은 상상조차 해본 적이 없다고 말한다. 브리티시 페트롤륨을 변신시키기 위해 브란운(John Browne)이 한 일도 바로 인재에 대한 관심과 투자였다.

대부분의 한국기업이 그들의 회사에 입사하기를 원하는 사람 중에서 인력을 뽑아쓰는 반면에 몇몇 기업은 최고의 인재를 적극적으로 영입하고 그들이 더욱 뛰어난 인재로 성장하도록 지원하는 데 세계 어느 기업에 못지않은 열정과 집착을 보이고 있다. LG전자를 예로 들어보자. 한국의 최고 인재들이 입사하기를 희망하는 회사 중 하나인 LG전자는 입사를 원하는 인재만으로 세계 초일류기업이 되기 어렵다는 사실을 누구보다 절실히 느끼고 있었다. 그래서 LG전자의 경영진은 아무 조치가 없을 경우 LG전자 외 다른 기관이나 기업으로 갈 가능성이 높은 최고의 인재를 채용하는 데 많은 노력을 기울이고 있다.

필자는 장차 훌륭한 경영자가 되고자 하는 꿈을 가진 학생들 30여 명을 따로 선발해 N-CEO라는 모임을 운영하고 있다. 이 모임의 학생들은 그들의 꿈을 실현하기 위해 재학중 학교 수업 외에 장차 뛰어난 경영자가 되기 위한 현실적이고 실천적인 각종 프로그램에 적극적으로 참여하고 있다. 객관적인 기준에 따라 매우 엄격히 선발되었고, 미래의 경영자로서 학교 수업뿐 아니라 모임의 각종 프로그램을 통해 현실적인 많은 문제를 직접 경험했으며, 무엇보다 훌륭한 경영자가 되고자 하는 뚜렷한 비전을 가진 이들 학생은 기업의 입장에서 볼 때 매우 매력적인 채용 대상이다.

이들은 미래의 꿈을 위해서 당연히 한국기업에 입사하여 한국기업의 경쟁력 향상을 위해 경영자로서의 역할을 수행해야 한다. 이는 맹목적인 국수주의적 발상에서 하는 말은 아니다. 그들의 꿈을 위해서는 한 기업의 일개 지점에 지나지 않고 40대만 되면 용도폐기되기 쉬운 외국계 기업보다는, 보다 보람 있고 큰일을 할 수 있는 기회가 있는 곳이 한국기업이라는 뜻이다. 그러나 현실을 보면 외국계 컨설팅회사나 투자은행의 대우가 한국기업에 비해 월등히 높다. 뿐만 아니라 IMF 관리체제 이후 외국계, 특히 앵글로색슨계 기업의 위상이 실제 이상으로 높게 평가되어 또래 학생들뿐만 아니라 주위에서도 이들 외국계 기업에 취업하는 것이 훨씬 성공한 것으로 인정받고 있는 실정이다. 아무리 이상이 좋다 하더라도 이런 현실적인 유혹을 학생들이 뿌리치기는 상당히 어렵다. 따라서 이들 중 대부분의 학생들은 한국기업의 취업을 포기하고 그들의 꿈과는 다소 거리가 있는 외국계 컨설팅회사나 투자은행으로 발길을 옮기게 된다.

현실적으로 한국기업보다 외국계 기업에 대한 선호도가 높은 사람들에 대해 LG전자는 가장 귀중한 자원인 최고경영자의 시간을 기꺼이 할애하고 있다. 구자홍 대표이사 회장은 오후 5시부터 11시까지 6시간 이상을 그들을 위한 특강과 그들과의 개인적 대화를 위해 할애했다. 이런 공식·비공식 모임을 통해 구자홍 회장은 선배 경영자로서 후배들에게 바람직한 경영자의 역할과 태도에 대해, 그리고 한국기업의 경영자가 누릴 수 있는 보람과 특권에 대해 학생들과 진솔한 대화를 나누었다. LG전자의 정병철 사장(현 LG CNS 사장)은 매학기마다 그들을 따로 저녁 만찬에 초대하여 학생 각자의 꿈과 한국의 경영자가 가져야 할 비전에 대해 대화를 나누고 있다. LG전자의 디지털 디스플레이 및 미디어 사업 본부장인 우남균 사장도 이들 학생과의 정기적인 면담을 통해 선배 경영자로서의 개인적 지도교사 역할을 기꺼이 맡아주고 있다. 최고경영자와의 개인적 대화 후에 이 학생들이 공통적으로 느끼는 것은 한국의 경영자들 중에는 정말 뛰어나고 본받을 만한 인물이 많고 경영자란 정말 한번 해볼 만한 것이라는 사실이다. LG전자 HR부문장인 김영기 부사장은 이에 대해 이렇게 말하고 있다.

"한국의 경영자가 사회적에서나 조직 내에서 받는 존경과 대우가 선진국의 경영자에 비해 떨어지는 것은 사실이다. 하지만 많은 학생들이 우리 경영자의 역할과 보람에 대해 실제보다 더 낮게 평가하고 있다. 학생과 LG 최고경영자와의 대화는 학생들에게 우리의 경영자가 그들이 생각하는 것보다는 훨씬 보람된 일들을 하고 있다는 사실과 앞으로 그들의 중요성이 더욱 커질 것이라는 사실을 알려주기 위해서다. 이를 통해 뛰어난 후배들이 경영자로서의 비전을 갖고 한국기업의 미래를 이끌어 나가기를 바란다. 그들이 LG전자로 오고 안 오고는 차후의 문제다. 우리는 그들이 한국기업의 뛰어난 경영자로 성장하기를 바랄 뿐이다."

LG전자는 1년에 2회 방학 기간을 통해 N-CEO 멤버들에게 인턴십의 기회를 제공하고 있다. 2~4인을 한 조로 구성하고 각 조는 하나의 사업부에서 지정한 특정 과제를 수행한다. 학생들은 보통 미주, 유럽,

아시아 각국에 파견되어 단순한 과제의 수행뿐 아니라 해외 경험과 글로벌 마인드를 얻을 수 있다.

미래의 경영자를 위한 투자에 대해 LG전자 경영진의 입장은 다음과 같이 간단했다.

"우리는 단기적으로 보지 않는다. 우선 우리의 후배들처럼 뛰어난 인재가 한국기업의 경영자가 되는 데 조금이라도 보탬이 된다면 그것에 만족한다. 그들이 LG전자의 일원이 된다면 더 좋은 일이겠지만, 이는 좀더 장기적인 차원으로 생각하고 있다."

LG전자 경영진의 인재에 대한 관심과 투자는 눈에 보이지 않는, 하지만 매우 의미 있고 중요한 결과를 가져왔다. 우선 많은 우수한 인재들이 한국 경영자의 위상과 보람에 대해 다시 한 번 생각하는 기회를 제공해주었다. 아울러 LG전자와의 다방면에 걸친 접촉은 LG전자라는 기업 이미지를 한 단계 높이는 계기가 되었다. LG전자와 직접 접촉한 학생들뿐 아니라 그들의 입을 통해 동료 학생들의 머릿속에도 '인재를 위한 기업'으로서의 LG전자 이미지가 빠르게 자리잡았다. 그 결과 2년 반이 지난 2002년 2월 신입사원 채용에서 LG전자에는 외국계 컨설팅 회사나 외국계 투자회사에 못지않은 우수한 인재가 몰리고 있으며, 입사한 인재들은 그 누구보다 높은 자부심과 의욕을 가지고 있다.

경쟁의 핵심은 인재에 있다는 믿음을 가진 기업이 가진 또 하나의 특징은 인재를 채용하고 육성하는 방법이 그 기업의 가치창출논리와 조직원리, 그리고 경영철학과 일관성을 가진다는 점이다. 예를 들어 지속적으로 새로운 제품과 서비스를 제공함으로써 가치를 창출하는 기업은 일선에서의 기업가적 정신이 매우 중요하다. 이에 따라 조직원리는 독립, 주도권 그리고 문화에 초점을 맞추게 되고 인재도 다양한 경력과 능력을 가진 사람을 필요로 하게 된다. 그리하여 미국 금융기관에서 일한 경험이 있는 미국 일류대학 MBA 출신, 미국 초일류기업에서 R&D 분야를 담당해온 박사급 연구원뿐 아니라 국내 타기업에서 근무한 경험이 있는 사람, 사업 경험이 있는 사람, 심지어 공무원 출신이라 할지라도 그들이 각자의 분야에서 최고라면 이들 기업은 그와 같은 인재의 영입에 모든 열정을 쏟아붓는다.

그러나 기업의 가치창출 원천이 규모에 의한 효율과 저비용이라면 조직원리는 각 기능에 대한 강력한 통제에 맞춰지고 인재의 채용과 육성도 이에 적합한 방법으로 이루어진다. 즉 이런 조직원리를 갖는 기업은 중간 관리자급 이상을 외부인사로 채용하는 경우가 극히 드물고, 대부분 내부 승진에 의해 관리자급을 선발한다. 이들 기업은 막 대학을 졸업한 사람이나 타기업에서의 경력이 길지 않은 젊은 인재를 선발하여 한결같은 내용의 구조화된 양질의 교육과정을 통해 그들을 경쟁력과 충성심이 높고 최선을 다하는 비슷한 유형의 관리자로 양성한다. 이들 기업은 기업가적인 정신보다는 전문성에 더 높은 가치를 두고 있으며, 다양성보다는 획일성을 추구하고 창출하고자 하는 것이다.

성공한 기업의 위험

지금까지 이 장에서 주장하는 바를 다시 정리해보자. 효과적인 성장의 길을 나아가기 위해 기업은 명확한 가치창출논리를 가져야 하고, 이 논리는 조직원리와 인적자원과 긴밀히 연계되어야 한다. 국적을 막론하고 성공한 기업은 이런 연계에 성공한 기업이다.

그러나 이런 연계는 성공뿐 아니라 위험의 원천이기도 하다. 효과적인 연계는 성공을 가져오고, 이는 대내외적인 만족을 가져오며, 만족은

그림 9.2 성공의 경화현상

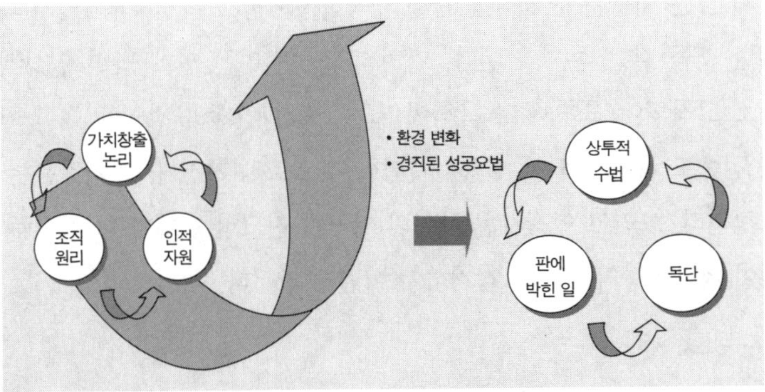

다시 기존의 연계를 더욱 강화시킨다. 시간이 지남에 따라 이런 자기강화 과정은 더욱 힘을 얻게 되고 연계는 더욱 단단히 고착된다. 외부환경이 변하지 않는 한, 그래서 가치창출논리가 유효하다면 이 강화된 연계는 기업의 성과를 더욱 향상시킨다. 그러나 환경이 변하여 기존의 가치창출논리가 더 이상 유효하지 않게 되면 위험이 찾아온다. 이 경우 한때 효과적이었던 연계는 경직되고, 과거의 자기강화 작용의 결과 극복하기 힘들어진다. 시간이 지나감에 따라 그 기업은 과거 성공의 희생양이 되고 만다. 과거의 성공이 크면 클수록 그 기업의 가치창출논리, 조직원리, 그리고 인적자원의 연계가 강해지고, 환경변화로 과거 성상요법이 쓸모없게 되었을 때 그 기업이 성장을 위한 새로운 방법을 모색할 가능성은 낮아진다.

성공한 많은 기업들이 환경변화에 적절히 대응하지 못하는 이유는 대부분 과거 성공적이었던 가치창출논리, 조직원리, 그리고 인적자원 사이의 연계가 가져온 기업 내 타성 때문이다. 그들의 가치창출논리는 시장, 고객, 그리고 경쟁사에 대한 상투적인 수법으로 전락하고 기존의 가치창출논리를 실제로 수행하기 위해 필요한 자원들은 그런 자원과 관계 없는 새로운 전략적 방안을 채택하지 못하도록 하여 기업의 목에 매단 맷돌 같은 존재가 된다. 기업의 조직원리는 판에 박힌 일상적인 일로 고착되어 그 자체가 목적이 된다. 또한 인재와 경영에 대한 기존의 믿음도 독단이 되어 신성불가침한 것으로 여겨진다. 가치창출논리, 조직원리, 그리고 인적자원 사이의 이처럼 견고한 연계가 바로 이들 기업이 외부환경의 변화를 감지하기 어렵게 만든다.

연계와 진화의 결합

한 기업이 환경의 변화에 흔들리지 않고 지속적인 경쟁우위를 갖기 위해서는 연계라는 적합성과 진화라는 유연성 모두를 가지고 있어야 한다. 성공적인 성장을 위해 기업은 가치창출논리, 조직원리, 그리고 인적자원을 일치시켜야 한다. 이때 이들간의 연계는 변화를 힘들게 할 만큼 강해서는 안 된다. 끊임없이 변화하는 환경에서 어떤 성공의 비결도 영원한 것은 없다. 따라서 험난하고도 경쟁적인 환경에서 성장의 기회를 창출하기 위해 최고경영자는 이런 성공의 경화현상에 대해 지속적으로 주의를 기울이고, 그 기업이 외부환경의 변화에 따라 가치창출논리-조직-인적자원의 배치와 연계를 바꾸어야 한다.

1980년대 말과 1990년대 말, LG전자가 직면했던 과제가 바로 환경변화에 따른 가치창출논리-조직-인적자원 연계의 재배치였다. LG전자는 창업 이후부터 1980년대 후반까지 주로 가격 중심의 양적 성장 전략을 통해 발전했다.

당시 한국 전자산업의 경우에 수요는 폭발적으로 늘고 있으나 공급이 지극히 제한되어 경쟁이 거의 없는 상황이었다. 정부의 전자산업 육성정책은 이 같은 사업환경을 더욱 매력적으로 만들어주었고, 이런 사업환경에서 LG전자는 기존의 제품을 가능한 한 대량으로 값싸게 만들어 판매하는 전략을 채택했다. 제품 혁신에 대한 필요성이 없었으므로 R&D 투자는 미미했다. 경쟁도 극도로 제한되어 있어, 제품을 다양화하거나 마케팅에 들어가는 비용을 낮출 수 있었다. 반면에 생산과 유통설비에 대대적으로 투자하여 규모의 경제를 달성하고 이를 통해 단위당 비용을 더욱 낮추었다. LG전자는 국외시장에서도 낮은 비용과 그에 따른 가격상의 우위를 중심으로 시장을 확대하고자 했다.

따라서 당시의 조직구조는 생산과 판매 위주의 체계를 갖추고 하부 사업단위의 자율보다는 중앙의 확고한 통제가 강조된 모습이었다. 혁신적인 제품이 아니라 기존의 제품을 보다 많이 값싸게 만들어 파는 것이 중요한 시점에서 바람직한 인재는 기업가적인 창조적인 사람보다는 주어진 일을 정확하게 수행하고 조직에 높은 충성심을 갖고 헌신할 수 있는 사람이었다. 직원교육도 기존 업무의 효율성을 높이기 위한 기능 위주로 이루어졌다.

1980년대 후반에 이르러 LG전자는 위기를 맞게 되었다. 국내시장에서 후발업체인 삼성전자에 선두 자리를 내주었으며, 노사분규와 수출 감소 등으로 경영실적도 악화되었다. 외부환경도 급격한 변화를 예고하고 있었는데, 정부의 시장개방계획이 바로 그것이었다. 한국보다 먼저 시장을 개방했던 대만의 가전시장이 일본업체에 완전히 잠식당한 전례를 볼 때 이는 엄청난 위협이었다. 기존의 대량생산, 대량판매의 양적 관리방식으로는 다양성을 요구하는 시장환경의 변화에 적극적으로 대처할 수가 없었다. 그래서 LG전자는 새로운 시대의 새로운 법칙을 따라 질적 성장의 추구를 위한 전략, 조직, 인사부분의 변혁을 단행했다.

이런 노력은 1989년의 '21세기를 위한 경영 구상'으로 구체화되어 세계화·마케팅·기술과 상품개발력을 포함하는 경영 과제를 선정하여 중점 추진하게 되었다. 그리고 1990년대 초 가치게임(value game)을 추구하기에 적합한 조직체제를 출범시켰다. 개편된 조직체계는 9개의 전략사업단위(SBU) 산하에 소 사업부 성격을 띤 29개의 사업운영책임단위(OBU)를 운영하는 체제로 구성되었다. 이렇게 개편된 신조직 체계는 자율경영의 정착을 통해 새로운 질적 가치추구 전략을 완수하고자 하는 데 목적이 있었다.

1990년대 말에 이르러 LG전자는 앞으로의 환경은 과거와 전혀 다른 새로운 디지털시대가 될 것이라고 예견했다. 앞으로의 디지털시대를 새롭고 다양한 가치에 바탕을 둔 기회와 위협의 양면적인 의미를 가진 시기로 정의하고, 디지털시대의 기회를 발판으로 '디지털 리더'로 발전하기 위하여 새로운 전략 비전인 '디지털 경영'을 선포했다. 1999년 시작된 '디지털 경영' 체제는 앞서 질적 성장으로의 변화와는 달리, 위기보다는 기회 인식과 내부 역량에 대한 자신감을 바탕으로 디지털 리더로서의 미래상을 포함하고 있다. 이런 디지털 경영전략을 기반으로 LG전자는 마케팅, 테크놀로지, 디자인, 네트워킹의 4대 핵심 역량을 설정했다.

새로 수립한 디지털 경영전략을 보다 구체적으로 시행하기 위한 조직구조로 LG전자는 기존의 SBU체제를 사업본부제로 바꾸었다. 사업본부제는 과거의 SBU와 OBU 체제를 통해 확립했던 자율경영 체제를 유지하면서 동시에 글로벌 경영을 가능하게 하기 위한 것이다. 이후 LG전자는 LG정보통신과의 합병 등 사업재편에 따라 조직을 조기에 안정시키고, 합병의 시너지를 높이기 위해 현재의 3개 사업본부체제로 개편했다. 디지털 경영체제하에서 3개 사업본부는 각각의 사업본부가 독립된 하나의 기업으로 운영되고 있다. 즉 회사 내의 기업으로서 모든 책임과 권한을 사업본부장 중심으로 운영해나가는 것이다.

LG전자의 인력관리에 대한 노력은 꾸준히 전개되어 디지털시대를 대비한 새로운 인력관리 체제를 확립하게 되었고, 이에 따라 변화하는 디지털시대에 필요한 인재의 요건들을 반영하여 '변화를 주도하여 가치를 창출하는 사람'을 새로운 인재상으로 정했다. 이로써 LG전자는 역량 있는 여러 유형의 인재를 선발하고, 개개인의 역량을 최대한 발휘할 수 있도록 인재를 육성하며, 그에 따라 시장원리에 입각한 성과관리를 통해 충분한 보상을 실시하는 개별 인재 중심의 디지털 인력관리를 시행하고 있다.

가치창출논리, 조직원리, 그리고 인적자원의 성공적인 연계와 진화를 이끌고 있는 LG전자의 미래는 어떠한가? LG전자는 한국 최고의 기업으로 자타가 인정하는 삼성전자에 비해 상대적으로 주목을 덜 받고 있는 것이 사실이다. 그러나 이 세 가지 요소의 연계와 진화에 대한 LG전자 경영진의 뚜렷한 의지와 실행, 그리고 무엇보다도 인적자원에 대한 집착은 LG전자의 미래를 상당히 밝게 하고 있다.

제10장
인수 · 합병은 어떻게 관리하는가

1960년대 초기에 스웨덴의 일렉트로룩스는 거대한 가전업계의 작고 보잘것없는 회사 중 하나에 지나지 않았으며, 미국의 GE, 유럽의 필립스나 지멘스, 일본의 마쓰시타 같은 훨씬 큰 글로벌 경쟁자들에 비해 상당히 왜소한 존재였다. 또한 진공청소기와 흡수형 냉장고를 주생산 품목으로 하는 매우 제한된 제품군을 가지고 있었으며, 그나마 후자는 경쟁자들이 생산하는 더 우수한 압축기형 냉장고에 밀려 경쟁력을 잃고 있었다. 자체 연구개발 부서도 없고 생산설비도 구식이어서 매년 적자를 보고 있어 거의 파산 직전이었다.

그러나 20년 후에 스웨덴의 가장 영향력 있는 기업가 집안인 월렌베르그스의 소유 아래, 그리고 이후 스웨덴의 전설적 인물인 웨르텐(Hans Werthen)이 이끈 새로운 경영진의 지도 아래 일렉트로룩스는 세계 1위의 가전업체로 도약했다. 1980년대 후반에 이르러 일렉트로룩스는 5개의 사업부문에 30여 생산라인을 가진, 광범위하고 다각화된 제품 포트폴리오를 보유한 세계에서 가장 큰 가전제품 제조업체가 되었다. 대부분의 사업부문에 걸쳐 일렉트로룩스는 유럽에서 지배적인 위치를 차지했으며, 미국을 포함한 다른 많은 국가들에서도 상당한 시장점유율을 확보하고 있다. 또한 많은 관련 기술분야에서 선도적 입지를 확고히 했고, 대부분의 분야에서 핵심 경쟁자들과 동등한 위치에 설 수 있었다.

일렉트로룩스의 극적 변화의 중심에는 인수를 통한 확장이라는 공격적인 전략이 있었다. 1962년과 1988년 사이에 일렉트로룩스는 40개의 국가에서 200개가 넘는 기업을 인수했는데, 여기에는 스웨덴의 일렉트로 헬리오스, 프랑스의 아서 마틴, 미국의 화이트 컨솔리데이티드, 이탈리아의 자누시 같은 유명한 기업들도 포함되어 있다.

인수확장 전략을 통해서 성과와 입지의 급진적인 향상을 이루어낸 기업은 비단 일렉트로룩스만이 아니다. 지난 20년 동안 전기장비의 ABB, 농·화학의 론-풀랑, 마케팅의 WPP, 의료시스템의 GE 등 몇몇 기업들이 그런 인수전략을 통해 자신들을 범세계적 선두기업의 입지로 올려놓았다.

인수·합병, 내부적 또는 유기적 성장, 그리고 전략적 제휴는 기업이 사업을 확장할 때 사용하는 주요한 수단이다. 이 세 가지의 기업 성장 수단은 상호 배타적이지 않다. 한국의 기업 중에도 이 세 가지의 확장 전략을 병행하면서 급속한 성장을 이룩한 기업이 적지 않다. 그러나 대부분의 기업들은 적어도 일정 기간 성장전략의 핵심요소로써 이들 전략 중 한 가지에 의존한다. 예를 들면 현대그룹은 인수보다는 주로 신규사업에 직접 투자하는 유기적 성장을 통해 성장했고, 대우그룹은 인수를 통해 성장을 주도해왔다. 두산그룹의 경우에는 외국기업과의 전략적 제휴를 통해 그룹의 성장을 도모했다.

성장전략으로서 인수를 선택하는 이유는 무엇일까? 상대적으로 인수전략이 더 적합한 때는 언제인가? 그리고 이 전략을 선택했다면 이를 잘 운영하기 위해 해야 할 일과 하지 말아야 할 일에 무엇이 있을까? 이것이 이 장에서 다룰 주제들이다.

인수를 통한 성장의 전략적 논리

1999년 당시 일렉트로룩스의 가전사업부 책임자였던 요한슨(Leif Johansson)은 〈그림 10.1〉을 통해 일렉트로룩스의 인수를 통한 성장전략을 설명했다. 그는 이 그림을 통해 두 가지 중요한 주장을 했다.

우선 가전사업을 포함한 많은 사업에서 수익성과 시장점유율의 관계는 선형이 아니라 그림에서 보듯 복잡한 패턴을 따른다고 주장했다. 제한된 제품군이나 좁은 지역에 초점을 맞추면 작은 틈새기업도 생존하고 이익을 낼 수 있는 입지가 있다(A구역). 또한 다양한 영역과 시장에서 활동하는 정말 큰 기업이 생존 가능하고 이익을 낼 수 있는 또 다른 입지가 있다(C구역). 이 두 입지 사이에 바로 요한슨이 '이윤 없는 구역'이라고 묘사한 곳이 있는데 (B구역), 여기엔 틈새전략을 펴기엔 너무 크고 선도적인 경쟁자들과 효과적으로 경쟁하기에는 아직 너무 작은, 상대적으로 중간 크기의 기업들이 위치해 있다.

요한슨에 따르면 이런 전략적 입지를 구분하는 시장점유율은 산업별로 다르고, 같은 산업 내에서도 시간에 따라 다르다. 시장을 적절히 정의하는 것도 각 입지를 구분하는 시장점유율을 결정하는 데 영향을 미친다. 예를 들어 가전제품 사업분야의 경우에 한편으로는 개발, 부품생산, 조립의 경제성과 상대적 비용이 정해져 있고, 다른 한편으로는 브랜드 홍보와 물류와 서비스가 정해졌다고 할 때, 그는 지리적 대륙(북

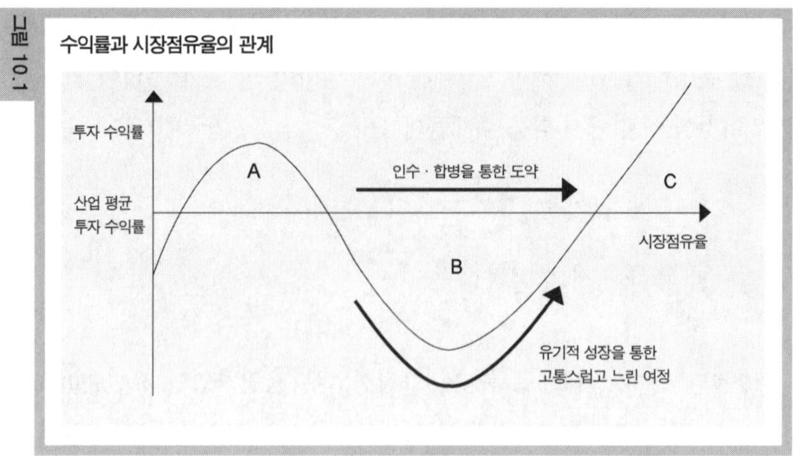

미·유럽·동남아시아 등)이 시장점유율 계산을 위한 올바른 전략적 단위라고 생각했다. 예를 들어 1980년대 초기 유럽 내에서 영국의 핫포인트는 A구역에서 고도로 수익성이 높은 입지를 차지하고 있었고, 필립스는 B구역에서 지속적으로 손해를 보고 있었고, 일렉트로룩스만이 C구역에 위치한 유일한 기업이었다. 다른 사업분야에서 시장점유율을 규정하기 위한 전략적 단위는 전세계(예를 들어 반도체사업), 나라(전력사업), 또는 심지어 한 나라 안의 지역(소매업의 경우) 등이 될 수도 있다. 또한 이런 분할 구역은 원가구조와 경쟁의 진화를 기반으로 시간에 따라 바뀐다.

둘째, 요한슨은 틈새전략으로 지탱될 수 있는 규모의 상한선에 도달한 A구역 내의 기업들은 두 가지 전략적 대안 중 하나를 선택해야 한다고 주장했다. 하나는 현재 규모에 만족하여 그 틈새시장을 방어하는 것에 초점을 맞추거나, 심지어는 수익성을 더 높이기 위해 규모를 부분적으로 축소해야 할지도 모른다(A구역의 상한선에서는 시장점유율 감소가 수익성을 개선시킴). 유럽의 가전업계에서 (GE에 의해 인수되기 전의) 핫포인트와 TI크레다(TI-Creda) 같은 몇몇 기업들이 이 방법을 따랐다. 그러나 요한슨에 따르면 이 전략은 매우 위험하다. 왜냐하면 평균적으로 기술과 시장의 발달이 B구역의 시작점을 뒤로 후퇴시킴으로써 A구역을 잠식하기 때문이라는 것이었다. 더욱이 개방경제하에서 이 전략은 더 큰 기업들에 의한 인수에 대해 점점 더 취약해진다.

또 다른 대안으로 이들 기업은 A구역에서 C구역으로의 성장을 시도할 수 있다. 이렇게 하는 데에는 두 가지 방법이 있었다. 첫째는 많은 일본기업들이 시도했듯이, 내부적 성장을 통해 유기체적으로 성장하는 것이다. 그러나 이런 성장은 투자가 수익을 내기까지 대개 5년 내지 7년이라는 상당히 오랜 시간이 걸린다. 이 기간 동안 그 기업은 수익 없는 B구역을 통과해야 하고, 만족스럽지 못한 재무적 성과에 긴 시간 동안 시달려야 한다. 내부적으로는 행정적 절차, 경영평가 체계 그리고 경력관리 등의 문제로, 외부적으론 자본시장의 압력으로 인해 대부분의 기업과 경영자들은 이런 유기체적 성장의 힘들고 긴 여행을 피하려고 한다. 대신에 그들은 인수와 합병을 통해 B구역을 건너뜀으로써, A구역에서 C구역으로 전환하고자 한다. 근본적으로 그들은 손익계산서상의 오랜 기간에 걸친 적자보다 한 차례 대차대조표상의 충격을 선호한다. 또한 산업별로 생산능력이 과잉되어 있는 시대에 내부적 성장을 통한 새로운 물량증가는 종종 모두에게 큰 재앙이 된다. 그리고 급속한 산업 구조조정하에서 기회는 너무 빨리 지나가기 때문에 유기적 성장이라는 느린 과정을 통해 이런 기회를 활용하기가 점점 어려워진다. 요한슨에 따르면, 이런 외부적인 전략적 고려사항과 내부적인 행정제약들로 인해 그의 회사뿐 아니라 다른 많은 기업들이 인수를 통한 성장을 더 선호하게 된다는 것이다.

시장점유율과 수익성 사이의 곡선관계(〈그림 10.1〉)에 대한 요한슨의 전제에 논란의 여지가 없는 것은 아니다. 많은 학자들과 컨설턴트들은 이 관계의 이론적 가치와 다른 여러 사업에의 적용이라는 일반성에 대해 의문을 제기하고 있다. 이 패턴에 대해 요한슨은 각 제품시장이나 지리적 시장에의 진입은 최소한의 광고와 서비스, 물류와 관리비용을 필요로 한다고 했다. 이는 기업들에 의해 일반적으로 변동비용으로 취급되지만, 실제적으로는 고정비용이라는 논지로 정당화하고 있다.

상대적으로 높은 점유율을 누리고 있는 하나 또는 소수의 시장에서 사업을 하고 있는 A구역의 기업들은 이런 비용을 많은 최종 생산물에 배당할 수 있다. 반면에 B구역에 있는 기업들은 많은 종류의 제품들을 생산하고 많은 시장에 진입해 있지만, 각 분야와 지역에서 상대적으로 적은 양을 생산하고 있다. 결과적으로 이들이 각 시장에서의 존재를 유지하기 위해 필요한 고정비용은 그들에게 과도한 부담이 되어 재무적 수익이 감소하게 된다. C구역에 있는 기업들은 전체적으로 더 높은 시장점유율을 누리고 있으며, 이는 각 부분에서 보다 큰 규모를 뜻하기 때문에 이들 비용의 단위당 비중은 줄어든다. 잠재적인 규모와 범위의 경제와 함께 이것이 다른 두 구역에 속한 기업들보다 높은 수익 기회를 제공해준다는 것이다.

가치창출 대 가치획득

최근 특히 IMF 관리체제 이후, 한국에서 기업간의 인수·합병은 중요한 전략적 이슈의 하나로 부상하고 있다. 기업간 인수·합병(M&A)은 전혀 새로운 것이 아니라 과거에도 많은 한국기업들이 성장전략으로 사용해온 방법이었다. 대우그룹을 비롯한 많은 한국기업들이 인수·합병을 통해 수많은 사업을 영위하는 거대한 제국을 건설하고자 했다. 그러나 과거 제국건설식의 인수와 현재 한국의 산업구조를 재편하고 있는 기업인수와 합병의 물결은 근본적으로 차이가 있다. 과거 기업인수의 핵심동기나 경영상의 의도는 주로 '가치획득', 즉 이전 소유주로부터 실제가치보다 헐값에 사들이거나 정부로부터 받는 세금혜택이나 각종 지원을 통해 간접적인 이익을 얻는 것이었다. 반면에 현재 그리고 앞으로 한국에서 진행되어야 할 기업간의 인수·합병은 과거의 단순한 가치획득보다는 '가치창출'을 위한 것이어야 한다. 즉 인수한 기업과 자사의 기존 사업과의 잠재적 시너지를 고려하고 이런 잠재적 시너지를 실제로 극대화하기 위한 통합에 주력하는 가치창출을 위한 인수·합병이 되어야 한다. 기업간 인수·합병에 있어 실질적인 가치창출은 주로 기존 사업과 새로 인수된 사업간의 통합과정에서 발생한다.[1]

한국에서는 이처럼 산업 구조조정과 가치창출을 위한 M&A가 점차 일반화될 것이다. 가치창출을 위한 M&A를 성공적으로 이끈 기업들의 경험을 통해 우리는 인수를 통한 성장을 성공적으로 관리하기 위한 간단한 교훈을 얻을 수 있다. 물론 산업의 특성, 인수기업의 과거 경험, 그리고 각 인수에 따른 특별한 상황 등에 따라 차이는 있을 수 있다. 그러나 전반적으로 볼 때 이들 성공적인 기업이 인수 전후의 각 단계에서 채택하고 있던 접근법에는 분명히 어떤 공통점이 있다.

효과적인 인수·합병

인수를 통한 성장은 어떻게 관리해야 하는가? 인수 전 협상은 어떻게 하는 것이 바람직하며, 실제 인수 후에 양 기업간의 통합은 어떻게 이루

---

1 이런 가치창조와 가치 포획을 위한 인수에 대한 구별은 Philippe Haspeslagh와 David Jamison의 저서 *"Managing Acquisitive Growth,"* (New York: The Free Press, 1988)에 제시되었다.

기업 인수 · 통합을 위한 청사진

인수 전 협상과정	인수 후 통합 과정		
	1단계	2단계	3단계
	정리와 기반 구축	전략적 · 조직적 재활력	인사와 운영의 통합
신속히 진행할 수 있도록 미리 준비하라	일사분란한 최고경영진을 구성하라	비전과 높은 목표를 설정하라	인수기업과 피인수기업간의 접촉영역을 확대하라
평가 · 협상팀을 신중히 구성하라	보고와 통제 체계를 확립하여 규율을 엄격히 하라	기본적인 기능적 역량과 직원의 기능 향상을 위해 투자하라	생산, 마케팅, 정보기술(IT) 등에 대한 합리화 작업을 공동으로 수행하라
실제 운영을 담당할 경영자를 참여시키고 아니라고 판단될 때 즉시 빠져나올 수 있도록 하라	단기간에 쉽게 감축가능한 비용을 해소하라	필요할 경우 조직구조의 개편을 단행하라	다양한 수준에서의 쌍방향 인적교류를 실시하라
최선의 거래를 위해 매도자 동기를 충분히 이해하라	성과와 사기진작을 위해 소수의 즉각적인 성공 사례를 창출하라	최고경영진은 지속적인 관심을 가져라	

어져야 하는가? 〈표 10.1〉은 이런 질문에 대한 교훈을 정리하고 있다.

인수 전 협상 과정

신속히 진행하라: 인수 전 과정에서 첫 번째 성공요인은 신속히 진행할 수 있는 능력을 키우는 것이다. 인수 대상기업이 시장에 나오는 순간 시장은 광란 상태가 된다. 여러 구매자들이 좋은 조건의 입찰계획을 가지고 뛰어드는데, 이런 상황에서 누가 빨리 움직이느냐가 종종 승자와 패자를 갈라놓는 결정적인 요인이 된다.

신속히 움직이기 위한 한 가지 방법은 미리 준비하는 것이다. 1980년대에 일렉트로룩스가 일련의 전략적 인수를 통해 자사의 세계적 하부구조를 구축하고 있었을 때, 요한슨의 사무실 선반은 폴더들로 꽉 차 있었다. 각 폴더는 가전업체에 대한 완벽한 분석과 함께 일렉트로룩스가 만약 그 업체를 인수할 기회를 갖게 된다면 어떻게 해야 하는가에 대한 상세한 계획들로 채워져 있었다. 이는 단지 얼마를 지불해야 하는가 뿐만 아니라 그 인수가 성사된다면 어떤 행동을 취해야 할 것인가까지 총망라한 자료였다. 요한슨은 세계 각국의 주요 가전업체에 대해 각각의 폴더를 만들었고, 각각의 폴더를 정기적으로 업데이트하는 것을 제도화했다. 이처럼 미리 준비를 하고 있었기 때문에 이런 회사들이 실제로 시장에 매물로 나왔을 때 아주 빠르게 움직일 수 있었다.

SK텔레콤이 한국이동통신을 인수한 것도 정보통신산업으로의 진출을 위해 오랫동안 준비해온 결과였다. 1980년대 중반 석유화학 수직계열화 완성이 가시화될 무렵, 당시 SK그룹의 최고경영자였던 최종현 회장은 '세계 일류기업의 종합 정보통신기업'으로서의 SK그룹이라는 새로운 비전을 제시하고 정보통신산업의 진출을 결정했다. 당시 한국에서 정보통신산업은 낯선 산업이었으나, SK그룹은 장기적 경영전략으로 통신산업으로의 진출을 결심했다. 1989년에는 미국에서 이동전화사업을 실제로 운영해보는 한편, 국내에서도 이동통신 관련 기업을 설립하는 등 꾸준한 준비작업을 실시했다. 이런 준비과정은 제2이동전화사업권을 획득했다가 사업권을 반납하는 어려움에도 불구하고 결국 1994년 한국이동통신을 인수함으로써 결실을 맺게 되었으며, SK그룹이 정보통신기업으로 도약하는 밑바탕이 되었다.

볼보건설기계 코리아도 예외는 아니었다. M&A를 본격적으로 고려하기 이전인 1997년 중반에 볼보건설기계는 자사의 굴삭기 부문에서의 가격경쟁력과 급감하는 채산성의 경쟁력을 높이기 위해 전략적 제휴를 시도하고자 세계 여러 업체의 제품을 대상으로 시장조사를 실시했다.

그 결과 한국의 삼성중공업 건설기계 제품이 제품력에서 가장 뛰어나지만, 유통부문이 취약하여 경쟁력이 떨어진다는 사실을 알게 되었다. 이에 볼보건설기계는 삼성중공업에 OEM 공급을 통한 전략적 제휴를 제안하는 등 여러 가지 협력 방안을 모색하던 중 IMF 관리체제 이후 삼성그룹이 구조조정 차원에서 중장비 부문을 매각하기로 결정하자 이에 신속히 호응하여 인수를 성사시켰다.

평가와 협상팀을 신중히 구성하라: 두 번째 성공 요건은 인수 전 단계를 담당할 팀 구성에 주의를 기울여야 한다는 것이다. 인수 전 단계의 업무는 이상적으로 두 개의 별개팀을 구성하여 맡기는 것이 좋다. 첫 번째 팀은 인수 대상에 대한 전략적·조직적·운영적 측면을 평가하는 데 초점을 맞추어 구성되어야 하고, 인수협상이 성사되었을 경우에 인수된 회사를 실제적으로 운영할 운영책임자들을 포함해야 한다. 두 번째 팀은 금융·법률 담당자들로 구성되고 이들이 실제 협상을 진행해 나가야 한다. 두 번째 팀에는 한두 명의 운영책임자가 포함되어야 하는데, 그들은 주로 조용한 관찰자로서의 역할을 해야 한다. 이 팀은 최선의 협상조건을 얻어내기 위해 충분한 자율권이 보장되어야 하고, 운영팀이 가지고 있는 평가에 영향을 받아서는 안 된다.

인수협상 과정은 관성적 몰입, 즉 자신이 한 일에 계속 집착하기 쉬운 것으로 유명하다. 투자은행가들, 컨설턴트 등 협상에 참여한 외부인들은 협상이 완결되어야 돈을 번다. 심지어 내부 담당자들조차도 무엇인가를 추격하는 박진감에 사로잡혀 협상을 타결하고자 하는 감정적인 욕구를 갖게 된다. 첫 번째 팀에는 예측한 개선사항을 실제적으로 이루어내야 할 관리자를 포함시키고, 동시에 두 번째 팀에는 법적·재무적 조건이 만족스럽지 못할 경우 과감히 협상을 포기할 수 있도록 첫 번째 팀과는 전혀 다른 팀으로 구성해야 하는 이유가 바로 이 때문이다.

매도자의 동기를 이해하라: 적절한 가격을 얻어내기 위한 요령은 매도자의 매도 동기와 매도자가 우선시하는 것을 완전히 이해하고, 가능한 모든 측면에서 다른 입찰 경쟁자들보다 거래에 관해 나은 정보를 보유하는 것이다.

매도자의 동기를 이해하고 이를 인수·합병에 활용하는 능력이 뛰어난 기업으로는 대우그룹을 들 수 있다.[2] 대우그룹이 세계경영의 일환으로 동유럽에 적극 진출할 당시를 살펴보자. 1995년 김우중 전 대우그룹 회장은 카리모프 우즈베키스탄 공화국 대통령, 젤레프 불가리아 대통령, 나자르바예프 카자흐스탄 공화국 대통령, 바웬사 폴란드 대통령 등 동유럽 각국 정상들과 직접 만나 현지투자와 교역확대 방안에 대해 의견을 나누었다. 이들 국가는 모두 한국의 압축성장을 모델로 삼고 있었고, 또한 증가하는 실업문제로 인해 외국기업들이 진출해 고용을 늘려주기를 바라고 있었다. 대우-FSO 자동차 공장을 경영하고 있던 석진철 사장은 이에 대해 다음과 같이 말했다.

"동구권 국가들은 산업화를 통한 경제개발을 원하고 있다. 국영기업들은 사회주의적 계획생산체제하에서 비효율성이 누적되었고, 현재는 민영화를 위해 매물로 내놓고 있다. 이를 대우가 사들여 고용을 확대하고 기간산업을 확충하겠다고 하면, 그들은 경제개발 욕구를 충족시킬 수 있고 대우는 시장의 구매력과 저임금을 이용할 수 있지 않겠는가?"

이런 매도자의 동기를 충족시켜준 대가로 대우가 얻은 것은 실로 막대한 것이었다. 동유럽에서 처음 진출한 우즈베키스탄 공화국의 경우

---

2 최도성, 박철순, 1997, "대우의 신흥시장 진출 전략: 대우 자동차의 동유럽 진출 사례 개발," 경영사례연구, 서울대학교 경영대학 경영연구소.

에 1996년 8월 우즈대우 자동차공장 준공 축하광고에 카리모프 우즈베키스탄 대통령이 직접 모델로 나왔으며, 이 공장의 준공일은 한-우즈베키스탄 친선의 날로 지정되었다. 우즈베키스탄 정부는 생산량의 절반을 수출할 것을 조건으로 우즈대우에 초기 2년 동안 외국차의 수입을 규제하여 내수판매를 보장해주고 5년 동안 법인세와 소득세를 면제해주기로 했다. 뿐만 아니라 자동차 부품의 무관세 통관, 공장용지 무료제공, 경쟁차종의 수입관세 대폭 상향조정, 파이낸싱에 대한 정부 지급보증, 기타 도로·통신 지원 등의 조건들을 정부와의 협상에서 얻었고, 이에 필요한 문서들은 내각 강령을 만들어 대통령의 특별사인으로 신속히 진행되었다. 여러 가지 다른 요인에 의해 대우그룹의 동유럽 진출은 실패하고 말았으나, 매도자의 동기를 신속 정확히 파악하고 이를 활용한 측면에서 대우그룹은 매우 성공적이었다.

가격협상시 명심해야 할 한 가지 중요한 법칙은 인수 대상기업의 구체적인 구조적 사실들에만 초점을 맞추고 인수를 통해 인수회사가 얻게 될지도 모르는 잠재적 시너지 효과 등의 혜택 부분에 관해서는 언급하지 않는 것이다. 인수자의 운영으로부터 얻어지는 시너지는 인수자의 몫이다. 따라서 자신이 스스로 이끌어낼 이익에 대해 지불할 필요는 없다.

인수 후의 통합 과정

전략적 인수를 통해 인수한 기업을 통합할 때 핵심적인 사항은 모든 것을 한꺼번에 처리하고자 하는 유혹을 피하는 것이다. 인수할 대상 회사는 대부분 어려운 상황에 처해 있다. 이때 가장 먼저 할 일은 어지러운 상황을 정리하고, 바닥에 떨어진 돈을 줍는 것이다. 즉 단기간에 비용을 줄일 수 있는 일부터 시작하는 것이다. 이런 일은 즉시 처리되지 않으면 나중에 훨씬 더 힘들어진다. 그리고 기본적인 기초가 세워지고 나면, 인수기업의 전략적·조직적 재활력으로 초점을 옮겨야 한다. 마지막 단계에 와서야 인수기업과 피인수기업 사이의 실제적인 운영과 구성원들의 통합이 이루어지는 것이다.

정리하기: 인수된 기업은 한동안 낮은 생산성, 낮은 가동률, 흐트러진 기강과 도덕성 등으로 제대로 운영되지 않은 경우가 대부분이다. 따라서 가장 우선적으로 해야 할 일은 이런 문제들을 빠르고 효과적으로 처리하고, 이를 통해 신속하게 몇 번의 성공을 이끌어내는 것이다.

이 시점에서 가장 중요한 일은 인수기업 내에 잘 조화된 최고경영진을 확립하는 것이라고 할 수 있다. 때때로 기존의 최고경영자가 그대로 남는 경우도 있지만, 대개의 경우에는 강하고 새로운 경영자를 그 자리에 세워야 한다. 최고경영자 아래의 임원직들은 보호하되 최고경영자는 해고하는 것이 일렉트로룩스가 인수에서 적용하는 기본 원칙이었다. 인수 전 협상시 형성된 관계 때문에 과거의 최고경영자에게 또 다른 기회를 주려는 유혹이 생길 수도 있는데 그렇게 해서는 안 된다. 완전히 정비된 팀을 지배층에 두지 않는다면 인수 후의 변화를 지연시키게 된다. 나중에 많은 충돌이 발생하고 비용을 들인 후에 고생하는 것보다는 먼저 매를 맞는 것이 낫다.

한국에서 인수·합병을 비교적 성공적으로 이끈 기업들도 예외가 아니다. 현대자동차가 기아자동차를 인수할 때도 현대자동차의 정몽구 회장이 기아자동차의 회장을 겸임하고 현대자동차 출신의 김수중 사장이 기아자동차의 사령탑을 맡는 등 최고경영진이 바뀌었다. 그러나 많은 문제가 있었던 재경·자재 등 관리부문의 임원 8명을 제외한 나머지 분야의 경영진은 대부분 그 자리를 유지했다. 오히려 새 경영진은 회사를 나가는 많은 인재를 붙잡으려고 노력하는 등 기아의 기존 인력을 중시했고, 이 조치는 혼란에 빠져 있는 가아자동차 직원들의 심리를 비교적 빨리 안정시킬 수 있었다. 하나은행의 경우에도 보람은행의 구자정 은행장이 과감하게 용퇴하기로 결정한 후 김승유 행장을 중심으로 하나은행과 보람은행의 경영진으로 구성된 새로운 집행부를 확립했다. 이는 합병 후에 하나은행이 한 방향으로 전 조직이 매진할 수 있었던 원동력이 되었다.

인수기업의 재무보고를 비롯한 각종 경영시스템을 피인수기업에 가능한 한 빨리 정착시키는 것 역시 중요하다. ABB가 인수 후에 제일 처음 시행한 것 중 하나가 전세계 ABB 조직을 포괄하는 ABACUS 시스템을 완성하는 것이었다. 한국이동통신을 인수한 SK텔레콤이 안고 있던 가장 중요한 과제는 공기업 체제를 민간 경영체제로 바꾸어 경영의 효율성을 높이는 것이었다. 인수 당시 한국이동통신은 정부 소유인 한국통신의 자회사로 모든 경영시스템이 매우 비효율적이었다. 따라서 기존 업무를 유지하면서 민간기업의 경영시스템을 도입·정착시키는 것과 동시에 기존의 공기업 조직원들에게 비즈니스 마인드(business mind)를 심어주는 것이 시급했다. 이를 위해 SK그룹은 SKMS(SK Management System)와 SUPEX(Super Excellence)를 새로운 조직에 정착시키기 위해 노력했다. SKMS는 SK 고유의 경영관리체제로 경영관리에 관한 합의와 용어 정의를 통해 경영에 대한 동질성을 도모하고 이윤극대화라는 경영목표를 분명히 하여 조직 전체의 힘을 이윤극대화로 집중시키자는 목적으로 만들어졌다.

구체적으로 일류기업들이 가지고 있는 통상적인 경영기법을 전폭적으로 받아들이되, SK 구성원의 두뇌활용도를 일류기업들이 따라오지 못할 수준으로 높여서 오늘날의 치열한 기업경쟁의 상황 속에서 경쟁우위를 확보하자는 것이었다. SUPEX 추구란 SKMS를 보다 효율적으로 실행할 수 있는 실천전략으로, 일을 할 때 인간이 달성가능한 그 일의 극한치를 찾아서 목표치를 정하고 그 목표달성을 위해 꾸준히 노력하는 것이다. SKMS와 SUPEX를 통해 SK는 공기업으로서 경쟁체제하에 효율성을 추구하는 경영방식에 익숙하지 못한 한국이동통신의 관리자들에게 SK의 관리방식을 습득하게 하고, 동시에 그들에게 새로운 직무와 자기계발을 위한 새로운 기회를 부여했다.

과거의 오랜 비효율적인 경영 때문에 많은 피인수기업은 즉각적인 비용절감과 생산성 개선 효과를 거둘 수 있다. 불필요한 자산의 정리가 핵심적인 방법 중 하나인데, 이런 불필요한 자원은 예상외로 크다. 그러나 일회성인 자산매각 외에도 굴러다니는 잔돈을 주울 기회는 상당히 많다. 예를 들면 피인수기업은 한동안 재무적 불확실성에 당면해왔을 것이고, 원료공급자들은 이런 위험을 그들의 가격구조에 반영해왔을 것이다. 인수를 행하는 회사의 재무적 건전성은 그 기업의 구매력과 함께 이들 비용의 즉각적이고 상당한 절감을 가져온다. 이 조치들은 즉각적으로 취해져야 하는데, 시간이 지날수록 이 문제는 발견하기도 어렵고 실행하기도 어렵기 때문이다.

기아자동차의 새로운 최고경영진이 처음부터 신경을 썼던 부분이 바로 이런 즉각적인 비용절감과 생산성 개선이었다. 기존의 기아는 외형적인 그룹을 만들기 위한 허장성세가 많았다고 판단한 경영진은 우선 총 32개에 달하던 기아그룹의 계열사를 통폐합하여 1개사의 외형을 갖추었다. 그리고 비업무용 부동산 위주로 자산을 매각하여 돈을 마련하고, 인수기업인 현대자동차의 재무적 건전성과 공동구매를 통해 자재 가격의 인하를 단행했다. 동시에 새 경영진은 부도 이후에 무너진 기강을 확립하고 공공연하게 자행되고 있던 부조리를 척결하는 것이 원가

절감의 지름길이라고 판단했다. 따라서 그들은 일정 기간 암행감사를 실시하여 공장으로부터 빼돌린 차가 새벽시장에서 공공연히 거래되는 현장을 단속하는 등 부조리 척결에 총력을 기울였다.

재무적 규율이 비용 측면에서의 정리를 시작하는 동안, 매출에서도 신속한 성공을 이끌어내는 것이 이 단계에서는 중요하다. 매출 확충을 위한 가장 중요한 요소 중의 하나는 가동률을 개선하는 것이다. 생산과 정의 병목현상을 해소하기 위한 약간의 투자와 인수회사로부터의 마케팅 지원은 산출량을 획기적으로 늘리는 데 충분하다. 어떤 경우에는 다른 생산공장에서 생산하던 물량을 인수된 공장으로 이전하는 것도 가능하다. 그러나 생산량 증가에 가장 많이 기여하는 것은 아마도 피인수기업 내의 직원 사기진작과 외부적으로는 공급자와 고객들과의 개선된 신용도일 것이다.

전략적 · 조직적 재활력: 운영상의 구조조정을 위한 첫 단계 이후에도 피인수기업이 인수기업의 기존 운영체계 내로 완전히 통합되기 위해서는 피인수기업의 전략적 · 조직적 재활력이라는 두 번째 단계를 거쳐야 한다. 이것은 수술 후 갖게 되는 회복기와 같은 것인데, 이 단계를 거쳐 환자는 정상적 삶으로 돌아갈 수 있다.

규율이 제대로 서 있지 않은 직원, 낮은 기능 수준, 동기부여를 상실한 중간관리자들, 그리고 비타협적인 노동조합 등은 잘못된 경영의 전형적인 결과다. 피인수기업은 이런 병폐들로 고통을 겪기 마련인데, 이 문제들을 다루는 것은 시작단계보다는 첫 번째 단계에서 성과가 개선되고 피인수조직에서 정당성을 얻기 시작한 후가 적당하다.

아마도 이 문제들을 다루는 가장 중요한 도구는 일련의 의미 있는 가치들과 높은 목표를 바탕으로 한 명확한 비전, 즉 목표의식일 것이다.

이는 미래에 대한 낙관, 기대감, 자긍심 등의 환경을 조성하고, 이런 환경하에서 전략과 조직의 변화가 가능하다. 어떤 변화들은 고통스러울 수도 있다. 인력과 임금구조를 합리화할 필요가 있을 수도 있고, 중간관리자들이나 하위관리자들이 필요한 기능이나 능력을 가지고 있지 않을 수도 있으며, 어떤 사업 부분은 구조조정이 필요할 수도 있다. 미래의 가능성에 대한 비전을 확실히 설정하지 않으면 그 고통은 감내하기 어려울 수밖에 없다.

일렉트로룩스가 어려움에 처하게 된 이탈리아의 유명한 자누시를 인수했을 때 새로운 경영진은 정리단계에서 8개월 정도의 시간을 투자했고, 그 다음에 팀 구축에 들어갔다. 팀 구축과정에서 가장 큰 성과는 비전, 가치, 그리고 기본 원칙을 확립한 것이었다. 이는 광범위한 관리자 경력개발 프로그램을 위한 중심축 역할을 했고, 이전과 아주 다른 노동조합과의 관계를 형성하는 토대가 되었다.

하나은행의 김승유 행장은 합병을 새로운 은행에 새로운 문화, 곧 성과중심의 문화를 도입할 수 있는 절호의 기회로 보았다. 이는 단순히 합병은행에 새 문화를 도입한다는 의미뿐만 아니라 출신을 따지지 않고 성과만이 유일한 평가기준이 될 것이라는 사실을 명확히 함으로써 조직통합에 보다 큰 의미를 갖는 것이었다. 김승유 행장은 '흑묘백묘론', 즉 흰 고양이든 검은 고양이든 쥐를 잡는 고양이가 좋은 고양이라고 주장하면서 모든 평가는 어느 은행 출신인가에 상관없이 오로지 성과만으로 이루어질 것이라고 했다. 공식·비공식 석상을 막론하고 출신은행을 따지는 일이 있어서는 절대로 안 된다는 사실을 기회가 있을 때마다 강조했다.

"늘 하는 말 중에 '경쟁력은 경쟁을 통해서만 길러진다' 란 말이 있는데, 성과주의 문화를 확산하는 것은 통합은행이 살아남기 위한 유일한 방법이었다. 기업문화 통합은 정말로 중요하다. 하지만 그건 그냥 두 문화를 말로만 통합하는 것이 아니라 통합은행의 모든 임직원들이 성과주의라는 새로운 우리 은행의 비전을 공유하는 것을 의미한다."

통합은행의 기본 원칙으로, 성과주의에 대한 김승유 행장의 말이다.

이 단계에서 또 다른 핵심 과제는 인수된 회사의 기본 역량을 강화하는 것이다. 이는 기술수준의 향상과 품질개선, 연구개발 강화, 그리고 노동인력의 기술수준을 향상시키는 것을 포함한다. 한국이동통신의 기본 역량을 강화하기 위해 SK는 우선 R&D 분야는 기존의 장점을 살리면서 역량을 강화하는 방식으로, 마케팅·재무 분야는 SK 방식을 도입하여 경쟁환경에 적합한 사기업 특유의 효율중심 방향으로, 인사·조직 분야는 불만요소를 줄이고 개혁을 위한 동기를 유발시키는 방향으로 노력했다. SK그룹이 한국이동통신을 인수하던 당시 한국이동통신에는 마케팅 부서가 아예 존재하지도 않았고 단지 영업소만 있었다. 공기업이었던만큼 유통망을 확보하기 위해 비용을 지불해야 한다는 개념도 없었고, 고객서비스 부문에 대한 체계도 제대로 확립되어 있지 않았다. 한국이동통신 마케팅의 취약성은 1994년 9월경 당시 경쟁자였던 015의 서울이동통신이 시장에 진입하자 일 년 반 만에 무선호출 시장 점유율이 절반으로 줄어든 사실에서 여실히 드러났다. 한국이동통신의 구성원도 이런 상황에 긴장했고 마케팅 분야를 혁신시킬 필요성을 절실히 느끼고 있었다.

이에 SK는 1994년 8월 경쟁력강화 특별위원회를 구성하고 이의 실행조직으로 총 5개 팀 19반으로 이루어진 경쟁력 강화 태스크포스팀(TFT)을 조직했다. TFT의 구성원들은 먼저 혁신안을 연구하면서 공감대를 형성하고 서로의 업무 스타일을 이해하는 데 초점을 맞추었다. 이런 이해는 인적 네트워크로 확산되었는데 경쟁구도로 변화해야 한다는 상황에 대한 긴장감이 그 확산을 더욱 촉진시켰다. SK는 변화를 강요하기보다는 시간은 오래 걸리지만 한국이동통신의 기존 임직원들이 변화의 필요성을 스스로 느끼고 동료의식을 가질 수 있도록 노력했다.

인사 분야에서도 한국이동통신은 교육과 보상제도가 SK만큼 체계적이지 못하고 공기업 특성상 연공서열의 관료주의 형태를 띠고 있었다. 공무원식 직급제도, 엄격한 직급별 할당제, 실적보다는 형식과 규정 위주, 육성과 활용보다는 배치위주 등이 한국이동통신 인사제도의 기본원칙이었다. 이에 SK는 자료분석과 임직원 의견 수렴을 바탕으로 외부 교수자문, 국내외 선진기업 벤치마킹, 그리고 워크숍을 통해 우수 인재 확보, 구성원의 능력개발, 능력 발휘와 활용을 위한 각종 제도를 도입하여 시행했다.

대부분의 경우에는 인수계약이 발표되면 인수회사의 최고경영자들은 인수된 회사에 관해 모든 관심을 잃는다. 대조적으로 일렉트로룩스의 경우에는 최고경영진이 전략적·조직적 재활력 단계 전반에 걸쳐 인수된 회사에 지속적으로 높은 관심을 기울였다. 그들의 잦은 방문과 분명하게 드러나는 개인적 관심이 어렵고 고통스러운 시기에 에너지를 지속적으로 불어넣어 주는 역할을 했다.

인적자원과 운영의 통합: 피인수기업이 더 강해지고 견실해졌을 때 비로소 인수기업과 피인수기업간 인력과 운영의 실제적 통합이 이루어진다. 이 시기까지 두 회사간의 접촉은 조심스럽게 통제되고, 두 기업의 몇몇 개인들만 가교 역할을 한다. 이 마지막 단계에 두 기업간의 접촉은 확장되고 더 많은 쌍방간의 인사교류가 이루어지는데, 이것은 기존 조직과 인수된 기업을 궁극적으로 하나의 통합된 조직으로 융화시키기 위한 것이다.

이때가 바로 생산과 영업인력을 합리화하고 통합된 IT시스템을 실행하며, 최고경영진의 완전한 결합을 꾀하여 본질적인 인수를 이루어내는 시기다. 이때쯤이면 인수 후 통합이라는 것이 더 이상 문제가 되지 않는다. 인수된 기업은 이제 기업 전체 네트워크의 완전한 일원이 되었고, 여러 활동은 거대하고 다각화된 운영체계하에서 일상적으로 일어나는 선의의 경영활동이 된다.

제**11**장
다각화기업의 이점을 극대화하라

다각화된 기업의 경영에 대한 이야기 중에는 사실인 것도 있으나 허구인 경우도 상당히 많다. 따라서 다각화에 관한 많은 얘기 중 허구와 진실을 규명하는 것은 한국의 많은 다각화된 기업에게 매우 중요한 일이다.

우선 기업들이 다각화를 추구해온 추세를 보자. 1960년대와 1970년대에 미국기업은 다각화를 핵심전략으로 채택하고 앞다투어 새로운 사업에 뛰어들었다. 매력적인 사업 포트폴리오 모델에 심취하여 많은 기업들이 전망 없고 경쟁력도 없는 사업(즉 BCG모델에서의 dog)을 높은 성장과 경쟁력을 갖는 사업(즉 star)으로 전환하고자 했고, 이를 통해 강력한 내부 자본시장을 기반으로 지속적이고 활기찬 기업을 만들고자 했다.

그러나 1980년대에 들어서면서 이들은 기존 사업의 활발한 철수와 매각을 통해 다각화된 사업구조를 전문화된 구조로 바꾸는 데 전력을 기울이게 되었다. 1970년대 BCG 사업 포트폴리오 모델을 따랐던 많은 기업들이 실패하자 1980년대에는 소위 '하던 거나 잘해라'는 충고를 금과옥조로 받아들이게 된 것이다. 이런 집중화 전략을 맹목적으로 신봉하던 많은 기업들은 다양한 시장과 기술이 융합하면서 창출된 엄청난 새로운 사업기회를 놓치는 결과를 가져왔다.

다각화 추세의 변화는 합리적인가

많은 사람들이 이런 다각화 추세의 변화를 외부환경의 변화에 따른 기업의 합리적 의사결정의 산물로 설명한다. 즉 1980년대 들어 경쟁이 격화됨에 따라 다각화된 사업구조는 기업자원과 능력의 분산을 가져와 한정된 역량을 소수의 사업에 집중 투자하는 전문화된 기업에 비해 경쟁력이 떨어지게 되었다. 또는 과거에는 자본시장이 비효율적이어서 기업들이 다각화를 통해 기업 내 내부 자본시장을 형성하고, 이는 자금의 효율적인 배분을 가져와 전문화된 기업에 비해 경쟁우위를 가질 수 있었다. 그러나 점차 효율적인 외부 자본시장이 형성됨에 따라 이런 다각화의 이점이 사라졌다고 설명하기도 한다.

다각화 추세의 변화가 기업의 합리적 의사결정에 의한 것이라는 주장을 받아들인다면 1980년대 이전에 적극적인 다각화를 추구한 기업과 1980년대 이후에 다각화된 사업을 축소한 기업의 경영성과는 향상됐어야 한다. 그러나 실제로 1980년대 이전 다각화를 적극 추진한 기업의 성과는 평균적으로 그렇지 않은 기업보다 떨어졌다. 또한 1980년대 이후 다각화된 사업의 매각과 철수를 단행한 기업의 성과도 타기업에 비해 단기적으로는 향상됐지만 중장기적으로는 매각과 철수 이전의 성과

보다 낮았다. 이런 상황에 비추어볼 때 다각화의 추세 변화가 기업의 합리적 의사결정의 산물이라는 주장은 설득력이 약하다.

한편 일부에서는 다각화를 기업, 특히 최고경영자의 비합리적 의사결정의 산물로 해석하기도 한다. 사실 다각화는 최고경영자 개인의 입장에서 볼 때 상당히 매력적이다. 우선 다각화는 위험분산 효과를 통해 기업의 파산위험을 줄이고, 이는 최고경영자 개인의 고용이나 명성에 있어서의 제반위험을 감소시킨다. 또한 다각화를 통한 기업 규모의 증가는 최고경영자의 보수, 사회 내 영향력과 명성을 높여줄 뿐만 아니라 하나의 제국건설을 통해 조직 내 경영자 개인의 파워와 성취감을 높여준다. 따라서 다각화는 최고경영자가 주주의 이익보다 개인적인 이해에 더 몰입하기 때문에 추진하게 된다는 것이다.

이 주장은 많은 기업에서 공통적으로 발견되는 현상으로 상당한 설득력이 있으나, 다각화 추세의 전반적인 변화를 설명하기에는 여전히 충분치 않다. 만약 다각화가 최고경영자 개인의 이익 추구를 위해 이루어졌다면 왜 1980년대 이후에 많은 기업들이 다각화를 추구하기보다 다각화된 사업의 축소에 열중했는가? 왜 1980년대 이후에 최고경영자는 더 이상 자신의 이해를 추구하지 않는 이타주의자로 바뀌었는가? 물론 1980년대에 들어서면부터 자본시장이 발달함으로써 자본시장에 의한 통제기능이 강화되어 최고경영자가 개인의 이해를 추구하는 것이 더 이상 가능하지 않았다는 주장도 있을 수 있으나, 자본시장의 통제기능이 1980년대 초에 갑자기 극적으로 강화됐다고 보기는 어렵다.

다각화는 경영유행의 산물이다

그렇다면 다각화 전략 추세의 급격한 반전을 어떻게 설명할 수 있을까? 〈월스트리트 저널〉〈비즈니스 위크〉〈포춘〉〈파이낸셜 타임스〉 등 최고경영자들이 즐겨 읽는 신문과 잡지의 기사를 분석해보면 그 단서를 찾을 수 있다. 다각화에 관한 기사만 발췌하여 이를 다각화에 호의적인 기사와 비호의적인 기사로 나누어 연도별로 분석해보자. 이 비율의 분포는 그 기간 기업들이 실제 다각화를 추구한 정도의 분포와 1~2년의 시차를 두고 일치한다(〈그림 11.1〉 참조). 1970년대에는 보스턴컨설팅그룹(BCG)의 사업 포트폴리오 모델 등 다각화에 대한 여러 경영기법과 다각화를 통해 성공한 기업의 사례 등 다각화에 대해 호의적인 기사가 주종을 이루고 있었다. 반면에 1970년대 말부터는 '다각화 기업의 종말' '위험한 또는 재앙을 가져오는 다각화' '자신이 하던 사업에 전념하라' 등을 머리기사로 한 다각화에 대한 부정적인 기사가 대다수였다. 이는 기업의 다각화에 관한 의사결정이 그 당시 사회의 다각화에 관한 지배적인 견해, 즉 경영유행(management fashion)에 많은 영향을 받는다는 사실을 강력히 시사하고 있다.

컨설팅회사, 대중매체 그리고 경영학자 같은 경영유행 창시자들은 각 시기마다 모든 기업에 적용되는 특정의 바람직한 다각화 방향이 있는 것처럼 주장해왔다. 이것은 다각화에서의 '경영유행'이다. 그러나 실제로는 다각화된 기업이라도 동일한 기간 어떤 기업은 탁월한 성과를 올리는 반면에 어떤 기업은 성과가 극도로 저조했다. 전문화된 기업이라도 어떤 기업은 성공하고 또 어떤 기업은 실패했다. 이것이 다각화의 '경영현실'이다. 요컨대 현실을 보면 바람직한 다각화 방향은 외부환경의 특성에 의해 모든 기업에 일률적으로 적용되는 것이 아니다. 그

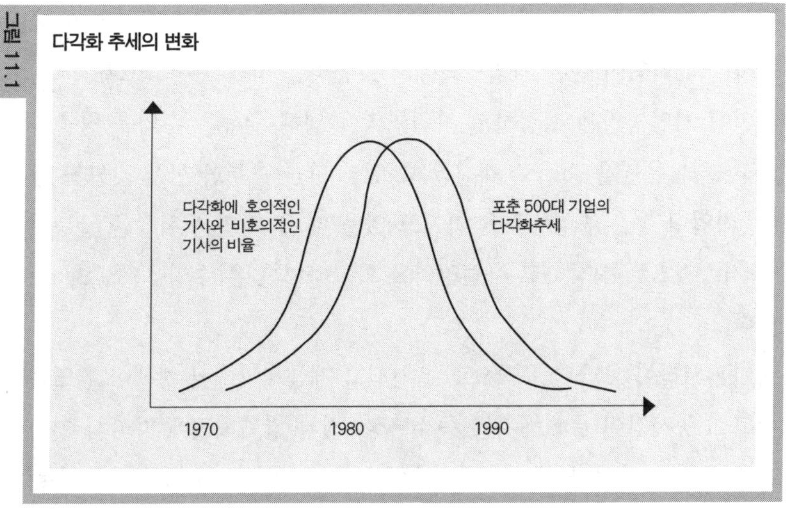

보다는 해당 기업 사업간의 관련성에 의한 잠재적 시너지의 정도와 이런 잠재적 시너지를 실현하기 위해 각 사업을 관리·조정하는 그 기업의 경영능력에 의해 결정된다.

한국기업도 상당수가 이런 다각화의 유행에 빠져 허덕이고 있다. 고도성장기에 많은 사업에 진출했던 한국기업들은 IMF 관리체제 이후 핵심역량에 입각한 사업구조조정을 위해 컨설팅회사의 도움을 요청하고 있다. 이 과정에서 많은 기업들이 스스로가 어떤 핵심역량도 가지고 있지 못하다는 사실을 인식하고 있다. 그러나 그렇다고 사업을 완전히 청산할 수도 없지 않는가? 그로 인해 그들은 슬로건을 만들어 마치 그들에게 핵심 역량이 있는 것처럼 위장하고 있다. 이는 각 기업이 지금 영위하고 있는 사업을 정당화하고 동시에 앞서가는 현대적인 기업인 것처럼 보이게 하기 위해서다.

다각화에 관한 근본적인 이론은 단순하다. 기업의 경영능력과 시장규율의 관계는 끝없는 투쟁의 연속이다. 시장의 힘은 기업을 최대한 분해하여 경제학자들의 이상인 완전시장, 즉 작고 나약하기 마련인 하나하나의 기업이 좁은 사업영역에서 활동하는 상태를 만들고자 한다. 반면에 기업경영은 성장하고 사업영역을 넓히며 높은 수익을 창출하고 자신의 운명을 스스로 개척할 수 있을 만큼 충분한 힘을 갖고자 한다. 기업이 높은 경영능력을 가지고 있을 때 그 기업은 시장을 굴복시켜 지속적으로 성장하고 사업영역을 확장하며 높은 수익을 창출할 수 있다.

자본시장이 보다 효율적으로 운영되고 제품시장에서 경쟁이 치열해지고 노동시장이 유연해지는 등 시장이 점차 강력해짐에 따라서 기업은 그들의 다각화된 사업영역과 수익을 보존하기 위해 보다 높은 수준의 경영능력을 가져야 한다. 이런 상황에서 경영능력을 향상시킬 수 없는 기업은 시장에 굴복할 수밖에 없다.

현재 한국에서 발생하고 있는 상황도 바로 이런 관점에서 해석할 수 있다. 시장은 보다 효율적이고 완전해지고 있다는 점에서 보다 강력해지고 있다. 이런 상황에서 한국기업에게는 두 가지의 선택이 있다. 한 가지는 시장이 강력해지는 만큼 그들의 경영능력을 급속히 강화시키는 것이다. 이 경우에 그들은 자신의 생존을 지키며 지속적으로 성장하고 사업영역을 확대할 수 있다. 만약 경영능력을 향상시킬 수 없다면 그들은 사업영역을 축소하여 집중해야 하고 극단적으로는 사업을 그만둬야 할지도 모른다.

성공적인 다각화를 위한 경영능력은 무엇을 요구하는가? 첫째는 각 사업부간의 관련성에 따른 잠재적 시너지를 극대화하는 것이고, 둘째는 이런 잠재적 시너지를 실현하기 위해 각 사업을 관리·조정하는 능력을 갖추는 것이다.

잠재적 시너지를 극대화하는 다각화

많은 사람들이 관련다각화가 비관련다각화보다 좋다고 알고 있다. 그러나 과연 무엇에 대한 관련인가를 정확하게 이해하는 사람은 그리 많지 않다. 바람직한 다각화의 첫째 조건은 각 사업간의 잠재적 시너지를 극대화하는 것이다. 시너지는 두 가지 원천, 즉 각 사업간에 핵심적으로 요구하는 자원을 공유하거나 능력을 이전함으로써 창출된다. 각 사업간의 자원을 공유하거나 능력을 이전하는 것은 각 사업에서 핵심적으로 요구하는 자원과 능력이 비슷할 때, 즉 관련이 있을 때만 가능하다. 따라서 우리가 바람직한 다각화라고 할 때의 관련다각화는 각 사업에서 핵심적으로 요구하는 자원과 능력이 관련이 있고, 사업간 자원 공유나 능력 이전이 가능한, 즉 각 사업간의 잠재적 시너지가 극대화되는 다각화를 의미한다.

이론적으로나 논리적으로 바람직한 다각화는 각 사업에서 핵심적으로 요구하는 자원과 능력이 서로 관련이 있어서 잠재적 시너지를 극대화하는 사업구조를 갖는 것임에도 불구하고 실제로 많은 경영자들은 시너지와 전혀 상관없는 다각화를 관련다각화로 오해하고 있다. 캐주얼웨어업체의 선두주자인 리바이스가 전통적인 신사복사업으로 진출한 경우를 관련다각화로 인식하는 사람들이 있다. 그러나 실제로 이 두 사업은 브랜드 이미지, 유통망, 디자인 능력, 마케팅 능력 등 각 사업에서 핵심적으로 요구되는 자원과 능력면에서 전혀 관련 없는 비관련다각화다. 즉 편의성을 강조하는 캐주얼웨어 업체로서의 브랜드 이미지와 이를 위한 유통망 같은 핵심적인 자원은 품위를 요구하는 신사복사업에서 공유할 수 없다. 케쥬얼웨어를 위한 디자인이나 미케팅 능력도 신사복사업에서 요구하는 능력과 달라서 그 혜택이 미미하다. 물론 이처럼 제품면에서 관련이 있는 경우, 생산과 관련된 자원이나 능력이 유사하여 공유·이전이 가능하나 이런 생산과 관련된 자원이나 능력은 캐주얼웨어나 신사복사업에서 별로 중요하지 않은 비핵심적인 것이다. 따라서 리바이스의 다각화는 제품면에서는 관련이 있으나, 핵심적으로 요구되는 자원과 능력면에서 관련 없는 비관련다각화다.

관련다각화에 관한 또 다른 잘못된 인식은 각 사업의 시장이나 고객이 비슷하면 관련다각화로 보는 것이다. 세계 최대 시멘트업체 중 하나인 영국의 블루서클 인더스트리스는 1980년대 부동산 개발, 벽돌, 주방기기, 난방 보일러, 욕조사업 등으로 진출했다. 이러한 사업으로의 진출을 뒷받침한 논리는 이 모든 사업이 주택건설에 필요한 것으로 주택건설업자라는 고객면에서 볼 때 서로 관련 있는 사업이라는 것이다. 주택건설업체는 왜 주방기기 구입시 자신에게 시멘트를 공급하는 블루서클로부터 주방기기를 구입해야 하는가? 이는 블루서클의 주방기기가 다른 주방기기업체의 제품보다 질이 좋거나 값이 쌀 경우인데, 이것은 주방기기사업에서 핵심적으로 요구되는 자원이나 능력을 블루서클이 타업체보다 많이 보유하고 있을 때 가능하다. 시멘트사업자로서의 블루서클이 보유하고 있던 자원과 능력이 주방기기사업에서 유용하게 사용될 수 없다는 것은 자명하다. 각 사업의 고객이나 시장이 유사하면 관련다각화라는 인식은 잘못된 것이다. 이런 잘못된 인식을 바탕으로 블루서클이 마지막으로 진출한 사업은 잔디깎기 기계사업이었다. 주택건설과 직접적 관계는 없으나 그래도 다른 사업보다는 주택건설과 관련이 많다는 논리를 바탕으로 한 어리석은 결정이었다.

성공적인 다각화의 조건으로서 관련다각화는 그 기준이 제품이나 시장(또는 고객)의 관련성이 아니라, 각 사업에서 핵심적으로 요구하는 자원이나 능력의 관련성으로 판단해야 한다.

다양성과 통합성을 동시에 관리하라

성공적인 다각화의 두 번째 조건, 즉 사업부간 핵심적인 자원과 능력 면에서의 관련성에 따른 잠재적 시너지를 실현하기 위해 각 사업을 관리 · 조정하는 능력이란 과연 무엇을 의미하는가? 어떤 능력으로 인해 GE, ABB, 3M 같은 기업들이 고도의 다각화에도 불구하고 계속 번영할 수 있도록 하는가?

본질적으로 그런 기업들은 '통합된 네트워크' 라고 할 수 있는 형태로 그들의 조직을 만들고 관리하는 능력이 있다(〈그림 11.2〉 참조).

이 형태의 조직은 다음의 세 가지 중요한 특징을 갖는다. 첫째, 강하고 혁신적인 사업부다. 이들은 자체적으로 탄탄한 자원과 능력을 가지고 있으며, 전략과 운영 측면에서 높은 수준의 자율권을 가지고 있다. 둘째, 강한 상호신뢰의 분위기에서 사업부간에 지식, 경영기법, 그리고

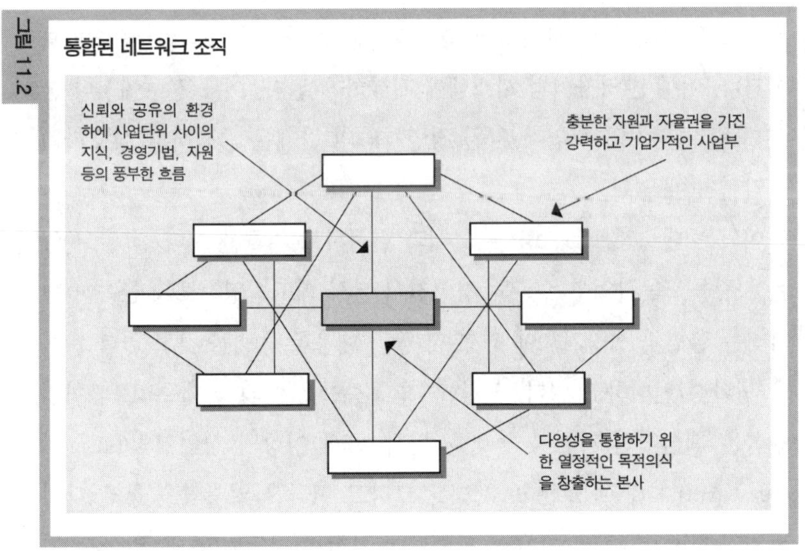

여타 자원이 수평적으로 풍부하게 상호 이전될 수 있어야 한다. 마지막으로 공유된 열정, 가치체계, 동질감 등 강력하고 매력적인 목적의식을 지속적으로 창출하고 유지하는 본사 차원의 원동력이 필요하다. 이런 목적의식은 조직의 다양성을 통합시키는 접착제의 역할을 한다.

기업가적이고 권한을 가진 사업부

과거 한국기업의 조직은 중앙집권적인 허브조직이었다. 이 모델에서는 규모와 범위의 경제를 획득하기 위해 모든 중요한 자원과 권한이 본사에 집중되어 있고, 각 사업부 수준에서는 중앙조직의 지시에 따라 충실히 사업을 수행하도록 강요했다. 그런데 이 모델은 결국 실패로 가는 지름길이다.

본사의 경영진이 각 사업부를 통제하는 데 필요한 새로운 계층의 위계질서와 복잡한 시스템과 이런 중앙집권화는 다각화된 기업에 반드시 필요한 사업부 수준의 기업가 정신을 억제할 수밖에 없다. 중앙집중화된 허브조직에서 각 사업부의 경영자들은 회사에 복종적인 성향을 보이거나, 아예 반역자처럼 시스템에 저항하게 된다. 어느 경우에서나 본사 차원 경영자와 사업부 차원 경영자와의 관계는 끔찍하고 상호파괴적일 수밖에 없다.

이와는 대조적으로 ABB는 고객과 밀접하고 기술을 보다 잘 알고 있는 사람들, 즉 사업부 수준의 경영진이 본사 최고경영진보다 급속히 변화하는 환경과 시장기회에 훨씬 더 빨리 대응할 능력을 갖고 있다는 점을 명확히 인식하고 있다. 사람에 대한 강한 믿음과 함께 ABB의 이런 인식은 핵심적인 자원과 능력을 먼저 40개 이상의 사업영역(Business Areas: ABB 사내용어로는 BAs)으로, 그리고 이들 사업영역을 통해 다시 전세계 1,100개가 넘는 ABB 지사로 급격히 이전되었다. 오직 이런 인력과 전략적 자원의 급진적인 이전을 통해서만 전통적인 위임이 진정한 권한이양이 되는 것이다.

그러나 이런 분권화된 자율조직들이 혼돈에 빠지지 않도록 하기 위해 다각화된 기업은 그 기업 내에 원칙을 지키고자 하는 강한 의식을 확립해야 한다. 앞장에서 언급했듯이, 원칙을 지킨다는 것은 복종과는 완전히 다른 것이다. 원칙을 지킨다는 것은 명령과 통제에 의해 부과되는 것이 아니라 행동에 관한 내부규범과 상호기대로 기업 내에 내재화되어 있다.

자원과 지식의 사업부간 공유

단순히 각 사업부가 권한과 기업가 정신을 가지고 있다는 사실은 다각화된 기업을 정당화하기에 충분하지 않다. 각 사업부는 본사 차원의 희생 없이도 완전히 독자적인 활동을 할 수 있을 만큼 독립적이다. 그러나 다각화된 기업이란 그 규모에 따른 각종 혜택과 그 다양성에 따른 각종 형태의 시너지를 충분히 활용할 수 있어야 한다. 통합된 네트워크 조직에서는 이런 장점들이 사업부의 기업가 정신을 파괴할 수밖에 없는 중앙집권적이고 상명하달식인 수직적 방식이 아니라 자원, 지식, 최고의 경영기법 등을 서로 다른 사업부간 수평적으로 통합·공유함으로써 발생한다.

이런 사업부간 수평적인 공유의 정도는 사업구조의 성격에 의해 결정된다. 휴렛패커드나 소니처럼 높은 상호의존성을 가진 사업들을 보유한 기업에서는 기술개발, 생산, 마케팅 같은 기능분야에서 공동작업을 할 수 있다. 그러나 운영에서의 사업부간 상호의존성이 그다지 높지 않은 기업에서 사업부간 통합은 아이디어, 경영기법, 그리고 경영진을 공유하는 형태를 취할 수 있다. 예를 들어 GE를 보면 그토록 다양한 사업구조에도 불구하고 이런 형태의 공유에 뛰어난데, 이는 최선의 경영 기법과 서로 다른 사업부간의 접점에 존재하는 기회를 발견하고 활용하는 각종 프로그램을 사업부간에 이전하는 과정이 매우 고도화되어 있기 때문이다.

이처럼 사업부간 공유와 통합에는 그룹 내 신뢰를 바탕으로 한 기업문화를 창출하는 것이 핵심이다. 조직 내부의 신뢰야말로 다각화에 궁극적인 정당성을 부여한다. 즉 조직 내 신뢰는 다른 사업부의 경영자들이 시장거래에서는 불가능한 방식으로 서로 협조하는 것을 가능하게 한다. 내부적인 투명성과 개방성, 그리고 의사결정의 공정성과 형평성을 확립하고자 하는 노력, 이 두 가지가 신뢰의 문화를 구축하는 데 필요한 핵심적 요소들이다.

수평적 통합에 필요한 또 다른 조건은 사람들이 함께 일할 수 있게 하는 다양한 메커니즘과 회의체다. ABB에서는 기업 내에 부서별 회의, 사업부간 회의와 각기 다른 조직에서 선발된 팀 등이 다양하게 존재한다. 이런 회의체들은 그저 모여서 이야기나 하는 모임이 아니라 달성해야 할 쉽지 않은 과제와 함께 분명한 결과물을 제출해야 한다. 이들 모임은 사업부간의 자원과 지식, 역량의 공유를 증진시킬 뿐 아니라 시간이 흐름에 따라서 자신의 사업영역에 집중하면서도 회사 전체의 목표와 우선순위를 고려할 수 있는 경영자를 개발하는 주요 수단이 된다.

본사 차원의 원동력

한때 ABB의 최고경영자였고 현재 명예회장인 바네빅(Percy Barnevik)은 ABB를 '오버헤드 기업(overhead company)'이라고 말했다. 여기서 '오버헤드'란 본사 관리조직을 의미하는 것이 아니다. ABB는 3,500억 달러 규모의 기업이지만 본사 직원은 150명 남짓인 세계에서 가장 군살 없는 회사 중의 하나다. 그가 말한 오버헤드의 의미는 본사 최고경영자들이 각국의 계열사로 끊임없이 출장을 다니면서 회사의 비전과 가치, 정책을 강화하기 위해 늘 들고 다니는 수백 장의 오버헤드, 즉 슬라이드 필름을 일컫는다. ABB의 현 최고경영자인 린달(Goran Lindahl)은 "분권화된 조직이 가능하려면 먼저 중심틀을 구축해야 한다"고 말했다. 기업이 성취하고자 하는 것이 무엇인가에 대한 명확한 비전, 어떤 조직이 되기를 원하는지에 대한 일관적인 가치체계, 전체적인 동질감 등이 이런 '중심틀'을 구성하는 요인이다. 이 틀을 구축하는 일이야말로 ABB의 최고경영진이 다양한 사업과 시장을 통합하기 위해 해야 할 핵심 과제인 것이다.

이런 틀은 기업이 영위하고자 하는 사업 영역과 분권화된 사업가정신과 사업부간 통합이 동시에 가능토록 하는 사내규범을 정의해준다. 이는 기업의 전략적인 야망과 성과에 대한 기대도 명확하게 정의하고 있어야 한다. 이런 중심틀이 없으면 독립적인 기업가 정신은 곧 정치적 분권주의로 퇴색되며, 여러 가지 사업상의 시도들도 일관되지 못한 지엽적인 것이 되고 만다. 이것이 지난 수십 년 간 많은 다각화된 기업들이 궁극적으로 추락하게 된 원인이다.

주요 인력의 선발, 개발, 적절한 배치도 이런 중심축을 구축하는 과정에서 핵심적인 것으로 기업의 주요 책무다. 궁극적으로 다각화된 기업이 흥하는가 망하는가는 그 다양성을 관리할 수 있는 사람을 육성하고 유지하는 능력이 있는가 없는가에 달려 있다. 이 능력은 우연히 일어날 수 없으며, 사업부 수준의 경영자에게 전적으로 맡겨둘 수도 없다. 잭 웰치가 반복해서 강조한 것처럼 이것은 GE 경영진이 가지고 있는 가장 중요한 관심사였다. 즉 회사에 지속적인 리더십을 제공하는 인재의 '공급관'을 관리하는 것이 GE 경영진의 최대 관심사인 것이다.

제12장
크지만 유연한 기업

거대조직은 이를 위에서 바라보느냐, 아래에서 바라보느냐에 따라 매우 다르게 보인다. 위에서 조직을 보는 고위경영진들은 질서, 균형, 일관성을 본다. 이들은 조직을 기업활동과 직무를 단계별로 분해하기 위한 논리적인 도구로 간주한다. 그러나 아래에서 조직을 바라보는 조직하부의 일선직원들에게 조직은 그들의 모든 에너지와 시간을 빨아먹는 스폰지 같은 수많은 통제자들의 집합으로 보인다. GE의 잭 웰치는 이런 기업을 '고객들에게는 엉덩이를 들이밀고 사장만 바라보는' 기업이라고 말했다.

한국기업들은 극도로 위계적인 경향이 있다. 공기업은 정부로부터 계급적이며 관료주의적인 방식을 답습해왔다. 가족경영의 지배구조를 가진 재벌그룹은 가족 구성원의 온정주의와 직원들의 극단적인 복종으로 인해 대부분 계급제도와 기능적으로 유사한 조직체계를 가지고 있다. 심지어 한국 내 다국적 기업의 지사들조차 다른 나라의 자회사들에

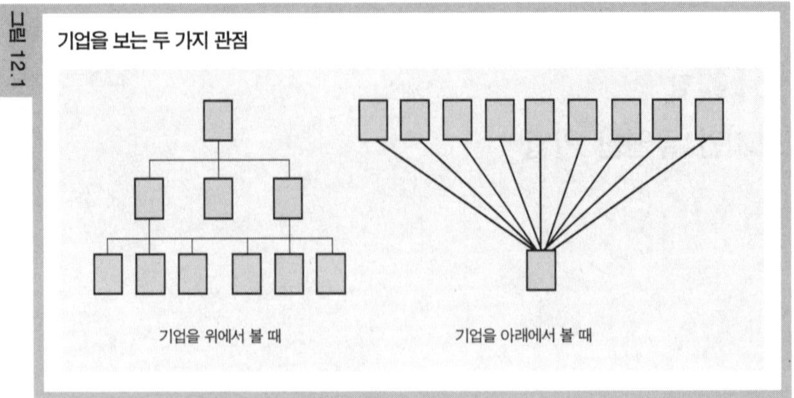

비해 훨씬 더 위계적인 경향을 보인다. 한국에서 최고경영진이란 새로운 기회창출을 위한 기업가적인 책임을 갖고 있다는 믿음이 팽배하다. 이런 믿음은 가장 중요한 자원이었던 정부의 허가와 은행의 자금이 가장 높은 계층에서 조정되던 과거에는 그다지 잘못된 것이 아니었다. 그러나 그 결과 대부분의 한국기업에는 경쟁적인 경제환경에서 가장 중요한 일선에서의 기업가적인 생기와 개개인의 주도권이 결핍되어 있다.

지난 몇 년 동안 한국의 상급경영자들은 경영 일선에서의 주도권을 재건해야 할 필요성을 강하게 인식해왔다. '역피라미드'형 조직이라는 대중적인 기치하에, 그들은 조직 전체에 권한위임이라는 메시지를 퍼뜨리기 위해 괄목할 만한 돈과 시간을 투자해왔다. 그러나 대부분의 경우 그 개념은 일반직원이 보기에 무의미한 미사여구에 지나지 않았고, 전 계층에 걸쳐 냉소적인 반응만 얻었다.

조직구성원들의 타성에 좌절한 일부 경영자들은 이 구성원들을 교체해야 변화의 장애물을 극복할 수 있다고 믿게 되었다. 기존의 행동방식에 익숙한 경영자들에게 새로운 방식을 가르치는 것은 매우 힘들기 때문이다. 이런 생각을 하고 있는 사람이 있다면 다음의 사례는 매우 흥미로울 것이다.

1989년 웨스팅하우스가 어려움에 처해 있던 동력전송과 유통사업의 일부를 ABB에 매각했을 때 미국의 릴레이 사업도 이 거래에 포함되어 있었다. 코럴 스프링스(Coral Springs)에 위치한 이 오래된 사업은 어느 정도 이익을 내고 있었으나, 생산라인이 낡아서 매우 제한된 성장의 기회만을 제공하고 있었다.

그러나 ABB가 경영권을 인수한 1992년, 그 사업은 성장성 높은 신생기업의 실적을 보여주었다. 수출은 12퍼센트에서 20퍼센트로 성장했으며 급진적인 구조조정으로 영업이익은 두 배로 증가했다. 게다가 이 사업은 전통적인 전자기계식 제품들을 보완하는 마이크로프로세서를 기반으로 한 릴레이 기술을 개발하여 새롭고 거대한 성장영역으로 확장하기 위한 기초를 닦았다.

이 이야기에서 주목할 만한 인물은 릴레이 사업의 책임자이자 ABB의 경영권하에 시행된 구조조정의 기획자인 잰스(Don Jans)이다. 그는 웨스팅하우스에서 30년 이상 근무하면서 릴레이 사업이 ABB로 넘어가기 전에 웨스팅하우스의 경영자로 릴레이 사업을 맡고 있었다. 2년이 채 안 된 기간에 그는 웨스팅하우스의 엄격한 위계적인 속박에서 벗어났다. 잰스는 이에 대해 다음과 같이 말하고 있다.

"나는 웨스팅하우스에 있을 때보다 훨씬 광범위한 권한과 책임을 가진 경영자다. 이곳에서 우리는 세계를 시장으로서, 전문가적 지식의 원천으로서, 그리고 성과의 기준으로서 볼 것을 끊임없이 요구받고 있다. 이것은 힘들고 벅찬 일이지만 동시에 우리에게 활력과 흥미를 불어넣어 주고 있다. 우리는 지금 경영에 대해 전혀 새로운 개념을 발견하고 있다고 느낀다."

이런 성공 사례는 ABB에만 국한된 것이 아니다. 지난 10년 동안 세계의 많은 기업들은 기업구성원의 창조적인 재능을 불타오르게 하고 기업가적인 열기를 조성하는 데 성공했다. 유럽에서 전형적인 관료주의적 기업으로 꼽혀왔던 루프트한자는 여객항공, 화물항공, 여행, 항공기 엔지니어링과 유지 보수, 그리고 정보기술 서비스 등 분권화된 기업가적 활력을 가진 사업들의 연합체 형태로 스스로를 변신시켰다. 일본에서 도요타는 일선의 관리자들이 기업가적인 활력을 가질 수 있도록 조직체계에서 두 단계를 없애버렸다. 한국에서도 많은 기업들이 직급체계와 의사결정 단계를 획기적으로 줄임으로써 조직에 보다 많은 활력을 제공하고자 노력하고 있다. 조직 내 활력을 불어넣은 데 성공한 기업과 권한위임은 했으나 여전히 경영자들의 행동에 변화를 가져오지 못하는 기업을 비교해 보면 다음의 두 가지 면에서 확연한 차이가 있다.

첫째, 일선에서의 기업가 정신이 필요하다는 사실을 인식하면서도 대부분의 기업들은 빠르고 쉬운 해결책만 찾으려고 했다. 예를 들어 자본예산 편성과정이 매우 느리고 번거로우며 유연하지 못하다는 사실을 인식하고, 코닥이나 캐터필러 같은 기업들은 조직 주변에 새로운 '벤처사업단위'를 만들었다. IBM 같은 기업들은 일상적인 관료주의나 기업의 간섭으로부터 특정의 프로젝트를 보호하기 위해 독립된 사업부로 분사했다.

이런 접근법들은 초기에 성공을 가져왔다고 주장하지만, 그 기업들이 추구하고 있던 보다 광범위하고 장기적인 해결책을 제공하는 데 거의 실패하고 말았다. 주된 이유는 이런 접근법이 너무 평범한 원칙에 기초했다는 점에서 찾을 수 있다. 즉 근원적인 경영문제를 해결하기보다는 그 문제를 회피하려 한 것에 지나지 않았던 것이다. 그 결과 IBM은 새로 분사된 사업부에서 PC를 생산할 수 있었으나, 본사 조직 안에서는 기업가적 활력과 관련된 새로운 움직임을 창출할 수 없었다. 더구나 분사된 사업부의 기업가적 활력도 그 사업부가 나중에 본사 조직과 다시 통합되었을 때에는 사라져버렸다.

이와 대조적으로 기업구성원들에게 진정한 의미의 권한을 부여하는 데 성공한 기업들은 기업가적인 과정을 기업의 주변이나 외부가 아닌 그들 조직의 가장 중심부에 구축하는 데 성공했다. 이를 위해 그들은 주요 경영과정과 전반적인 조직구조를 근본적으로 변화시켜야 했다. 이 장에서 우리는 기업들에게 기업가 정신과 그들의 조직 안에서 새로운 기회를 찾을 수 있도록 해주는 전제조건인 전혀 다른 형태의 조직구조와 과정에 대해 설명할 것이다.

그러나 이런 조직적인 변화 자체만으로는 충분하지 않다. 변화를 구성원들의 일상행동에 주입하기 위해서는 경영자들의 역할과 직무를 근본적으로 바꾸어야 한다. 거대기업들의 일선, 중간, 그리고 상급경영자들은 오랫동안 각자의 정해진 역할을 수행해왔다. 명료하고 분명한 다른 새로운 역할이 제시되지 않는다면 그들은 항상 해왔던 대로 행동할 것이다. 심지어 중요한 조직적인 변화를 거친 후에도 상급경영자들은 여전히 자신의 직무를 기업전략을 수립하고 자원배분자로서의 역할을 통해 수립된 전략을 실행하는 것으로 보고 있다. 중간경영자들 역시 익숙한 관리상의 조정자 역할을 수행하면서 여전히 조직 내 견제와 균형에 대한 욕구를 충족시켜 주는 데 역점을 두게 된다. 그리고 상부로부터의 많은 지시와 통제에 짓눌린 일선의 경영자들은 외부 기회보다 내부의 요구에 따라 운영을 집행하는 역할을 지속하게 된다. 이런 경영자의 타성에 젖은 행동은 변화과정에서 얻을 수 있는 모든 활력을 빼앗아버린다. 이는 변화에 대한 저항이나 태업 때문이 아니라 가장 의식이 있는 경영자조차 그들 직무에 있어 어떤 변화가 요구되는가를 명확히 이해하지 못하기 때문이다.

이와는 대조적으로, 일선의 기업가 정신에 초점을 맞춘 기업들은 그들의 경영자들에 대해 전혀 다른 역할과 직무를 제시한다. 이 새로운 역할들은 수직적인 관계에 의해 정의되는 것이 아니라 각각의 경영자 계층이 기업가적인 프로세스에 그들만의 독특한 가치를 추가할 수 있는 전혀 다른 방식으로 정의된다. 지금부터 이런 새로운 경영자의 역할에 대해 설명하겠다. 우리는 이를 대기업을 경영하기 위한 기업가적 모델이라고 부르기로 하겠다.

기업가 정신이 충만한 기업의 특징

사업구조와 기업의 역사에 따라 그 기업의 경영제도는 달라지지만, 기업운영의 핵심적인 분야에서 기업가적인 과정을 효과적으로 발전시키는 데 성공한 기업들은 세 가지 조직상의 특징을 가지고 있다.

첫째, 그들은 우선 소규모의 분리된 사업단위를 구축하고, 그 사업단위의 성과에 대한 권한과 책임을 부여한다. 그리고 각 사업단위를 그들 조직의 주요한 기본단위로 삼는다.

둘째, 그들은 이들 사업부의 성과를 몇 가지 단순하고 유연하지만 확고한 기획, 통제, 그리고 자원배분제도를 통해 독려한다.

셋째, 그들은 전략적 미션을 명확히 하고, 각 사업부에 대해 명확한 조직규범과 성과기준을 통해 이를 실행할 수 있도록 한다.

분리 독립된 성과기준을 가진 사업단위

전형적인 현대 기업을 구축하는 과정에서 가장 중심적인 목표는 다양한 기능적·사업적·지리적 영역간의 조정을 보다 원활히 하는 것이다. 이를 위해 소규모의 운영단위들은 운영단위간의 바람직한 통합을 용이하게 하기 위해 보다 큰 통합된 그룹으로 변모해왔다. 그러나 이 과정에서 소규모의 사업단위에서 활발했던 개개인의 주도성과 유연성은 사라졌다.

일선에서 기업가 정신을 고양하기 위해 가장 기본적으로 요구하는 것은 정반대의 과정을 밟는 것이다. 즉 개개인의 책임감을 모호하게 하는 통합을 무너뜨리고, 부서간 조정을 위한 압력이 개개인의 행동을 동질화시키지 못하도록 하는 것이다. 위기에 처한 기업가 정신이 숨쉴 수 있는 피난처를 만들어내는 정도의 단계를 넘어서려면 경영진은 기업 위계조직의 위압적인 영향력에 대항해야 한다. 이처럼 고도로 발달된 위계적인 조직의 형태는 매우 효과적으로 개개인을 통합조직의 계층구조하에 억압하여 기업의 최고경영자들에게 조직이라는 숲에 가려져 있는 기업가적 정신이라는 나무를 볼 수 없도록 했다.

좀더 진취적인 기업이 되려고 노력하는 기업이 기본적으로 필요로 하는 조건 중 하나는 경영진이 조직을 바라보는 관점을 근본적으로 바꾸는 것이다. 조직을 그룹이나 부서의 관점에서, 그리고 기업운영은 부서나 운영단위에 의해 이루어진다고 보는 대신에 조직의 가장 기본적인 단위를 의식적으로 보다 소규모의 분리된 단위로 맞추는 것이다. 이런 새로운 관점은 경영진에게 필연적으로 이런 소규모 단위를 형성하고 이끌어나가는 개개인의 공헌에 대해 인식하도록 할 것이다.

덴마크에 본사를 둔 인터내셔널 서비스 시스템스(ISS: International Service Systems)는 17개국 3개 대륙에서 각자의 손익계산서, 대차대조표, 그리고 이사회를 가진 독립된 법인체인 소규모 기업들을 양산함으로써 사무실 청소사업에서 무려 20억 달러 규모의 기업으로 성장했다. 지난 13년 간 이 기업의 사장이었던 안드레아센(Paul Andreassen)은 다음과 같이 말했다.

"서비스를 제공하는 가장 효율적인 방법은 각각의 사업을 자신의 것이라고 생각하도록 자극받은 지역 매니저가 운영하는 소규모의 독립적인 기업을 통해 하는 것이다."

이런 철학으로 ISS는 각국에 하나의 자회사를 두는 것이 아니라 많은 경우 5개 정도의 지사를 두고, 각자 특정 고객집단과 특정 사업에 중점을 두도록 했다. 3M이 프로젝트팀을 조직의 기본단위로 구성한 것도 바로 이런 이유 때문이다. 마쓰시타가 '한 제품, 한 부서' 조직을 개발하여 신제품을 개발하고 자급자족할 수 있도록 분사한 수많은 제품부서를 탄생시킨 것도 이런 믿음 때문이었다.

여기서 말하는 것은 이런 기업들이 보다 대규모의 통합된 조직체를 가지고 있지 않다는 것이 아니다. 그들도 통합된 조직체를 가지고 있다. 핵심은 소규모 일선의 단위조직이 조직의 기본단위로 인식되고 있다는 점이다. 이들은 상부로부터의 명령과 통제를 받는 최말단의 부서가 아니라 조직의 핵심요소다. 이처럼 성과단위의 인식과 대우에서의 단순하지만 심오한 차이는 대부분의 대기업이 가지고 있는 부서나 이익센터와 구별되게 한다. 예를 들어 3M의 부서는 매우 성공적인 혁신을 관리하는 데 필요한 구조이지, 전략적인 시너지를 얻기 위해 만든 관리적인 구조가 아니다. 이 사실을 알기 때문에 각 부서의 경영자는 보다 강력한 부서로 성장하기 위해 끊임없이 새로운 프로젝트를 세우며, 때에 따라서 새로운 부서를 만들어내기도 한다.

이와 유사하게 캐논에서도 수많은 마케팅과 생산전문기업들은 그들의 자율권을 더욱 강화하기 위해 각자 독립된 법인으로 운영되고 있다. 비록 아직까지 상호의존적이며 기능적 완전성을 충족시키지는 못하고 있지만 말이다. 캐논 영업 같은 일부 기업들은 지역 주식시장에서 거래

되기도 한다. 이 같은 성과단위를 가지고 있는 대부분의 기업과 마찬가지로, 캐논의 주목적은 개인들이 책임감을 가짐으로써 그들이 조직단위의 경영성과에 영향을 미칠 수 있다고 느끼는 작업환경을 만드는 것이다. 캐논과 여타 기업들은 개개인이 동질감을 느낄 수 있는 기본 조직단위의 규모와 범위를 축소하면, 기업구성원들은 그들의 행동이 중요하다는 사실과 그들의 조직단위에 대한 개인적인 기여도에 따라 성과가 달라진다는 사실을 인식함으로써 동기부여가 된다는 것을 발견한 것이다.

1990년 3월 영업을 개시한 중견 생명보험회사인 신한생명이 시도한 것도 단순히 공식적인 조직구조의 변화가 아니라 독립된 사업에 대한 인식과 대우에서의 변화였다. 초기 신한생명도 여타 생명보험회사와 다를 바 없는 전략을 추진하여 수익성보다는 매출 증대 위주로 조직 규모의 확대에만 힘을 기울여왔다. 그 결과 방대한 조직을 이루었으나 시중 이자율의 하락, IMF 여파로 인한 대손충당금의 급증, 지급여력제도의 변경 등 급격한 환경변화로 커다란 어려움에 직면하게 되었다. 더이상 양적 위주의 성장에만 의존할 수 없는 상황에서 제대로 교육받지 못한 설계사, 복잡한 통제구조로 인한 과다한 비용, 문어발식 확장의 결과로 적지 않은 부실 영업소가 생기는 등 심각한 문제가 도출되었다. 그리고 이 시기에 33여 개였던 국내 생명보험사는 20개로 줄어들었다.

이에 신한생명은 대대적인 구조개편을 단행했다. 우선 네 단계로 구성된 복잡한 영업조직을 보험업계 최초로 두 단계로 간소화시켰다. 마구 흩어져 있던 영업소를 체계적으로 지점화하여 본사와 영업지점이라는 단순한 조직구조를 구축한 것이다. 이 조직개편의 목적은 비용을 절감하고 본사와 영업조직 사이의 의사소통을 원활히 하는 것도 있으나, 보다 중요한 것은 각 지점장이 지점의 사장 같은 존재가 되어 관리할 수 있도록 하기 위해서다.

또한 신한생명은 통제일변도의 생명보험업계 관행을 과감히 청산하고 영업 일선의 지점장에게 파격적인 자율권을 부여했다. 먼저 지점장의 자율경영에 장애물이 되는 통제 위주의 모든 구조적·제도적 요소를 제거했다. 본사에 힘이 집중되어 있던 영업조직의 구조를 전격 개편하여 지점장에게 그 역할과 권한이 대폭 위임되도록 했다. 그리고 통제와 관리의 주명목이었던 마감제도를 과감히 폐지하고, 직원간 위화감을 조성하고 노사갈등의 근원이 되었던 인사고과제도도 폐지했다. 이런 구조개편을 바탕으로 지점의 성과에 지대한 영향을 미치는 지점장의 권한을 확대해 나갔다. 이는 스스로 전략을 수립해야 하는 지점장에게 반드시 필요한 권한들이었다. '이번 달에는 어떤 상품을 몇 개 팔아라'는 식으로 현지의 실정과 다소 동떨어진 목표하달식 방식에서 과감히 탈피하여 지점장이 해당 시장을 분석하고 그에 적합한 전략을 세웠다. 그리고 이익의 폭이 작은 저축성보험은 줄이고 보장성보험, 특히 종신보험의 비중을 늘려가면서 사업의 이익가능성을 향상시켰다.

또한 신한생명의 지점장들은 하나의 소사장으로서 자신의 지역에 관한 한 막강한 자금권과 인사권을 갖게 되었다. 예를 들어 지점장 자신의 관할 구역 안에서 새로운 시장의 확대가 보인다면 그는 자신의 판단아래 자신의 지점을 확장할 수 있다. 보험설계사를 증원할 수 있으며, 그에 따른 내근 직원수까지도 자유롭게 조정할 수 있다. 물론 이 과정에서 본사의 개입이 전혀 없는 것은 아니다. 그러나 그 개입은 보고를 받는 것으로 끝나며, 본사는 지점의 확충을 통한 비용을 개별 지점 평가시 손익에 철저히 반영함으로써 각 지점을 적절히 견제한다.

지점장에게 많은 권한을 위임함과 동시에 지점의 손익을 지점장의 성과급에 직결시키는 성과급제도를 마련하여 각 지점장에게 권한에 따른 책임과 인센티브를 제공했다. 이에 따라 지점장들은 마치 자신의 돈을 사용하듯 비용절감에 최선을 다했고, 설계사들을 적극 독려하는 등 자신의 능력을 최대한으로 발휘하여 지점을 운영하게 되었다. 책임과 권한을 가진 소사장 격인 신한생명 탐라지점의 손명호 지점장의 애기다.

"스스로 지점의 전략을 수립하면서 본사에서 하달되고 나를 괴롭히기만 했던 목표치들이 왜 중요한 지표인지를 정확하게 이해하게 되었다. 우리 지점에는 현재 45명의 설계사가 있는데, 그 중에는 한 가정의 가장도 다수 있다. 이는 내 어깨에 180명의 생계가 달려 있다는 의미다. 그 어느 때보다도 더 노력하지 않을 수 없다. 누가 시키지 않아도 나는 지금 1시간 일찍 출근하고 2시간 늦게 퇴근하고 있다."

조직개편에 관여해온 이근종 상무는 조직개편의 배경에 대해 설명하면서 "각 지점장을 완전 '소사장' 화하여 그들이 직접 지점의 손익을 관리할 수 있게 하는 것이 회사가 궁극적으로 추구하는 조직의 형태다"라고 했다.

성과위주의 제도

기업가적 조직 구축을 위한 두 번째 중요한 요소는 성과단위에 대한 관심을 강화하고 책임 소재를 명확히 하기 위한 각종 시스템이다. 이들 시스템은 그 구성과 실행 면에서 스태프가 주도하고 서류에 의한 전략적 기획에서의 상명하달식 과정과는 뚜렷한 차이를 보인다. 이 제도들은 최고경영진이 정보를 얻기 위해서가 아니라 일선에서 직면하고 있는 운영상의 현실을 반영하고 일선의 기업구성원의 동기부여를 유지하고 강화하기 위해 고안되고 실행되는 것이다.

예를 들어 자금배분 제도를 보자. 전통적으로 기존 기업에서 자금배분 과정은 대규모 투자를 관리하기 위해 만들어진 것으로, 흔히 세부적인 장기계획과 예상수익을 평가한 후에 이루어진다. 그러나 효과적인 기업가적 과정을 가진 기업에서 이런 시스템은 훨씬 점진적이며 유연한 동시에 매우 의욕적인 접근방식을 취하고 있다.

유망한 프로젝트에 대한 다단계적 자금조달 방식을 옹호하는 '적게 만들고, 적게 팔아라' 라는 3M의 철학은 바로 이런 접근방식의 예다. 한 개인의 창의적인 초기 아이디어는 그 개념을 더욱 발전시키기 위해 그가 속한 부서로부터 자금을 확보할 수 있다. 그후 그는 새롭고 보다 정교한 제안서를 제출함으로써 시제품 제작을 위한 자금을 확보한다. 그리고 결과에 대한 보고서를 통해 다시 시장과 기술 테스트에 필요한 자금을 요청할 수 있다. 초기 아이디어부터 궁극적인 제품 출시에 이르는 각 단계에서 해당 프로젝트를 주도하는 사람은 이전에 약속한 성과를 제대로 달성했는지 여부를 검토하고 다음 단계의 자금조달계획을 평가하기 위한 예산과 계량화된 단계별 목표치를 제시해야 한다. 해당 프로젝트가 잠재성이 크고 대규모 투자가 필요하다는 사실이 확인됨에 따라 이제 그 프로젝트에 대한 검토는 부서에서 사업부, 기업 본사 수준으로 올라가게 된다.

기업 시스템의 또 하나의 축은 연차 예산수립과정인데, 많은 기업들이 이 핵심 시스템도 너무 경직되어 있고 비인간적이라서 그들이 원하는 기업가적인 가치를 조직 내에 창출하기에 부적절하다는 사실을 인식하고 있다. 매출액, 비용, 이익에 대한 목표는 상부에서 결정되어 아래로 내려오고 상급경영자는 일선단위의 경영자에게 그 목표치를 수용하도록 강요한다. 더구나 이런 목표들은 하부경영자들이 완벽하게 이해하기에 어려운 재무적 관점에서 정해진다. 신뢰, 이해, 몰입이 부재한 상태에서 예산제도는 경리를 담당하는 사람들에 의한 기계적인 행위로 전락하게 된다.

이런 문제들에 대처하는 것은 어려운 일이고, 그 중 대부분의 문제들은 완전히 극복하기 어렵다. 그러나 진취적인 조직과정을 구축하고자 하는 기업들은 합법적인 예산제도를 개발하여 조직원에게 동기를 부여할 수 있도록 관리해야 한다. 이는 예산제도란 일선의 경영자가 더 많은 책임감을 가질 수 있도록, 그리고 책임 소재가 더욱 명확해지도록 구축되어야 한다는 의미다. 본부 경영자의 가장 중요한 역할은 솔직하고 의욕적인 운영상의 목표를 이끌어내기 위해 보다 광범위한 목적과 기준을 설정하는 것이다.

ISS의 경우 연차예산 수립과정은 비록 보다 넓은 의미의 기업목표 관점에서 표현되어 있으나, 명백히 하의상달식의 과정으로 고안되어 있다. 소규모의 지사가 기안한 사업계획에 입각하여 본사 경영진은 그 지사의 전반적인 당해 경영성과 목표치에 대한 의견접근을 시도하게 된다. 이런 성장과 이익 목표치는 지역본부를 통해 지역 경영자와 상급자인 지역 본부 경영자간의 충분한 토의를 거쳐 전달된다. 안드레아센은 일선의 경영자들이 예산의 철저한 통제뿐 아니라 그 준비과정에도 깊이 참여하기를 기대하고 있다. 그에 의하면 진정한 분권화란 최종 결과물을 제출하는 사람들 사이에 참여의식을 고양해야 하므로, 이는 더욱 분명한 책임 소재와 통제를 필요로 한다.

개별 조직단위가 예산수립과정에 참여한다는 사실은 진취적인 기업의 예산제도가 덜 의욕적이라는 의미가 아니다. 이와는 반대로 ISS의 경영보고제도(Management Reporting System: MRS)는 전세계 수만 건의 계약 하나하나에 대해 각 계약이 창출하는 이윤을 알아볼 수 있도록 하고 있다. 이 제도의 목적은 모든 경영자가 각 업무에서의 이윤과 각 경영 수준에 수반되는 간접비용을 이해할 수 있도록 하는 것이다. 3M에서도 무려 39,000개의 손익계산서가 중앙에서 만들어져 모든 운영단위에서 온라인으로 이를 확인할 수 있도록 하고 있다. 이들 기업에게 간단하지만 의욕적인 경영보고제도는 운영에 있어 엄격한 규율을 유지하는 핵심적인 도구가 되고 있다.

명확한 비전과 기준

역사적으로 볼 때, 기업이 점차 복잡한 위계적인 조직구조를 구축하고 그 조직구조를 훨씬 정교한 각종 공식제도로 보완하면 최고경영자와 보좌진은 그 조직과 제도를 유지하기 위한 각종 통제활동에 집중하게 된다. 이런 통제 위주의 사고방식에 따른 결과로 본사와 일선경영자 사이의 적대적인 관계에서 발생하는 조직에 대한 부정적인 영향을 극복하기 위해 기업들은 이런 전통적인 통제 위주의 관행을 지원 위주의 역할로 바꾸어야 한다. 그리고 이를 통해 기업가 정신을 고취하고 유지할 수 있는 협조적인 관계로 발전시켜야 한다.

그러나 상급경영자가 지시와 통제라는 전통적인 역할에서 벗어날 수 있느냐 없느냐는 그들의 하급자들이 기업 전체의 요구사항과 우선순위에 얼마나 관심을 갖느냐에 달려 있다. 상급경영자가 기업 운영에 깊이 관여할 수밖에 없는 이유는 일선경영자가 흔히 기업이 나아가고자 하는 방향과 전략에 일치하지 않는 결정을 내리기 때문이다. 기업이 방향을 제시하는 것이 필요하긴 하지만, 구성원들이 그 방향으로 나아가도록 하는 것이 단지 상급경영자의 간섭에 의해서만 가능하다는 가정은 잘못된 것이다. 많은 기업의 경영자들이 인식하는 것처럼, 그에 대한 대안은 분명한 기업목적과 명료한 성과기준을 조직에 정착시키는 것이다. 이를 통해 상급경영자는 일선에서의 진취성을 말살하는 숨막히는 통제와 간섭으로부터 자유로워질 수 있다.

휴턴(James Houghton)이 최고경영자로 취임한 1983년, 코닝은 극심한 불황의 소용돌이 속에서 기업성과를 제고하기 위해 부심하고 있었다. 당시 코닝은 '기술 위주의 전략'으로 조직이 서로 다른 방향으로 움직이고 있던 시점에서 장기적인 전략 방향을 정립하고자 했다. 일 년 이상 휴턴과 그의 고위경영진은 '기업 전체의 관점과 개개인의 기업가적 주도성 사이의 균형'을 창출하기 위한 일련의 우선순위를 확립하고 이에 초점을 맞춘 명료한 전략을 세우기 위해 노력했다. 여기서 가장 중요한 것은 코닝이 가진 강력한 기술력을 4개의 명확하게 정의된 사업부문에 집중하겠다는 동의를 얻어낸 것이다. 경영자들이 코닝이 나아갈 방향과 그들이 어떤 방법으로 이것에 공헌할 수 있는가에 대한 명확한 시각을 갖게 되면서 한때 사교적인 컨트리클럽의 문화와 비교되는 조직문화는 몇 년이 지나지 않아 훨씬 더 집약되고 활력적인 것으로 변모했다.

이처럼 전략적 목표를 명확히 하는 것은 기업가 정신을 응집력 있는 기업으로 발전시키는 데 핵심적이다. 분명히 정의되고 광범위하게 의사소통을 거친 전략적 미션이 없으면, 일선의 경영자들은 그들이 직면하는 다양한 기회 중 무엇을 선택해야 하는지에 대한 기준을 가질 수 없고, 하의상달적인 기업가 정신은 곧 추측에 의한 게임이라는 좌절스러운 상황으로 전락하고 만다. 그러나 기업들은 그들의 전략적 구호가 단순히 현재의 상황을 정의하는 것으로 끝나지 않도록 주의를 기울여야 한다.

가장 효과적인 전략적 목표는 그 기업의 전략적 미션에 도움이 되지 않는 각종 활동을 분명히 배제할 수 있을 정도로 충분히 정밀해야 한다. 그리고 동시에 일선경영자의 창의성과 즉흥성을 비정상적으로 제한하지 않도록 충분히 포괄적인 것이어야 한다.

기업가 정신이나 진취성은 흔히 운영에서의 규율과 반대되는 개념이라고 잘못 인식되고 있다. 진취적인 기업은 사실 이와 반대로 높은 성과기준과 의욕적인 경영보고제도를 통해 매우 높은 수준의 규율을 견지하고 있다. 그 기업들은 전략적 야심과 현재의 결과가 서로를 보완하고 자극을 줄 수 있는 공생관계를 구축하고 있다.

코닝의 전략적 목표를 정교화하면서 휴턴은 코닝이 전략적 목표를 향해 나아가는 동안에도 만족스러운 경영성과를 달성해야 한다는 사실을 강조했다. 코닝의 자산수익률이 〈포춘〉 지 선정 500대 기업 중 상위 25퍼센트 내에 지속적으로 들어야 한다는 목표치를 정하고, 휴턴은 이 기준에 이르지 못하는 보고에 대해서는 해당 경영자에게 목표치를 달성할 수 있는 새로운 방안을 찾았을 때 다시 하자면서 바로 그 발표장을 나와버리곤 했다.

사회적 가치관이 변하고 있다[1]

극심한 환경변화로 많은 대기업이 몰락하고 작지만 강한 기업들이 높은 성과를 보여주면서, 기존의 많은 한국 대기업들은 썩은 부분을 잘라낼 그 무언가를 해야 한다고 인식하게 되었다. 그 중 일부는 그들의 전통적인 조직구조나 과정이 주요 한계라는 점을 파악하고 있으나, 위계적인 조직에서 이 장에서 소개한 기업가적인 조직 모델로의 근본적인 변화를 꾀하는 기업은 그리 많지 않다. 그러나 근본적인 조직의 변신 없이 어떤 기업도 미래가 없다는 사실은 분명하다.

---

1 이 부분의 내용은 둘 술(Dull Sull) 교수와 조너선 웨스트(Jonathan West) 교수의 미발표 논문인 "From the Old Economy to the New: A Value Shift" 에서의 주장을 상당 부분 포함하고 있다.

조직의 변신이 필요하게 된 것은 단순히 경쟁적·거시적·기술적 요인이 변화했기 때문만은 아니다. 20세기 후반에 이르면서 사회적 가치가 관료적이고 위계적인 것에서 진취적이고 기업가적인 것으로 근본적으로 전환되기 시작했다. 이것은 단순히 관료적인 대기업이 작고 진취적인 기업에 의해 대체되고 있다는 것을 의미하는 것이 아니라, 그런 두 가지 형태의 조직을 떠받치고 있는 기본적인 사상의 우열이 바뀌고 있다는 뜻이다. 기업가적인 정신이 '창조적 파괴'라는 드라마에서 주인공으로 부상하는 것과 발맞추어 관료주의적 이상은 경제발전의 원천이라는 주장이 설득력을 상실한 것이다.

지난 세기에는 관료주의적 모델이 지배적인 영웅으로 등장했다. 관료주의 모델에서의 위계적인 조직구조와 합리적이고 일반적인 과정은 대규모의 집단적인 활동에 매우 효율적이었다. 사업에 있어 전문경영인의 등장으로 전세계 선망받는 기업의 여러 관행에서 이런 관료적인 이상은 소중히 여겨지게 되었다. 전성기의 제너럴 모터스, IBM, 필립스, 지멘스, 미쓰비시, 히타치 같은 기업들은 합리성, 질서, 전문성과 효율성이라는 관료주의적 이점을 여실히 보여주었다.

관료제는 20세기에 지배적인 영웅으로 등장했지만 패잔병으로 20세기를 마감했다. 비인간화는 관료제의 강점인 동시에 치명적인 결점이라는 것이 입증되었다. 관료제란 기존의 질서를 유지하는 데에는 효율적이나 새로운 질서를 필요로 하는 외부환경의 충격에는 제대로 대응하지 못했다. 관료제는 인간을 합리적으로 만들었으나 그들에게 활력을 주는 데에는 실패했다. 즉 관료제는 인간을 통제하는 데는 성공했으나 그들을 고무시키는 데는 적합하지 않았던 것이다.

제너럴 모터스, IBM, 필립스, 그리고 한국의 공기업과 몇몇 재벌기업 같은 관료제의 거물들이 경쟁력을 잃으면서 그들은 기업 구성원의 마음에서도 멀어져갔다. 한국의 구세대는 대규모 기업과 기관에서 일하는 데서 갖게 되는 사회적 신분과 합법성을 상당히 좋아했고, 공기업이나 대기업에서 일한다는 사실 자체를 자랑스럽게 생각했다. 그러나 요즘 한국의 젊은이들에게 공기업이나 대기업에서 일하기를 원하느냐고 물어보라. 아마 100명 중 관심 있다고 답하는 사람이 10명도 안 될 것이다. 뛰어난 인재 집단을 대상으로 같은 질문을 한다면 그 비율은 훨씬 줄어들 것이다. 한국기업 중에서 그들이 선망하는 기업은 공기업이나 대기업이 아니라 방송국, 신문사, 광고회사 등이다. 그들이 선망하는 기업과 그렇지 못한 기업들을 비교해보라. 그 차이는 반드시 금전적인 보수의 차이에 기인한 것이 아니다. 선망하는 기업의 특징은 작지만 개개인의 개성과 능력을 자유롭게 발휘하고, 짜여진 일이 아니라 창의적으로 뭔가 새로운 것을 시도할 가능성이 많아야 한다.

오늘날 한국의 인재들은 주도성을 갖지 못하고 상부로부터의 승인을 기다리는 것을 싫어한다. 그들은 노력의 결과가 기업의 규모에 눌려 제대로 눈에 띄지 않고, 타인으로부터의 인정과 보상이 성과가 아니라 조직 내의 정치력에 의해 결정되는 것을 싫어한다. 관료제란 개인의 노력과 그에 상응한 인정과 대우를 제공하지 못함으로써 기업구성원으로부터 뭔가 이루어보고자 하는 기회를 빼앗고 일의 의미를 상실하게 만든다.

한국의 젊은이들이 기존의 공기업이나 대기업에서 일하는 것을 얼마나 싫어하는지는 IMF 관리체제 이후 얼마나 많은 인재가 기존 기업에서 뛰어나와 벤처기업에 자신의 몸을 던졌는가를 보면 알 수 있다. 물론 그 중에는 일확천금을 노린 한탕주의 성향을 가진 사람들도 포함이 되어 있으나, 대부분의 경우 대기업에선 맛보기 힘든 일에 있어서의 성취감과 유연성에 매료되어 감행한 모험이었을 것이다.

한국의 많은 벤처기업이 경험부족과 경영자의 능력부족으로 인해 실패했으나, 그들은 한국의 다른 많은 기업들이 관료주의적인 이상에서 기업가적인 것으로 변신하는 데 상당히 이바지했다. 관료제에서는 위계질서의 순위가 중요하다. 그리고 이런 조직에서 성공하기 위해서는 개인의 능력이나 노력보다 상급자의 심정의 변화를 잘 읽고 이에 재빨리 적응하는 능력이 필요하다. 이런 곳에서 우리의 유능한 젊은이들은 더 이상 미래를 가질 수 없다.

광범위한 사회적 가치관의 변화에 대응하여 기존 기업들은 이제라도 보다 진취적인 기업가적 윤리를 받아들이고 기업가적 가치에 보다 많은 의미를 부여해야 한다. 이런 변화를 가져올 수 있는 유일한 방법은 자신이 가지고 있던 신념을 완전히 바꾸는 것이다. 비록 신념을 바꾸는 일이 어렵긴 하겠지만, ABB가 경험했듯이 전혀 불가능한 일은 아니다.

기존의 기업들이 기업가적인 조직을 구축하기 위한 노력에서 중요한 또 하나의 사실은 전력을 다하는 것이다. 적당히 권한이임을 하는 것으로는 결코 성공할 수 없다. 기업가적인 과정을 창출하기 위해 전력을 다한다면 당신은 전통적인 관료제의 모든 면에서 근본적인 의문을 제기하게 될 것이다. 어떻게 우리 기업을 소규모의 성과단위로 분해할 것인가? 이들 성과단위의 조정은 어떻게 할 것인가? 어떻게 하면 우리와는 다른 인재를 유치하고 보유할 것인가? 대부분의 경영자들은 이 같은 어려운 질문을 외면할 것이다. 그러나 기업가적인 가치에 전력을 다하는지 그렇지 않은지는 경영자들이 이같은 질문에 어떻게 답하는지를 보면 알 수 있다.

과거 한국의 지도자들은 국민에게 자유를 주기 위해 많은 노력을 했다. 오늘날의 경영지도자들은 봉건주의와 숨막히는 위계질서를 기업 내 기업가 정신이라는 진취적인 기상으로 대체함으로써 그런 자유를 사업장에 주고 있다. 이런 변화에 주저하는 경영자에게 우리가 주고 싶은 충고는 '기다리지 말라!' 는 것이다. 사회적 가치관이 변화하는 과정에서 그 말기에 이르면 그 변화의 속도는 매우 빨라진다. 그들 조직을 기업가적 모델로 재구축하는 데 실패한 경영자를 두고 있는 기업은 새로운 경제질서로부터 더욱 멀어지게 될 것이다.

4부 경영자적 과제

World Class Korean Company

제**13**장
기업가적 조직에서의 경영자 역할

앞에서 설명했던 조직구조와 경영시스템, 성과기준의 변화는 일선경영자와 본사경영자들 사이의 적대적인 분위기를 해소하고 상호협조적인 분위기를 조성한다. 그러나 기업가 정신을 고취하는 데 필요한 행동의 변화를 이끌어내기 위해서는 조직변화만으로는 충분하지 않다. 결국 전략, 구조, 시스템이란 개념에 불과한 것으로 기업 내에서 구성원의 행동변화를 이끌어내는 것은 경영자들의 몫이다. 따라서 기업가 정신을 고취하기 위해서는 조직구조와 시스템의 변화를 일선경영자가 아닌 최고경영자의 역할과 책임을 변화시킴으로써 더욱 강화시킬 필요가 있다.

전통적인 조직(〈그림 13.1〉 좌측 참조)에서 조직서열상 최정상에 위치한 최고경영자들은 기업의 대전략가이자 자원배분자의 역할을 수행한다. 그들은 전략을 고안해내고 자원 배분을 통제하면서 그 전략을 조직에 하달한다. 각 사업부의 일선경영자들은 위로부터 하달된 전략을 기

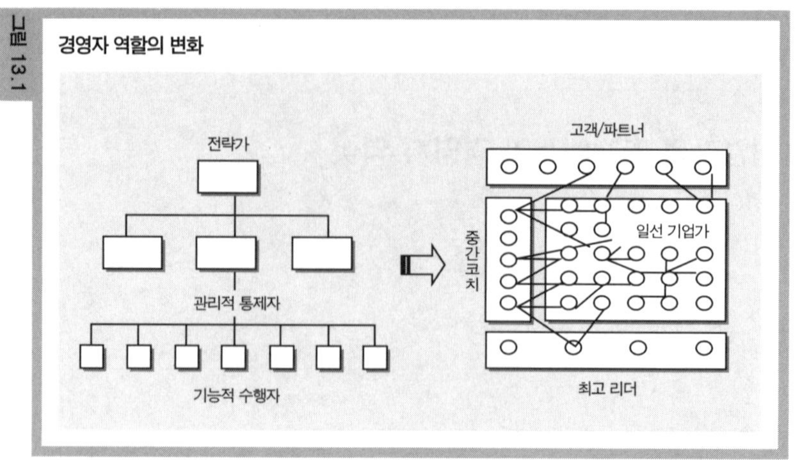

능적으로 수행하는 역할을 담당한다. 이들 중간에 위치한 중간경영자들은 정보와 자원이 수직적으로 흐르는 과정에서 견제와 균형이 제대로 이루어지고 있는지를 확인하는 관리적인 통제자의 역할을 수행한다.

기업가적인 조직(〈그림 13.1〉 우측 참조)에서는 이런 경영자들의 역할이 극적으로 다른 모습을 보여준다.

- 특정한 사업기회에 중점을 두는 상호의존적인 각각의 사업부서를 이끄는 일선경영자는 작은 기업가다. 그들은 사업을 시작하고 그 사업들을 지속적으로 강화함으로써 기업의 성과를 이끌어낸다.
- 팀의 승리를 위해서 개인의 장점을 모으는 코치처럼 중간경영자는 이 개별 사업을 하나의 일관된 성공적인 기업으로 통합한다. 이들의 부가가치는 일선단위의 다양한 능력들이 사업간·기능·지역간에 통합될 수 있도록 전략적이고 조직적인 구도를 만드는 데 있다.
- 최고경영진은 그 기업을 영속적인 조직으로 발전시키기 위해 그

기업 내에 의욕적인 목적을 확산시키는 역할을 한다. 사회적 지도자와 마찬가지로 그들은 변화를 이끌어내는 데 필수적인 도전과 헌신을 기업 내 창출하여 그 기업이 지속적으로 자기 변신을 할 수 있도록 한다.

이런 경영자들 역할간의 상호연관과 통합은 바로 그 기업에게 단기와 장기 성과간, 개개인의 기업가 정신과 집합적인 팀워크간, 야망과 절제간, 그리고 경제적 가치창출과 조직원들의 정서적 만족감간의 균형을 맞출 수 있도록 하는 것이다. 이런 경영자의 역할을 구성하는 각각의 요소는 전통적인 조직구조 내에서도 가능하다. 그러나 이들 요소를 전체적으로 볼 때 이는 전혀 다른 방법으로 거대하고 복잡한 조직을 경영하는 것이다.

그러면 이런 조직은 어떻게 만들 수 있을까? 실생활에서 이런 조직은 어떤 모습을 하고 있는가? 그리고 어떤 기능을 수행할 것인가? 이 새로운 모델을 개척하고 그 수행에 있어서 가장 발전된 모습을 보이는 기업 중의 하나가 ABB이다. 지금부터 ABB의 특정 부분을 묘사함으로써 근본적으로 변화된 경영자들의 역할을 알아보기로 하자.

기업가 정신을 전 계층에 확산시킨 ABB

지난 10년 간 바네빅(Percy Barnevik)은 가장 눈에 띄는 기업혁명가 중 한 사람이었다. 스웨덴의 아세아와 스위스-독일의 브라운 보베리의 합병을 주도하면서 그는 새롭게 탄생한 ABB의 매출을 1988년의 180억 달러에서 1997년에는 350억 달러로 성장시켰고, 자본수익률도 13퍼센트에서 17퍼센트로 향상시켰다. 책임의 하부위임과 개개인의 주도권을 경영철학의 기본으로 하여 바네빅이 구축한 ABB의 조직은 앞에서 설명한 기업가적인 조직이 가진 모든 특징을 가지고 있다.

거대한 기업은 책임 소재가 명확한 이익센터를 중심으로 조직될 필요가 있으며, 이는 수익성을 올리고 그것을 유지하기 위한 유일한 방법이라고 주장하면서 그는 ABB를 1,200개의 작은 기업들의 연합체로 만들었다. 각각의 기업은 평균 200명의 직원과 2,500만 달러에서 2억 달러의 매출을 올리고 있었다. 이들은 가능한 한 독립된 법인체로서 구성되어 있으며, 각 기업은 손익계산서뿐 아니라 대차대조표상의 모든 것에 대해서도 책임을 진다. 개별기업이 순수익의 3분의 1을 보유하는 것이 기업정책으로 명문화되어 있으며, 이는 자본금의 증가를 가져와 경영자들이 성과에 대해 수년 간에 걸쳐 혜택을 누릴 수 있도록 하고 있다. 또한 개별기업은 ABB 내에 4,500개 이상의 이익센터를 설립했고, 각 이익센터에는 평균 50명의 직원이 일하고 있다.

일선경영자들의 기업가 정신은 개별기업의 상부에 있는 조직을 소규모로 운영함으로써 한층 강화되고 있다. 바네빅이 주재하는 기업 경영위원회와 1,200개 개별기업의 경영자 사이에는 오직 한 단계의 경영층만 있을 뿐이다. 350억 달러 이상의 매출을 올리는 기업의 본사 직원은 채 100명이 되지 않는다. 중간단계에 있는 사업영역의 경영자들은 세 명에서 다섯 명의 스태프의 보좌를 받고 있다. ABB가 합병·인수한 기업들의 전통적인 조직을 개편하는 데 있어서 바네빅의 첫 번째 규칙은 개별기업 이상의 수준에서는 각 수준마다 90퍼센트의 인원감축을 하는 것이었다.

ABB의 경영시스템의 핵심은 ABACUS(Asea Brown Boveri Accounting and CommUnication System)에 있다. 이는 매우 정교하고 완전 자동화된

정보시스템으로 120개국에 걸쳐 있는 4,500개 이익센터의 퍼스널 컴퓨터를 스웨덴의 바스테라스와 스위스의 취리히에 있는 중앙 메인프레임에 연결하고 있다. 이 시스템은 자료의 정의·양식·자료입력 시점의 일관성을 준수하도록 하고 있으며, 매달 수주·매출·총수익·원가·순수입·각 개별기업의 인원 등 자료를 모으고 있다. 이를 통해 전세계의 경영진들은 표준보고서를 작성하는 데 필요한 자료를 접할 수 있을 뿐 아니라 구체적인 의문점에 대한 답을 찾을 수 있다.

ABACUS는 매우 효과적이어서 다음과 같은 자율적이고 민주적인 규칙을 시행하는 것이 가능해졌다. 즉 같은 내용을 두 번 보고하지 않고 ABACUS가 유일한 공식보고 채널이다. 어느 누구도 ABACUS 마감 시간 전에 보고하거나 다른 양식의 보고서를 제출할 수 없다. 또한 시스템 상의 정보는 지위에 관계없이 모든 경영자들이 동시에 접근할 수 있도록 하고 있다.

ABB의 전략기획과 예산결정 시스템은 일선의 경영자들을 참여시키고 그들에게 동기부여를 하며 지원하도록 고안되어 있다. 각 사업 분야의 전략계획은 해당 경영자들과 그룹의 임원진들이 직접 논의하며, 기업 내 다른 어떤 조직의 개입이 없도록 바네빅이 직접 승인했다. 목표치는 합의된 전략을 바탕으로 하의상달식으로 결정되며, 이는 개별기업의 사업장에서 반드시 지켜야 하며, 최고경영진은 자의적으로 변경할 수 없는 그들간의 개인적 합의로 보고 있다.

분명히 명시된 기업 미션은 ABB의 기업가적 과정을 정의하고 있다. 그 미션은 '환경친화적인 지속적인 성장에 헌신하고 전세계 모든 국가에서 생활수준의 향상을 현실화하는 것'이다. 이 미션을 일련의 전략적 목표로 해석함으로써 경영에 보다 직접적인 관련성을 주고 있다. 그 전략적 목표는 다음과 같다.

"지속적인 기술혁신과 기업구성원의 역량과 의욕을 기반으로 제품의 가치를 향상시켜서 전세계의 리더가 되자. 전세계의 리더란 우리 분야에서 가장 경쟁력 있고 능력이 있으며, 기술적으로 진보해 있을 뿐만 아니라 품질-지향적인 전기공학 기업을 말한다."

바네빅은 이 광범위한 미션을 '10퍼센트의 영업이익과 25퍼센트의 자본수익률'이라는 재무적 성과를 기준으로 표현함으로써 한층 더 구체화시켰다.

ABB의 모든 조직적인 특성이 전세계에 지대한 관심을 불러일으키고는 있었지만, 진정으로 주목할 만한 사실은 단지 1,200개의 개별기업이나 ABACUS 시스템이 아니었다. ABB 변신의 핵심을 이해하기 위해서는 이런 조직적인 특성과 경영진의 행동이 공생할 수 있도록 일선, 중간, 최고경영자들의 역할과 직무를 어떻게 획기적으로 변화시켰는가를 이해해야 한다.

기업가로서의 일선경영자

12장에서는 우리는 ABB 미국 릴레이 사업의 장이었던 잰스의 이야기를 언급한 바 있다. 그는 자신이 맡았던 사업의 눈부신 성과를 그 나름대로의 '경영에 대한 재발견'에 의해 이루어진 것이라고 설명했다. ABB의 조직철학이 어떻게 근본적으로 일선경영자들의 역할을 변화시킬 수 있었는지를 살펴보기 위해 그에 대한 이야기로 다시 돌아가보도록 하자.

1989년 어려움을 겪고 있던 웨스팅하우스의 동력전달과 유통사업을 인수했을 때 ABB는 위계적으로 통제되고 있던 기존의 경영시스템을 획기적으로 분권화된 그들의 조직구조로 대체했다. 웨스팅하우스의 동료들, 지금은 ABB를 위해 일하고 있는 동료들과 마찬가지로 잰스는 그의 경영방식에 주요한 변화가 있어야 한다는 것을 깨닫게 되었다. 미국 릴레이 사업의 장이었던 잰스는 그와 웨스팅하우스의 최고경영자 사이에 존재하던 다섯 단계의 경영층에 익숙해 있었다. 그러나 ABB에서는 두 단계만이 존재했다. 웨스팅하우스에서 그는 3,000명에 달하는 강력한 본사 직원들이 형성한 위계질서에 적응해야만 했다. 그러나 ABB에서는 겨우 100명에 지나지 않는 본사직원이 있었고, 그는 자급자족할 능력을 갖추고 있어야 했다. 웨스팅하우스에서 의사결정은 상명하달식으로 정치적 협상에 의해 이루어졌다. 그러나 ABB에서 그의 사업부는 조직상 개별기업으로 인식되었고, 자료와 결과를 기초로 자신의 의사결정에 대해 책임을 지도록 되어 있었다.

조직구조와 시스템은 잰스와 그 동료들의 활동을 위해, 그리고 중간경영층이 자원·지원·과제 등을 제공할 수 있도록 기본적 골격이 잡혀 있었다. 그러나 ABB가 전세계의 불황 속에서 그것도 전기장비사업이라는 성숙산업에 있었음에도 불구하고 괄목할 발전을 보인 것은 진행중인 사업의 성과를 주도하고자 하는 일선경영자의 의지와 능력 때문이었다. 이들이 수행한 많은 업무 중에 가장 효과적인 세 가지 핵심활동은 다음과 같다(〈표 13.1〉 참조).

첫째, 일선경영자들은 일선부서 내에 있는 자산과 자원을 최대한 활용하기 위해 노력해야 한다. ABB의 매우 정교하고 완전자동화된 정보와 보고시스템은 경영자에게 어떤 사업이나 지역에 대한 자료를 통합·분리함으로써 표준화된 자료를 분석할 수 있게 한다. 잰스는 상세한 제품별 성과분석에 관한 보고서를 정기적으로 받았다. 이 보고서는 과거 실적과의 비교뿐만 아니라 같은 사업영역과 지역의 경쟁기업의

경영자의 역할과 임무

	일선경영자	중간경영자	최고경영자
변화된 역할	운영적 실행자에서 도전적인 기업가	관리적 통제자에서 지원하는 코치	대전략가에서 제도적 지도자
최우선의 부가가치	일선부서 내의 생산성과 성장에 중점을 둠으로써 사업 성과를 이끌어냄	각 부서 간 자원과 능력을 연계하고 활용함으로써 대기업의 이점을 극대화하고, 이를 각 일선부서의 성과에 도움이 되도록 함	일선경영자들에게 방향, 도전, 헌신에 대한 의식을 제공하기 위해 공유된 목적을 창출하고 이를 조직 내에 내부화함
주요 활동과 업무	• 일선부서 내 자원과 자산의 생산성 향상 • 요구되는 새로운 자원과 능력을 부서 내에서 창출 • 사업을 위한 새로운 성장 기회 모색 및 추진	• 일선경영자들에게 지도와 지원 제공 • 각 일선부서간 기능과 최선의 경영기법 등을 이전·통합하기 위한 장치와 모임을 구축 • 각 일선부서의 미션을 구체적으로 결정하는 전반적인 사업전략의 수립과정을 관리	• 중심적인 기업 야망을 구체화함으로써 뭔가 더 하고자 하는 분위기(신장)를 구축함 • 일선경영자들의 기업가 정신과 수평적 협력을 돕기 위한 일련의 가치와 규범을 제도화함 • 일선에서의 창의적 활동의 의사결정 및 원칙 제공을 위한 기준을 확립함

성과와도 비교할 수 있게 해준다.

높게 책정된 성과목표, 단순 명료한 자료, 그리고 내부 경쟁의식은 잰스와 그의 팀들에게 미국 릴레이 사업의 자산을 최대한 활용하도록 했다. 그후 재고과 외상매출액은 감소했고, 비용도 절감되었으며, 운영의 효율성도 향상되었다. 이런 노력의 결과 영업이익은 2년 만에 2배 이상 증가했다.

웨스팅하우스에서 왜 이런 일들을 하지 않았느냐는 질문에 잰스는 다음과 같이 대답했다.

"ABB와 웨스팅하우스의 차이점은 ABB에서 나는 최대한의 자유를 누린다는 것이다. 웨스팅하우스에서는 위로부터 명령이 내려온다. '인력을 12퍼센트 감소시켜라. 재고를 10퍼센트 줄여라' 등의 명령이다. 그러나 여기에서는 그런 지시를 받지 않는다. 나는 기업을 운영하고 있다. 나는 성과를 보여줘야 하지만, 어떻게 성과를 내느냐에 대해서는 완벽한 자유를 가지고 있는 것이다."

이 같은 일선경영자들에게 공통된 두 번째의 기업가적 활동은 사업 기회의 확장에 대해 명확히 책임을 이양함으로써 촉발되는 것이었다. 높게 책정된 목표, 이를 뒷받침하고자 하는 기업의 의욕적인 투자, 그리고 중간경영자들의 격려에 힘입어 잰스는 릴레이 사업의 확장을 위한 방법을 다각도로 모색했다. 이 릴레이 사업은 웨스팅하우스 시절에는 성숙산업으로 간주되어 철수를 고려중에 있었고, 그로 인해 그 사업은 거의 10년 동안 정체되어 있었던 것이다.

잰스가 캐나다와 멕시코 릴레이 회사의 자문단에 임명되고 동시에 중간경영자들이 기술표준이 비슷한 아시아국가에 집중할 것을 권고함에 따라 수출은 3년이 지나지 않아 매출의 12퍼센트에서 무려 20퍼센트로 급속히 증가했다. 또한 ABB는 특화된 지식과 전문가들을 기꺼이 미국 릴레이 사업에 이전해주고자 했고, 이에 잰스는 낙후된 전기기계 기술을 사용하고 있던 기존 제품에 대한 과도한 의존을 줄이고 마이크로프로세서 기술에 입각한 통제시스템을 적극적으로 개발할 수 있었다. 이는 매출 기반을 확대했을 뿐 아니라 최신의 기술로 사업에 진출하고 있던 강력한 업체들과의 경쟁을 효과적으로 저지해주었다.

마지막으로 ABB의 일선경영자들은 새로운 능력을 구축하는 데 있어서도 핵심적인 역할을 수행했다. 성숙기에 있는, 매우 경쟁이 치열한 릴레이 사업에서 효율성만으로는 지속적으로 경쟁우위를 차지하기란 힘들었다. 이를 인식한 잰스는 고객서비스를 향상시키기 위해 사이클 타임을 감소하는 데 모든 노력을 기울였다. 이 노력은 전사적 품질관리 프로그램으로 확대되었고, 이는 조직원들의 참여와 지속적인 품질개선에 기초한 보다 광범위한 문화적 변화를 가져왔다. 고객서비스를 획기적으로 향상시키기 위한 이 전사적 프로그램은 매우 성공적이었으며, 잰스는 그들의 전문가들을 같은 지역 내, 또는 전세계 릴레이 사업분야에 있는 다른 ABB 기업으로 보내달라는 요청을 받았다.

잰스가 웨스팅하우스의 기능적 수행자에서 ABB의 적극적인 기업가로 변신한 것은 예외적인 경우가 아니다. 모든 위계적인 기업 내에는 잰스 같은 많은 기업가적인 사고를 가진 사람들이 매장되어 있고, 그들은 자유를 위해 싸우고 있다. 잰스처럼 그들은 잠재된 아이디어, 에너지, 헌신을 가득 안은 채 자신의 능력을 발휘할 수 있는 날을 손꼽아 기다리고 있다. 그러나 기업 내 정교한 시스템과 절차는 그들의 창의적인 아이디어를 말살하고 있다. 또한 본사가 주도하는 조직구조는 그들의 넘치는 창조적인 에너지를 고갈시키고 있으며, 그들과는 동떨어진 내부 일에만 관심을 갖는 최고경영진은 그들의 열정과 헌신을 무력화시킨다. 잰스의 미국사업부가 속한 지역의 본부장이며 역시 웨스팅하우스에 근무했던 베이커(Joe Baker)는 웨스팅하우스에서의 그의 오랜 경력에 대해 다음과 같이 회고했다.

"ABB의 접근방법과 비교해볼 때 웨스팅하우스는 분명 경영자들의 잠재력을 제한하고 있었다. 우리는 최고의 인재들을 선발하고, 그들의 경력을 개발하는 데 성공적으로 접근하고 있었다. 그러고 나서 우리는 지나치게 권위적인 구조로 그들을 제한함으로써 최고 인재의 선발과 개발에 대한 모든 투자를 쓸모없게 만들었던 것이다."

경영자의 역할을 재정의하는 데 가장 우선적 과제는 일선부서의 기업가적인 정신을 가진 경영자들을 자유롭게 해주는 일이었다. 그러나 여기에는 위험이 도사리고 있는데, 즉 일선 부서의 기업가 정신에만 집중하는 것은 1960년대 다각화된 기업들에 의한 무분별한 팽창뿐 아니라 기업의 자원과 능력을 지역적으로 분산시킬 수 있는 것이었다. ABB 같은 기업에서 이런 결과가 일어나지 않도록 방지하는 것이 바로 최고경영자와 중간경영자들의 역할이다.

코치로서의 중간경영자

역사적으로 일선 사업부서와 최고경영진 사이에 위치한 중간경영자들은 한 기업의 의사결정 과정에서 중추적인 역할을 향유해 왔다. 이는 기업의 총체적 목적을 사업단위에서의 목표치로 분류해서 할당하고 각 사업단위의 성과를 취합하여 기업수준에서 검토할 수 있도록 하는 중간자적인 역할을 수행하기 때문이다. 이들 중간경영자들은 기업 내 자원의 흐름에 있어서도 결정적인 역할을 담당하는데, 이는 본사 경영자가 자금 할당과 보상 배분에 있어 인력과 상황에 대한 그들의 판단에 의존하기 때문이다. 이런 책임은 그들이 통제자로서의 역할을 담당케 하는 기초를 제공하게 되고, 동시에 기업 내 막강한 위상을 누리게 한다. 또한 최고경영진이 생각하는 우선순위를 널리 알리고 일선에서의 의견을 해석하여 상부에 전달하는 의사전달자로서의 역할은 조직계층 간의 핵심정보의 흐름에 영향을 미치는 능력을 갖도록 하고, 이는 그들 중간경영자에게 보다 많은 힘을 부여한다.

조직의 중간계층을 없애는 것, 일선부서로의 권한위임, 내부 의사소통을 위한 정보시스템 사용의 증가 등 최근의 추세로 중간경영자들이 전통적으로 담당하고 있던 이 모든 역할이 더 이상 쓸모없게 되었다.

그 결과 많은 기업에서 중간계층의 고참경영자들은 말없는 저항자들이 되었고, 그들의 보이지 않지만 잘 짜여지고 조직화된 저항은 변화를 위한 노력을 저지시켰다. 그렇지 않은 기업에서는 최고경영자들이 이 저항을 분쇄하여 중간층을 거치지 않고 일선과 직접 교류하는 체제를 갖추었다. 두 가지 경우 모두가 중간경영자들이 부적절한 역할을 수행함으로써 스스로 몰락의 길을 걸었다고 할 수 있다.

이와 대조적으로 잰스가 담당하는 릴레이 사업 전체(미국만이 아닌 전 세계 릴레이 사업)에 대한 책임을 갖는 릴레이 사업 본부장인 군더마크(Ulf Gundemark)는 '세계적이지만 지역적인, 크지만 작은, 중앙집중적인 보고와 통제시스템을 가졌지만 획기적으로 분권화된'이라는 ABB의 전략적 야망에 내재하는 상충과 긴장관계를 관리하는 데 가장 핵심적인 역할을 수행했다고 볼 수 있다. 이런 상충하는 점들을 해소하기 위해 그는 다음의 세 가지 핵심과업에 집중했다.

먼저 그는 사업전략가로서 전반적인 전략적·조직적 구도를 구축했고, 이 구도하에 일선경영자들의 권한을 제시했다. 두 번째로 그는 조직적 통합자로서 다른 일선부서에서 개발된 자원과 능력을 연결시키고 최대한 활용하고자 했다. 세 번째로 그는 일선의 기업가들을 지원하고 이끄는 주요 원천으로서 개인상담뿐 아니라 필요로 하는 기업자원에 대한 그의 넓은 지식과 접근능력을 통해 일선경영자들을 도왔던 것이다. 우리는 이런 중간경영자의 역할을 코치의 역할로 묘사하고 있다. 그러나 이런 은유는 경기장 밖에서 호령하는 선수 출신의 코치 이미지를 연상시켜서는 안 된다. 이는 경험이 풍부한 전문가의 이미지로서 그는 선수들의 기술을 개발하기 위해 애쓰며, 팀 구성원들과 협의하여 전략을 수립해온 자신의 경험을 활용하고 필요할 때 선수를 교체할 수 있는 권한을 가지고 있으며, 팀의 성과에 총체적 책임을 진다.

ABB는 공식적으로 사업본부장을 '사업전략가이자 세계적 관점에서 최적화를 이루는 사람'이라고 부르고 있다. 이 일은 군더마크에게는 상당히 힘든 과제였다. 왜냐하면 릴레이 사업이란 이전에 독립적이며 자급자족적이었던 4개의 기업(즉 아세아, 브라운 보베리, 스트롬버그, 웨스팅하우스)이 전세계적으로 통합되어 운영되고 있었기 때문이다. 16개에 이르는 각 국가별 릴레이 기업의 활동을 통합하고 그들에게 공통된 전략적 의제를 제공해야 하는 어렵고 시급한 과제를 수행하기 위해 군더마크는 전통적인 중간경영자가 가지고 있던 '지시-통제'라는 편견을 버렸다. 대신에 그는 일선경영자들을 의사결정과 집행에 광범위하게 참여시켜 조직 내 기업가들의 네트워크를 구축하는 방법을 선택했다.

전체 사업에 영향을 미치는 중요한 장기 의사결정은 군더마크 개인에 의해 이루어지는 것이 아니라 3개 주요국가의 릴레이 사업부의 장으로 구성되고 군더마크가 주재하는 사업부위원회에서 처리되었다. '참여의 철학'은 단지 일선경영자 수준에서 끝나는 것이 아니라 보다 깊숙한 조직단위에까지 침투했다. 한 예로 그는 사업부의 전략적 비전을 위해 6개 나라의 젊은 관리자급들로 9인의 과제수행팀을 만들었다. 이 팀의 과제는 과감하고, 직선적이며, 창조적이고, 기존의 모든 가정과 목표에 대해 다시 생각해보는 것이었다. 이 팀의 보고서는 사업부위원회로부터의 의견을 추가한 후에 발간되어 모든 직원들에게 배포되었다. 군더마크에 따르면 이 활동의 목적은 명령을 부과하기보다는 이해를 넓히기 위한 것이었다.

"나는 우리가 1970년대와 1980년대부터 답습해온 전략에 대한 낡은 가정들을 없애버리고 싶었다. 과거 전략이란 주로 최고경영자들에 의해 정해졌고, 비밀문서를 통해 은밀히 논의되었으며, 매년 개정되기는 했지만 기본 가정이나 목적에 대해서는 아무도 의문을 제기하지 않았다. 나는 그것이 모든 층의 경영자에 의해 논의되며, 문제 제기가 될 수 있는 것으로 만들기를 원했다."

전세계적 릴레이 사업전략에 대한 이해와 헌신을 공유하는 일 외에도 군더마크가 집중해야 할 두 번째 과제는 사업에 필요한 핵심적인 자원과 능력을 개발하는 것이었다. 이는 단순히 여러 곳의 자원과 능력을 한 곳에 축적하는 것이 아니었다. 이보다는 각 지역에 존재하는 지식과 전문성을 연결하는 네트워크를 구축하여 분산되어 있는 자원과 능력을 전세계적으로 통합하고 활용하는 것이 더욱 중요했다.

그 첫 번째 단계로 그는 기존 4개 기업의 합병 결과로 생긴 구조와 책임의 중복을 합리화하는 프로젝트를 시작했다. 이 일에 있어서도 그는 그 자신을 단독 연주자이기보다 지휘자로 생각했다. 그는 합리화에 대한 의사결정과 통합작업을 각 해당 부서의 전문가로 구성된 프로젝트팀이 책임지도록 했다. 이에 각 팀들은 협상을 통해 동의안을 이끌어냈고, 자원과 책임을 부서간 이전하여 다음의 결과를 이끌어냈다. 즉 스웨덴팀은 고전압 제품을 담당하고, 스위스팀은 프로젝트와 시스템 운송 제품에 특화하기로 했다. 반면에 핀란드팀은 배송 방지와 통제 제품을 주도하게 되었으며, 잰스가 이끄는 미국팀은 ANSI-표준의 고전압과 배송 릴레이 제품을 이끌게 되었다.

각국에 분산된 기업가 정신을 보호하고 강화하기 위해 군더마크는 의사소통을 위한 채널과 의견교환의 장을 만들어 다른 지역의 각 부서에 존재하는 인재와 최고의 경영방식을 연계하여 서로 이전시키고자 했다. 그는 R&D, 전사적 품질관리, 구매의 각 분야에서 가장 뛰어난 부서에 그 분야의 전문가들로 구성된 위원회를 조직했다. 그리고 이 위원회에게 각자의 분야에서 최고의 경영기법을 결정해서 이를 확산시키는 책임을 부여했다. 조직에서 각 영역간의 이런 수평적 중재방식은 지식과 전문성을 자발적으로 이전하는 많은 사례를 보여주었고, 이는 ABB의 소중한 조직능력이 되었다. 그 한 예로 미국에서 있었던 전사적 품질관리위원회의 한 모임에서 주최측은 과외활동으로 공장 견학을 실시했고, 여기에서 그들은 고객서비스 수준의 개선뿐 아니라 운영자금의 현저한 절감을 가져온 시간기준관리(time-based management) 프로그램에 대해 설명했다. 본사의 어떤 지시 없이 이 프로그램은 1년 안에 ABB의 다른 모든 릴레이 사업부로 이전되었으며, 이는 전적으로 일선관리자의 주도와 그들간의 비공식적 네트워크에 의해 이루어졌다.

이처럼 전략수립과 능력의 통합에 관심을 쏟는다고 해서 군더마크가 영업성과에 대한 책임이라는 전통적인 사업본부 경영진의 책임을 망각한 것은 아니다. 그러나 그는 기업들에게서 공통적으로 발견할 수 있는 지원부서 주도와 시스템 위주의 접근방식이 아니라 일선경영자들이 그들의 목적을 달성하는 데 필요한 자문과 지원을 제공하는 것이 그의 최우선 역할이라고 생각했다.

군더마크는 각국의 지사에 소규모 지역위원회의 역할을 하는 운영위원회를 구성했다. 각 위원회의 위원은 릴레이 사업본부의 경영진(군더마크나 두 명밖에 없는 그의 보좌진 중 한 명), 해당 지사의 지역본부장(ABB 메트릭스 조직은 사업본부와 지역본부라는 두 축으로 이루어져 있음), 특정지식과 전문성을 가진 ABB 내 다른 사업부의 경영자, 그리고 해당 지사의 사장으로 구성되었다. 1년에 3~4번 열리는 이 지역위원회는 잰스같은 지사장이 자신의 지사 성과를 사업본부장과 지역본부장과 함께 검토하는, 그리고 마이크로프로세서 기반의 릴레이 역량 구축에 대한 잰스의 계획 같은 각종 제안들에 대한 즉각적인 의사결정을 얻을 수 있는 공개토론회와 같은 기회를 부여했다. 한편 이 공개토론회는 군더마크에게 잠재적인 문제점을 해결하기 위한 조치들을 정확히 이해하고 토론과 제안을 동시에 지원해 줄 수 있는, 보다 풍부한 통제과정의 의미를 갖게 해주었다.

대기업에서 중간경영진은 점점 잊혀져가고 버림받는 계층이다. 비계층화, 지원부서의 축소, 인력감축의 와중에 대부분의 기업들은 소규모의 자율권을 가진 일선경영부서의 성패는 각 부서가 기업 내 다른 부서들의 자원, 지식과 능력을 활용할 수 있도록 함으로써 대기업의 장점을 얼마나 제공할 수 있느냐에 달려 있다는 사실을 간과하고 있다. 수평적인 조정과정의 구축 없이 수직적인 통합을 위한 장치만 없애는 것은 일선경영자의 기업가적 정신과 대기업으로서의 장점을 일거에 상실하는 것이다. 마찬가지로 활발한 수평적 교류도 조직을 마비시킬 수 있다. 일선경영자들의 기업가적 정신을 고취하고 그들에게 각종 지원을 제공하여 일선경영자들이 수평적이고 네트워크 중심인 조직에서 볼 수 있는 불확실성, 복잡성, 그리고 잠재적인 갈등에 짓눌리지 않도록 하여 '역피라미드형 조직'이 제대로 작동할 수 있게 하는 사람이 바로 중간경영자인 것이다.

리더로서의 최고경영자

오늘날의 크고 복잡한 조직의 정점에 위치한 최고경영자는 그들의 선배들이 과거에 수행했던 역할을 답습하고 있다. 사업부제 조직형태가 생기면서 권한과 책임의 하부위임을 기초로 한 경영철학이 제도화되었을 때 최고경영자는 새롭게 분권화된 조직이 적절한 방향으로 나아가게 하는 것이 그들의 주요 과업이라고 생각했다. 따라서 그들의 주요 역할은 전략을 수립하고, 조직을 구축하며 각종 시스템을 통제하는 것으로 정의되었다.

전략, 조직구조, 시스템이라는 세 가지 경영기법이 날로 정교해짐에 따라 이 기법들에는 조직이 개개인의 특성이나 인간적인 병리현상에 영향받지 않으면서 명확히 정의된 목표를 향해 나아가게 할 수 있다는 가정이 점차 자리잡게 되었다. 어느 정도까지는 이 목표가 달성되었는데 대부분의 대기업들은 고도로 비개인화되었고, 직원 각자는 시스템에 얽매여 살아가게 되었다.

이처럼 제도에 포로가 된 기업가적 정신을 해방시키기 위해서는 이런 비인간적인 경영 패러다임을 바꾸어야 한다. 조직구성원의 헌신과 창의력을 이끌어내기 위해 우리가 연구·관찰한 기업가적 정신을 가진 기업의 최고경영자들은 전통적 모델의 경직된 최고경영자의 역할에 대한 가정을 훨씬 덜 명령적이고 덜 제한적인 것으로 대체하기 시작했다. 기업전략을 수립하는 사람이 아니라 전략적인 시도가 생성될 수 있는 조직의 분위기를 만드는 사람이 되었다. 기업 재무자원에 대한 통제를 가능케 하는 공식 조직구조를 구축하는 것이 아니라 그들은 대부분의 시간과 노력을 그 조직의 인적자원을 개발하는 데 투입했다. 그리고 기업운영을 통제하고 감시하기 위해 각종 경영시스템을 사용하는 것이 아니라 조직 내 모든 구성원과 직접 접촉하고 분석의 주요 단위로서 구성원 개개인에 초점을 맞추기 시작했다.

ABB의 그룹에서 경영위원회의 멤버인 린달(Goran Lindahl)은 기업의 동력전송 사업부문(군더마크의 릴레이 사업은 이 부문의 일부)과 아시아지역 지사들에 대해서 전반적인 책임을 지고 있었다. 주요 전략개발의 업무를 각 사업부 경영자들에게 위임하면서 린달은 그가 말하는 소위 '기본 골격'을 만들어 관리하는 데 모든 정력을 쏟아부었다. 이 기본 골격이란 그의 부하경영자들의 의사결정에 지침을 주는 각종 가정과 그들의 행동에 영향을 주는 각종 규범을 만들기 위해 사용한 일련의 광범위한 전략적 과제와 운영 원칙을 뜻한다. 이 기본 골격의 핵심은 동력전송 부문에서의 확실한 세계적 리더십을 달성하기 위해 함께 헌신하는 것이다. 이는 린달이 지속적인 대화와 끊임없이 과제를 부여함으로써 구성원들에게 심어놓은 야망이었다.

누구나 공유해야 할 전략적 야망 외에도 이 기본 골격은 경영진의 행동에 지침이 되는 네 가지 강한 가치관에 대해 정의하고 있다. 품질의 중요성, 기술적 탁월함에 대한 몰입, 생산성과 성과에 대한 헌신, 그리고 사람에 대한 강한 믿음이 바로 그것이다. 인사결정뿐 아니라 철저한 대화와 솔선수범을 통해 린달은 이런 가치관을 제도화하는 데 엄청난 시간을 투입했다.

"마침내 경영자들은 특정의 상사나 기업에 대한 충성이 아니라 우리가 믿고 만족스럽다고 생각하는 이 일련의 가치관에 충성을 바치게 되었다."

린달이 지난날을 회고한 말이다.

따라서 린달의 기본 골격이란 조직구성원 하나하나를 자유롭게 하는 것이 아니라 구속하는 상세한 전략을 정의하는 대신에 활력적인 야망과 지침이 될 수 있는 가치관을 제공해주는 한 차원 높은 목적을 가지고 있다. 그의 목적은 상부로부터 하부로의 명령전달이 아니라 투입물이 아닌 산출물로서 창의적인 전략을 만들어내기 위해 조직 내 자기 주도성과 헌신의 분위기를 조성하는 데 있었다.

전략적 의사결정을 위한 분위기를 형성하는 것 외에도 린달은 단순히 자금을 분배하는 것보다 인적자원을 개발하는 데 관심을 쏟았다. 그는 자신의 시간과 노력의 50~60퍼센트를 인적자원을 선발·개발하는 데, 그리고 그들을 조직 내 배치하는 데 할당했다. 여기서도 그의 목적은 그들 개개인의 능력을 개발하는 것뿐만 아니라 조직학습을 원활하게 할 수 있도록 돕는 것이었다.

조직의 핵심경영자를 선발하는 개인적인 책임에 대해 그는 과거의 경력이나 입증된 성과뿐 아니라 개인적 특성, 즉 유연성 · 성실성 · 정치력 등도 고려했다. 왜냐하면 이것은 그가 얼마나 기꺼이 새로운 방법을 통해 학습하고 경영하려 하는가를 말해주기 때문이다. 그는 자신의 접근을 기존 가정과 행동을 잊어버리고 기존의 방법을 '기본 골격'을 구성하고 있는 목적과 가치관으로 대체하기 위하여 조직 내에 불확실성의 환경을 조성하는 것이라고 표현했다. 경영자들이 자신의 능력을 입증함에 따라 그는 '기본 골격'의 내용을 확장하고 완화하여 그들이 더욱 성장할 수 있도록 했다.

린달은 그에게 있어 가장 중요한 목적은 능력 있는 경영자를 육성해 린달이 지도자로 정의하는 그런 사람으로 성장하도록 하는 것이라고 믿었다. 린달이 정의하는 지도자란 그 자신의 목적과 기준을 설정할 수 있는 개인적 능력과 관리력을 가지고 있어 진정한 의미의 기업가가 될 수 있는 자유를 가진 사람이다. 린달은 자신이 해야 할 일은 모든 경영자들을 이 단계까지 발전시키는 것이라고 생각했고, 이 단계에 이르면 '스스로 운영되고 스스로 새롭게 변신하는 조직'을 창조하게 되는 것이라고 느꼈다.

마지막으로 린달의 개인적 스타일은 경영자들이 시스템과 지원부서의 보고서에 관심을 집중할 때 볼 수 있는 고립형 모델과는 전혀 다르다. 린달은 이 시스템과 보고서에 의한 경영을 '추상적인 경영 접근방식'이라고 불렀다. 대신 그는 '간여' 경영이라고 묘사된 방식을 선호했다. 명확한 목적과 야망을 내부화하고, 그의 경영자들이 지도자가 될 수 있도록 자극하고 지도하면서, 최고경영자는 실제 사업의 움직임에

주의를 기울이는 것이 중요하다고 믿었다. 이는 명령을 하거나 추측하기 위해서가 아니라 주요 안건들에 대해 취해진 활동을 관찰하고 필요한 때 지원과 충고를 제공하기 위해서다.

이 과정에서 린달은 모든 사업에 대해 일관된 최근의 재무성과 자료를 제공하는 ABACUS 시스템에서 우려되는 상황을 발견하고 이에 따라 조치를 취하곤 했다. ABACUS로부터의 자료는 린달의 지원팀 중 한 사람이 즉각적으로 분석하는데 그는 '단순히 숫자에 집착하는 사람이 아니라 사업에 상당한 감각을 가진 재무 담당자' 다. 비정상적인 결과나 예상치 못했던 경향이 나타나면, 린달은 일선경영자들과 함께 문제에 대한 그들의 진단과 해결책에 대해 논의했다. 문제가 지속될 경우에만 변화를 주도하기 위해 개입했는데, 그의 표현을 빌리자면 '모든 것을 흔들어버리고 학습의 환경을 만들기 위한 것' 이었다.

린달의 접근법은 자신의 역할에 대한 다음과 같은 단순한 믿음에서 나온 것이다. 즉 그의 역할은 단순히 전략적 기획, 자원배분 과정, 경영통제시스템에 의해 통제되는 경제적 실체를 관리하는 것이 아니라 오히려 직원들을 단순히 기업의 고용인이 아닌 조직구성원으로 대함으로써 그들의 창조성과 노력을 이끌어낼 수 있는 각종 사회적 제도를 설계하는 것이라는 믿음이다. 따라서 그는 전략과 조직구조를 관리하는 것과 더불어 기업의 목적을 개발하고 조직에서의 각종 과정을 형성하는 데도 많은 노력을 기울였다. 그리고 각 부서나 지사의 성과보다는 개개인의 경영자에 더 많은 관심을 쏟았다.

조직 개념에 대한 재해석

최근 전세계의 많은 대기업들이 도전을 받고 있다. 실리콘밸리 신생 기업들의 성장과 함께 IBM, 시어즈, 제너럴 모터스, 웨스팅하우스 같은 대기업들이 갖고 있는 많은 문제점들은 지난 반세기에 걸쳐 발전해온 기업 모델이 과연 오늘날에도 생존가능성이 있는가에 대한 근본적 의문을 제기하고 있다. 한국에서도 전통산업에서의 선두기업들이 쇠퇴하고 새로운 기업가들이 등장함에 따라 대기업 조직의 부적절성이 곳곳에 드러나고 있다.

사회적 가치관이 관료주의적인 것에서 기업가적인 것을 더욱 선호하는 쪽으로 바뀌고, 이러한 기업가적 정신은 작은 규모의 기업에서만 가능하다는 믿음이 팽배해지고 있다. 많은 사람들은 기업이 그동안 일련의 수직적 결합, 다각화, 지역적 팽창을 지속적으로 수행해옴에 따라 너무 복잡하고 혼란스러워져 신속하거나 유연하거나 창조적일 수 없는 기업이 되고 말았다고 비판한다. 이들에 따르면 그 해결책은 대기업이라는 이 거대한 괴물을 해체하고 이들을 '가상기업'이라고 불리는 완전히 새로운 종으로 대체하는 것이다.

57개국에서 6만여 종의 제품으로 135억 달러의 매출을 올리는 3M은 결코 작은 기업도 가상기업도 아니다. 그러나 3M에서는 매년 총매출의 25퍼센트를 최근 5년 새롭게 출시된 상품에 의해 달성하고 있다. 3M의 최고경영자인 데시몬(DeSimone)은 이를 상향 조정하여 최근 4년 동안 출시된 제품들이 매출의 30퍼센트 이상을 창출하도록 했다. 그동안 3M은 초창기의 건습 방수 샌드페이퍼와 스카치 테이프, 포스트-잇이나 광섬유 접합기계에 이르기까지 수많은 전설적인 제품을 길을 가다 넘어지듯 우연히 발명해왔다고 한다. 그러나 이는 일선의 과학자, 엔지니어, 마케팅 담당자들에게 격려를 아끼지 않은 3M 내부의 창조적인 열기로 인해 가능했다. 3M에는 이런 속담이 있다.

"당신이 넘어지는 것은 당신이 움직이고 있을 때만 가능하다(You can only stumble if you are in motion)."

우리는 그동안의 연구에서 3M과 마찬가지로 오랜 기간 기업 내 핵심적인 기업가적 과정을 유지하고, 이를 그보다 작은 기업에 대한 경쟁우위의 원천으로 활용한 다른 대기업들을 보아왔다. 이는 규모나 다양성, 그 자체의 문제가 아니라 이들을 어떻게 관리하느냐가 보다 중요한 관건이라는 것을 의미한다.

제14장
교육기관으로서의 기업

요시오 마루타 박사는 그 자신을 불교학자이자 카오의 사장이라고 소개했다. 이 순서는 매우 중요한 것으로 이는 카오가 일본에서 거둔 놀라운 성공 이면에 존재하는 철학을 보여주기 때문이다. 카오는 학습하는 기업일 뿐 아니라 '학습하는 방법을 배우는' 기업이었다. 마루타 박사의 말을 빌리면 카오는 '모든 사람이 잠재적인 교사인 교육기관'이었다.

학습에 대한 마루타 박사의 열정은 카오의 경쟁력 있는 무기로 승화되어 1990년대 카오를 일본에서 가장 존경받는 기업의 하나로 격상시켰고, 〈니케이 비즈니스〉 지의 정기적인 평가에서 캐논이나 도요타 같은 유명 기업보다 기업 독창성, 혁신성, 창의성 측면에서 앞서는 것으로 나타났다. 카오의 성공은 단지 이 회사의 기술전문성, 효율적인 마케팅, 정보시스템 등이 아니라 이런 능력을 지속적인 학습을 통해 통합하고 향상시키는 데 기인한 것이다. 그 결과 카오는 라이온 같은 국내 경쟁자들뿐만 아니라 P&G와 유니레버 같은 외국 경쟁기업들보다 앞서 일련의 신상품들을 끊임없이 개발해내었고, 마침내 일본 최대의 생활용품업체이자 두 번째로 큰 화장품 회사로 부상했다.

마루타가 카오를 비누와 세제 생산기업이 아닌 교육기관으로 재구성한 것은 인간 본성에 있어 가장 기본적인 특성을 잘 파악한 것이었다. 인간이란 천성적으로 호기심이 많으며, 사회적 동물로서 서로 접촉하며 배우도록 태어났다. 수천 년 이상 가족, 부족 그리고 보다 넓은 개념의 사회집단들은 교육과 학습공동체로 진화해왔고, 그 속에서 개인들은 정보를 공유하고 지식을 통합함으로써 개인 자신과 그들이 속한 집단을 진보시켜 왔다. 그러나 무슨 이유에서인지 대부분의 기업들은 이런 인간의 자연스런 본능을 제거하는 방향으로 구성되어 있다.

그럼에도 불구하고 지속적이고 뛰어난 성과를 달성하기 위해 경영자들은 이런 추세에 역행할 수 있어야 한다. 즉 경영자들은 자신의 조직과 구성원들이 끊임없이 학습하고자 하는 활력을 갖도록 해야 한다. 마루타 박사가 그랬듯이 경영자들은 기업을 단순한 사업 포트폴리오로, 그 구성원들을 단순한 생산요소로 생각해서는 안 된다. 경영자들은 기업을 하나의 교육기관으로 봐야 하고, 경쟁우위란 각 구성원들이 자신의 지식과 기술을 지속적으로 향상시킬 수 있을 때 달성가능하다는 사실을 인식해야 한다. 정규교육은 중요한 것이기는 하지만 지속적인 학습과정의 일부분에 지나지 않는다. 기업을 학습기관으로 재구성하는데 있어 보다 어려운 일은 구성원들이 일상생활에서 지속적인 자기개발의 기회를 가질 수 있도록 작업방식과 정보흐름, 관리과정을 재구성하는 것이다.

지속적인 교육

　세계 최대 규모와 최고의 수익을 자랑하는 반도체 기업인 인텔은 상대적으로 젊은 인력을 보유하고 있다. 그러나 인텔의 펜티엄칩에 사용된 대부분의 기술들은 인텔의 현재 연구원들이 대학원을 졸업할 무렵에는 존재하지도 않았던 것이다. 만약 지속적인 교육에 대한 막대한 투자가 없었더라면 인텔은 이 업계에서 살아남지 못했을 것이다. 실제로 인텔은 직원들이 스스로 선택할 수 있는 다양한 코스들을 가진 자체 대학을 가지고 있으며, 대학이나 기타 교육기관이 제공하는 다양한 외부 강좌에도 참석하고 있다. 또한 직원들이 연구원이나 학생으로 학교에서 다시 공부할 수 있도록 짧게는 몇 달에서 길게는 일 년까지의 안식년제도를 시행하고 있다. 경영진들은 직원들에게 지속적으로 최신기술을 습득하게 하는 것은 단순한 '복지 차원'이 아니라 인텔의 경쟁력을 위한 전제조건으로 생각하고 있다.

　대부분의 한국기업에서 '지속적인 교육'이란 여전히 사치나 기분전환용 행사 정도로 취급받고 있다. 상급경영자들은 가끔 휴양을 겸한 교육과정에 참여하고, 일반직원들은 업무와 별로 상관이 없으며 지난 10년 간 거의 변화가 없는 사내교육 프로그램에 형식적으로 참여하고 있다. 최고경영진은 교육 프로그램의 비용을 단지 자신의 기업이 보다 현대적인 기업이라는 사실을 대내외적으로 과시하기 위한 비용으로 간주하고, 직원들은 그런 프로그램을 유급휴가 정도로 취급하고 있다. 양쪽 모두 무관심한 상태에서 교육은 사업과는 전혀 관련 없는 것이 된다.

　이와는 대조적으로 모토로라의 지속적인 교육은 최고경영진이 강제하는 몇 안 되는 사항들 중의 하나로 최고경영진이 직접 신중하게 관리하고 통제한다. 최고경영자를 포함한 모든 직원들은 연간 최소 40시간의 정규교육을 받아야 한다. 또한 R&D를 포함한 대부분의 활동을 각 사업부로 위임했지만, 교육만은 전세계에 걸쳐 분교를 가지고 있는 대규모의 풍부한 예산을 가진 모토로라 대학을 통해 시카고에 있는 본사에서 직접 관리한다.

교육과정은 현재 사업이 요구하는 내용을 반영하도록 맞춤 기획되었으며, 최신의 경영개념과 기법에 대한 토론뿐만 아니라 상급경영자들의 적극적인 참여와 특정 중요 사업상의 문제해결을 위한 실제적인 활동도 포함하고 있다. 특정 주제들에 대한 다양한 단기세미나는 전세계 모토로라 직원들이 그들의 지식과 기술에 있어 부족한 점을 보완할 수 있도록 해준다. 교육에 대한 이런 집념이야말로 모토로라가 많은 기업들이 모방하고 있는 6시그마 프로그램을 시작하고 실행할 수 있게 해준 원동력이었다. 동시에 모토로라 대학의 명성은 자사가 진출한 나라의 우수대학 출신의 최상위 졸업생들을 유치하고 보유하는 데 있어서 모토로라가 가진 경쟁우위의 원천이 되고 있다.

한국기업 중에도 모토로라처럼 지속적인 교육을 통해 성공한 기업들이 있다. 1987년 설립된 이래로 LG CNS는 매년 평균 35퍼센트에 이르는 성장을 거듭해 왔으며, 이 성장의 이면에는 인재를 최고의 자산으로 생각하고 직원들에 대한 지속적인 교육에 투자를 아끼지 않았던 LG CNS의 교육에 대한 신념이 있었다.

LG CNS에서 일한다는 것은 끊임없는 배움의 연속이라고 볼 수 있다. LG CNS의 직원들은 연평균 19일(2000년 기준)의 정규교육을 받고 있는데(〈표 14.1〉 참조), 신입사원은 신입사원대로 임원은 임원대로 의무적으로 받아야 하는 교육의 양이 엄격히 정해져 있다. 또한 이 모든 과정은 기술대학원의 전문가들이 신중히 기획하여 체계성을 갖추고 있다. 이런 체계성으로 LG CNS의 직원들은 자신이 앞으로 어떤 교육을

LG CNS에서의 정규교육

항목		1999년	2000년	2001년(예상)
1인당 교육 일수		16일	19	21일
총교육량(PH)		356,697PH	607,868PH	752,619PH
교육과정 수	기술교육	109	119	118
	e-Biz 교육	-	10	15
	경영 교육	21	27	30

받을지에 대한 명확한 방향성을 인지할 수 있을 뿐만 아니라 각자의 필요에 따라 수시로 교육과정을 변경할 수도 있다. 교육의 내용 역시 상황에 따라 바뀌며 필요할 때는 외부교육도 적극적으로 활용하고 있다. LG CNS의 경영진이 이토록 교육에 많은 투자를 하는 것은 단순한 복지차원이 아니라 직원들이 새로운 기술을 지속적으로 습득하는 것이 LG CNS 경쟁력의 핵심이라고 믿기 때문이다.

LG CNS의 교육내용

LG CNS의 교육시스템이 가지는 가장 우수한 장점 중 하나는 사업환경과 이에 따른 LG CNS의 전략이 바뀔 때마다 교육도 그에 대응해서 바뀌어왔다는 것이다. 환경과 전략이 바뀌고, 직원들에게 요구되는 기술이나 역량이 달라질 때마다 직원들이 새로운 기술이나 역량을 확보할 수 있도록 교육시스템을 변화시켜왔으며, 그 결과 설립 이래로 LG CNS는 IT 서비스 분야에서 최고의 인재를 키워내는 산실이 되어왔다.

LG CNS의 발전 단계는 크게 세 단계로 나뉜다. 첫 단계는 메인 프레임 환경하에서의 'Enabler' 역할을 수행했던 시기(1987~1993년)로 기존의 업무를 전산화하고 각 전산시스템이 서로 연동되도록 시스템을 통합하고 관리하는 SI(System Integration)와 SM(System Management) 사업에 집중했다. 이 시기에 LG CNS의 역할은 고객이 스스로 해결하지 못하는 기술적인 부분을 LG CNS에 요구하면 해결해주는 것이었다. 따라서 당시의 교육목적은 SE(System Engineer), 즉 기술자를 양성하는 것이었기 때문에 교육은 철저히 기술 중심으로 이루어졌다. 고급 기술인력의 필요성을 절감한 LG CNS는 자체 교육 프로그램을 만드는 대신 당시 합작사였던 미국 EDS의 체계적인 교육시스템을 도입했다. 이때 LG CNS는 단순히 EDS의 교재만을 구입한 게 아니라 프로그램 운영방법, 교육 시나리오 같은 EDS 교육과 관련된 전반적인 프로세스를 도입했다. 이런 선진화된 교육시스템은 당시 국내에서 찾아보기 힘든 혁신적인 것이었으며, 성공적으로 내부 흡수된 교육시스템은 향후 LG CNS가 급속도로 성장할 수 있는 원천이 되었다.

두 번째 단계는 'Driver'로서의 역할을 수행했던 시기로 단순히 고객의 요구사항을 충족시키는 것이 아니라 고객의 사업을 분석하여 문제점을 도출한 다음에 IT를 이용해서 이 문제점을 어떻게 해결할 수 있는지를 제시하고 고객의 업무 자체를 변화시키는 것이다.

세 번째 단계는 'Innovator' 역할이 강조되던 시기로, 이는 단순히 고객의 기존 사업을 분석하여 문제점을 도출하는 역할을 넘어서서 고객에게 새로운 사업모델을 제시하고 고객의 혁신을 주도하고자 했던 시기다.

LG CNS의 전략이 Enabler에서 Driver, Innovator로 변화하면서 LG CNS의 교육시스템은 일대변혁을 겪게 된다. 이제 기술은 단지 수단에 지나지 않는다. 기술을 습득해야 함은 물론 고객의 비즈니스에 대한 정확한 이해를 바탕으로 고객의 욕구를 파악하는 것, 그 욕구를 충족시켜줄 수 있는 적절한 대안을 제시하는 것, 그리고 리더십을 가지고 고객

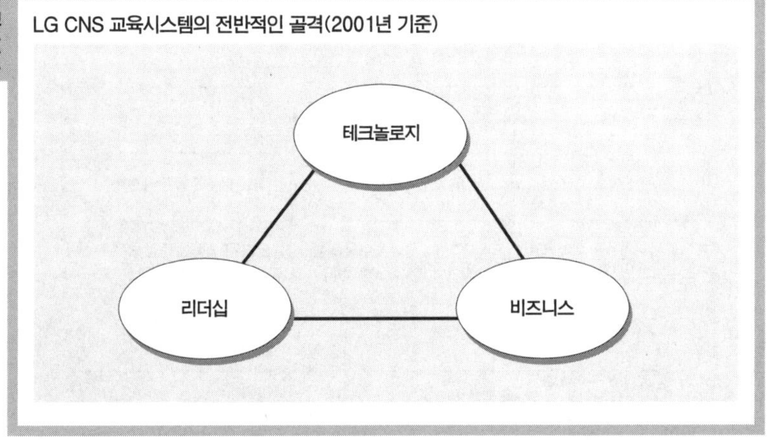

을 설득하는 능력 등이 부가적으로 필요한 역량이 되었다. 이에 LG CNS는 리더십과 경영교육 과정을 강화하여 이런 역량을 배양하는 데 주력하게 된다. 〈그림 14.1〉은 현재까지도 지속되고 있는 LG CNS 교육 체계의 주요 골격을 보여주고 있다.

구조화된 교육시스템

LG CNS에서 신입사원이 받아야 하는 2년 동안의 교육과정은 구조화된 교육시스템을 보여주는 좋은 예다. LG CNS는 SI업체로는 드물게 전공과 상관없이 신입사원을 채용하며, 이들은 입사 후 2년 동안 의무적으로 교육만 받게 된다. 절반 이상이 비전공자인 이들은 처음 다섯 달 동안 프로그래밍에 관한 기본적인 기술을 습득하기 위한 교육을 받게 된다. 첫 번째 단계는 본격적인 실무교육(OJT: On the Job Training)에 앞서 IT인력으로서 기본적이고 일반적인 능력을 함양하는 단계라고 볼 수 있다.

이 단계가 끝나면 다음 일곱 달 동안 본격적으로 실무능력을 익히기

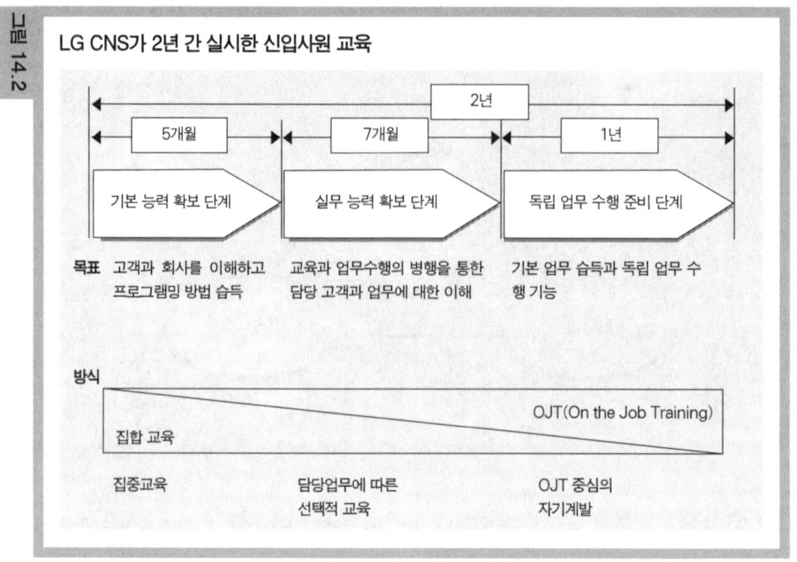

위한 교육을 받게 되는데, 이때는 교실에서의 교육 비중이 줄어드는 대신에 실제 업무수행을 통한 학습활동의 비중이 늘어나게 된다.

기술교육은 1단계와는 달리 각자의 적성과 흥미에 따라 자신이 배울 기술을 선택할 수 있다. 이 과정을 통과한 신입사원들은 관련 전공의 학사과정 수준의 기술을 습득하게 된다. 마지막 일 년 동안은 독립 업무를 수행하는 것을 목적으로 실무교육을 주로 받게 된다. 그들은 일 년 동안 다양한 프로젝트에 참여함으로써 세일즈, 컨설팅, 고객을 대하는 법 같은 업무기술을 실무자들로부터 직접 배운다. 이런 경험으로 인해 신입사원들은 단지 기술을 잘 아는 사람이 아니라 당장 실제 프로젝트에 투입될 수 있는 독립적 업무가 가능한 인력으로 성장하게 된다.

그러나 2년 동안의 신입사원교육은 LG CNS의 직원들이 앞으로 받게 될 끊임없는 교육의 시작일 뿐이다. 승진에 따라 LG CNS의 직원은 자신의 단계에 맞는 교육을 지속적으로 받는다. 그들은 전문 기술교육

(Continuous Technological Development: CTD), 기술전문가 교육, 관리자 신기술 교육 등을 통해서 자신의 기술을 계속해서 갱신해 나갈 뿐 아니라 각 단계마다 필요한 리더로서의 역량을 강화하기 위한 리더십 교육을 지속적으로 받는다. 특히 이들은 실제 프로젝트 수행자인 만큼 실제 시장에서 즉시 사용할 수 있는 지식과 역량을 습득케 하는 것이 교육의 가장 중요한 목표가 된다.

이렇듯 LG CNS의 직원은 말 그대로 끊임없이 교육을 받는다. 신입사원이 중견관리자가 되기까지, 중견관리자가 최고경영자가 되기까지 LG CNS은 잠시도 교육의 끈을 놓지 않는다. 임원들은 부하직원들을 교육시킬 의무가 있으며, 그 결과는 인사고과에 반영된다. 더 나은 배움의 가능성은 LG CNS의 직원들이 LG CNS을 쉽게 떠나지 못하는 가장 중요한 이유이다.

인텔, 모토로라, LG CNS 같은 회사들의 교육과정에는 교육에 막대한 투자를 하고 있는 다른 많은 회사들과 분명히 구별되는 두 가지 측면이 있다. 첫째, 교육이 지속적인 과정으로 구성된 것이지 일회성행사나 연관성 없는 일련의 행사로 기획되지 않았다는 점이다. 과정 자체도 인간 중심으로 구성되며 프로그램 자체를 중심으로 구성되지 않는다. 모든 경영자는 각자의 직급에 맞게 미리 짜여진 일련의 코스를 거치게 되는데, 이때의 최우선 목표는 각자의 영역에서의 기술력을 심화하고, 더 나아가 전반적인 경영능력과 안목을 넓히는 것이다. 앞에 언급된 회사는 이런 교육을 전 직원에게까지 확대시키고 있다.

둘째, 훈련과정은 개인의 능력개발에 치중하는 한편, 교육내용을 명백히 회사의 사업과 전략에 연계시킴으로써 조직 전체의 능력개발에도 초점을 맞추고 있다. 물론 경영과 기술에 관한 전문적 기초지식인 경우에는 일반적이고 포괄적인 학습이 필요하다. 그러나 이들 기본적인 과정을 제외하고는 맞춤강의가 보편적이며 특성화되지 않은 포괄적인 주제에 대한 강의는 오히려 예외적이다. 강의는 강사가 선호하는 일련의 보편적인 내용들의 짜깁기가 아니라 특정 경영상황과 필요에 맞추어 기획되며, 급변하는 경영상의 요구를 충족시키기 위해 내용이 끊임없이 바뀐다. 사례연구와 실제 프로젝트에의 참여는 직원교육과 개인개발 사이의 연계성을 더욱 긴밀하게 해주는 한편, 기업경쟁력과 조직발전 사이의 연계성도 높여준다.

학습을 고려한 업무 재설계

전통적인 조직에서 업무는 최대한 그 업무에 대한 예측과 통제가 가능하도록 구성되어 있다. 그러나 이런 업무 구성은 필연적으로 직원의 기능을 감퇴시킨다. 업무에 대한 예측과 통제가 가능하기 위해서는 업무가 구체적으로 규정되어 있어야 한다. 궁극적으로 그런 업무 구성의 논리는 애덤 스미스(Adam Smith)와 프레드릭 테일러(Frederick Talor)의 생각에 기인한 것이다. 즉 거대조직의 이점은 전문화에 있고, 따라서 그런 조직을 운영하는 최상의 방법은 업무를 쉽게 관찰하고 통제할 수 있는 일상적 업무로 세밀히 분할하는 것이다. 그러나 아담 스미스의 유명한 사례인 핀머리(pinhead) 제작을 예로 들어 생각해보면, 수년 간 핀머리를 만든 결과 직원은 핀머리를 만들기 위해 요구되는 능력 이외의 모든 능력을 상실하고, 그 회사는 외부환경에 대한 유연성을 상실하여 영원히 핀 공장에 머물 수밖에 없게 된다.

이런 기술력 감소로 인한 회사와 개인의 손실을 많은 사람들이 인정하고 있지만, 어떤 경영자들은 이런 손실은 효율성과 생산성을 확보하기 위해서 치러야 하는 불가피한 비용이라고 믿는다. 그런 경영자들에게 다음의 사례는 흥미로울 것이다.

록웰 골데 기프트혼은 다양한 사업에 진출한 미국의 거대한 다국적 기업인 록웰 코퍼레이션의 독일 내 작은 자회사다. 울프스버그에 있는 폭스바겐 공장으로부터 17킬로미터 떨어진 곳에 위치한 이 회사는 폭스바겐의 골프자동차를 위한 썬루프 시스템을 매일 3,000개씩 납품하고 있다. 고도로 자동화된 조립라인을 운영하는 이 회사는 찰리 채플린이 그의 영화 〈모던 타임스〉에서 비판한 비인간적이고 기술감퇴적인 생산의 전형적인 형태를 보여주고 있다.

그 공장 책임자인 크라프트(Günter Kraft)는 그 공장의 비교적 젊고 전직이 용이한 인력에게 어떻게 동기를 부여하고, 충성심을 이끌어낼 수 있는가 하는 문제로 고심하고 있었다. 그는 '종합교육'에서 그 문제에 대한 나름대로의 해결책을 찾았다. 이를 위해 지금은 회사 내에서 '경로안내자'라고 불리는 시스템을 고안해냈다. 이 시스템의 목표는 "모든 근로자들에게 기능과 자격을 열정적으로 획득케 하여 작업의 지루함도 줄이고 각자의 고용안정을 더욱 도모하자"는 것이다.

'경로안내자'라는 시스템은 공장 내 하나하나의 업무에 필요한 특정 기능들을 나열한다. 동시에 경로안내자는 이들 기능을 위계적인 체계, 즉 경로로 분류하여 선행하는 기능의 습득이 경로상에 있는 후행 기술을 습득하는 것을 용이하게 하도록 구성되어 있다. 각 근로자들은 그들의 관리자와의 상담을 통하여 이런 경로들 중의 하나를 각자의 개인개발의 목표로 선택한다.

폭스바겐에서 썬루프 수요가 상대적으로 많은 날 각 근로자들은 자기가 가장 숙련된 업무에 종사함으로써 공장의 생산량을 극대화한다. 그러나 폭스바겐에서 수요가 적은 날에는 그들이 습득하기로 계획된 상위기능을 요하는 직무에서 일한다. 이 같은 생산공장과 학습공장 사이로의 전환은 자율적으로 시행하며, 이는 다양한 기술을 보유한 인력을 양산하여 그 회사를 세계에서 가장 적은 비용으로 가장 높은 품질의 썬루프를 생산하는 회사 중의 하나로 만들어 주었다. 이는 폭스바겐이 인정한 것이다. 뿐만 아니라 이는 록웰의 자회사 중 가장 수익성이 높은 회사 중의 하나로 만들었으며, 독일 내 동종업계에서 가장 이직률이 낮은 회사가 되도록 해주었다.

궁극적으로 회사가 직원들에게 학습기회를 제공해 줄 수 있는 가장 중요한 원천은 직무 그 자체다. 그러므로 학습에 대한 잠재력을 고려하여 직무를 재구성하는 것은 한 회사를 교육기관으로 발전시키는 데 있어 가장 핵심적인 조건이다. 그 같은 재구성은 회사를 교육기관으로 재구성하는 것에 대한 회사 경영진의 확신과 상상력만 있다면 해당 기업의 사업분야나 생산기술과는 무관하게 언제든지 가능하다.

아마도 이 주장에 대한 가장 확실한 증거는 덴마크에 위치한 세계에서 제일 큰 청소회사인 ISS(International Service System)의 사례일 것이다. 이 회사는 크게는 런던의 히드로 공항에서 작게는 브라질의 작은 인쇄소의 사무실까지 청소한다. 바닥을 청소하는 것이 업무인 회사보다 직원개발의 기회를 덜 가지고 있는 회사는 아마 없을 것이다. 그러나 ISS는 회사 수익의 상당부분을 직원교육에 사용하고 있는데, 그 교육은 청소원과 감독자를 위한 새로운 청소용품과 기술에 대한 코스뿐만 아니라 재무기획이나 리더십 같은 코스들도 포함되어 있다. 그뿐만 아니라 이 회사는 각 청소팀의 업무를 재구성하여 고객유치, 고객서비스, 이익구조 설계, 그리고 과정혁신 등에 대한 책임을 지도록 했다. 비록 이것이 비용면에 있어서 ISS의 비용이 다른 경쟁사들에 비해 약간 높게 만들었지만 새로운 고객유치, 개선된 고객과의 관계, 좀더 숙련되

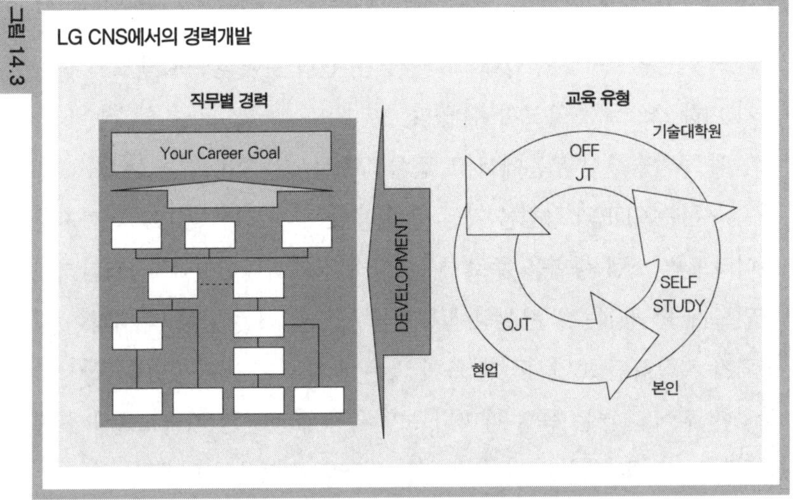

고 헌신적인 인력에서 나오는 이익은 이런 비용증가를 상쇄시키고도 남았다.

이런 철학에 의한 업무 구성은 결코 새로운 것이 아니다. 한국의 몇몇 선두기업도 유사한 방법으로 역시 만족스러운 결과를 달성하고 있다. LG CNS에서는 신입사원부터 최고경영자에 이르는 모든 직원의 직무를 상세히 분석하고 있으며, 그들은 각 단계별로 자신의 목표를 선택하여 그 목표를 달성하기 위해 설계된 여러 경로 중 하나를 선택한다.

이런 LG CNS의 노력은 CDP(Career Development Plan)에 잘 나타나 있다. CDP란 자신의 개인적인 경력목표(Career Goal)를 설정한 다음, 그 목표를 달성하기 위한 경험과 교육 등에 관한 계획을 세움으로써 직원 한 사람 한 사람의 경력을 체계적으로 관리한다는 개념이다. 물론 직원들은 언제든지 자신의 목표를 수정할 수 있으며, 이 모든 과정에서 상사의 조언을 받는다. 이런 활동을 지원하기 위해 LG CNS는 일종의 내부 노동시장을 형성해왔다. 프로젝트 매니저는 모든 인력풀에 자유롭게 접근할 수 있으며, 그들의 팀에 적합한 기술을 가진 사람이면 누구와도 면담할 수 있다. 반대로 직원들은 관심 분야의 프로젝트에 참여하기 위해 스스로를 홍보할 수 있다.

현재 보안솔루션 부분에서 IT 컨설턴트로 있는 이미영 씨는 LG CNS가 추구하는 CDP의 장점을 가장 잘 활용한 예다. 그녀는 1999년까지만 하더라도 시스템 통합을 주로 하는 시스템 엔지니어였다. 경영학적인 마인드가 요구되는 IT 컨설팅에 흥미를 느낀 그녀는 당시 막 시장이 형성되기 시작하던 보안시장에 특히 많은 관심을 가지고 있었다. 상사와 상의한 후에 그녀는 틈날 때마다 보안시장에 관련된 기술교육과 함께 컨설턴트로서의 자질을 기를 수 있는 경영학 수업에 참여했다.

어느 정도 기본 소양이 갖추어졌다고 판단되었을 때 당시 보안프로젝트를 진행하고 있던 팀의 팀장을 찾아가 그녀가 보안컨설팅에 관심이 있음을 표명했고, 그녀의 소양을 인정한 팀장은 한 달 후에 자신의 프로젝트에 편입시켰다. 그때부터 이미영 씨는 보안컨설팅 관련 프로젝트에 참여하게 되었고, 현재 이 분야의 전문가로 활약하고 있다.

사원들이 직장생활을 통해서 얻고자 하는 가장 중요한 것 중 하나는 '자신만의 경력을 개발' 하는 것이다. 특히 전문가의 중요성이 부각되면서 자신만의 독특한 경력을 쌓고자 하는 직원들의 요구는 더욱 커졌다. 이런 체계적인 경력개발시스템은 우수한 인재를 유지시키고 동시에 체계적으로 육성함으로써 회사의 역량을 강화하고자 하는 LG CNS의 전략이다.

공유된 정보

마루타 박사는 학습이란 '마음의 기본틀이자 일상의 과제'라고 묘사했다. 이는 학습이란 토론을 통해서, 그리고 무언가를 배울 때까지 구체적인 사업상의 아이디어들을 검토하고 조사함으로써 진리를 추구하는 것이라는 말이다.

이런 학습과정에서 가장 중요한 원자재에 해당되는 것이 정보다. 마루타 박사는 정보를 최대한으로 공유되고 활용되어야 할 지식으로 간주했다. 그가 경영진에게 끝없이 상기시켜온 말은 다음과 같다.

"오늘날 정보는 경쟁에서 우위를 창출하는 유일한 원천이다. 정보를 독점하고 또 그것으로부터 지속적으로 배울 수 있는 능력을 가진 기업은 어떤 사업을 영위하든지 승리하게 될 것이다."

그러나 정보가 이런 방식으로 활용되기 위한 필수요건이 있는데, 그것은 다름아닌 정보의 민주화다. "주제에 대한 자유로운 토론을 보다 효과적으로 하기 위해서는 모든 정보를 공유해야 한다"고 마루타 박사는 말했다. "만약 누군가 다른 사람이 갖지 못한 특별하고 중요한 정보를 갖고 있다면, 그것은 인간 평등에 어긋나는 것이며, 우리와 기업으로부터 진정한 의미의 창조성을 빼앗게 될 것이다."

카오의 모든 경영자와 대부분의 직원들은 집에 팩스를 가지고 있었는데, 그들은 이것을 통해 집에서 새로운 소식과 토의 결과를 받아 보았고 격주로 발행되었던 신문은 경쟁자의 동향, 새로운 상품의 출시, 국외시장 개발과 주요 모임의 결과 등을 접할 수 있는 기회를 제공해주었다. "카오에서는 '비밀'로 분류된 것이 없다"라고 한 상급경영자의 말처럼 회사 전체에 보급된 통신망을 통해, 직원이라면 누구나 어떤 상품에 대한 어떤 영업소의 판매기록도 받아볼 수 있었다. 또한 자기가 속한 부서나 다른 지사의 상품개발에 대한 자료도 받아볼 수 있었다. 카오 산하 연구소의 최신 연구결과도 모든 직원이 열람할 수 있고, 전날의 생산량과 각 공장의 재고조사 자료들도 마찬가지였다. "직원들은 심지어 사장인 나의 판공비 내역서까지도 살펴볼 수 있다"라고 마루타 박사는 말했는데 그것은 전혀 과장이 아닌 듯 보였다. 그는 정보공개와 개방으로 인해 얻어지는 학습과 창조력의 향상이 정보유출에서 오는 위험보다 훨씬 더 중요한 것이라고 믿었다. 엄청난 정보의 유입이 일어나는 상황하에서는 모든 것이 아주 빠르게 움직여서 유출된 정보는 얼마 지나지 않아 쓸모없는 정보가 되고 만다.

많은 역사적·문화적 요인과 비윤리적 관행이 지속된 과거 경험에 의해 대부분의 한국기업은 정보차단이라는 심각한 문제에 시름하고 있다. 그리고 뿌리 깊은 의식구조는 경영자들에게 정보를 권력과 영향력의 원천으로 보도록 하고 있다. 따라서 많은 노력에도 불구하고 기업 내 정보를 민주화하기란 어렵다. 그 중에서도 가장 큰 장애물은 역시 권력을 계속 유지하고자 하는 상급경영자다.

정보를 민주화하는 데 중요한 것은 단순히 정보기술(IT)의 하부구조를 구축하는 것이 아니다. 무엇보다도 기업문화를 변화시키는 것이 중요하다. 앞서 강조했듯이 신뢰와 지원의 환경이야말로 정보를 자유롭게 공유할 의사와 능력을 이끌어내기 위한 선결 요건인 것이다. 기업을 하나의 학습기관으로 재구성하는 것이 가장 중요하다는 사실을 인식하게 해주는 환경의 조성도 정보의 민주화에 핵심이다. 정보기술에 대한 막대한 투자에도 불구하고 많은 기업들이 경영진의 강한 고정관념으로 인해 좌절을 경험하는 반면, 이런 투자에서 많은 혜택을 얻은 기업들은 이런 문화적 특성을 구축하는 데 성공한 기업들이다.

LG CNS에서는 어떤 직원이라도 그들이 원하기만 하면 회사 내부 터

미널을 통해서 특정 프로젝트의 결과물에 대한 자료를 열람할 수 있다. 또한 LG CNS는 최근 뉴스와 경쟁사의 동향, 국외기술 개발현황 등에 관한 자료를 보유하고 있으며, 직원들은 언제든지 이 자료들을 다운받을 수 있다. 정보의 민주화에 따른 정보유출에 대한 오해진 전 LG CNS 사장의 견해는 마루타 박사의 견해와 다르지 않다.

"지식이라는 것은 워낙 빨리 변하기 때문에 갖고 있어 봐야 오늘의 지식은 내일을 위한 지식이 될 수 없다. 차라리 빨리 다른 사람의 지식과 교환해서 자신의 지식을 넓혀나가는 것이 중요하다."

지식경영의 중요성을 인식한 LG CNS는 1999년 지식경영을 위한 내부 인프라스트럭처를 구축하고 2000년도에는 지식을 데이터베이스에 저장시킨 사람에게 인센티브를 주는 제도를 시행하는 등 지식공유를 위한 노력을 본격적으로 진행했다. 지식공유를 위한 문화의 중요성에 대해 오해진 전 사장은 이렇게 말했다.

"중요한 것은 지식경영시스템이 아니라 우리 모두의 태도다. 내 지식을 줄 때 남도 나에게 지식을 준다. 따라서 중요한 것은 서로가 서로를 신뢰하고 돕는 기업문화를 창조하는 것이다."

LG CNS는 직원들간 정보공유를 촉진시키기 위해 여러 공식 · 비공식적 메커니즘을 가지고 있다. 그 중에서 가장 많은 효과를 보고 있는 것은 각종 세미나와 워크숍을 통한 최고경영사례의 발표다. LG CNS는 매년 정기적으로 두 번 세미나를 개최하고 있으며, 이때 각 사업부별로 선정된 최고경영의 사례를 발표한다.

"워크숍의 주제는 항상 최신경향을 반영하기 때문에 워크숍은 사람들로 가득 차 발디딜 틈이 없다. 또한 워크숍에서 발표하는 것은 자신을 홍보할 수 있는 좋은 기회이기 때문에 대부분 발표하기를 원한다."

기술대학원의 김호룡 차장의 말이다. LG CNS는 공식적인 세미나 외에도 필요에 따라 크고 작은 세미나와 워크숍을 열고 있으며, 각 행사는 훌륭한 정보공유와 이전의 장이 된다.

기술대학원 역시 직원들이 정보를 공유하도록 돕는 비공식적 메커니즘이다. 이곳은 단순히 LG CNS 직원들이 강의를 듣는 곳이 아니라 직원들의 교류의 장이다. 활발한 교류를 통해 그들은 최근의 기술동향과 시장상황에 대한 정보를 서로 공유하고 서로에 대한 친밀도와 신뢰를 높이고 있다.

교수로서의 상급경영자

근로자에게 운영상의 기능향상을 위한 기회를 주기 위해 일상적인 업무를 재구성할 필요가 있으나, 직원들의 분석적·개념적인 기능을 확대시키고 그들의 사고와 판단의 질을 높이기 위해서는 보다 넓은 관점에서의 전략적·관리적 과정을 재구성하는 것도 매우 중요하다. 직원들에게 분석적·개념적 능력을 향상시키기 위해서는 회사의 핵심적 경영과정을 급격히 변화시켜야 하는데, 이는 일상업무의 운영을 재설계하는 것보다 훨씬 어려운 일이다.

대부분의 기업에 있어 전략적 사고와 판단은 최고경영진 고유의 영역으로 간주되며, 능력을 개발하고 사용할 기회를 갖게 되는 것도 그들에게 국한되어 있다. 통상적인 일선 현장의 관련 정보들을 최고경영진에게 전달하기 위해 기업들은 정교한 기획, 의사소통과 통제시스템을 구축하게 된다. 하위직원들은 매우 다양한 종류의 규격화된 형식의 정기·비정기 보고서를 통해 필요한 정보를 제공해주고, 이 보고서들은 복잡한 과정을 거쳐 기업 의사결정을 위한 통합적인 정보로 변환된다.

이런 공식적이고 체제적으로 운영되는 경영과정은 종종 전문경영의 핵심요소로 여겨지며, 이 체제를 얼마나 정성스럽게 만들었느냐는 그 기업의 경영이 얼마나 정교한가를 가늠하는 평가기준이 된다.

그러나 이 체제는 하나의 벽으로 하위직원들이 전략적인 문제에 대한 토론에 참여하는 것을 막고 동시에 이런 토론으로 얻어질 수 있는 잠재적 학습의 기회를 차단시킨다. 상급경영자들은 그들의 지위와 축적된 경험으로 인해 폭넓은 안목과 날카로운 직관력을 갖추게 되는데, 이것은 그들이 조직 내 하위직원에게 줄 수 있는 최고의 선물일 것이다. 그러나 이 능력들의 전수는 오직 끊임없는 접촉을 통한 상호작용만으로 가능하다.

그런 직접적인 상호작용의 기회를 창출하기 위해, 기업들은 그간 구축해온 정보·기획·통제 체제의 하부구조 중 상당 부분을 없앰으로써 그들의 경영과정을 근본적으로 재구성할 필요가 있다. 이는 정보가 상·하위직원간의 직접적인 접촉을 통해 전달되도록 하며, 전략은 공유된 토론을 통해 수립되고 그의 실행은 상급경영자의 세심한 지도와 안내를 통해 인도될 수 있도록 한다.

직접적이고 일대일 경영과정을 보다 잘 이해하기 위해 카오에서는 어떻게 의사결정이 이루어지는가에 대한 마루타 박사의 설명을 살펴보자.

"우리는 일을 인간의 신체와 유사한 어떤 유동적이며 유연한 것으로 보고 있다. …… 그러므로 조직체는 모든 방향과 모든 수준에서 상호접촉과 아이디어 전파를 촉진시킬 수 있는 유동적 체제로서 운영되도록 구성되어야만 한다."

위계질서는 단순히 편의를 위한 한 방편이지 결코 상·하위직원 사이의 지식전달을 제약하는 요소가 되어서는 안 된다는 사실을 보여주기 위해 그는 조직 내의 경계나 직위명을 모두 없애버렸다.

"카오에서는 아무도 아이디어를 소유하지 않는다. 아이디어는 공유할 때만 그 자체의 가치가 상승하고 올바른 결정을 내릴 수 있게 한다. 모든 관련 직원들에게 문제해결에 참여하게 함으로써 우리는 공동의 관점이나 시야에 도달할 수 있다."

카오의 한 상급경영자의 말이다. 그에 의하면 이것이 상급경영자들이 교사로서의 역할을 하고, 직원들이 제대로 학습하는 핵심적인 요소다.

카오 사옥은 이런 공동학습을 지원할 수 있도록 설계되었다. 최고경영자 층으로 알려진 10층에는 회장, 사장, 네 명의 부사장 그리고 비서들이 있다. 커다란 회의탁자 한두 개와 좀더 작은 탁자들, 의자, 칠판, OHP가 여기저기 배치되어 있는 10층은 상당 부분이 열린 공간이다. 이곳은 '의사결정의 장소'로 유명하며, 최고경영진 내부 또는 최고경영진과 직원들간의 모든 토론이 이곳에서 이루어진다. 마루타를 포함한 지나가는 누구라도 그곳에서 이루어지는 모든 토론에 참여할 수 있었다. 그리고 경영자들은 종종 자신이 가지고 있는 지식과 지혜를 일선의 직원들에게 전수해주고자 의도적으로 그 기회를 이용하기도 한다.

이런 사옥의 배치, 의사결정 과정, 이 과정에서 상급경영자들이 수행하는 역할을 머릿속에 그려보라. 그리고 이제 그 그림을 한국기업의 최고경영자들이 근무하는 사무실이 위치한 층의 모습과 대조해보라. 문이 굳게 닫혀 있고, 차가운 침묵이 흐르며 멀리 떨어져서 직원들에게 경외감을 주기 위해 고안된 크고 화려하게 꾸며진 삭막한 법정 같은 곳에서 최고경영자들은 근로자들과 지식을 공유하고 공유된 시각을 갖는 선생이라기보다는 선고를 내리는 판사와 같이 행동한다.

그렇다면 카오는 유별난 기업으로 무시해야 할 기형적인 기업인가? 우리는 세계 최고의 기업들에서 상급경영자들이 가르치는 역할을 수행하기 위한 공식적이고 추상적인 다양한 경영과정을 직접적 상호작용과정으로 대체하는 변화가 일어나고 있는 것을 보아왔다.

잭 웰치에 의한 GE의 변신에서 전략기획이라는 영역보다 더 극적인 변화를 경험한 영역은 없었다. GE는 기업의 전략기획을 개발해왔는데, 이 회사가 개발한 핵심 방법론과 개념은 그 이후로 전세계에 널리 전파되었다. 이 회사는 회사 내 최고의 기획인력들의 주도로 여러 해에 걸쳐 정교한 기획체계를 구축해왔다. 고도로 세분화되고 분석된 사업장 단위의 기획들은 분야별로 집결되었고, 이런 분야별 기획들은 다시 최고경영진들에 의해 검토되어 영역(arenas)이라 불리는 보다 높은 수준의 기획으로 통합되었다.

한국기업이 지금 그런 시스템을 설치하려고 하는 동안, 잭 웰치는 지난 10년 GE로부터 그런 시스템을 떼어내는 작업에 몰두했다. 그는 이 공식적이고 복잡하고 다단계적인 기획과정을 각 사업이 직면하고 있는 핵심 전략안건에 초점을 맞추는, 보다 개인적이고 비공식적이며 강도 높은 경영자간의 직접적인 토론과정으로 대체해왔던 것이다. 각 사업의 세계시장 역학과 핵심 경쟁활동, 주요 위험들과 이에 대한 GE의 대응 등의 질문들에 대한 구체적인 해답을 제시하는 얇은 '각본집'이 엄청난 양의 기획서류를 대체하고 있었다. 한여름 반나절 동안 주요 계획과 전략에 관해 개방된 대화를 나누기 위해 각 사업장들과 핵심간부들이 최고경영자와 만났을 때 이 각본집은 비형식적이고 솔직한 회의의 기초가 된다. 조직 내 위계체계를 줄이고, 의결과정의 속도를 높이고 최종결정의 질을 높일 뿐 아니라 이 새로운 과정은 잭 웰치와 그의 동료 최고경영진들이 보통 그들보다 3~4단계 아래에 있는 관리자들을 직접적·개인적으로 지도할 수 있게 해주는 중요한 수단이 되었다.

한국에서 소위 전문적으로 경영된다는 기업들은 종종 조직 내 학습을 저해하는 관료적이고, 서로간의 거리를 느끼게 하는 추상적인 경영의 전형을 보여준다. 그들의 기획과 통제시스템뿐 아니라 최고경영진과의 일상적 상호관계도 과도하게 형식적이다. 분기별 보고도 전형적으로 익히 알고 있는 사실들을 단순히 슬라이드로 발표하는 식이다. 현장방문도 자발성과 정보제공은 전혀 없는 지극히 조심스럽게 사전 조율된 것들이다. 결과적으로 이런 기업의 최고경영자들은 부하직원들을 지도할 기회를 갖지 못하고, 중간경영자들은 전략적 시야를 개발하거나 조직에 대한 이해를 넓힐 기회조차 갖지 못한다.

구성원의 잠재력이 개발되도록 지원하라

모든 구성원들의 학습기회를 증진시키기 위해 회사의 업무, 조직, 경영과정 등 모든 면을 재구성하려는 노력은 본질적으로 그 구성원들 각각의 잠재력을 최대한 발휘하도록 돕기 위한 것이다. 이것은 구성원들이 그들의 가치를 증진시키도록 지속적으로 도와주기 위해 최선을 다하고 있다는 것을 의미한다. 세계적인 경쟁의 시대에 기업경쟁력의 가장 중요한 원천은 최선을 다해 그런 노력을 지속적으로 하고자 하는 용기다.

신도덕적 계약: '피고용 능력'의 극대화

'교육기관으로서의 기업'이란 매우 구시대의 유물로 생각되는 슬로건이다. 물론 기업이란 가치창출을 통해 영리를 추구하는 곳이지 교육을 시키는 곳이 아니다. 그렇다면 기업은 왜 그 구성원들에게 교육의 기회를 제공해야 하고, 또 실제로 그렇게 하고 있는가? 이 질문에 대한 하나의 답은 구성원들의 능력을 향상시켜 현재 주어진, 앞으로 주어질 업무를 보다 성공적으로 수행할 수 있도록 하기 위해서라도 할 수 있다. 만약 기업에서의 교육 목적이 단순히 구성원의 능력향상을 통한 성공적인 업무수행이라고 한다면 기업으로서는 다른 대안이 있다. 즉 기업 외부의 노동시장에서 이미 그 능력을 가지고 있는 사람을 영입하는 것이다. 이런 대안이 있음에도 불구하고 왜 기업은 직접 교육을 시켜야 하는가?

전통적인 고용인과 피고용인의 관계에서 기업은 피고용인이 주어진 과업을 성실히 수행하고 기업 내 규칙과 규범을 준수하는 한 그들의 고용을 보장해줄 책임이 있다는 묵시적인 가정에 바탕을 두고 있다. 피고용인의 충성, 복종, 희생에 대한 반대 급부로 고용을 보장하는 도덕적 계약의 구체적 수단이 일본을 비롯한 아시아와 유럽대륙 기업들이 채택한 종신고용제다.

고용보장의 수단으로 종신고용의 단점은 환경변화에 따라 인력을 탄력적으로 운영할 수 없다는 점이다. 기업환경이 안정적이고 변화가 적었던 과거의 경우에는 종신고용의 단점, 즉 조직의 비유연성은 그다지 큰 문제가 아니었다. 따라서 일본을 비롯한 종신고용을 채택하고 있던 많은 기업이 직원의 높은 충성과 희생을 바탕으로 뛰어난 경쟁력을 보여주었다. 그러나 기업 환경이 급속히 변하고 이에 따라 조직의 유연성이 기업경쟁력의 핵심으로 대두된 오늘날, 종신고용에 입각한 과거의

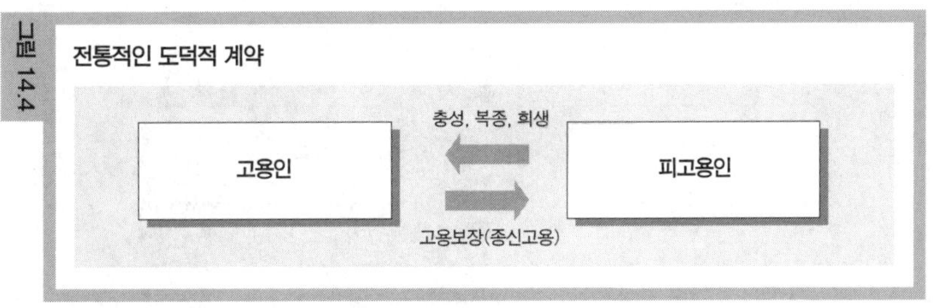

도덕적 계약을 유지한다는 것은 기업에게 너무 높은 비용을 치르게 하고 있다(〈그림 14.4〉 참조).

종신고용에 입각한 도덕적 계약을 채택한 일본과 유럽대륙 기업들의 경쟁력 약화, 그리고 순수한 시장원리에 입각한 고용관계를 실행하는 미국과 영국기업의 약진은 우리 기업에게 전통적 도덕적 계약을 포기하고 앵글로색슨적 고용관계인 시장원리에 따른 고용계약을 추구하게 한다.

시장원리에 따른 고용에서 피고용인은 기업에게 노동을 제공하고, 기업은 제공된 노동이 가치가 있을 때 그 가치에 합당한 임금을 지불한다. 따라서 제공된 노동이 더 이상 기업에 가치가 없을 때는 언제든지 고용관계를 청산할 수 있다. 피고용인의 경우에도 임금지불에 상응하는 노동의 제공만이 요구될 뿐 그외 기업에 대한 충성, 희생 등의 의무는 주어지지 않는다(〈그림 14.5〉 참조).

단순히 시장원리에 입각한 고용관계가 오늘의 기업환경에서 경쟁력을 갖는 유일한 대안일까? 시장원리에 의한 고용이 갖는 강점은 높은 조직의 유연성이다. 그러나 치명적 단점은 직원의 기업에 대한 충성, 몰입, 신뢰 등은 기대해서는 안 되고 할 수도 없다는 점이다. 오늘날 기업간의 경쟁은 조직의 유연성뿐만 아니라 직원의 기업에 대한 충성, 몰

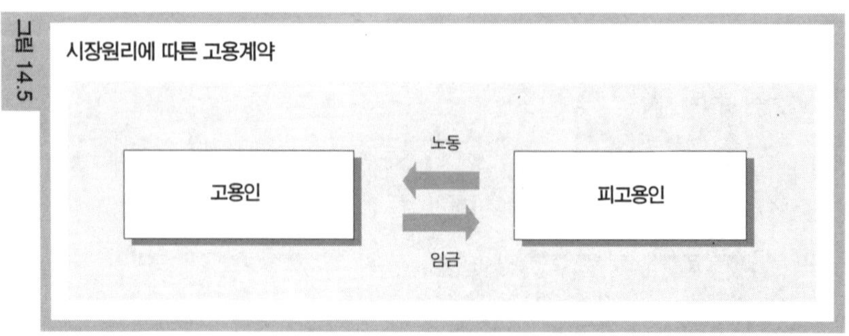

입, 신뢰, 팀워크가 여전히, 아니 과거보다 더욱 중요해지고 있다. 시장 원리에 입각한 고용관계를 통한 경쟁력 확보는 이 점에서 심각한 한계를 보여준다.

그럼 조직의 유연성과 더불어 직원의 기업에 대한 충성, 몰입, 신뢰를 동시에 확보하는 고용관계는 없는가? 이런 딜레마를 해결할 수 있는 대안 중 하나로 '신도덕적 계약'을 생각해 볼 수 있다. 이는 직원의 충성과 신뢰를 받기 위한 고용보장은 조직의 유연성을 해치는 종신고용 대신 직원의 피고용 능력을 배양해줌으로써 해결하자는 것이다. 즉 최첨단의 다른 기업에서도 널리 쓰일 수 있는 일반적 지식을 습득할 수 있는 기회를 직원에게 끊임없이 제공하여 현재 직장이 아니라도 타 기업에 충분히 고용될 수 있는 능력을 키워주자는 것이다(〈그림 14.5〉 참조).

실제로 피고용 능력제고는 종신고용보다 훨씬 높은 수준의 고용보장이라고 할 수 있다. 종신고용이란 소속 기업이 계속 생존한다는 가정하에서만 가능하다. 오늘날 치열한 경쟁은 어느 기업도 미래의 생존가능성에 대해 자신할 수 없다. 이는 직원의 종신고용을 보장할 수 없다는 것이다. 그러나 피고용 능력제고를 통한 고용보장은 소속기업이 망한다 할지라도 타기업에 고용될 수 있는 가능성을 높인다는 점에서 보다

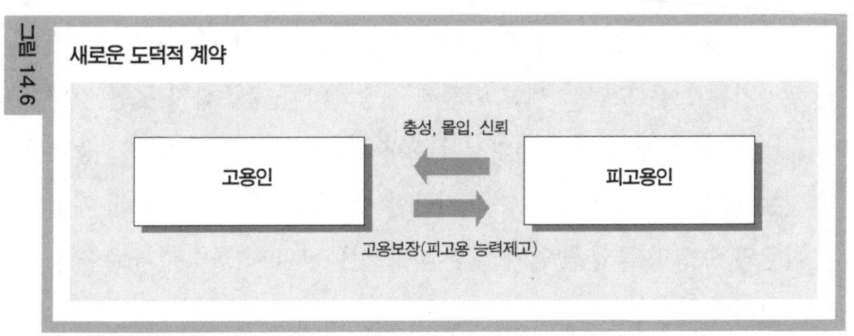

강력한 형태의 고용보장이라고 할 수 있다.

신도덕적 계약의 결과와 문제점

최근 우리 기업을 보면 직원의 피고용 능력제고를 위한 노력과 투자에 상당히 부정적인 견해가 있다. 직원의 피고용 능력제고를 위해 투자한 경영자는 조직 내외로부터 기껏 많은 투자와 노력으로 직원의 능력을 키워 경쟁업체에 빼앗김으로써 경쟁업체를 위해 투자한 결과를 가져왔다는 비난에 시달리고 있다. 일부에 한정된 이야기이기를 바라지만, 어떤 경영자들은 기업이 직원을 교육하는 것이 지극히 비경영적이고 이보다 다른 곳에서 교육을 받은 직원을 영입하는 것이 훨씬 효과적이고 효율적이라고 주장한다.

직원에 대한 교육투자를 통해 그들의 피고용 능력을 향상시키면 그들의 시장가치가 올라 경쟁업체로 보다 좋은 조건으로 옮기게 되고, 결국 투자가 경쟁업체만 이롭게 한다는 주장은 신도덕적 계약의 기본을 제대로 이해하지 못한 결과다. 신도덕적 계약이란 시장계약에 추가적으로 이루어지는 것이다. 즉 직원의 노동에 대한 시장가치는 정당히 지불하고 추가적으로 피고용 능력향상을 제공함으로써 직원으로부터는 노동 외에 추가적으로 기업에 대한 충성과 몰입을 얻고자 하는 것이다. 직원의 피고용 능력이 향상되어 시장가치가 올랐음에도 불구하고 그들에 대해 종전의 임금을 고집하고 더 나은 조건을 제시하는 경쟁업체에게 빼앗기는 것은 도덕적 계약 이전에 시장계약을 충족하지 못한 것이다. 신도덕적 계약은 언제 어디서나 고용될 수 있는 직원에게 그 능력에 맞는 시장가격이나 그 이상을 지불할 것을 요구한다. 그 위에 기업은 직원의 충성과 몰입을 얻기 위해 피고용 능력의 향상을 추가로 제공하는 것이다.

　　직원의 피고용 능력향상보다는 외부시장에서 능력에 맞는 인력을 구입하는 기업의 경우, 첫째로 새로운 환경에서 더욱 중요해지는 직원의 기업에 대한 충성과 몰입을 기대해서도 안 되고 할 수도 없다. 따라서 이들 기업은 새로운 환경에서 지속적인 경쟁우위를 달성하기 어렵다. 또한 점차로 증가하는 개인의 자기개발 욕구로 인해 이들 기업은 더 이상 뛰어난 인재를 끌어들일 수 없는 기업이 되어 결국 경쟁에서 도태될 수밖에 없다.

　　피고용 능력 향상보다 노동에 대한 시장가치에 따른 보상만을 제공하는 기업으로의 전직을 희망하는 직원의 경우, 급변하는 환경에서 개인의 능력은 금방 쓸모없게 된다는 사실을 명심해야 한다. 직원에 대한 지속적인 피고용 능력 향상을 등한시하는 기업에서 각 직원의 현재 능력은 곧 그 기업에서 쓸모없게 되어 쫓겨나게 되고, 피고용 능력을 상실하게 되면 어느 기업에서도 생존할 수 없는 영원한 실업자가 될 것이다.

　　한 투자은행 경영자의 말은 향후 우리 기업의 고용관계에 많은 시사점을 주고 있다.

　　"우리 은행이 세계 최고의 은행이 되기 위해서는 우리 직원 한 사람 한 사람이 세계 최고의 은행가가 되어야 한다. 이는 우리의 경쟁자가 최상의 조건으로 우리 직원을 영입하기 위해 얼마나 노력하는가를 보면 알 수 있을 것이다. 즉 세계 최고의 은행이 되려면 우리 직원 각자가 매일 타기업으로부터 최상의 채용제안서를 소지한 채 출근할 수 있어야 한다. 우리 기업의 과제는 우리 직원 모두가 그런 채용제안서를 쓰레기통에 던져 버릴 수 있도록 흥분되고 활기찬 작업환경을 창출하고, 그들 개인의 성장과 만족을 위한 가능성을 끊임없이 제공하는 것이다."

제15장
운명공동체 구축을 위한 경쟁

일반적으로 기업의 총비용 중에는 기업 내부 활동에 따른 비용보다 기업 외부로부터의 구매비용이 훨씬 높은 경우가 많다. 이 경우 기업이 특정 비율만큼 비용을 줄인다면 내부 활동에 따른 비용을 줄이는 것보다 구매비용을 같은 비율로 줄이는 것이 훨씬 큰 비용절감 효과를 가져올 것이다. 물론 그 기업은 내부활동에서의 원가절감과 외부로부터의 구매비용 절감 중 하나만 선택해야 하는 것은 아니다. 그러나 두 가지 비용이 총비용에서 차지하는 상대적인 비율은 기업들에게 구매원가 절감에 우선순위를 두게 한다. 요즘 기업들이 공급망관리(SCM: Supply Chain Management)에 많은 관심을 갖는 이유도 여기에 있다.

두 가지 유형의 관계

힘을 바탕으로 한 관계	운명공동체적 관계
Win-Lose	Win-Win
거래적	관계 기반
단기적	장기적
상대방의 문제	우리의 문제
나의 이해	우리의 이해
자율의 극대화	상호의존의 극대화

힘을 바탕으로 한 관계

외부로부터의 구매비용 절감이라는 목표를 달성하는 데 전혀 다른 두 가지 방법이 있고, 각각의 방법은 매우 다른 경영철학에 입각한 것이다(〈표 15.1〉 참조). 하나는 막강한 구매력과 협상 기술을 이용하는 방법이다. 로페즈(José Ignacio Lopez)가 GM의 구매비용을 수십억 달러나 절감할 수 있었던 것은 바로 이 방법에 의해서다. 또 하나는 공급자들과 상호신뢰와 상호의존을 바탕으로 공동운명체적인 관계를 형성하는 것이다. 이 관계의 형성에는 공동학습, 공동문제해결을 위한 노력이 반드시 필요하다. 영국의 유니파트 기업집단의 닐(John Neill)이 했던 것처럼 이 방법도 뛰어난 성과를 가져올 수 있다. 결국 두 방법 모두 기업의 구매원가 절감이라는 목표를 달성하는 데는 효과적이다. 따라서 어떤 접근법을 사용할 것인가는 어떤 것이 효과적인가에 의해서가 아니라 그 기업과 경영자가 가지고 있는 가치관과 신념에 따라 결정되어야 한다. 즉 그 기업이 어떤 기업이며, 어떤 기업이 되고자 하는가에 따라 결정되어야 한다.

　1990년대의 경영자 중 로페즈만큼 격렬한 논란을 일으킨 경영자는 드물다. 비록 경영자로서의 경력은 GM에서 폭스바겐으로 옮길 때 GM의 비밀자료와 계획을 훔쳤다는 불명예로 끝을 맺게 되었지만, 그를 비난하는 사람들조차 로페즈가 두 기업의 변신에 있어서 핵심적인 역할을 했다는 점은 인정한다. 로페즈 자신의 주장에 따르면 그는 GM의 구매원가를 연간 100억 달러 절감했다고 한다. 반면 GM은 그 액수가 40억 달러 정도에 그친다고 추산하고 있다. 이 차이가 어디에서 발생했는지는 고사하고, 이 사례에서 무엇보다도 놀라운 것은 로페즈가 디트로이트에서 근무한 지 불과 열 달 만에 이처럼 막대한 원가절감을 실현할 수 있었다는 것이다. GM 같은 거대하고 복잡한 기업에서 열 달이라는 기간은 조금 과장해서 대부분의 새로운 경영자가 화장실이 어디에 있다는 정도만 간신히 알 수 있는 정도의 짧은 기간이다.

　로페즈가 짧은 시간에 그처럼 대단한 결과를 거둘 수 있었던 방법은 매우 간단했다. 하나는 구매의 집중화다. GM의 경우 전통적으로 대부분의 부품은 각 사업부에서 각각 따로 구매해왔고, 그 결과 구매량은 분산되었다. 모든 중요한 구매를 사업부 수준에서 기업 수준으로 집중시킴으로써 그는 공급자에 대한 막강한 힘을 행사할 수 있었다.

　다음 단계로 그는 모든 GM의 공급자들에게 그들이 수용할 수밖에 없는 제안을 제시했다. 최고 50퍼센트에 이르는 즉각적인 가격인하를 요구했으며, 인하에 대한 보상으로 그는 더 많은 주문량을 약속했다. 제안에 동의하지 않는 공급자는 즉시 공급자 명단에서 제외되었고, 제외된 공급자의 몫은 제안에 동의한 공급자에게 돌아갔다. 물론 이 과정에서 GM은 계약상의 법적 문제를 회피하기 위해 많은 방법들을 고안해냈다.

　대부분의 공급자들은 GM이 그들의 가장 큰 고객이었기 때문에 다른 대안을 가지기가 어려웠다. 그들에게 GM과의 갑작스러운 관계 청산은 기업 생존 자체가 위태로워짐을 의미했던 것이다. 따라서 매우 고통스럽긴 하지만, 최소한 다른 대안을 가질 때까지 시간을 벌기 위해서라도 로페즈의 제안을 받아들일 수밖에 없었다. 따라서 대부분은 그 제안에 응했고, GM의 원가구조는 급격히 개선되었으며, 그 결과 수익성도 향상되었다.

위의 설명이 실제로 GM에서 일어났던 일을 너무 단순화시킨 비우호적인 면이 있다고 지적할 수도 있을 것이다. 실제로 로페즈는 공급자들의 원가절감을 돕기 위해 전문가로 구성된 팀을 파견해주었고, 몇 가지의 교육 서비스도 제공해주었다. 그러나 기본적으로 그 관계는 힘에 바탕을 두고 있었다. 공급자들의 동기부여를 위한 몇몇 슬로건이 있긴 했지만, 기본적으로 '이기느냐 지느냐(win-lose)'의 게임이었다. 그 게임에서 GM은 큰 폭의 구매원가 절감을 달성함으로써 승자가 된 것이다. 비록 그 절감된 원가 중 일부는 늘어난 주문량에 따른 규모의 경제를 통해 달성되기도 했지만, 대부분은 단기간에 공급자들의 이익감소를 통해 달성된 것이었다. 협상은 장기적인 관계보다는 구체적인 거래 자체에 초점이 맞춰졌고, GM과 공급자는 서로의 자율을 보호하면서 주어진 각각의 상황에서 최상의 타협점을 찾아내고, 그에 따른 문제점들을 극복하는 데 초점이 맞추어졌다.

만약 로페즈가 GM에 계속 남아 있었다면 그 관계가 어떻게 발전되었을지 추측하기는 힘들다. 지금까지 밝혀진 바로는 로페즈가 떠난 이후 공급자와의 관계는 GM의 가장 큰 문제로 부각되었다. 비록 로페즈의 원가절감은 GM에게 극적인 반전의 계기가 되었지만, GM은 중요한 공급자들과의 관계를 다시 복구하는 데 몇 년의 시간을 보내야만 했다. 가장 혁신적이었던 몇몇 공급자들은 GM을 떠나 경쟁사인 포드나 크라

이슬러에서 확고한 입지를 구축하게 되었고, GM은 그들을 다시 돌아오도록 설득하기 위해 엄청난 노력을 쏟아부어야 했다. 결국 GM 공급망 관리의 생산성과 효율성은 급격히 상승했지만, 미국 자동차산업에서 공급자와의 관계관리의 대표적 모범사례로는 GM이 아닌 크라이슬러가 꼽히게 되었다.

운명공동체적 관계

영국의 유니파트 기업집단의 경험은 위에서 살펴본 힘을 바탕으로 한 관계의 대안을 잘 보여주고 있다. 유니파트는 영국 수상인 마가릿 대처(Margaret Thatcher)가 국영기업인 브리티시 리랜드의 민영화를 결정함에 따라 탄생했다. 그 당시 브리티시 리랜드에 대한 국가보조금은 영국의 모든 성인남녀는 물론 어린이들에게까지 차를 한 대씩 사주고도 남을 만큼 큰 금액이었다. 브리티시 리랜드의 비교적 경쟁력 있는 부문들은 곧 매각 대상을 찾을 수 있었다. 재규어는 포드, 트럭 부문은 네덜란드의 DAF, 버스 부문은 스웨덴의 볼보, 대형차는 영국의 브리티시 에어로스페이스에 이름을 로버로 바꾸어 각각 매각되었다. 남은 부문은 경쟁력이라고는 전혀 찾아볼 수 없는 부품사업과 조달 및 유통과 관련된 사업이었다. 이 부문들이 바로 1987년 투자자와 직원들에 의한 주식매입을 거쳐 유니파트 기업집단이 되었다.

유니파트가 독립적인 회사로 설립될 당시 영국 무역산업부의 연구에 따르면, 일본 부품기업들에 비해 생산성은 2분의 1 수준, 품질은 놀랍게도 100분의 1 수준에 지나지 않았다고 한다. 그 당시 유니파트는 강력한 노동조합과 전통적이고 독재적인 경영진으로 인해 극도의 적대적인 노사관계를 형성하고 있었다. 이런 적대관계는 공급자와 고객에게도 확대되어 있었다.

그러나 10년 후에 상황은 정반대로 바뀌었다. 유니파트의 매출액은 10억 파운드로 급격히 증가했고, 순이익은 네 배나 증가한 3200만 달러에 육박했다. 또한 영국 무역산업부는 유니파트를 영국을 기반으로 한 회사 중 유일하게 해당 산업에서 세계적 품질 수준을 가진 기업이라고 발표했다. 또한 FTSE에서도 가장 수익성 높은 기업 중의 하나로 부상했다.

이런 기업 변신의 중심에는 최고경영자인 닐과 그의 '공동운명체적 관계' 형성을 위한 끊임없는 노력이 있었다. 그는 영국 자동차산업의 고질적인 문제는 전통적인 '힘을 바탕으로 한 관계'에 있다고 판단했고, 따라서 '남을 위해서가 아니라 자신의 상업적 이익을 위해서' 공동운명체적 관계가 반드시 필요하다고 생각했다.

닐에게 이 새로운 관계는 공허한 미사어구가 아니었다. 그는 철학적인 이상을 회사의 내외부 구성원들이 즉시 실행가능한 행동으로 전환시켰다. 공급자와 관련한 이 전환은 Ten(d)-to-Zero 프로그램을 탄생시켰다. 기존 공급자 평가시스템과는 달리 이 프로그램은 거래비용, 리드타임에서부터 불량률, 배송 실수에 이르는 10가지 부문에서 유니파트와 공급자의 공동성과를 측정하는 데 중점을 두었다. 목표는 각 부문에서 그 점수를 0점으로 끌어내리는 것이었고(그래서 Ten(d)-to-Zero 프로그램임), 프로세스와 품질의 향상 및 원가절감을 통한 이익을 유니파트와 공급자가 균등하게 분배하는 것이었다.

100년 역사를 가진 배터리 제조업체인 텅스톤과의 관계는 이 프로그램의 대표적인 성공 사례로 꼽힌다. 한때 영국 배터리 시장의 25퍼센트를 점유하던 텅스톤은 1989년 사업철수를 심각하게 고려할 만큼 좋지 않은 상황에 직면하게 되었다. 그 당시 가장 큰 고객이었던 유니파트를 상대로 공급의 절반 이하만 2~3일의 납품 기한 내에 납품할 수 있었는데, 이는 텅스톤에 뿌리 깊은 문제가 있었음을 잘 보여준다.

닐이 텅스톤을 Ten(d)-to-Zero 프로그램에 참여시키자 10가지 부문 각각을 0으로 만드는 책임을 지게 될 유니파트-텅스톤 직원 공동팀이 구성되었다. 세심하게 설계된 절차에 따라 그 팀들은 양측과 관련된 생산과 유통체인 전반을 꼼꼼히 살펴보는 체계적인 분석에 들어갔다. 주문과 생산에서부터 배송에 이르는 모든 과정이 관찰 대상이 되었다. 동시에 그 팀들은 공동으로 수요예측, 전자정보교환, 생산프로세스 같은 분야에서 혁신적인 방법을 개발하기도 했다. 그 노력의 결과는 놀라운 것이었다. 예를 들어 적시납품률은 1989년 48퍼센트에서 2년 후에는 96퍼센트로 급격히 증가했다.

그러나 이 결과를 쉽게 달성할 수 있었던 것은 아니었다. 양 파트너 간에 공유하기 어려운 정보까지도 나누는 노력이 필요했다. 공동팀을 통해 만들어진 상호의존성은 각각 상대방에게 자신에 대해서 많이 노출할 수밖에 없었다. 때로는 모든 이슈들이 회의 자리에서 바로 공개되어야 했기 때문에 의사소통이 어렵기도 했다. 그러나 시간이 지남에 따라 '우리-그들', 즉 남남이라는 사고체계가 공동학습과 공동문제 해결 쪽으로 바뀌게 되었고, 이는 단지 이쪽에서 저쪽으로 비용을 떠넘기는 것이 아닌, 모든 활동에 있어서의 원가절감을 가능케 한 혁신들이 일어나는 기반이 되었다.

확장된 운명공동체

위에서 살펴본 근본적으로 다른 두 접근법 사이의 선택문제는 비단 공급자와의 관계에서만 발생하는 것은 아니다. 기업은 기업 내부의 직원과 노조, 외부의 공급자, 딜러, 고객, 정부, 합작법인의 파트너, 심지어는 경쟁자에 이르는 모든 관계에서 이 선택문제에 직면한다. 공급자나 고객들과 공동운명체적 관계를 형성해야 한다는 것은 직관적으로도 이해할 수 있다. 따라서 여기서는 이들을 제외한 다른 구성원들과의 가능성에 대해서 생각해보자.

노동조합

먼저 노동조합과의 관계를 살펴보자. 지금 많은 한국기업들이 노사문제로 신음하고 있다. 노사분규로 많은 피해를 경험한 기업들은 노동조합을 기업경쟁력에 있어 가장 큰 걸림돌 중 하나로 인식하고 이를 약화시키거나 무력화시키거나 아예 그 결성 자체를 봉쇄하는 것이 기업경쟁력 향상의 핵심이라 생각하고 있다. 물론 노동운동의 역사가 아직 미미한 한국에서 노동조합의 활동 중에는 기업 입장에서 비합리적이거나 과도하다고 생각할 수 있는 요소도 있다. 그러나 노동조합의 존재를 힘에 의해서나 협상력의 강화를 통해 타도해야 할 대상으로 생각하는 데는 상당한 문제가 있다.

노동조합을 타도의 대상으로 생각하고 있는 기업이 있는 반면에 몇몇 기업은 노동조합을 건전한 견제와 적극적인 협조를 통해 기업경쟁력을 제고하는 운명공동체적 관계 구축의 대상으로 인식하고 이를 기반으로 지속적인 경쟁우위를 누리고 있다. 한국의 대표적인 윤리기업이자 전문경영인 체제 기업인 ㈜유한양행은 1926년 설립 이래 한 번도 노사분규를 경험한 적이 없다. 민주화의 물결과 함께 한국의 거의 모든 기업에서 노사분규가 빈발하던 1980년대 말에도 유한양행은 조용했다. 유한양행에 노사분규가 없었다는 것에는 몇 가지의 원인이 있지만 우선 직원들이 만족하고 있는 임금과 복지수준을 들 수 있다. 임금이 타 기업보다 그리 높지 않음에도 불구하고 이 같은 만족을 이끌어낼 수 있었던 것은 경영진의 세심한 배려로 시행되는 각종 복지정책 때문이다. 일찍이 유한은 1936년 소사공장을 지으면서부터 직원들을 위해 기숙사, 면회실, 수영장 등 각종 위생시설을 증설하여 당시 어느 기업에서도 찾아보기 힘든 획기적인 복지시책을 펼친 바 있다. 1960년대에는 그 당시로서 획기적이었던 사원지주제[1]를 도입했고 그외에도 사원주택 건립(1969년), 무료급식제도, 퇴직금 누진제[2], 사원장학금제도(1957년), 직원자녀 학자금지급제도(1966년 도입시 입학금의 50퍼센트, 1975년부터 전액지원)를 도입·시행하여 이후 다른 회사들의 정책에 선례가 되었다. 특히 직원자녀 학자금지급제도는 1997년 외환위기 이후 대부분의 기업들이 부분지급이나 대출의 형태로 바뀌었으나, 유한양행은 아직도 100퍼센트 지급을 고수하고 있다. 노조위원장 박광진 씨는 이렇게 말한다.

"대학생 자녀가 두 명 있는 가정의 경우 1인당 약 1,000만 원의 자금이 절약되는 효과를 누리는 셈이다. 또한 친부모는 물론 장인과 장모의 경조비까지 지원받으며, 특히 회갑 잔치에는 20만 원 상당의 회사제품을 제공받고 있다. 이는 단순한 금액의 문제가 아니라 직원들에게 회사가 항상 자신에게 관심을 가지고 있다는 마음을 갖게 하기 때문에 결과적으로 애사심이 자연히 높아지는 효과를 가져온다."

---

1 사원이 희망에 따라 자사주를 매입하고 그 대금을 상여금에서 공제하는 제도이다.
2 5년 이상 근속기간에 대하여 누진율 적용: 5년 이상 10년 미만 1.3%; 10년 이상 15년 미만 1.5%; 15년 이상 20년 미만 2.0%; 20년 이상 2.5%.

유한양행의 노사관계를 설명하는 데 또 하나 빼놓을 수 없는 것은 대화와 존중을 통한 노사화합의 문화가 정착되어 있다는 사실이다. 전문경영인 체제인 유한에서는 '노사관계'라는 말 대신 '노노(勞勞)관계'라는 표현을 사용한다. 노사간의 이해의 폭을 넓히기 위해 유한양행은 노사합동 연수회와 사원운영 위원회를 운영하고 있다. 먼저 노사합동 연수회는 일종의 경영자들과 노조 간부들이 참여하는 캠프로 매년 1박 2일 일정으로 야외에 나가 회사경영에 대한 프로그램을 상의하는 한편 각종 게임을 통해 친목을 도모하는 행사다. 노사합동연수회가 기업의 상위직급자들간의 교류를 목적으로 한다면 사원운영위원회는 비교적 하위직급자들의 불만사항을 듣는 일종의 '신문고'의 역할을 한다고 할 수 있다. 3급에서 7급 직원들 중에서 임의로 선발된 사람들이 경영자에게 직접 기업전반과 개인적인 신변에 대한 불만을 토로하고 자신의 견해를 거리낌없이 말하게 되는데, 이때 참여 인원들에 대한 보안은 매우 철저히 이루어진다. 만약 여기서 건의한 내용으로 인해 불이익을 주려는 상사가 있을 경우 회사는 그에게 엄중한 경고장을 발부하고 심하면 면직까지도 시킬 수 있다. 이 자리는 연간 6회에 걸쳐 마련된다.

유한양행의 투명경영도 노사가 공동운명체로써 서로를 이해하는 데 중요한 역할을 한다. 유한은 매분기 이루어지는 경영실적보고에 항상 노조 간부들이 참석해 회사의 현상황과 경영목표에 대한 적극적인 이해와 참여를 유도하고 있다. 급여도 신입사원부터 최고경영자에 이르기까지 모두 공개되어 있다. 적어도 유한에서는 소수 경영자들이 엄청난 연봉을 받고 회사 공금을 남용하면서도 직원들에게 허리띠를 졸라맬 것을 강요하는 일은 없다. 김선진 전 사장의 설명이다.

"임금협상 테이블에서 이렇게 얘기한다. '나도 월급쟁이 사장이다. 그러니 우리는 노사협상이 아닌 노노(勞勞)협상을 하고 있는 것이다.

임금을 많이 올릴수록 나도 좋으니 많이 올려보자.' 우리는 서로 신뢰가 형성되어 있기 때문에 실적이 좋으면 성과배분을 한다. 그러니 문제될 것이 있겠는가?"

마지막으로 유한양행의 원만한 노사관계는 사회환원을 중심으로 하는 기업정신에 직원들이 공감을 하고 있다는 데에서도 원인을 찾을 수 있다. 기업 존재의 정당성이 애사심을 불러일으키는 원동력이 되는 것이다. 직원들을 대상으로 한 설문에서 기업의 설립자인 유일한 박사가 '가장 존경할 만한 인물'에 매번 압도적인 표를 얻는 것은 다른 기업에서는 찾아보기 힘든 일이다.

이런 노사간의 운명공동체적인 관계는 유한양행이 그동안의 안정적인 성장에 밑거름이 되어왔다. 1997년 말 외환위기 당시 노조를 중심으로 한 유한양행의 사원들은 회사의 어려움을 나누기 위해 용단을 발휘했다. 매년 600퍼센트씩 지급되던 상여금을 받지 않기로 결정한 것이다. 또한 자체적으로 '30분 일 더하기 운동'을 시작했다. 15분 먼저 출근하고 늦게 퇴근하는 형식으로 이루어진 이 운동은 지금까지도 계속되고 있다. 다시 박광진 노조위원장의 말이다.

"우리는 자체적으로 8시 10분에 출근해서 15분부터 가벼운 체조를 하고 8시 30분에는 기계를 돌리기 시작했다. 다른 회사에서 그 시간이면 직원들이 아직 출근도 안 했을 때다. 회사와 우리는 같은 운명이라는 생각을 했다."

이런 결정들은 회사의 어려운 사정을 확실히 인식하고 있던 노조 간부들에 의해 이루어져 전 직원들에 의해 자발적으로 수행되었다. 한편 회사는 어려운 시기에 결정적인 도움을 준 직원들에 대한 보답으로 위기 극복 이후 지금까지 매년 800퍼센트가 넘는 상여금을 지급했다. IMF 관리체제 상황에서 보여준 노동조합의 태도는 보통 사람들이 생각하는 노조에 대한 선입견과는 상당한 차이가 있다. 유한의 노동조합은 단순히 경영자들에 대항하여 직원들의 권익만 보호하는 단체가 아니다. 종종 그들은 회사의 사정을 알고 정보를 공유하며 경영에 직접 참여하는 경영자가 된다. 분기별로 실시되는 경영실적보고와 사업계획심의회에서 노조 간부들은 결코 직원의 처우에 대해서만 언급하지는 않는다. 충분히 주어지는 발언 기회를 통해 그들이 가장 중점을 두고 얘기하는 분야는 마케팅과 생산에 대한 건의다. 생산의 효율성 향상과 그들이 공들여 생산한 제품의 판매가 노동조합의 주된 관심사인 것이다. 박광진 노동위원장의 말이다.

"대부분의 기업들은 노동조합을 경영의 장애물로 여기고 심지어 일부 기업들은 노동조합의 결성을 온갖 방법을 동원하여 금지하고 있지만, 오히려 발전된 노동조합은 경영자에 대한 건전한 견제와 적극적인 협조를 통해 기업에 많은 도움을 준다. 우리 유한양행이 그 대표적인 예라고 할 수 있다."

유한양행의 노사관계에 관한 경영진의 입장에 대해 차중근 사장[3]은 다음과 같이 설명하고 있다.

"일찍이 '기업에 종사하는 모든 사람은 기업활동을 통한 하나의 공동운명체이다'라고 강조한 창업자 유일한 박사님의 기업관을 선배 사장들께서 계승하고 발전시켜 왔듯이 이를 더욱 공고히 하여 대화와 타협을 통한 노사화합과 협력의 문화를 꽃피우고, 또 노사가 함께 그 결실을 공유하는 유한공동체 발전을 지속적으로 추구해 나갈 것이다."

---

3 차중근 사장은 유한양행 공채로 입사하여 현재 18대 사장으로 활약하고 있는 전문경영인이다.

경쟁사

좀더 극단적인 예로 경쟁자와의 관계를 생각해보자. 아마도 공동운명체적 관계의 구축이 가장 어렵다고 생각되는 것이 경쟁자와의 관계일 것이다. 모든 역동적이고 공격적인 경영진이 경쟁에 대해 가지고 있는 모토는 '먹느냐 먹히느냐' 일 것이다. 우리는 흔히 경쟁에 대해 적을 물리칠 뿐 아니라 전멸시켜야 하는 전쟁에 비유한다.

이것이 실로 일본의 중장비업체인 코마츠가 미국의 경쟁자 캐터필러에 대해 가졌던 생각이다. 코마츠의 슬로건은 'Maru-C', 즉 '캐터필러를 포위하자' 였고, 그런 전략적 의도는 캐터필러의 불도저를 본사 옥상에 올려놓는 등의 효과적인 상징으로 뒷받침되었다. 코마츠의 최고경영자인 카와이는 이런 상징을 통해 모든 직원들에게 끊임없이 적을 상기시키려 했다.

이런 전쟁과 같은 상황의 조성은 코마츠가 세계 제2의 중장비회사로 발돋움하는 데 큰 도움이 되었다. 그러나 경쟁에의 도취는 한편으로 그 회사의 눈을 멀게 했다. 고객에 초점을 맞추고, 관련 분야에서 새로 떠오르는 기회를 포착하는 데에는 걸림돌이 된 것이다. 결국 1990년대 초반 코마츠의 새로운 최고경영자 카타다(Tetsuya Katada)는 그 슬로건을 공식적으로 폐기했다.

"나는 모든 사람이 단순히 캐터필러를 추월하는 것에 혈안이 되어 있는 것을 그만두었으면 한다. 이제 경영자들은 더 이상 정해진 목적의 범위 내에만 자신의 역할을 수행해서는 안 된다. 그들은 밖으로 나가서 고객의 욕구와 시장의 기회를 찾아야 하고, 창의적이고 혁신적인 방법으로 움직여야 한다."

경쟁업체간의 적대관계는 종종 업계 전체의 쇠퇴, 심지어는 몰락을 가져오기도 한다. 한국 온라인 교육업계를 보자. 비교적 초기 산업으로 고객의 새로운 욕구충족, 온라인 교육의 장점에 대한 홍보, 새로운 제품과 서비스의 개발 등 시장확대를 위한 노력이 필요한 시점에 타업체에 대한 비방과 기존 고객 위주의 쟁탈전에 치중하고 있다. 이는 결국 '온라인 교육은 역시 한계가 있다' 라는 시장의 부정적 견해를 더욱 강화시켰고 그 결과 온라인 교육시장은 높은 성장잠재력에도 불구하고 여전히 오프라인 교육의 보조적 역할에 머물고 있다.

주주

공동운명체적 관계의 구축이 비현실적으로 생각되는 또 다른 경우는 주주와의 관계일 것이다. 과거에는 기업의 경영진이 자금 공급자를 무시하는 경향이 있었다. 그러나 최근 10여 년 간 전세계적으로 주주의 힘이 세지면서 그동안의 무관심이 공개적인 갈등으로 표출되었다. IBM, 컴팩, 필립스, 다임러 벤츠 등 세계의 많은 기업들에서 기관투자자들과 기업 경영진이 서로 첨예하게 대립하게 된 것이다. 요즘 한국에서도 국외투자자, 기관투자가, 일반 소액투자자의 목소리가 높아지면서 그들과 경영진과의 갈등 해소는 기업의 또 다른 중요한 과제로 등장하고 있다.

유한양행은 주주와의 관계에서도 법규에서 규정하는 것보다 훨씬 더 긍정적이고 동반자적인 관계를 형성하기 위해 노력하고 있다. 기업공시활동에 있어 유한양행은 근본적으로 주주의 권익확보와 기업의 투명성 제고를 위하여 최선을 다해 왔다고 자타가 평가하고 있다. 유한양행은 1998년 5월 한국증권거래소로부터 최우수 공시법인으로 선정되었으며, 1999년도에는 한국경제신문으로부터 제1회 IR대상을 수상했다. 2001년 6월에는 한국회계학회로부터 투명한 회계관행을 정착시킨 공로를 인정받아 '제1회 투명회계 대상' 을 수상하기도 했다. 매분기 '대

주주보고회'에서는 해당 분기의 회사현황과 영업실적에 대한 보고를 하고 있으며, 소액 주주들은 매년 시중 금리 수준 이상인 15~20퍼센트의 배당과 5~10퍼센트의 무상증자를 받고 있다.

영리추구와 사회적 책임

일반적으로 기업이 영리를 추구하고 이를 통해 주주의 이익을 극대화하는 행위는 다른 이해당사자의 이해와 상충할 수 있다. 그 중에서도 교육, 환경, 공익사업 같은 활동에의 적극적인 참여는 영리기관으로서의 기업 정체성의 혼란을 가져올 수 있다. 유일한 박사는 국민과 국가와 사회를 위한 목적으로 유한양행을 설립했으며, 유한양행 특유의 사회환원시스템에 의해 영리기관으로의 유한양행과 사회를 위한 유한양행 사이의 갈등을 매우 효과적으로 극복하고 있다.

유한의 주주 구성은 상당히 독특하다. 사회공익사업을 하는 유한재단이 17.7퍼센트, 유한공고와 유한대학의 재단인 유한학원이 8.7퍼센트, 두 재단이 합계 26.3퍼센트의 유한양행 지분을 소유하여 대주주로 있다. 그 밖의 주주로는 연세대학이 4.1퍼센트로 가장 많은 지분을 보유중이다. 소액주주들은 전체의 20퍼센트 정도를 약 20년 간 보유하고 있는 장기투자자들이라고 힌다. 주요 주주의 구성은 유한양행의 사회공익적 특징을 잘 보여준다.

유한재단은 소년소녀 가장을 돕고 매년 130명의 학생들에게 장학금을 지급하며, 장애자와 무의탁 노인을 돕고 있다. 유한학원은 유한공고와 유한대학을 통해 교육사업에 힘쓰고 있는데, 이런 공익사업과 교육사업은 모두 유한양행에서 나오는 배당금으로 하고 있다. 즉 유한양행 자신이 직접 나서서 공익사업을 하는 것은 아니라는 것이다. 김선진 사장[4]의 설명은 다음과 같다.

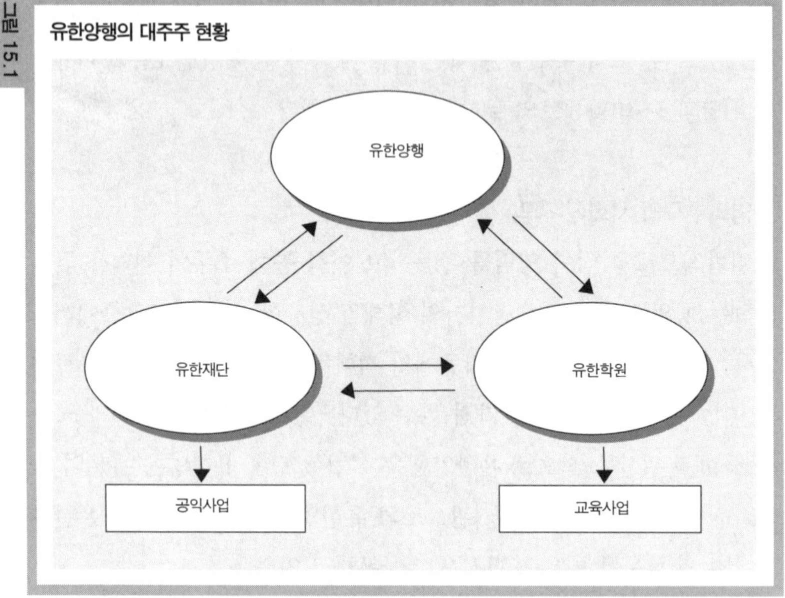

"유한양행이 열심히 돈을 벌어 이익을 내고 배당을 하면 재단들은 대주주로서 배당금을 받아 그 돈으로 공익사업을 하게 된다. 즉 유한양행은 기업의 입장에서 성실하고 정직하게 이윤추구 활동을 하면 유한양행 자체가 직접 복지활동을 하는 것은 아니지만 결과적으로 그렇게 되는 메커니즘이라는 것이다."

유한양행의 가장 큰 특징 중 하나가 바로 그 특유의 주주구성에 의한 사회와의 관계다. 유한양행은 그 설립 목적 자체가 우리 사회와 민족에 기여한 바가 크다. 이는 주로 창업자인 유일한 박사에게서 기인한 것이다. 그는 기업의 주인은 개인이 아니라 사회라고 보았는데 이런 생각을 바탕으로 경영권을 자신과 전혀 연고가 없는 전문경영인에게 물려주었

---

4 김선진 사장은 공채로 유한양행에 입사한 전문경영인으로 17대 사장으로 활동했다.

고, 이로 인해 유한이 창업자나 그 가족은 물론 정권과도 아무런 관련을 맺지 않는 독립적이고 투명한 경영을 이룩하는 데 큰 보탬이 되었다. 또한 위에서 본 사회 환원 메커니즘은 기업의 이윤추구와 사회적 책임을 절묘하게 조화시키는 데 성공했다고 평가된다.

유한의 사회사업은 주로 유한재단에 의해 이루어진다. 유한재단의 공익사업은 크게 장학사업, 교육지원사업, 기술·문화·연구 장려, 사회복지 사업, 사회봉사자 시상 사업, 재해구호사업으로 나뉜다. 장학사업은 주로 우수대학생과 불우한 환경의 고교생에게 장학금을 지급하는 데 중점을 두고 있다. 현재 장학금의 수혜자는 연 1,100여 명으로 지급액은 7억 5,000만 원에 달한다. 교육사업은 장학사업과 함께 유한재단의 핵심업무로 교육비디오의 제작과 무료배포, 전국청소년 글짓기대회 및 스카우트활동 지원 등이 포함된다. 한편 기술·문화·연구 장려사업은 신규사업으로 각 학교에 연구비를 전달하는 업무를 하고 사회복지사업으로는 노인과 장애인 지원 및 극빈 어린이 심장수술 지원을 실시하고 있다. 사회봉사자 시상은 '유일한 상'과 '유재라 봉사상'의 두 가지 형태로 운영되고 있는데, 유일한 상은 사회에 모범을 주는 인사들에게 지급되고, 유재라 봉사상은 사회 봉사를 실천하는 여성들을 대상으로 한다. 마지막으로 재해 구호사업은 각종 재난에 피해를 입은 이재민들에 대한 의연금을 지급하고 독립기념관 건립 같은 범국민적인 행사에 성금을 지원하는 방식으로 운영된다.

유한재단과 유한학원은 독립된 법인으로 각자의 이사회에서 의결된 내용에 따라 유한양행의 대주주로서 권한행사를 한다. 그러나 재단들은 유한양행의 경영에는 가능한 한 간섭하지 않는다는 기본 방침을 정하고 있다. 이미 투명한 경영을 통해 얻은 신뢰가 공고하기 때문이다. 이로 인해 유한양행은 전문경영인 체제에 보다 큰 힘을 실어줄 수 있다.

유한양행 대주주의 또 다른 특징은 두 기관 어디에도 창업자 유일한 박사의 친인척은 물론 사적 관계가 있는 사람이 아무도 없다는 것이다. 이는 창업자의 신념에서 비롯된 것으로 유한양행이 투명하고 바른 경영을 할 수 있게 하는 밑바탕이 되었다.

우리는 앞에서 '힘을 바탕으로 한 관계'와 '운명공동체적 관계'를 선택의 문제라고 했다. 그러나 우리의 편견은 이와는 거리가 있다. 최근까지는 전세계적으로 힘을 바탕으로 한 관계가 지배적인 선택이었다. 포터(Michael Porter)가 주장하듯이 전략은 힘의 논리에 의해 공급자와 소비자의 힘을 억제하기 위한 수단으로 수립·실행되었으며, 이윤은 시장 지배력의 결과로 인식되었다. 따라서 기업들은 시장에서 독점적인 지위를 구축하기 위해 그들의 경쟁자를 사들였고, 노동자들은 그들의 협상력을 높이기 위해 강력한 노동조합을 결성했으며, 구매자들도 그들의 협상력을 유지하기 위해 여러 곳으로부터 구매를 했다.

그러나 전세계적으로 이런 상황은 변화하고 있다. 비록 단기적으로 효율적일지 몰라도, 장기적으로는 힘을 바탕으로 한 관계는 매우 큰 비용을 유발시킨다는 사실이 밝혀진 것이다. 공급자와 소비자는 혁신적인 아이디어의 주요 원천이다. 힘을 바탕으로 한 관계를 구축한 기업들은 이런 아이디어의 중요성을 부정하고, 결국 혁신 게임에서 뒤처진다. 동기부여가 되어 자신의 일에 전념하는 직원은 품질과 작업활동의 지속적인 개선을 주도한다. 그러나 직원을 힘으로 억누르는 기업은 그로부터 오는 혜택을 얻지 못한다. 그런 비용을 인식함에 따라 전세계의 많은 기업들이 이타주의나 관용의 정신에 의해서가 아니라, 단순히 높은 성과달성이라는 필요에 의해 우리가 설명한 공동운명체 모델로 변화해가고 있다.

공동운명체 모델은 기존에 많이 거론된 이해관계자 모델과 같은 것인가? 아마도 그럴 수 있다. 그러나 우리는 '이해관계자 모델' 이면에 있는 역사적인 배경으로 인해 그 용어의 사용은 가급적 피하고자 했다. 주로 주주 모델의 반대 의미로 쓰이는 이 이해관계자 모델은 재무적으로 좋지 않은 결과를 정당화하기 위해 많이 사용되어 왔다. 그러나 운명공동체 모델의 개발 이유는 그와 정반대다. 즉 운명공동체 모델은 지속적이고 혁신적으로 사업 성과를 향상시키기 위해 개발된 것이다. 이는 전적으로 주주의 가치를 극대화하는 것과 일치하는 문제다. 널이 이해하고 있는 것처럼 직원·고객·공급자·다른 구성원과의 장기적이고, 투명하며, 신뢰를 기반으로 한 관계가 주주가치의 희생을 통해 구축된다고 생각해서는 안 된다. 오히려 이 관계는 주주가치 극대화라는 목적의 달성을 위한 수단이 될 수 있는 것이다.

한국기업의 경우 세계의 많은 초일류기업이 가고 있는 길과는 정반대의 길을 걷고 있다. 전통적으로 운명 공동체적 관계를 중시하던 많은 한국기업들은 IMF 관리체제를 겪으면서, 앵글로색슨계 컨설팅회사들의 단기 성과에 급급한 많은 프로그램을 시행하면서 급속히 힘을 바탕으로 한 관계를 구축하고 있다. 공급자들에 대한 협상력 증대와 이를 통한 원가절감을 위해 각 부문의 조달을 집중화하고 금융권의 경우 구조조정을 통해 형성된 대출자와 예금주에 대해 강화된 힘을 바탕으로 각종 수수료를 부과하고 예금금리를 내리고 대출금리를 올려 그들의 단기 이익을 극대화하고자 한다. 이는 고객·공급자·직원 등 많은 이해당사자들로부터 혁신적 아이디어를 제공받는 것을 불가능하게 만들고 장기적인 경쟁력 저하를 가져올 것이다.

관계구축을 위한 경쟁

과거 한국기업은 자금, 관리력, 그리고 정부지원을 누가 많이 확보하고 강화하느냐의 경쟁을 해왔다. 또 어떤 기업은 외국의 기업들로부터 얻은 독점적 기술이나 다른 경쟁력을 바탕으로 성장했다. 그러나 새로운 밀레니엄에 기업들은 관계를 구축하고 유지하며 활용하는 능력에 따라 평가받게 될 것이다. 이 능력은 특히 최근 급속히 부상하고 있는 지식이나 서비스 기반 경제에서는 결정적인 자원이다.

관계의 거대한 가치를 인식함에 따라 전세계적으로 경영의 우선순위가 변화하고 있다. 기업 거래처 관리, 전략적 제휴, 관계 마케팅, 공급자 파트너십 등은 이런 인식의 결과물이다. 그러나 지속적이고 가치있는 관계를 구축하기 위해서 경영자들은 그들의 경영가치관이나 철학에 대해 근본적 물음을 던져보아야 한다.

로페즈와 닐은 모두 구매원가를 혁신적으로 절감하는 데 성공했다. 최소한 단기적으로는 힘을 바탕으로 한 관계와 공동운명체적 관계, 두 방법 모두 목표를 달성하는 효과적인 방법이었다. 따라서 기업은 두 개의 대안을 가지고 있다. 두 개의 대안 중 어떤 것을 선택할 것인가는 그 기업의 가치관과 철학, 경영자들이 가지고 있는 조직과 개인의 본질에 대한 뿌리 깊은 가정에 의해 결정될 것이다. 만약 그들이 모든 개인은 각자의 이익을 위해서만 행동하고, 비록 일부이지만 사람을 믿을 수 없으며, 사전에 이런 믿기 어려운 사람을 구분하기 힘들다고 생각한다면, 결국 시장거래의 기본이 되는 힘을 바탕으로 한 관계를 선호하게 될 것이다. 반면에 개인은 각기 다른 상황에서는 다르게 행동하고, 거래 상대방에 따라 다른 행동을 주고받으려 한다고 믿으면 기업은 공동운명체적 관계를 선호하게 될 것이다. 어떤 선택을 하든지 간에 그들의 가정들은 결과에 많은 영향을 미칠 것이다.

한 가지 방안은 코스에 따라 다른 말을 선택하는 것이다. 즉 기업의 경영진은 어떤 공급자들과는 운명공동체적 관계, 나머지의 공급자들과는 힘을 바탕으로 한 관계를 구축할 수도 있다는 것이다. 그러나 이는 매우 제한적으로만 가능하다. 개인이나 조직이나 상충되는 가치가 공존하는 것은 매우 견디기 어려운 상황이다. 따라서 개인이나 조직은 어떤 한 가치를 지배적인 특성으로 삼고 이에 따라 행동하게 된다. 즉 기업이 몇몇 구성원들과 힘을 바탕으로 한 관계를 형성하게 되면, 그 방식은 다른 구성원과의 관계에도 영향을 미치게 된다.

일부 경영자들은 단지 좀더 좋은 사람으로 보인다는 이유로 공동운명체 관계를 더 매력적인 것으로 간주할지 모른다. 좋은 사람이 되든 나쁜 사람이 되든 같은 결과를 얻는다면 왜 나쁜 사람이 되어야 하는가? 공동운명체적 관계를 선택하는 경영자들은 다음 사항을 염두에 두어야 한다. 공동운명체적 관계는 매우 구축하기 힘들 뿐 아니라 유지하기는 더욱 힘들다. 이런 관계는 일부에게만 적용될 수도 없다. 만약 당신이 공급자와 공동운명체적 관계를 원한다면 직원·고객과도 같은 관계를 적용해야 할 것이다. 이는 단순히 '할 수도 있는 일'이 아니라 '반드시 해야 히는 일'이다.

제16장
원숭이도 운영할 수 있는 기업

2장에서 설명한 1980년대 중반 이후 한국에서의 각종 환경변화는 이에 적응치 못한 많은 한국기업의 경쟁력 저하를 가져왔다. 마침내 한국경제는 1987년 IMF 관리체제라는 위기상황을 맞이하게 되었다. 이런 심각한 경제위기를 겪으면서 마침내 한국의 경영자들은 모든 한국기업이 급격한 변화의 소용돌이에 휘말렸다는 사실을 인식했다. 새로운 경쟁·기술·시장의 요구로 인한 많은 문제와 과제에 직면함에 따라 수많은 기업분석가와 컨설턴트들이 변화의 속성을 이해하기 위해 노력을 기울이게 되었고, 컨설팅산업도 급신장하게 되었다. 실제로 세계 굴지의 컨설팅회사는 거의 모두 한국에 진출해 있으며, 이들은 한국을 성장성과 수익성이 가장 높은 시장으로 인식하고 있다. 그리고 경영에 관련된 서적이나 잡지도 한국 서점에서 가장 좋은 위치에 가장 많은 공간을 차지하며 불티나게 팔리고 있다.

그 결과 한국의 경영자들은 수많은 분석, 예측, 무용담의 홍수에 빠져 있고, 이 분석들은 한결같이 급속한 변화의 시대에 겪는 많은 문제들에 대한 시사점, 때로는 그 해결책까지도 제시하고 있다고 주장한다. 경영자들은 전략에 관해서 그들의 다국적 경쟁기업들이 벌이는 글로벌 체스게임에서의 복잡한 움직임에 대해 배우고, 자신의 핵심역량을 파악하고 관리할 것도 요구받고 있으며, 속도와 유연성을 기반으로 한 경쟁우위의 구축방법 등에 대해서도 배우고 있다. 조직개발 측면에서도 그들은 다차원 매트릭스 조직에서 역피라미드 조직, 네트워크 조직에서 가상기업에 이르기까지 새로운 많은 조직구조 모델에 관해 들어왔다. 그리고 각종 시스템에 있어서도 그들이 과거에 사용하던 기본적이고 익숙한 방식과는 전혀 다른 ABC(activity-based costing) 같은 제도를 도입하도록 압력을 받고 있다.

때로는 감동하고 때로는 분노하면서 한국의 경영자들은 바람직하게 들리기는 하지만 본질적으로 전혀 다른 조언들에 따라 기업운영을 변화시키기 위해 엄청난 고민에 빠져 있다. 그러나 모든 변화는 건설적인 면과 파괴적인 면을 동시에 지니고 있다. 문제는 각각의 해결책들이 급격한 변화를 요구하고 있지만, 이는 기업이 수십 년 간 구축하고 가다듬어온 전략, 구조, 시스템간 복잡한 관계의 극히 일부분만을 다루고 있다.

이 책은 지난 10년 간 한국의 경영자들이 경험해온 이 도전을 이해하고 분석하기 위한 노력의 산물이다. 통찰력을 얻기 위해 우리는 위태롭고 경쟁에서 뒤처진 기업들보다는 번창하고 경쟁의 선두에 서있는 기업들에 초점을 맞추었다. 경영자에게 최고의 선생은 경영자라는 믿음을 우리는 가지고 있다. 이 믿음에 따라 우리는 뛰어난 한국기업과 다른 선진기업의 경영자들로부터의 교훈을 이해하기 위해 노력했다. 이를 통해 우리는 전략·조직·경영 측면에서 세계적 수준이 되기 위해 한국기업과 그 경영자들이 해야 할 일이 무엇인가에 대해 우리 나름대로의 시각을 정립하고자 했다.

한국적 경영의 발견을 위한 우리 노력의 결과는 15개의 장에서 이미 설명한 편견들이다. 앞서 언급했듯이, 우리는 어떤 전체적인 개념적 모형이나 이론적 틀을 만들고자 하는 유혹을 의도적으로 배제했다. 대신 이 격변기에 기업들이 변신을 관리하기 위해 취할 수 있는 여러 가지 행동에 대한 일련의 아이디어를 제시했다. 그러나 이 마지막 장에서는 이 같은 구체적인 제안들보다 몇몇 뛰어난 기업들을 대상으로 한, 짧지만 우리를 매우 흥분시킨 경험으로부터 우리 스스로가 배울 수 있었던 전반적인 것들에 대해 이야기하고자 한다. 그들은 어떻게 다른가, 그 차이의 핵심은 무엇인가? 다른 기업은 어려워하는 것을 그들이 할 수 있었던 원동력은 무엇인가?

이런 질문들에 대해서 곰곰이 생각해보니 그 답은 명확하기도 하고 추상적이며, 간단하면서도 심오했다. 기업들은 우리가 제시한 여러 제안들 중에 몇 개를 개별적으로 기존 그들의 전략과 조직의 틀에 접목시킬 수도 있다. 그러나 각각의 항목을 개별적으로 시도하는 것으로는 그들이 원하는 목표를 달성하기 어렵다. 다차원적인 환경변화에 효과적으로 대응하기 위해서 그들이 조직하고 운영하는 방식에 대해 훨씬 광범위하고 통합적이며 체계적인 변화가 필요할 것이다.

뛰어난 기업들을 보다 전통적인 기업들과 비교하는 과정에서 우리는 한국의 기업들은 전혀 다른 새로운 경영모델의 등장을 경험하고 있다는 사실을 보았다. 그리고 개별기업은 그들이 시도했고 검증한 기존의 해결책을 포기하는 것뿐 아니라 문제를 정의하고 이해하기 위해 그들이 가지고 있던 기존의 관점 자체를 버리지 않는 한 직면한 문제들에 대해 만족스러운 해답을 얻을 수 없을 거라는 확신을 가지게 되었다.

　이론이란 실생활에 유용하게 사용할 수 있는 것이어야 한다고 주장하면서 케인즈(Lord Keynes)는 '오늘날 실제로 일하는 사람들은 과거 이론가들이 제시한 이론에 너무 얽매여 있다'고 했다. 그들이 아무리 '현실 세계'에 살고 있다는 생각에 사로잡혀 이론이나 개념보다는 실천이나 행동에 초점을 둔다고 해도 그들은 결코 케인즈의 지적에서 예외일 수는 없다. 아무리 부정한다고 해도 모든 한국 경영자들의 기본적인 시각에 영향을 미치는 지배적인 이론이나 학설이 존재하는 것이다. 흔히 그들은 이런 이론에 얽매여 산다는 사실 자체를 인식하지도 못하고 있다. 즉 그들은 물속의 고기처럼 이를 당연히 여기고 살아가는 것이다. 이런 지배적 이론에의 추종이 무의식적일수록, 그 이론 뒤에 있는 주요 가정들이 검증되지 않으면 않을수록 그 이론은 스스로 강화되는 속성을 가지고 있다.

　문제는 과거 50여 년 간의 한국 경영환경에 적합한 것으로 탄생한 이론이 새로운 시대에는 이제 쓸모없게 됐다는 사실이다. 즉 그 이론은 현재의 경영환경에 적합치 않은 가정을 기반으로 세워졌다는 것이다.

　한국 경영자들이 직면한 가장 중요한 과제가 가장 추상적인 이유가 여기에 있다. 그 과제는 바로 그들의 기본적인 경영철학을 변화시키는 것이다. 그렇다. 그들은 앞장에서 우리가 설명한 전략, 조직, 그리고 행위에 있어서 특정적 변화를 필요로 한다. 그러나 이런 모든 영역에서 그런 급격한 동시다발적인 변화를 위해 경영자들은 기업을 보는 관점을 바꾸어야 하고, 그들 스스로의 역할과 책임을 규정하는 각종 전제를 바꾸어야 한다.

경직된 전략 - 조직구조 - 시스템을 넘어

앞장에서 살펴 보았듯이, 현세대의 한국기업 경영자들은 세 가지 S 관점에서 그들의 업무를 생각하도록 배워왔다. 즉 전략(Strategy)을 수립하고, 그 전략에 적합한 조직구조(Structure)를 설계하며, 그리고 여러 시스템(System)을 통해 이들 전략과 조직구조가 제대로 돌아가도록 뒷받침하는 것이다.

이런 전략-구조-시스템 지향적인 경영이론은 서구에서 비롯되었다. 이 모델은 제너럴 모터스의 슬로언(Alfred Sloan)의 선구자적인 실험을 통해 미국에서 처음 등장했다. 이는 당시 거의 혁명에 가까운 발견이었다. 기업의 규모가 커지고 다각화 전략에 의해 그들의 제품이 다양해짐에 따라 기업은 그 조직을 독립된 사업부로 나누었다. 독립된 사업부의 장(長)이라는 새로운 계층의 경영자에게 경영책임을 이양하는 것을 기반으로 한 이 경영기법은 본사의 경영자들이 분권화된 다양한 기업운영을 통제할 수 있게 하는 정교한 기획과 정보시스템에 의해 가능했다. 그리고 이는 수십 년 동안 기업들에게 매우 유용한 기법으로 사용되었다. 이전의 모델인 기능별 조직과는 달리 이 새로운 이론과 이에 근기한 사업부 조지은 기업의 복잡성을 수용하는 데 있어 훨씬 뛰어났다. 사업부 조직의 모듈식 설계는 1960년대의 수평적·수직적 통합, 기업 집단적 다각화의 물결, 그리고 1970년대와 1980년대의 세계화를 지원하는 데 아주 효과적인 조직구조였다. 새로운 사업에 뛰어들기 위해서 기업이 해야 할 일은 단지 새로운 사업부를 추가하는 것이었다. 또한 새로운 지역에 진출하는 데 있어서도 마찬가지였다.

사업부 조직의 선두기업이 이룩한 엄청난 성공에 자극을 받아서 이 전략-구조-시스템이라는 원칙은 곧 전세계로 퍼졌다. 이 원칙은 1980

년 말 한국에 도입되어 '자율경영' '책임경영' 등의 용어로 포장되어 앵글로색슨계 컨설팅기업에 의해 본격적으로 전파되었다. 이 원칙은 전략은 조직구조를 결정하고, 그 조직구조는 각종 시스템에 의해 지원되는 것이라고 주장한다. 지난 10여 년 간 이 주장은 한국 경영자의 사고에 뿌리깊게 자리잡고 있다.

한국 전역의 경영대학에서도 이 모델을 가르쳤다. 경영대학 과정을 보라. 거의 모든 과정에서 당신은 전략-구조-시스템의 원칙을 보게 될 것이다. 컨설턴트도 이 기업 저 기업에 이 원칙을 전파했다. 마침내 이 세 가지 위력적인 도구를 그들 기업이 나아갈 방향을 설정하고, 그들 기업의 성과를 극대화하는 가장 중요한 수단으로 생각하는 상급경영자 세대가 한국경제의 전면에 나서게 되었다. 그 결과 경영자들은 그들의 역할을 기업전략 설정, 조직구조 설계, 시스템 구축으로 정의하게 되었다. 대부분의 제품에 있어서 수요가 공급을 초과하는 제한되고 통제된 경제에서 경영자의 가장 중요한 역할은 각기 다른 사업부의 여러 가지 사업 기회 중에 기업의 제한된 재무자원을 효과적으로 분배하는 것이다. 그후 엄격한 통제시스템을 통해 사업부 경영자의 성과를 감독하는 것이었다. 규율, 집중, 통제를 강조함으로써 전략-구조-시스템 경영모델은 이 상황에 잘 맞아들어갔다.

이 모델의 위력인 동시에 치명적인 결함은 '개인 특성에 대한 의존을 최소화하는 경영시스템을 창출하는 것'이라는 이 원칙의 핵심적인 목적에 있다. 만약 위로부터 전략이 명확히 정의되고 전달된다면, 만약 모든 사람이 누구에게 보고를 받고 누구에게 보고할 것인가를 확실히 알 수 있는 명확한 구조가 확립된다면, 그리고 만약 자본·정보·다른 자원의 흐름을 관리하기 위한 명확한 시스템이 개발된다면, 복잡한 조직들은 대체가능한 부품 같은 사람들이 운영할 수 있다. 특정 직무를 누가 맡고 있는지는 중요하지 않다. 누가 맡든지 그들은 모두 똑같은 일을 똑같은 방법으로 할 것이다. 똑같은 일이 한국의 많은 대기업들에게도 벌어지고 있었다. 즉 그들의 규모가 커짐에 따라 그들의 전략, 구조, 보고와 기획시스템은 점점 더 복잡해졌고, 직원들의 일과는 점점 더 세분화되고 일상화되었던 것이다.

1980년대 후반에 이르러 한국경제는 이런 전략-구조-시스템 모델의 근간을 흔드는 중요한 변화를 겪게 되었다. 공급과잉과 치열한 경쟁은 대부분의 사업에서 당연한 것이 되었다. 그리고 기술간ㆍ시장간의 융합현상이 일어나 산업간의 영역이 허물어지게 되었고, 이는 전통적인 산업들이 교차되는 영역에서 새로운 성장기회를 창출하고 있다. 또한 자본보다는 아이디어와 지식이 보다 희소한 자원으로서 경쟁우위의 원천으로서 자리잡게 되었다.

이 같은 새로운 세계에서의 경쟁은 이전의 그것과는 상당한 차이가 있다. 한국기업은 국외에서 글로벌기업과 직접 경쟁할 뿐만 아니라 국내에서도 그들과 치열한 경쟁을 벌이고 있다. 또한 예전과는 달리 한국의 인재들은 한국기업보다는 이런 외국계 기업을 훨씬 선호하고 있다. 이에 한국기업은 본사로부터 제공받는 뛰어난 자원과 능력뿐 아니라 인력면에서도 탁월한 외국계 기업으로부터의 도전을 국내외에서 받고 있다. 그리고 우수한 경영자나 과학자를 확보하는 것이 은행 대출을 통한 자금 확보보다 훨씬 기업경쟁력에 많은 영향을 미치는 시대가 되었다. 이런 시대에 전략-구조-시스템이라는 전통적인 모델은 점점 그 유용성이 감소하고 있다.

급부상하고 있는 지식이나 서비스 집약산업에서 기업이 직면한 가장 큰 과제는 기업을 하나의 기계처럼 운영하기 위해 사람들을 통제하는 것이 아니라 최고의 인재를 조직 내로 유치하여 개발하고 계속 보유하는 것이다. 그리고 동시에 혁신과 새로운 사업 기회의 창출을 위해 그들의 지식이나 기술을 결합, 확산, 활용하는 능력을 가지는 것이다. 이런 경제상황에서 과거의 학설은 그 종말을 눈앞에 두고 있다.

오늘날 한국기업 중 뛰어난 경쟁력을 보여주는 기업의 특이한 점은 무엇인가? 그것은 다른 '경영철학'이다. 많은 한국의 경영자들은 전략-구조-시스템 모델이 한계를 가지고 있다는 사실은 알고 있으나, 대부분 그것에서 벗어날 상상력이나 용기가 부족하다. 반면에 한국에서 글로벌 경쟁력을 갖추고 있는 기업들은 근본적으로 다른 시각으로 경영에 접근하고 있다.

한국의 뛰어난 기업의 경영자들은 단순히 전략을 수립하는 사람이 아니라 기업 내 하나의 목적의식을 정립하는 사람이 되고자 노력한다. 이런 목적의식은 기업 내, 외부의 모든 구성원을 위해서 기업이 어떻게 가치를 창출할 것인가에 대한 관점에서 정의되고 있다. 전략이란 이 목적의식으로부터 창출되는 에너지와 질서에 의해 조직 내에서 저절로 생겨나도록 하는 것이다.

동시에 그들은 기업의 공식적 구조를 나타내는 조직도상의 상자와 줄에 의해 정의된 위계질서와 씨름하기보다 조직 내 핵심적인 프로세스를 확립하는 데 집중한다. 이런 핵심적 프로세스란 일선관리자들의 기업가 정신을 북돋아주고, 새로운 능력을 개발하기 위해 일선부서들의 자원과 능력을 통합하며, 기업 전체가 새로운 가치 창출을 통한 혁신을 끊임없이 추구하도록 신장과 도전정신을 심어줄 수 있는 프로세스다.

또한 단순히 시스템을 구축하는 것보다 기업의 각 구성원이 최고의 인재가 될 수 있는 분위기를 창출해 인재를 육성하는 사람이 되고자 한다. 간단히 정리하면 뛰어난 한국의 경영자들은 기업경영 철학의 근간으로, 그리고 그들 자신의 역할과 과제로 기존의 전략(Strategy)-구조(Structure)-시스템(Systems)의 '3S'를, 목적(Purpose)-프로세스(Process)-사람(People)이라는 '3P'로 대체하고 있다.

그렇다고 기존의 전략-구조-시스템 모델이 이젠 더 이상 필요하지 않다는 얘기는 아니다. 우리가 이 절의 제목을 '경직된 전략-조직구조-시스템을 넘어'라고 한 이유가 바로 여기에 있다. 이 책의 앞에서 설명했듯이 뛰어난 기업들은 분명한 전략을 가지고 있고, 명확히 정의된 조직구조를 가지고 있으며, 강력하고 효과적인 시스템을 가지고 있다. 그러나 이런 기업들과 대부분의 다른 기업과의 차이는 경영자들이 단순히 경직된 전략-구조-시스템 모델을 넘어 좀더 유연하고 동태적인 모델, 즉 우리가 말하는 목적-프로세스-사람의 철학으로 그들의 초점을 확장시키고 있다는 것이다. 결국 이런 철학의 차이가 바로 이 기업들이 다른 많은 기업들과 다른 이유이고, 다른 많은 기업들이 비틀거릴 때 이들이 계속 번영해나가는 이유인 것이다.

휴맥스처럼 새로운 환경하에 탄생한 신생기업의 경우 이런 새로운 모델에 입각한 기업운영이 보다 용이하다. 그러나 비록 신생기업이 아니라 하더라도, 과거의 환경에서 그 환경에 적합한 모델로 기업을 운영했던 기업이라 하더라도 새로운 모델로 경쟁력을 지속·강화시키는 것이 가능하다. 이를 가능하게 한 것은 새로운 모델로 변화하고자 하는 이런 기업들의 용기와 강한 의지다.

이런 철학의 변화는 전 조직에 확산되지만, 그 변화의 출발점은 역시 최고경영자다. 즉 기업에게 전략을 넘어 목적으로, 구조를 넘어 프로세스로, 시스템을 넘어 사람으로 변화하도록 하는 것은 바로 그 조직의 경영자들인 것이다.

단순한 전략보다는 목적

어떤 최고경영자에게나 그 기업의 전지전능한 전략가가 되고자 하는 것은 거부하기 힘든 유혹이다. 전략은 지적으로나 감정적으로나 매우 매력적인 개념이다. 한국뿐만 아니라 전세계의 경영관련 매체들은 특출한 최고경영자가 어떻게 전략적 방향을 재설정하여 기업을 위기에서 구했는가에 대한 이야기들로 항상 가득 채워지고 있다. 이는 최고경영자를 명마를 타고, 위대한 전략을 구상하며, 그들의 군대를 전쟁에서 승리로 이끄는 명장으로서의 영웅적 이미지로 끊임없이 부각·강화시키고 있다.

기업이 규모가 작고 다각화의 정도가 낮으며, 환경이 단순하고 예측 가능성이 높을 때에는 최고경영자가 명확한 전략을 수립하는 것이 가능했다. 그러나 기업의 규모가 점점 커지고, 환경이 복잡해짐에 따라 경영자들은 각 부서와 사업부의 계획과 제안들에 대해 검토하고, 영향을 미치며, 최종적인 의사결정을 하기 위해 좀더 정교한 시스템과 전문화된 본사 조직을 필요로 한다. 시간이 지남에 따라 기획 프로세스는 더욱 공식화되고 이를 통한 기획은 점점 더 그 효용성을 잃게 된다. 왜냐하면 일선경영자들은 탁상공론이나 하는 일반론적인 사람들에게는 어떤 친밀감이나 헌신을 보이지 않기 때문이다.

최고경영자 개인에게 문제가 있는 경우는 매우 드물다. 대신에 '최고경영자는 기업의 목적 수립에 모든 통제권을 가지고 그 목적에 있어서의 우선순위를 결정하는 최고의 전략 수립가가 되어야 한다'는 가정이 잘못된 것이다. 오늘날의 사업환경을 보면 그런 전략적 의사결정을 위해 필요한 지식과 전문성이 급속히 변하고 있고 이처럼 급속히 변하는 지식과 전문성은 각 사업의 일선경영자가 가지고 있다. 따라서 최고경영자가 전략 수립과정의 전면에 나서야 한다는 가정은 더 이상 적합하지 않다. 전략적 정보는 최고경영자까지 오는 동안 심각하게 왜곡되고 희석되며 지연된다. 비록 이 정보가 최고경영자에게 제대로 전달된다 해도 많은 경우 최고경영자는 복잡한 정보를 처리하고, 양질의 판단을 내리는 데 필요한 최신 지식, 전문성, 잘 다듬어진 통찰력을 가지고 있지 못한 경우가 많다.

인텔의 최고경영자였던 그로브(Andy Grove) 같은 사람들은 이 한계를 충분히 인식하고 있었다. 그가 솔직히 인정하듯이, 그 자신을 포함한 인텔의 최고경영진 그 누구도 외부의 경쟁환경이 메모리칩과 마이크로프로세서, 두 사업 모두에서 선두주자가 되겠다는 인텔의 전략을 무의미하게 만들고 있음을 알 수 없었고 알려고도 하지 않았다. 그러나 최고경영층이 메모리 분야에서의 철수가 불가피하다고 인식하기 전의 2년 동안 이미 많은 프로젝트 리더, 마케팅 관리자, 공장의 감독자들은 기업의 자원을 메모리에서 마이크로프로세서 쪽으로 재배치하며 분주히 인텔의 전략을 바꿔나가고 있었다. 그 결과 그로브는 그를 포함한 최고경영진의 누구도 그들이 생각한 만큼 전략에 대해 강력한 통제권을 가지고 있지 못하다는 겸허한 결론을 내리게 되었다. 이 기간에 대해 그로브는 다음과 같이 회상하고 있다.

"우리는 어리석게도 전략에 대한 일종의 환상에 빠져 있었나. 그러나 일선의 경영자들은 우리가 메모리 분야에서 철수할 수밖에 없음을 이미 오래 전에 알고 있었다. …… 우리의 가장 중요한 전략적 결정은 명확한 통찰력에 의한 기획에 의해서가 아니라 어떤 일이 실제로 벌어지고 있는지를 누구보다 잘 알고 있는 일선관리자들의 마케팅이나 투자 의사결정에 의해 이루어졌다."

그로브가 인텔기업 역사상 가장 중요한 전략적 의사결정이 최고경영진이 아니라 일선에 있는 기업구성원들이 인식하여 시작했다는 교훈을 얻게 된 후에 그는 최고경영진이 어떻게 기업의 방향에 영향을 미칠 것인가에 대한 생각을 바꾸어야 할 필요가 있다고 인식하게 되었다.

기업의 최고경영층은 보다 정교하게 전략을 수립하는 데 필요한 도구를 갈고 닦는 것이 아니라 더 많은 전략적 시도와 논의가 조직의 하부에서 발생할 수 있는 환경을 구축하기 위해 보다 많은 시간을 써야 한다. 과거 메모리 분야에서 철수할 때처럼 미래의 전략적 변화도 매우 극적일 필요가 있다고 예측하며 그로브는 다음과 같이 말한다.

"마이크로프로세서 기업으로서 우리가 성공하면 할수록 다른 기업으로 변신하기가 어려워진다. …… 우리는 새로운 가능성을 기업 내부에서 창출할 수 있도록 하기 위해 최고경영층이 전략을 전담하는 것을 보다 완화시킬 필요가 있다."

대부분의 최고경영자들은 "최고경영진이 전략을 전담하는 것을 완화해야 한다"는 말을 받아들이기 어려울 것이다. 이는 마치 그들을 결단력이 없는 심지어 무능력한 사람으로 보이게 할지 모른다고 두려워한다. 그들은 명확한 전략적 방향을 제시하지 못하면, 직원으로부터 존경과 찬사를 받지 못할 것이라고 두려워한다. 따라서 그들은 기업 내에서 최고의 전략가라는 역할을 수행하기 위해 부단히 노력한다. 그러면서 그들은 전략을 상의하달식으로 추진하기 위해 탁상공론적인 기획과 통제프로세스, 기계적이고 사려 깊지 못한 인센티브 시스템 등을 도입하게 되고, 이는 직원들이 적극적으로 업무를 수행하고자 하는 의욕을 저해하고 있다.

구성원들이 그들 기업이 무엇이며, 왜 존재하는지도 알지 못하고, 심지어 신경도 쓰지 않는 이런 상황에서 경영자들은 전략적 프로세스의 틀을 짜기 위한 분석논리나 개발하고 있을 때가 아니다. 전략은 그 기업의 목적과 부합될 때만 사람들이 강력하고 지속적인 애착을 가질 수 있다. 오늘날 기업의 리더들이 직면한 가장 큰 도전 중 하나는 그 직원들이 정체성과 자긍심을 공유할 수 있도록 의미를 창출하는 것이다.

목적의식을 창출하기 위해서는 무엇이 필요한가? 중요한 요소 중 하나는 공유할 야망이나 비전을 구축하는 것이다. 그러나 비전이나 야망만으로 목적의식이 창출되는 것은 아니다. 비전이나 공유된 야망만으로는 기업이 무엇을 이룩하고자 하는가를 정의하는 데 충분하지 않다. 목적을 창출하기 위해서는 어떤 회사가 되고 싶은가에 대한 묘사인 공유된 가치를 형성하고 이를 조직에 심는 것도 매우 중요하다.

GE의 잭 웰치는 다음과 같이 이야기한다.

"목표와 전략을 수립한다고 당신이 원하는 바를 달성할 수 있는 것은 아니다. 목표와 전략을 달성 가능케 하는 것은 가치관과 사람이다. 우리는 일련의 가치관을 정의했고, 이 가치관을 바탕으로 경영진을 선발했다. 이 가치를 따르지 않는 사람은 …… 떠나야 했다."

ABB의 최고경영자인 린달(Goran Lindhal)도 같은 말을 했다.

"사람은 기업이나 개인에 대해서가 아니라 그들이 옳다고 믿고 만족스럽게 생각하는 일련의 가치에 충성을 다한다."

한국에서 과거 사업환경은 한국기업과 그 구성원들의 가치관에 있어 많은 혼란을 가져왔다. 옳고그름에 대한 명확한 인식보다는 각종 권력과의 결탁과 타협, 적당주의, 은폐 등에 의한 경영을 하는 기업을 당연시하는 비효율적이고 타락한 사업환경으로 인해 한국기업은 가치관의 혼란을 겪고 있다. 최근의 각종 벤처 비리처럼 과거 관행이라는 명목으로 정당화해온 많은 위법적 행위는 이런 가치관의 혼란이 가져온 부산물이라고 할 수 있다. 그런 병든 가치를 정화하기 위한 결단 없이는 아무리 그럴듯한 비전을 가지고 있다고 해도 한국기업은 기업 내 명확한 목적의식을 구축할 수 없고, 이는 한국기업이 21세기 글로벌 경쟁에서 생존하기 어렵게 만들 것이다.

마지막으로 목적이 기업 내 모든 영역에서 실질적 경영 프로세스의 역할을 하기 위해서는 기업 수준의 비전과 가치를 개인 수준의 것으로 끌어내려야 한다. 즉 기업의 비전과 가치는 각 기업 구성원이 하는 일이 기업목적을 달성하기 위한 여러 행위 중 일부라는 사실을 인식할 수 있도록 개인 차원에서 해석해야 한다. 이 해석을 통해 기업의 목적은 직원의 개인 정체성과 의미의 근원이 되고, 이 책의 앞에서 제시한 바람직한 행동의 바탕이 될 수 있는 것이다.

단순한 조직구조보다는 프로세스

최고경영자는 조직구조를 아마 전략보다도 더 매혹적인 수단으로 생각할지 모른다. 대부분의 경영자는 기업의 구조적 배치에 대해 확실한 통제권을 장악하는 것이 조직의 전반적인 방향과 위계상 밑에 있는 관리자들의 행동에 영향을 미치는 데 가장 위력적이라고 생각한다. 기업이 점점 커짐에 따라 이런 최고경영층의 구조에 대한 집착은 필연적으로 많은 계층을 가진 복잡한 구조, 매우 혼란스러운 경영 프로세스를 갖게 한다.

이는 미국에서 고안한 전략-구조-시스템 모델이 유럽으로, 다시 아시아와 그밖의 지역으로 넓게 확산함에 따라 전세계 모든 대기업들에서 실제로 일어난 현상이었다. 1980년대 중반이 되자, 이 대기업들은 그들의 복잡한 조직구조의 무게와 정교함으로 인해 심각한 문제들에 직면하기 시작했다.

1980년대에 걸쳐 전세계 거대기업들은 벼랑 끝으로 내몰리기 시작했다. 미국에서는 IBM · 코닥 · GM · 시어스, 유럽에서는 필립스 · 지멘스 · ICI · 다임러 벤츠 · 아시아에서는 마쓰시타 · 히타치 · 미츠비시 · Industrial Bank of Japan 등의 기업들이 대표적이다. 물론 기술 · 시장 등 위기에 대한 각기 다른 원인을 지적할 수도 있을 것이다. 그러나 가장 근본적인 원인은 국가와 기업에 상관없이 동일했다. 한층 더 복잡해진 조직이 가져온 정체된 전략과 근시안적 경영으로 인한 문제들의 희생양이 된 것이다. 본사의 숨막히는 관료제는 기업가 정신을 고사시켰고, 부서의 지나친 세분화는 기업차원의 지식확산과 조직학습을 방해했으며, 명령 · 효율 · 통제를 달성하기 위해 설계된 위계적 관계는 변화와 혁신의 능력을 파괴했다. 그런데 이 문제를 잭 웰치만큼 명료하게 지적한 사람은 없을 것이다. 그의 전임자들이 GE에 구축해놓은 다른 기업의 경영자들은 감탄하고 모방하려는 조직구조에 대한 그의 평가는 다음과 같았다.

"우리는 여러 해 동안 시대에 가장 적합하고, 학계에서 가장 인정받는 경영 접근법을 구축했다. 사업부, 전략적 사업단위, 그룹, 섹터 등 모든 것은 주의깊고 면밀히 계산한 의사결정을 하기 위해, 그리고 이런 의사결정을 전방으로나 위로 매끄럽게 전달하기 위해 설계했다. 이 시스템은 매우 세련된, 매끈한 일처리를 가능하게 했다. 그러나 이는 1970년대에는 적합했지만, 1980년대가 되면서 점차 문제점들을 낳았고, 1990년대에는 무덤으로 가는 직행표가 되었다."

전세계 기업들에게 과도하게 비대하고 복잡해진 그들의 조직을 허물기 위한 계층의 단축, 스텝의 축소, 다운사이징 등의 활동에 특별한 관심을 가지도록 한 것은 바로 이런 구조적 해법의 한계와 제약에 대한 인식이었다. 그리고 조직을 단순화함에 따라 경영자들은 기업을 보는 전혀 다른 방식을 발견하게 되었다. 즉 그들은 구조가 아닌 프로세스로 기업을 이해하게 된 것이다.

기업을 조직화하는 일차적인 도구가 구조로부터 프로세스로의 변화는 전사적 품질경영(TQM: Total Quality Management), Time to Market, 공급체인 관리(SCM: Supply Chain Management) 같은 기법들의 등장에서 시작되었다. 이 기법들은 모두 구조적 사고의 핵심인 명령과 통제의 수직적 프로세스보다 조직을 가로지르는 수평적 프로세스에 초점이 맞추어져 있었던 것이다. 이런 변화는 결국 1990년대 중반 프로세스 리엔지니어링의 열풍으로 인해 확고한 시대적 조류로 자리잡았다.

그러나 한국의 기업들은 이런 조류와 반대 방향으로 가고 있는 듯하다. 잭 웰치가 GE의 오래된 구조를 해체하고 있을 때, 한국의 경영대학에서는 학생들과 최고경영자과정 참석자들에게 구식의 GE 사례를 가르치며, 1990년대 잭 웰치가 '무덤으로 가는 직행표'라고 한 조직 특성들의 가치를 격찬하고 있었다.

한국의 몇몇 회사들의 컨설팅보고서를 살펴보니, 전략적 문제에 대한 해결책으로 전략적 사고와 분석 능력을 개선하기 위해 강력한 기업본부를 만들고, 전략적 조정과 통합 수준을 높이기 위해 새로운 지역구조를 구축하며, 전략적 방향성과 통제를 증대시키기 위해 새로운 경영계층을 추가하라는 등의 구조적 대안들이 눈에 많이 띄었다. 이런 아이디어들에 영향을 받아 점차 많은 한국기업들은 세계적 기업들이 이미 뛰어넘어야 한다고 생각하고 있는 구조적 사고를 수용하고 있다.

외국의 일류기업뿐 아니라 한국의 몇몇 뛰어난 기업들은 경영자가 어떻게 효과적으로 통제할 것인가가 아니라 기업이 어떻게 가치를 창출할 것인가에 집중하기 위해 구조의 정교화보다 프로세스의 개발에 역점을 두고 있다. 이들 기업의 프로세스에 대한 집중은 기업의 각 수준에서 명확히 발견된다. 그들은 모두 작업 흐름의 재설계를 통해, 또는 정보기술의 도입을 통해 결제방식·조립방식 등 운영 프로세스를 눈에 띄게 발전시켜 왔다. 한 단계 올라가면 전통적인 일처리 방식의 근본에 도전하고 이를 변화시킴으로써 신제품 도입, 물류 체인 또는 고객 참여 과정 등 전략적 프로세스도 꾸준히 개선해왔다. 그리고 가장 높은 단계에서 그들은 조직에 세 가지의 핵심 프로세스를 구축하고 있다. 첫째는 외부로부터 기회를 찾는 조직이 되기 위한 기업가적 프로세스다. 둘째는 각기 다른 사업, 지역, 기능에 산재되어 있는 다양한 자원과 능력을 연결하고 활용하기 위한 통합 프로세스다. 셋째 현재의 방식에 끊임없이 의문을 던지고, 과거에는 기업을 성공으로 이끌었으나 미래에는 재앙을 불러올 수 있는 과거의 성공 공식에 집착하는 것을 막기 위한 혁신 프로세스다.

위의 세 프로세스에 대한 믿음은 자기 충족적인 특성을 가지고 있다. 기업가적 프로세스에 대한 믿음은 조직에서 낮은 계층에 있는 개인도 주도권을 가질 만한 능력이 있다는 것을 전제로 한다. 이런 믿음은 사람들이 실제로 그렇게 할 수 있도록 북돋아주는 분위기와 메커니즘을 창출한다. 통합프로세스는 신뢰와 지원을 바탕으로 한 협력적인 행위 환경을 전제로 함과 동시에 이런 분위기를 더욱 북돋는다. 그리고 혁신 프로세스는 학습과 신장이 인간 동기의 중심임을 가정함과 동시에 사람들이 이런 본성과 능력을 발휘하기 위해 필요한 자원과 도구를 제공한다.

이런 구조를 넘어 프로세스로 관심을 확장하는 것은 조직이 무엇인가에 대한 개념의 변화를 수반한다. 구조에 중심을 두는 사고는 조직을 활동과 업무의 집합으로 보는 조직관을 기초로 한다. 이 조직관 아래에서 조직화한다는 것은 활동을 하위활동으로 세분화해서 다시 결합하는 것으로 매우 공학적인 사고체계다. 반대로 기업가적·통합적·혁신적 프로세스에 중심을 두는 사고는 조직을 단순한 활동의 집합이 아니라 사람들이 수행하는 역할과 그 역할을 연결하는 관계를 바탕으로 형성된 하나의 사회적 시스템으로 보는 것이다.

그런 프로세스를 바탕으로 한 조직은 우리가 제13장에서 밝힌 세 가지 경영자의 역할간에 밀접한 상호작용의 강점을 바탕으로 구축된다. 일선관리자들의 역할은 단순히 운영을 실행하는 자가 아니라 기업가적 점화플러그로 바뀐다. 그들은 중간관리자들의 지도와 최고경영자가 구축한 기본틀의 도움을 받으면서 기업가적 프로세스의 선봉에 선다. 중간관리자들은 기업가적 역할을 지원하는 것을 넘어서 일선에서의 각종 시도를 연결하여 일관된 전략으로 추진하고, 기업 내 최선의 관행을 이전하고 자원의 공유를 조정함으로써 기업의 역량을 극대화하는 통합 프로세스의 핵심으로 활약한다. 마지막으로 기업의 리더들은 의욕적인 목표와 성과기준을 설정하고, 기업의 비전과 가치를 형성하며, 조직의 정체를 막고 높은 성과를 계속 유지하기 위해 끊임없이 조직에 자극을 가함으로써 혁신 프로세스를 주도한다.

단순한 시스템보다는 사람

13장에서 우리는 바네빅이 ABB를 근본적으로 다른 조직 모델로의 급진적으로 변화시킨 것을 보았다. 왜 이런 변화를 가져오게 되었는가? 바네빅은 변화의 초반에 그 필요성에 대해 다음과 같이 역설하고 있다.

"우리 조직은 대부분의 직원들이 그들의 역량을 5~10퍼센트만 사용하도록 설계되어 있다. 나머지 90~95퍼센트의 역량은 집에 돌아가서 집안일을 하거나, 보이스카우트 활동을 한다거나 캠핑을 하는 데 쓰고 있다. 우리는 개인이 매일 우리 회사에 가지고는 오지만, 사용하지 않는 능력을 인식하고 활용해야 할 것이다."

전략-구조-시스템 철학의 실행에 앞장선 대표적인 인물이자, ITT의 최고경영자였던 제닌(Harold Geneen)은 다음과 같은 유명한 말을 했다.

"나는 내가 이 회사를 떠날 때, 원숭이도 와서 운영할 수 있도록 시스템을 구축하고 있다."

제닌의 말과 그 이면에 깔려 있는 경영에 대한 접근법과 바네빅의 믿음을 비교하면 '시스템'을 넘어서 '사람'으로의 변화가 무엇을 의미하는지 알 수 있을 것이다.

앞서 말한 바와 같이 전략-구조-시스템 모델은 개인의 특성으로 인한 불확실성으로부터 기업을 지키기 위해, 즉 사람을 교체가능한 부품으로 만들기 위해 개발되었다. 이 모델의 세 가지 구성 요소 중 사람의 행동을 기계가 움직이는 것처럼 최대한 일상화시키는 데 가장 큰 역할을 하는 것이 바로 시스템이다.

최고경영자들은 시스템, 즉 기획시스템·예산시스템·통제시스템 등을 실질적인 운영에 대한 정보를 얻고, 그들의 정보를 전달하는 생명선으로 여긴다. 그러나 직원들은 바로 그 시스템을 그들을 얽어매는 밧줄로, 문제가 발생했을 때 그들을 끌고가는 체인으로, 위에서 그들의 일거수 일투족을 통제하는 인형극에서 인형을 움직이는 끈으로 생각한다. 그 결과 3S 중에 특히 시스템은 대기업 일선부서의 분위기를 제8장에서 묘사한 한여름 도심의 분위기와 유사하게 만드는 주범이었다.

대기업의 꽉 짜여진 시스템의 하부구조는 구성원들이 일에 대한 동기와 권한을 갖지 못하게 하는 결과뿐 아니라 일련의 다른 여러 가지

문제점들도 가져왔다. 먼저 회사들이 개발해온 많은 시스템 하나하나에 대해 엄청난 양의 보고서를 준비하고 전달하며 정리하고 평가하는 과정에서 막대한 비용이 소모된다. 이 과정은 기업들이 시달려온 조직의 관료화 확대에도 상당 부분 공헌을 했다. 또 다른 문제는 보고시스템에서의 보고 주기가 사업상의 필요한 보고 주기와 점점 멀어지고 있다는 것이다. 보통 계획과 보고는 연간, 계간 또는 월간으로 준비되고 있다. 따라서 이 계획과 보고를 통해 중요한 전략적 사건이나 운영적 발전이 매주, 심지어는 매일 일어나고 있는 각 사업부의 활동을 모니터링 하는 데 있어서는 거의 무용지물이 되어 버렸다. 이 시스템을 효과적으로 활용하기 위해서는 환경이 상대적으로 안정적이어야 한다. 경쟁, 기술, 그리고 시장의 요구가 급변하는 상황에서 이런 시스템은 가치가 없을 뿐 아니라 오히려 생산성을 저해한다.

시스템 중심의 모델이 가지는 이런 한계는 '구성원에 대한 권한위임'을 1990년대 최고의 유행작품으로 만들었다. 경영학의 대가들에 의해 적극적으로 홍보되고, 컨설턴트들에 의해 포장된 이 개념은 단순히 직원제안제도를 도입하는 것으로부터 자율적인 팀을 위주로 한 급격한 조직개편에 이르기까지의 모든 것을 포괄하게 되었다. 이런 시도 중 일부는 새로운 현실에 적절히 대응할 수 있도록 세밀하게 구성되기도 했지만, 대부분은 언뜻 간단하고 매력적인 이 개념에 대한 단순한 말장난에 지나지 않았다. 그동안 스스로 다 처리할 수 없을 만큼 많은 이슈와 문제 때문에 고민하던 최고경영자들에게 많은 문제를 밑에 떠넘긴다는 아이디어는 매우 매혹적이었다. 따라서 '권한위임'이라는 미명하에 많은 경영자들은 자신들의 책임과 의사결정 권한을 광범위하고 빠르게 떠넘겼으나 이 과정은 위임에 따르는 여타 지원없이 이루어져 '권한위임'이라기보다는 차라리 '권한포기'라고 할 수 있었다.

세계 수준의 기업들은 바네빅과 유사한 철학을 가지고 있다. 공식적인 전략기획시스템에 의존하는 대신에 이들 기업은 핵심적인 인재들의 개발과 배치를 통해 조직이 나아갈 방향에 영향을 미쳤다. 지시에 복종하는지를 확인하기 위해 세밀하고 엄격한 통제시스템을 적용하기보다는 각각 방법은 달랐지만 이들은 인간적인 상호관계와 직접적인 교류를 통해 사람들의 행동에 영향을 미치고자 했다. 그리고 추상적이고 통합적인 정보시스템에 의지하기보다 이들 기업은 핵심적인 전문지식을 가진 사람들과의 풍부하고 깊은 개인적인 의사소통을 통해 조직을 조정해 나갔다. 이 중 어떤 기업도 '권한위임'과 '권한포기'를 혼동하지 않았다. 이들은 권한을 위임하기 위해서뿐 아니라 이에 필요한 각종 지원을 제공하기 위해서도 많은 노력을 했다. 즉 경영자들은 ABB의 린달(Goran Lindhal)처럼 계속적으로 관심을 기울이는 동시에 그들의 구성원에게 요구하는 만큼 구성원들의 능력향상을 위한 투자를 했다.

이들 경영자와의 인터뷰 중 받은 가장 강력한 메시지는 그들이 사람을 가장 중요한 경쟁우위의 원천으로 굳게 믿고 있다는 것이다. 거의 모든 기업의 경영자들이 비슷한 말을 한다. 그러나 이들 기업에서는 그 믿음이 말로만 끝나지 않았다는 것은 구체적인 그들의 인사정책을 통해 확인할 수 있었다. 이들 기업은 이 책의 앞에서 본 것처럼 최고의 인재를 선발하는 데 비정상적일 정도로 몰두하며 이 목적을 달성하기 위해 필요하다면 어떤 일도 마다하지 않는다. 그리고 그들은 교육에 대한 인재개발에 최선을 다하며 각 구성원이 최고가 될 수 있도록 도와주고자 하는 철학을 가지고 있다.

이 기업들의 행동과 그 행동의 결과로써의 뛰어난 성과는 전략-구조-시스템 모델의 가장 핵심적인 견해, 즉 경영자는 개인의 특이성을 통제하여 위험을 최소화해야 한다는 주장을 송두리째 흔들고 있다. 새

로운 경영 모델에서 인간이란 다양한 기술을 가지고 있고 그들의 영혼
은 예측하기 어렵기 때문에 그들이 주도권, 창의력, 기업가 정신을 가
져야 한다는 사실을 경영자들은 인식해야 한다. 기업 리더의 가장 기본
적인 업무는 이런 값진 인간의 속성을 재발견하는 것이다. 그러기 위해
경영자들은 전략-구조-시스템이라는 폐쇄적인 틀을 버리고 목적, 프
로세스, 사람이라는 개방적인 철학을 받아들여야 한다.

사회를 위한 가치창출

세계 수준에 도달한 기업의 경영자 중 누구도 목적, 프로세스, 사람
의 철학을 기반으로 기업을 경영하겠다는 의도를 가지고 있지 않았다.
이 단어들은 우리가 만들어낸 것이다. 즉 그들 기업의 역사를 살펴본
후에 그들이 한 일들을 우리 나름대로 해석한 것이다.

그러면 그들은 어떤 연유로 그런 방식을 시작하게 되었는가? 그들과
관련된 어떤 것이 그들에게 이처럼 전혀 다른 경영방식을 취하게 했을
까? 그들은 다른 경영자가 한 일들을 모방한 것도 아니었다. 그들 내부
에 있는 매우 다른 기업 철학을 가져온 그것은 과연 무엇일까?

우리는 이처럼 새로운 견해가 나오게 된 궁극적인 배경은 이들 경영
자들이 사업에 대해, 그리고 기업이란 어떤 것이어야 하는가에 대해 매
우 다른 가정을 가지고 있었기 때문이라고 믿는다. 전략-구조-시스템
모델은 기본적으로 좁은 경제적 관점으로 기업을 보고, 도구적 관점에
서 사회에 대한 기업의 역할을 해석함으로써 나온 것이다. 반면에 새로
운 모델을 추구하는 경영자들은 좀더 도덕적이고 제도적인 관점에서
기업을 훨씬 넓은 시각으로 보고 있다.

예를 들어 전략의 개념은 기업 경영자의 일차적 목적이 기업을 위해 가치를 착취하는 것이라는 가정하에 정립되었다. 전세계 경영자들의 사고에 지대한 영향을 미친 포터(Michael E. Porter) 교수의 경쟁전략 이론은 이 가정을 극명하게 보여준다. 포터 교수에 따르면 기업들은 맞서 싸워야 하는 일련의 경쟁적 압력집단에 둘러쌓여 있다. 기업들은 그들이 생산하는 제품과 서비스에 내재한 가치 중 직원, 고객, 공급자, 직접적·잠재적 경쟁자들의 몫을 최소화하여 자신의 몫을 최대한으로 확보해야 한다. 이들 경쟁적 압력집단들도 기업과 똑같은 행위를 하고 있다. 간단히 말하면 전략이란 자신의 음식을 다른 집단이 먹지 못하게 하기 위한 것이다.

이런 시각의 문제점은 기업의 이해는 사회 전체의 이해와 근본적으로 상치한다는 점이다. 예를 들어 사회 전체를 위해서는 기업간 경쟁이 자유로울수록 좋다. 그러나 개별기업을 위한 전략의 목적은 최대한의 가치를 자신이 갖기 위해 경쟁을 제한하는 것이다. 기업의 수익을 증대하는 그들의 업무를 다하기 위해 경영자들은 사회적 복지를 희생하더라도 자유로운 경쟁을 최대한 억제해야 한다. 사회적 복지를 파괴하는 것은 단순히 전략을 수행한 결과가 아니라 이윤을 추구하는 기업, 그리고 그 경영자들의 근본적인 목적이 된다.

기업의 이해는 근본적으로 사회의 이해와 충돌한다는 이 시각은 현대의 경제현실과 잘 부합하지 않는다. 지난 1백여 년 간 우리는 지속적으로 생산성을 향상시키는 기업들의 능력과 혁신적인 신제품과 서비스를 창출하는 그들의 역량을 통해 유래 없이 꾸준한 인간생활의 질적 향상을 경험했다. 선진국 경제나 개발도상국 경제에서 대부분의 경제적 가치는 경제학자의 이상인 완전 경쟁시장에서의 경쟁에 의해서가 아니라 함께 행동하는 여러 팀의 사람들을 포함하고 조직 전체의 목적을 통해 조정하는 효율적이고 잘 움직이는 조직의 내부에서 창출되었다.

대부분의 번창하는 기업들은 단순히 다른 집단으로부터 가치를 착취함으로써 사회 전체의 복지를 저해하며 번성한 것이 아니다. 그보다는 건강한 경제하에서 의욕적인 기업들은 서로 창조적인 긴장 상태를 유지하면서 매우 경쟁적인 시장과 공존해왔다. 이들은 각기 다른 방법으로 경제의 발전에 공헌하는 것이다. 기업은 끊임없이 신제품을 창출하거나 기존 제품을 보다 나은 방법으로 제공함으로써 사회를 위한 새로운 가치를 창출한다. 반면에 시장은 그 기업이 창출된 가치의 대부분을 다른 사람에게 넘기도록 압력을 가한다. 이 공생적인 관계를 바탕으로 기업과 시장은 오스트리아의 경제학자 슘페터(Joseph Schumpeter)가 경제 발전의 엔진이라고 했던 창조적 파괴의 과정을 함께 주도한다.

전략-구조-시스템 모델의 문제는 동태적이 아닌 정태적인 효율성에 경영의 관심을 갖는다는 것이다. 정태적 효율성은 현존하는 모든 경제적 옵션을 가능한 한 효율적으로 활용함으로써 달성된다. 즉 기존의 시스템을 좀더 효율적으로 만드는 것이다. 동태적 효율성은 전혀 새로운 옵션을 창출하기 위해 혁신하고 개선함으로써 달성된다. 즉 시스템 자체를 한층 높은 수준으로 끌어올리는 것이다. 만약 포터의 경쟁전략 이론처럼 가치의 원천이 주어진 것이라면 '누가 무엇을 갖는가'에 대한 고려는 자신의 이익은 반드시 누군가의 비용에 의해서만 가능한 제로섬게임(zero-sum game)으로 이해된다. 그러나 매우 대조적으로 슘페터가 주장하는 기업의 역할에 대한 전혀 다른 시각에 따르면, 주관심사는 모두가 추가적으로 공유할 수 있는 무언가가 더 있다는 포지티브섬게임 상황하에서 어떻게 파이를 키울까 하는 역동성에 있다. 이 시각에 따르면 기업이란 단순히 가치를 착취하는 것이 아니라 새로운 발견을 위한 사회의 주엔진으로의 역할을 담당한다. 즉 기업이란 사회의 부존 자원을 가지고 끊임없이 새로운 가치를 창출하고 이를 통해 사회적·경제적 발전을 자극하면서 발전하는 것이다.

우리가 세계 수준의 기업이라고 제시한 기업의 경영자들은 바로 이런 믿음을 굳게 가진 사람들이다. 그들은 부의 창출이 부의 분배에 앞서 반드시 이루어져야 한다고 믿고 있었다. 또한 그들은 사업이란 사회의 이익에 도움이 되어야 하고, 중요한 사회적 요구를 충족시키는 건전한 사업은 동시에 수익도 높을 수 있다고 믿었다. 그들은 누구도 사회적 책임을 사업과는 무관한 것으로 생각하지 않았다. 반대로 그들은 사회를 위한 가치창출이야말로 그들 사업의 핵심이라고 생각하고 있었다. 기업의 역할에 대한 이런 확신은 매우 다른 경영 철학을 탄생시켰다. 그리고 이 철학은 그들 회사가 경제적인 성공뿐 아니라 사회로부터의 명성과 정당성도 획득할 수 있도록 해주었다.

신뢰를 회복하기 위한 노력

우리는 기업의 정당성에 대한 언급으로 이 장을 마무리하고자 한다.

20세기 전반에 걸쳐 기업들은 상당한 사회적 정당성을 획득해왔고, 이런 정당성은 그들 성공의 원인이자 결과였다. 정부·정당·종교·심지어 가족 등 다른 기관들이 일반적으로 쇠퇴해온 것과는 반대로, 기업은 현대사회에서 가장 큰 영향력을 가진 기관으로서 자리잡았다.

그러나 20세기의 마지막 10여 년 간 기업과 그 경영자들에 대한 사회적 평판은 양분되어 있었다. 소수의 예찬론자들이 있으나 격렬한 비판론자들이 대부분이다. 한국기업의 경우 이 경향은 더욱 심각하다. 사농공상이라는 유교적인 전통뿐 아니라 그동안의 급속한 경제성장 뒤에 벌어진 각종 비리와 부패는 기업과 그들 경영자에 대한 사회적 인식을 극도로 악화시켰다. 한국의 영화, TV 드라마에 등장하는 대부분의 경영자는 돈밖에 모르는 악랄한 파렴치한으로 묘사되고 있다. 사회적 지위를 묻는 각종 여론조사에서도 경영자는 정치인과 더불어 가장 부패한 집단으로 평가되고 있다.

기업들이 영향력 있고, 많은 경우 긍정적인 역할들을 수행해왔음을 고려할 때, 이런 인식은 부당한 측면이 있다. 그러나 이런 인식은 한국 사회 내에 분명히 존재한다. 그리고 몇몇 기업이나 경영자의 눈에 띄는 악행이 이런 인식에 힘을 실어주었고, 이는 오늘날 한국기업이 직면하고 있는 가장 큰 위험 중 하나다. 역사를 통해 얻을 수 있는 분명한 교훈은 사회적 정당성을 잃을 때 그 기관은 쇠퇴한다는 것이다. 경영자들이 개별적으로 자기 기업의 경제적 성과를 높이는 일만큼 공동으로 기업의 신뢰와 정당성을 회복하기 위해 노력해야 한다.

대부분의 한국 경영자들은 그들의 일차적인 역할이 가치창출이라고 믿고 있으며, 그들의 기업이 사회복지를 파괴하는 기관이라고 생각하지 않는다. 경영자들의 문제는 그들 기업이 사회에서 수행하는 역할에 대해서 명확히 밝히고, 자신의 직업에 대한 도덕적 철학을 분명히 하고자 하는 의지가 결여되었다는 점이다. 이런 태만으로 인해 그들은 경제학자·정치가·기자 등 다른 사람들이 경영자와 그들의 기업에 대한 대중의 인식을 형성하는 규범적 질서를 정의하게 만들었다. 대중의 인식은 다시 경영자들에게 기업의 역할을 매우 좁게 생각하도록 했고, 이 과정에서 무의식 중에 가치착취논리의 희생양이 되게 했으며, 사회를 위한 새로운 가치창출 능력을 약화시켰다.

이런 맥락에서 몇몇 경영자들은 기업경영사에서 중요한 위치를 차지한다. 그 이유는 그들이 최고경영자로 있는 동안 그 기업의 경제적 성과가 뛰어났기 때문이 아니라 그들이 기업을 사회의 가치창출 기관으로 보는 시각을 명시적으로 나타내는 새로운 경영철학을 정립하기 위해 부단히 애써왔기 때문이다. 이 과정에서 그들은 국가의 경제적 · 사회적 발전의 핵심적인 주체로서 경영인이라는 직업의 정당성을 회복하는 데 큰 공헌을 했다. 또한 그들은 모두 기존의 전략-구조-시스템 모델이 외면해 온 유능한 기업가와 경영자가 가진 정신, 열정, 도덕적 책임의식을 보여주는 데 모범이 되고 있다.

아이디어는 중요하다. 경영과 같은 응용분야에서는 더욱 그렇다. 철학적 요소가 결여된 전략-구조-시스템 모델은 경영자들에게 그들 자신의 역할을 망각하게 만들고 악순환의 함정에 빠뜨렸다. 그러나 선택은 남아 있다. 반복되는 문제에 대한 해답이 언제나 '좀더 열심히 하라'이면 그것은 실행이 잘못된 것이 아니라 문제가 발생하는 곳, 그 자체에 문제가 있는 것이다. 따라서 한국 경영자들에게 마지막으로 해주고 싶은 충고는 구덩이에 빠졌을 때 첫 번째 해야 할 일은 땅 파는 것을 멈추어야 한다는 것이다. 개인과 기업에 대한 더 깊은 이해를 바탕으로 한 색다른 경영철학이 지금 새롭게 대두되고 있다. 이제는 낡은 경영 패러다임을 버리고, 새로운 것으로 바꿔야 할 때가 되었다. 그렇지 않으면 기업의 경제력과 사회적 정당성 사이의 치명적인 격차는 점점 더 벌어질 것이고, 이는 한국인, 한국기업, 나아가서는 한국의 성장잠재력을 감소시킬 것이다.

KI신서 520
세계수준의 한국기업에 도전한다

1판 1쇄 발행 2003년 9월 20일
1판 12쇄 발행 2015년 3월 25일

지은이 박철순 · 수만트라 고샬
펴낸이 김영곤 펴낸곳 (주)북이십일 21세기북스
부사장 이유남
편집 권정희
영업본부장 안형태 영업 권장규 정병철 오하나
마케팅본부장 이희정 마케팅 민안기 김한성 김홍선 강서영 최소라 배세희
출판등록 2000년 5월 6일 제10-1965호
주소 (우413-756) 경기도 파주시 문발동 파주출판단지 518-3
대표전화 031-955-2100 팩스 031-955-2122 이메일 book21@book21.co.kr
홈페이지 www.book21.com 트위터 @21cbook 블로그 b.book21.com

값은 뒤표지에 있습니다.
ISBN 978-89-509-0586-6 13320